道路与桥梁专业“十一五”高职高专应用型规划教材

道路工程

(第2版)

主　编　彭彦彬　项志盛
副主编　孟凡涛　杜立峰
主　审　牛学勤　刘润芬

黄河水利出版社

·郑州·

内容提要

本书是道路与桥梁专业“十一五”高职高专应用型规划教材，较系统地介绍了道路工程的基本构造与设计知识，以及各种形式道路工程的施工技术。全书共分为14章，内容主要包括总论、道路平面、道路纵断面、道路横断面、道路交叉、道路排水设计、路基工程概论、路基施工、路面工程概论、中低级路面及基层、沥青路面、水泥混凝土路面、路基路面质量检测评定方法、高速公路等。

本书为高等职业教育教材，主要适用于道路桥梁工程技术、市政工程、城建、工程造价、工程测量、铁道工程、城市轨道交通等专业道路工程课程，也可供道路工程技术人员参考。

图书在版编目(CIP)数据

道路工程／彭彦彬，项志盛主编. —2版. —郑州：黄河水利出版社，2012.1

道路与桥梁专业“十一五”高职高专应用型规划教材

ISBN 978-7-5509-0196-4

Ⅰ.①道… Ⅱ.①彭…②项… Ⅲ.道路工程-高等职业教育-教材 Ⅳ.①U41

中国版本图书馆CIP数据核字(2012)第003757号

出 版 社：黄河水利出版社

地址：河南省郑州市顺河路黄委会综合楼14层　邮政编码：450003

发行单位：黄河水利出版社

发行部电话：0371-66026940、66020550、66028024、66022620（传真）

E-mail：hhslcbs@126.com

承印单位：郑州海华印务有限公司

开本：787 mm×1 092 mm　1/16

印张：19.5

字数：450千字　印数：4 101—8 100

版次：2008年2月第1版　印次：2012年1月第2次印刷

2012年1月第2版

定价：39.00元

再版前言

本教材的第一版于2008年2月由黄河水利出版社出版，是道路与桥梁专业“十一五”高职高专应用型规划教材之一。该教材出版以来，被全国多家高职高专院校采用，得到了广泛的好评。为适应高校教材改革的需要，本教材在原来的基础上进行了修编，力求教材内容更加完善、更加实用。

道路工程是道路桥梁工程技术及其他交通土建类专业的一门重要专业课。本教材是根据目前蓬勃发展的高等职业教育培养高技能应用型人才的要求，结合当代高等职业教育以就业为导向，面向社会、学用紧密结合的特点，按照国家对高职高专这一层面学生的培养要求编写的。

本次修编贯彻高等职业技术教育改革精神，突出职业教育特点，以能力素质的培养为指导思想，不过分强调理论，叙述简练通俗，对书中个别存在的问题进行了修改，并删去了少量过时的内容。本教材主要介绍了道路工程平、纵、横断面设计的基本知识；公路、城市道路排水系统和道路交叉设计的一般知识；路基路面工程的构造和施工技术。本教材充分考虑了高职高专学生以道路施工和基层道路管理单位为主要就业方向的特点，在内容编排上以道路的构造和施工技术及管理知识为主，兼顾一般设计知识。在编写过程中尽量吸收和借鉴国内外道路设计与施工的实践经验及最新成果，采用了最新的规范标准。目前，道路工程技术发展日新月异，在教学过程中应不断补充新的知识和经验，并根据各专业的特点对教学内容加以适当调整，结合一定的工程实例进行教学。

参加本书编写工作的有：石家庄铁路职业技术学院彭彦彬（第一、十三、十四章）、杜立峰（第八、十一章及第七章第九节），洛阳工业高等专科学校王丽（第二、三章），山东水利职业学院李燕飞（第四章），德州黄河河务局齐河黄河河务局陈峰（第五章），江西应用职业技术学院项志盛（第六、七章一至八节、九章），山东交通职业学院孟凡涛（第十章），聊城黄河河务局东河黄河河务局李遵良（第十二章）。全书由彭彦彬统稿。

本书由彭彦彬、项志盛任主编，孟凡涛、杜立峰任副主编，石家庄铁道学院牛学勤教授和刘润芬副教授任主审。

由于编者水平有限，不妥之处在所难免，敬请读者批评指正。

编　者

2011年12月

前言

《道路工程》是道路桥梁工程技术及其他交通土建类专业的一门重要专业课。本教材是根据目前蓬勃发展的高等职业教育培养高技能应用型人才的要求，结合当代高等职业教育以就业为导向，面向社会、学用紧密结合的特点，按照国家对高职高专这一层面学生的培养要求编写的。

本教材主要介绍了道路工程平、纵、横断面设计的基本知识；公路、城市道路排水系统和道路交叉设计的一般知识；路基路面工程的构造和施工技术。本教材充分考虑了高职高专学生以道路施工和基层道路管理单位为主要就业方向的特点，在内容编排上以道路的构造和施工技术及管理知识为主，兼顾一般设计知识。在编写过程中尽量吸收和借鉴国内外道路设计与施工的实践经验及最新成果，采用了最新的规范标准。目前，道路工程技术发展日新月异，在教学过程中应不断补充新的知识和经验，并根据各专业的特点对教学内容加以适当调整，结合一定的工程实例进行教学。

参加本书编写工作的有：石家庄铁路职业技术学院彭彦彬(第一、十三、十四章)，杜立峰(第八、十一章及第七章第九节)，洛阳工业高等专科学校王丽(第二、三章)，山东水利职业学院李燕飞(第四、五章)，江西应用职业技术学院项志盛(第六、七、九章)，山东交通职业学院孟凡涛(第十、十二章)。全书由彭彦彬统稿。

本书由彭彦彬、项志盛任主编，孟凡涛、杜立峰任副主编，石家庄铁道学院牛学勤教授和刘润芬副教授任主审。

由于编者水平所限，不妥之处在所难免，敬请读者批评指正。

编　者

2007 年 11 月

前 言

[illegible]

编 者

2007年12月

目　录

第一章 总 论

重点提示

本章着重了解道路运输的特点和道路功能、道路的分类和技术标准、道路的基本组成。学习本章后，应对我国道路的现状及发展有一定的了解和认识。

第一节 道路运输的特点和道路功能

一、道路运输的特点

交通运输是国民经济的大动脉，它把国民经济各个领域、各个地区、各个部门联系起来，是国民经济发展的重要物质基础。

现代综合交通运输体系主要由铁路、水运、航空、管道及道路五种运输方式组成。这些运输方式各具特点，承担各自的运输任务，又相互联系、相互补充，形成综合的运输能力。铁路运输投资大、建设周期长，但是运输能力大，速度较快，运输成本和能耗都较低，受自然条件的影响也较小，宜于承担中长距离客运、货运和大宗货物的运输；水运可利用天然的水运资源，具有通过能力高、运量大、能耗低、运输成本低的优点；航空具有快速运送旅客及贵重、紧急商品、货物的作用，但运输成本高，能耗大；管道运输用于液态、气态及散装粉状货物(如石油、成品油、水、天然气、水泥等)的运输；道路运输机动灵活，分布广，可承担其他运输方式的客货集散与联系，承担铁路、水运、空运固定路线之外的延伸运输服务，可以深入到城镇、乡村、港口、机场等的各个角落，能独立实现门对门的直达运输。

道路运输具有如下特点：

(1)机动灵活，迅速直达，能迅速集中或分散货物，能做到直达运输及门对门的运输，不需中转，节约时间和费用，减少货损，经济效益高。

(2)适应性强，服务面广，适用于小批量运输和大宗运输，也适用于近距离运输和远距离运输。

(3)受地形、地物和地质等的影响小，可延伸到山区、平原、城市、农村、机关、学校、工矿企业，直到家庭。

(4)投资省，资金周转快，社会效益高。

(5)由于汽车燃料贵，服务人员多，单位运量小，故公路运输有运输成本稍高的缺点。但随着汽车制造技术和公路技术状况的不断进步以及运输组织管理水平的提高，这些缺点将得到逐步改善和克服。

二、道路功能

道路具有交通、形成国土结构、公共空间、防灾和繁荣经济等方面功能(见图 1-1)。

- 道路功能
  - 交通功能
    - 工作、学习、生活、娱乐出行
    - 货物运输
  - 形成国土结构功能
    - 用地结构的骨架
    - 组成街坊
  - 公共空间功能
    - 保证日照、通风
    - 提供综合交通体系的空间(高架路、地面轨道、地下铁道)
    - 提供公用设施管线走廊(电力、电话、煤气、给水、雨污水管)
  - 防灾功能
    - 保证消防活动、救援活动
    - 紧急疏散、避难道路
    - 防火带
  - 繁荣经济功能
    - 开发国土
    - 活跃市场

图 1-1　道路的功能

道路是交通的基础，是社会、经济活动所产生的人流、物流的运输载体，担负着城市内部和城际之间交通中转、集散的功能，在全社会交通网络中起着“结点”的作用。在深化改革开放、改善投资环境的形势下，要求有一个安全、通畅、方便和舒适的道路交通运输体系，在发生火灾、水灾、地震和空袭等自然灾害或紧急情况时，能提供疏散和避险的通道与空间。

道路是国土结构的骨架，城市道路则是城市建设的基础，城市各类建筑依据道路的走向布置而反映城市的风貌，所以城市道路是划分街坊、形成城市结构的骨架。

道路作为公共空间不仅提供交通体系的空间，且保证日照、通风，提供绿化、管线布置的场地，为地面排水提供条件。各种构筑物的使用效益，有赖于道路先行来实现。

在道路建设过程中，各项基础设施得以同步进行，随着道路的建成可使土地使用与开发得以迅速实施，经济市场得以繁荣，人民生活更加方便，社会更能快速协调发展。

道路是经济建设的先行设施，它对商品流通、发展经济、巩固国防、建设边疆、开发山区和旅游事业的发展等都有巨大的作用。

第二节　道路的发展概况

一、公路的发展

在世界上，许多国家运输发展有一个共同的规律，海运、铁路运输发展在先，而公路运输后来居上。公路的发展速度大大超过了铁路和其他运输方式。近几十年来，随着公路运输的快速发展，公路运输在各种运输方式中逐步占据了主导地位。美国的公路多、质量好是众所周知的，美国有 650 万 km 的公路，其中高级和次高级路面占 80%，高速公路有 8.87 万 km，5 万人口以上的城镇全部通高速公路；德国的公路网也非常发达，尤其是高速公路，在世界上可谓独领风骚，德国的高速公路有 1.12 万 km，一般往返各

3 条车道，有的甚至往返各 8 条车道，担负着 80%以上的运输量，全部采用集装箱运输，车流十分壮观。

公路的发展日新月异，最近菲亚特公司研究出一种“有视力和思维”能力的“智能公路”，它是在公路路面装上传感器，以记录和向中心计算机传送路况资料。例如，大雾造成的视线障碍、交通事故和其他交通堵塞等交通事件，由电子计算机预测形势，随时向司机提供信息。公路的客货运输具有方便、灵活、快速、直达的优点，深受人们欢迎，在各种运输网的竞争中，公路网胜过了其他运输网。

目前，世界各国的公路仍在迅猛发展，繁重的公路建设任务，促使一些经济发达的国家在公路勘测设计中广泛应用电子计算机和效率高、性能好的测量仪器，使公路规划、选线、设计、结构计算、工程预算编制、设计施工图绘制、交通管理、路况调查等方面达到高质量及高速度的水平，以适应大量的公路建设任务的需要。

我国的道路建设有悠久的历史，早在周、秦时代就有“周道如砥，其直如矢”、“秦为驰道于天下，东穷燕齐，南极吴楚”等记载，以后各代又设置了马驿、水驿，还开辟了“丝绸之路”等国际通道。

新中国成立前，孙中山先生在民主主义革命时期也曾有过宏伟的设想，要使中国成为道路最多的国家。但由于旧中国经济落后，公路勘测设计的手段又十分简单，更没有公路科研机构，所以公路建设远远没有实现孙中山先生的愿望。到 1949 年底，全国公路通车里程仅有 80 768 km，且缺桥少涵，路况极差。全国有 1/3 的县不通公路，大部分公路都集中在东部沿海地区，整个西藏地区的公路交通还是空白。

新中国成立后，中央政府对道路建设做出了极大努力，取得了显著成就，尤其是十一届三中全会以后，交通建设成为百业之首。政府的重视加上人民的努力，使我国的公路建设得到了空前的发展，“要想富，先修路”已成为全民的共识。到 2006 年底，全国公路通车里程达到 345.71 万 km，路网结构进一步完善。全国公路总里程中，国道 13.34 万 km、省道 23.96 万 km、县道 50.65 万 km、乡道 98.76 万 km、专用公路 5.80 万 km 和村道 153.2 万 km，分别占公路总里程的 3.8%、6.9%、14.7%、28.6%、1.7%和 44.3%。按公路技术等级分组，各等级公路里程分别为：高速公路 4.53 万 km、一级公路 4.53 万 km、二级公路 26.27 万 km、三级公路 35.47 万 km、四级公路 157.48 万 km、等外公路 117.43 万 km。按公路路面类型分组，各类型路面里程分别为：有铺装路面 99.65 万 km，其中沥青混凝土路面 35.01 万 km，水泥混凝土路面 64.64 万 km；简易铺装路面 52.86 万 km；未铺装路面 193.19 万 km。到 2006 年底，全国公路桥梁达 53.36 万座、2 039.90 万延米，其中特大桥梁 1 036 座、171.45 万延米，大桥 30 982 座、638.58 万延米，中桥 12.11 万座、607.30 万延米，小桥 38.05 万座、622.57 万延米。全国公路隧道达 3 788 处、184.19 万延米，其中特长隧道 49 处、19.18 万延米，长隧道 444 处、72.32 万延米，中隧道 577 处、40.94 万延米，短隧道 2 718 处、51.75 万延米。公路养护和绿化里程不断增加，到 2006 年底，全国公路养护里程达 268.21 万 km，占公路总里程的 77.6%，全国公路绿化里程达 123.58 万 km，占公路总里程的 35.7%。公路在我国社会主义经济建设中发挥着越来越重大的作用。

我国目前的公路勘测设计手段也得到了极大提高，我国自己制造的计算机和高精度光电测量仪器在公路勘测设计中发挥着极大作用，加速了我国公路建设事业的发展，提高了勘测设计质量。而且我国的公路勘测设计和工程施工已打入国际市场，并已显示出我国工程技术人员的水平。

当前，我国已将交通事业作为社会主义经济建设的战略重点，我国的公路建设必将进一步快速向前发展。这就要求广大公路工作者为赶超世界先进水平而努力学习、积极工作。

二、城市道路的发展

城市道路随着城市的发展、经济的繁荣而迅速发展。改革开放以来，我国城镇发展动力机制发生了巨大变化，城镇化已成为现代社会发展趋势。根据建设部门统计，从1978年到2005年，全国城市总数从193个增加到661个，同时城市规模也发生了巨大变化，特大城市从13个增加到54个，大城市从27个增加到85个，中等城市从59个增加到226个，小城市从115个增加到296个。2005年，全国设市城市的建成面积为3.25万km^2。至2006年，全国城镇人口57 706万人，城镇化水平达43.9%。

随着城市的迅速发展，城市道路交通也得到快速发展。到2006年，全国设市城市(不含市辖县)道路长258 844 km，道路标准大大提高，道路功能更加齐全，排水设施更加完备，车道数发展到6车道、8车道甚至更多，主要干道实现快慢分行。随着交通量的增加，城市立交工程迅速发展，城市桥梁数量、规模迅速增大，结构形式日新月异，这不仅大大缓解了交通压力，许多优美的桥梁还成为城市风景的亮点。许多特大城市为解决客运正在建造地下铁道；一般大中城市中，环城路、立体交叉、人行天桥、人行地道都处于规划与建设中。

随着城市人口与经济的发展，城市化水平迅速提高，尤其是轿车大量走进家庭，使迅速增长的城市交通需求与有限的道路容量产生的供求矛盾日趋尖锐。据统计，广州市2004年汽车数量为66.76万辆，2004年比2003年增长了91.24 %，其中私家车34.53万辆，比2000年增长了172.8%；天津市2005年汽车保有量已经突破100万辆，其中私家车超过30万辆，私家车数量居全国第四；成都市2005年私家车118万辆，占全市机动车总量的85%左右，私家车数量居全国第三；北京市2005年私家车130万辆，超过公务车数量，私家车数量居全国第一；上海市2005年私家车126万辆，私家车数量居全国第二。据估计，2007年我国汽车保有量在5 000万～7 000万辆，自行车用户4.5亿，拥有自行车6亿辆左右，电动自行车超过1 500万辆，公交客运量随着公交优先政策的实施迅速增加，但城市道路数量增加滞后，道路标准不高，公交化程度低，通行能力不能适应交通量的迅速增长。全国大城市几乎有80%的路段、90%的路口已接近负荷极限，约有70%的城市尚未形成干道网。为适应今后小汽车工业的更大发展，缓解与改善城市道路交通，今后治理与规划的对策是继续深化多层次的城市规划与交通规划，注意工程建设与管理政策双管齐下。

城市道路发展目标应与城市经济发展相适应，与人口增长和车辆增长相适应，建成布局得当、结构合理、设施完备的城市道路系统。

城市道路发展工作的序列是规划、建设、养护并注意技术进步。

(1)道路规划：从提高功能、改善运行条件出发，完善路网规划，城市应按交通需要，进行快速路系统规划，完善路口渠化，大中城市应进行非机动车交通规划。

(2)道路建设：加快主次干道和快速路建设，在交通特别繁忙地段安排立交、人行过街设施，加快停车场和自行车道建设，各城市应有重点地打通堵头和改造路线瓶颈地段。

(3)养护维修：以解决道路病害为重点，提高养护质量，保证道路完好，提高铺装率和道路工程建设质量。

(4)技术进步：在规划设计和管理工作中积极推广计算机应用技术，逐步实现利用电子技术解决信息处理，注意高等级道路和桥梁结构的技术发展，开展工业废料和再生沥青混凝土的利用，引进机械化筑路、养护机械的先进技术，开发研制新型机械设备。

当前，我国城市道路的发展应遵循下列四原则：

(1)贯彻合理安排、协调发展的原则。城市道路规划应以国民经济建设发展计划为依据，按城市总体布局合理安排建设计划和投资比例，与城市经济和其他设施协调发展。

(2)贯彻近远期相结合的原则。城市道路建设的五年计划和年度计划应与远期规划相结合，从路网体系、道路宽度、道路结构等方面为城市道路的远景发展创造条件。

(3)贯彻配套建设的原则。在城市建设和新城区建设及旧城改造中，应加强道路规划工作，对城市道路建设实行综合开发、配套建设，以道路带动城市基础设施建设和城市发展。

(4)发挥整体功能的原则。从建设、养护维修、路政管理三个环节上加强管理，制止乱占滥挖，改善道路环境，保证城市道路各种功能的充分发挥。

第三节　道路的分类和技术标准

道路是供各种车辆和行人等通行的工程设施，按其使用范围分为公路、城市道路、厂矿道路、林区道路及乡村道路等。

一、道路的分类

(1)公路：连接城市、乡村，主要供汽车行驶的具备一定技术条件和设施的道路。

(2)城市道路：在城市范围内，供车辆及行人通行的具备一定技术条件和设施的道路。城市指直辖市、市、镇以及未设镇的县城。

(3)厂矿道路：主要供工厂、矿山运输车辆通行的道路。

(4)林区道路：建在林区，主要供各种林业运输工具通行的道路。

(5)乡村道路：建在乡村、农场，主要供行人及各种农业运输工具通行的道路。

本教材以介绍公路和城市道路工程为主。

二、公路的分级和技术标准

公路是为汽车运输或其他交通物流服务的工程结构物，这种结构物质量的好坏和服务水平的高低是由公路等级和技术标准来决定的。

(一)公路分级

我国现行的公路工程技术标准，根据公路的功能和适应的交通量，将其分为高速公路、一级公路、二级公路、三级公路和四级公路五个等级。

(1)高速公路：专供汽车分向、分车道行驶，并应全部控制出入的多车道公路。

高速公路应能适应(将各种汽车折合成小客车)的年平均日交通量为：4 车道高速公路 25 000~55 000 辆，6 车道高速公路 45 000~80 000 辆，8 车道高速公路 60 000~100 000 辆。

(2)一级公路：供汽车分向、分车道行驶，并可根据需要控制出入的多车道公路。

一级公路应能适应(将各种汽车折合成小客车)的年平均日交通量为：4 车道一级公路 15 000~30 000 辆，6 车道一级公路 25 000~55 000 辆。

(3)二级公路：供汽车行驶的双车道公路。

双车道二级公路应能适应(将各种汽车折合成小客车)的年平均日交通量为 5 000~15 000 辆。

(4)三级公路：主要供汽车行驶的双车道公路。

双车道三级公路应能适应(将各种车辆折合成小客车)的年平均日交通量为 2 000~6 000 辆。

(5)四级公路：主要供汽车行驶的双车道或单车道公路。

双车道四级公路应能适应(将各种车辆折合成小客车)的年平均日交通量为 2 000 辆以下，单车道四级公路应能适应(将各种车辆折合成小客车)的年平均日交通量为 400 辆以下。

以上五个等级的公路构成了我国的公路网：高速公路、一级公路作为公路网的骨干线，二级、三级公路作为基本线，四级公路为公路网的支线。

确定公路等级时，除应满足近期交通量的需要外，主要应以远期交通量的发展需要为依据。远景设计年限：高速公路、一级公路 20 年，二、三级公路 15 年，四级公路可根据实际情况确定。

一条公路根据设计交通量及地形的不同，可以分段选用不同的公路等级或同一公路等级不同的设计速度、路基宽度，但不同的公路等级、设计速度、路基宽度间的衔接应协调，过渡应顺势。当一条公路采用不同公路等级分段时，路段长度应满足其最小长度的基本要求。例如：高速公路设计路段不宜小于 15 km，一级、二级公路设计路段不宜小于 10 km。当一条公路采用不同的设计速度时，相邻设计路段的设计速度之差一般不宜超过 20 km／h，对于高速公路，如采用 60 km／h 的设计速度，长度不宜大于 15 km，或仅限于相邻互通式立交之间，与其相邻路段的设计速度不应大于 80 km／h。不同等级设计路段或设计速度相互衔接的地点应选在交通量发生变化处，或者驾驶员能明显判断前方需要改变行车速度处。

公路等级除按前面介绍的技术分级外，当前我国按照行政管理体制，并根据公路的位置、在国民经济中的地位及运输特点，又将公路分为国道、省道、县道、乡道和专用公路，并实现分级管理。

(1)国道：在国家公路网中具有全国性的政治、经济、国防意义，并经确定为国家级干线公路。国道是由中央统一规划，以北京为中心，连接各省、市、自治区首府，以及重要的大中城市、工农业生产基地、港站枢纽的国家干线公路，由所在省、市、自治区负责修建、管理和养护。

(2)省道：在省公路网中具有全省性的政治、经济、国防意义，并经确定为省级干线公路。省道由省、市、自治区在国道网的基础上规划，并负责修建、管理和养护。

(3)县道：具有全县性的政治、经济意义，并经确定为县级公路。部分县道由省、市、自治区规划、建设和养护，大多数的县道由所在的县规划、建设和养护。

(4)乡道：为乡村生产、生活服务，并经确定为乡级的公路，由县规划、建设和养护。

(5)专用公路：为城市、工矿、农场、林区等地区和部门服务的专用公路，由各地区或部门负责规划、建设和养护。

(二)公路工程技术标准

我国 2004 年 3 月 1 日起施行的《公路工程技术标准》(JTG B01—2003)(简称《标准》)是根据公路等级把技术指标进行具体化。它反映了我国目前的公路建设方针、政策和技术要求，是公路设计、修建和养护的主要依据。因此，在公路设计、施工和养护中，必须严格执行《标准》。在执行《标准》的过程中，也应在符合国家建设方针、政策和不过分增加工程造价的前提下，根据技术经济原则尽可能采用较高的技术指标，避免只求合法、不求合理地采用低限指标的错误观点。

我国《标准》规定，新建公路必须按《标准》的规定进行建设，在下达设计任务书和对初步设计文件进行审查时，必须严格把关。对于改建公路，当利用现有公路的局部路段受条件限制时，《标准》规定的个别技术指标，经过技术经济比较后，可作合理变动。执行时若降低技术指标，只能适用于等级较低的公路。对于等级较高的公路不应顾及老路而降低技术指标。改线路段属于新建公路，必须严格按照《标准》执行，不得降低要求。

《标准》规定的各级公路主要技术指标见表 1-1。

表 1-1　各级公路主要技术指标

<table>
<tr><td colspan="2">公路等级</td><td colspan="9">高速公路、一级公路</td><td colspan="5">二级公路、三级公路、四级公路</td></tr>
<tr><td colspan="2">设计速度(km/h)</td><td colspan="3">120</td><td colspan="3">100</td><td colspan="2">80</td><td>60</td><td>80</td><td>60</td><td>40</td><td>30</td><td>20</td></tr>
<tr><td colspan="2">车道数</td><td>8</td><td>6</td><td>4</td><td>8</td><td>6</td><td>4</td><td>6</td><td>4</td><td>4</td><td>2</td><td>2</td><td>2</td><td>2</td><td>2(1)</td></tr>
<tr><td colspan="2">车道宽度(m)</td><td>3.75</td><td>3.75</td><td>3.75</td><td>3.75</td><td>3.75</td><td>3.75</td><td>3.75</td><td>3.75</td><td>3.50</td><td>3.75</td><td>3.50</td><td>3.50</td><td>3.25</td><td>3.00(单车道时为 3.50)</td></tr>
<tr><td rowspan="2">路基宽度(m)</td><td>一般值</td><td>45.00</td><td>34.50</td><td>28.00</td><td>44.00</td><td>33.50</td><td>26.00</td><td>32.00</td><td>24.50</td><td>23.00</td><td>12.00</td><td>10.00</td><td>8.50</td><td>7.50</td><td>6.50(单车道时为 4.50)</td></tr>
<tr><td>最小值</td><td>42.00</td><td>—</td><td>26.00</td><td>41.00</td><td>—</td><td>24.50</td><td>—</td><td>21.50</td><td>20.00</td><td>10.00</td><td>8.50</td><td>—</td><td>—</td><td>—</td></tr>
<tr><td colspan="2">极限最小半径(m)</td><td colspan="3">650</td><td colspan="3">400</td><td colspan="2">250</td><td>125</td><td>250</td><td>125</td><td>60</td><td>30</td><td>15</td></tr>
<tr><td colspan="2">停车视距(m)</td><td colspan="3">210</td><td colspan="3">160</td><td colspan="2">110</td><td>75</td><td>110</td><td>75</td><td>40</td><td>30</td><td>20</td></tr>
<tr><td colspan="2">最大纵坡(%)</td><td colspan="3">3</td><td colspan="3">4</td><td colspan="2">5</td><td>6</td><td>5</td><td>6</td><td>7</td><td>8</td><td>9</td></tr>
<tr><td colspan="2">汽车荷载等级</td><td colspan="9">公路–I 级</td><td colspan="5">公路–II 级</td></tr>
</table>

三、城市道路的分类与分级

城市道路按其在城市道路系统中的地位、交通功能分为下述四类(见表 1-2)。

表 1-2 城市道路分级分类

类别	级别	计算车速(km / h)	双向机动车车道数(条)	机动车车道宽度(m)	分隔带设置	横断面采用形式
快速路		60，80	≥4	3.75	必须设	双、四幅路
主干路	Ⅰ	50，60	≥4	3.75	应设	单、双、三、四
	Ⅱ	40，50	3~4	3.75	应设	单、双、三、
	Ⅲ	30，40	2~4	3.5~3.75	可设	单、双、三
次干路	Ⅰ	40，50	2~4	3.75	应设	单、双、三
	Ⅱ	30，40	2~4	3.5~3.75	不设	单
	Ⅲ	20，30	2	3.5	不设	单
支路	Ⅰ	30，40	2	3.5	不设	单
	Ⅱ	20，30	2	(3.25~)3.5	不设	单
	Ⅲ	20	2	(3.0~)3.5	不设	单

注：①除快速路外，各类道路依城市规模、交通量、地形分为Ⅰ、Ⅱ、Ⅲ级，大城市采用Ⅰ级，中等城市采用Ⅱ级，小城市采用Ⅲ级。

②设计年限规定：快速路、主干路为 20 年，次干路为 15 年，支路为 10~15 年。

(一)快速路

快速路是指城市道路中设有中央分隔带，具有 4 条以上的车道，全部或部分采用立体交叉与控制出入，供车辆以较高的速度行驶的道路。

快速路完全为交通功能服务，是解决城市长距离快速交通运输的动脉。在快速路两侧不宜设置吸引大量人流的公共建筑物的进出口。两侧一般建筑物的进出口应加以控制。如北京市的二环路、上海内环线高架道路和天津中环路。

(二)主干路

主干路是在城市道路网中起骨架作用的道路，以交通功能为主(小城市的主干路可兼沿线服务功能)。自行车交通量大时，宜采用机动车与非机动车分隔的形式。主干路上平面交叉，间距以 800 ~ 1 200 m 为宜，以减少交叉口交通对主干路交通的干扰。交通性的主干路解决大城市各区之间的交通联系以及与城市对外交通枢纽之间的联系。例如，北京的东西长安街是全市性东西向主干路，全线展宽到 50 ~ 80 m，市中心路段为双向 10 车道，设置隔离墩，实行快慢车分流。又如，上海中山东路是一条宽为 10 车道的客货运主干路。

(三)次干路

次干路是联系主干路之间的辅助性干道，与主干路连接组成道路网，起到广泛连接城市各部分和集散交通的作用。次干路沿街多数为公共建筑和住宅建筑，兼有服务功能。

(四)支路

支路是次干路与街坊路的连接线，解决地区交通，以服务功能为主。沿街以居住建筑为主。

城市道路除快速路外，每类道路按照城市规模、设计交通量、地形分为Ⅰ、Ⅱ、Ⅲ级。根据我国国务院城市管理条例规定，城市按照其市区和郊区的非农业人口总数划分为三级：

(1)大城市：人口50万人以上的城市，采用各类道路中的Ⅰ级标准。

(2)中城市：人口20万人以上不足50万人的城市，采用各类道路中的Ⅱ级标准。

(3)小城市：人口不足20万人的城市，采用各类道路中的Ⅲ级标准。

大城市人口多，出行次数多，再加上流动人口数量大，因而客、货运输量较中、小城市大，机动车交通量也较大，所以采用的标准应高些。由于我国各城市所处的位置不同，地形、气候条件等存在着较大的差异，同等级的城市也不一定采取同一等级的设计标准，应根据实际情况选用，可经过技术经济比较适当提高或降低标准。

第四节　道路的基本组成

一、公路的主要组成

公路是线形结构物，它包括线形和结构两个组成部分。

(一)线形组成

公路线形是指公路中线的空间几何形状和尺寸。这一空间线形投影到平、纵、横三个面而分别绘制成反映其形状、位置和尺寸的图形，就是公路的平面图、纵断面图和横断面图。公路设计中，平、纵、横三方面是相互影响、相互制约、相互配合的，设计时应综合考虑。

平面线形由直线、圆曲线和回旋线等基本线形要素组成。纵面线形由直线(直坡段)及竖曲线等基本要素组成。公路线形设计时必须考虑技术经济和美学等的要求。

(二)结构组成

公路结构是承受荷载和自然因素影响的结构物，它包括路基、路面、桥涵、隧道、排水系统、防护工程、特殊构造物及交通服务设施等。不同等级的公路在不同的条件下其组成会有所不同，如汽车停车场在汽车行驶数量少的公路就不必设置。

(1)路基：行车部分的基础，它承受路面传递下来的行车荷载，是由土、石按照路线位置和一定技术要求修筑成的土工带状体。

(2)路面：指用各种筑路材料铺筑在公路路基上供车辆行驶的构造物。它直接承受行车荷载和自然因素的作用，供车辆在上面以一定车速安全而舒适地行驶。

(3)桥涵：桥梁是为公路、城市道路等跨越河流、山谷等天然或人工障碍物而建造的建筑物。涵洞是为宣泄地面水流而设置的横穿路堤的小型排水构造物。在低等级道路上，当水流不大时可修筑用大石块或卵石堆筑的具有透水能力的透水路堤和通过平时无水或水流很小的宽浅河流而修筑在洪水期间容许水流漫过的过水路面。在未建桥的道路中断处还可设置渡口、码头等。

(4)隧道：指为道路从地层内部或水底通过而修筑的建筑物。隧道可以缩短道路里程并使行车平顺迅速。

(5)排水系统：为了防止地面水及地下水等自然水侵蚀、冲刷路基，确保路基稳定，需设置排水构造物。除上述桥涵外，还有边沟、截水沟、排水沟、跌水、急流槽、盲沟、渗井及渡槽等。这些排水构造物组成综合排水系统，以减轻或消除各种水对道路的侵害。

(6)防护工程：在陡峻山坡或沿河一侧的路基边坡修建的填石边坡、砌石边坡、挡土墙、护脚及护面墙等可加固路基边坡，保证路基稳定的构造物。在易发生雪害的路段可设置防雪栅、防雪棚等。在沙害路段设置控制风蚀过程的发生和改变沙粒搬运及堆积条件的设施。沿河路基可设置导流结构物如顺水坝、格坝、丁坝及拦水坝等间接防护工程。

(7)特殊构造物：在山区地形、地质复杂路段，可修建悬出路台、半山洞、半山桥及明洞等以保证道路连续和路基稳定的构造物(见图 1-2)。

(8)交通服务设施：为了保证公路沿线交通安全、管理、服务及环境保护的一些设施，如照明设备、交通标志、护栏、中央分隔带、隔音墙、隔离墙、加油站、汽车停车场、食宿站及绿化和美化设施等。

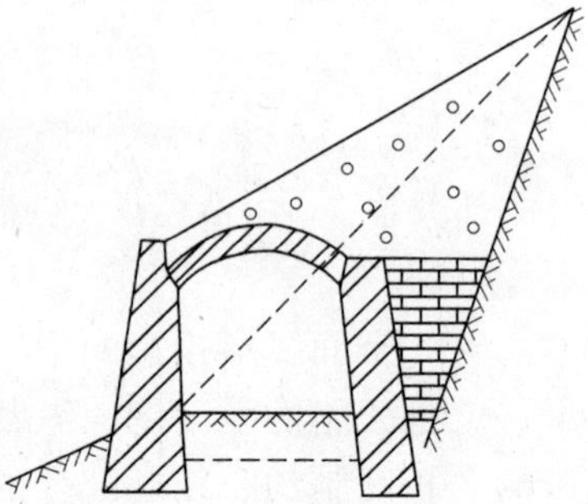

(a)明洞

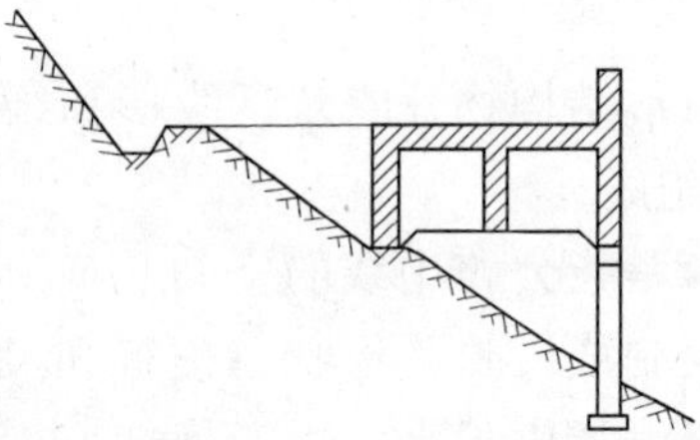

(b)半山桥

图 1-2　山区公路特殊构造物

二、城市道路的组成

城市道路将城市的主要组成部分如居民区、市中心、工业区、车站、码头及其他部分之间联系起来，形成完整的道路系统，通常其组成如下：

(1)机动车道和非机动车道。

(2)人行道(包括地下人行道及人行天桥)。

(3)交叉口、步行广场、停车场、公共汽车站。

(4)交通安全设施。人行地道、人行天桥、照明设备、护栏、标志、标线、分隔带等。

(5)排水系统。街沟、雨水口、窨井及雨水管等。

(6)沿街设施。照明灯柱、电杆、邮筒及给水栓等。

(7)地下各种管线。电缆、煤气管及给水排水管道等。

(8)绿化带。

(9)大城市还有地下铁道、高架桥等。

道路工程的主体是路线、路基(包括排水系统及防护工程等)和路面三大部分。在道路设计中它们是相互联系、相互影响的。路线设计中要有经济合理的线形，还应充分考虑通过地区的自然与地貌等因素，以保证路基的稳定性。路基设计要求要有足够的强度和稳定性，以保证路面结构的整体强度和稳定性，保证行车安全和迅速。

复习思考题

1-1　道路运输有何特点？道路有何功能？

1-2　公路和城市道路是如何分类的？

1-3　公路和城市道路主要由哪些部分组成？

第二章　道路平面

重点提示

本章主要介绍直线的特点和运用、最大长度和最小长度；圆曲线的半径及要素计算；缓和曲线的作用，回旋线作为缓和曲线以及缓和曲线长度和参数的确定；曲线上的超高和加宽；平面线形的组合与衔接；道路平面设计主要成果等内容。

第一节　概　述

道路是一个三维空间的实体，它的中线是一条空间曲线，中线在水平面上的投影称为路线的平面。沿中线竖直剖切再行展开则是路线的纵断面。中线上任一点的法向切面是道路的横断面。道路线形设计应做好平面、纵断面、横断面三者间的组合，三者是相互关联的，既分别进行，又要综合考虑。

道路的平面线形由直线、圆曲线和缓和曲线三要素构成。平面线形各要素的选择和运用应根据道路等级、设计速度，充分考虑沿线自然环境和社会环境，做到该直则直，该曲则曲，必须与地形、景观、环境等相协调，同时注意线形的连续与均衡性，并同纵断面、横断面相互配合。

第二节　平面直线

一、直线的特点

直线是平面线形中的基本线形。直线以最短的距离连接两目的地，具有路线短捷、行车方向明确、驾驶操作简单、视距良好等特点，同时直线线形简单，容易测设。另外，直线路段能提供较好的超车条件，对双车道的道路有必要在间隔适当的距离处设置一定长度的直线。基于直线的这些优点，在各种线形工程中都被广泛采用。

但由于直线线形缺乏变化，在行车速度快的情况下，更易使驾驶者感到单调、疲乏，难以准确目测车间距，增加夜间行车车灯炫目的危险，还会导致出现超速行驶状态。因此，直线路段尤其是长直线路段，行车安全性较差，往往是交通事故的多发路段。另外，直线布设时不易与地形及周围环境相适应，尤其在山岭重丘区，往往造成工程量增大、破坏自然环境等弊端。因此，在设计直线线形和确定直线长度时，必须慎重选用。

二、直线的运用

下列路段可采用直线：

(1)农田、河渠规整的平坦地区，城镇近郊规划等以直线条为主的地区。

(2)特长、长隧道或结构特殊的桥梁等构造物所处的路段，以及路线交叉点前后的路段。

(3)双车道公路为超车所提供的路段。

三、直线的长度

考虑到线形的连续和驾驶的方便，相邻两曲线之间应有一定的直线长度。这个直线长度是指前一曲线的终点(缓直 HZ 或圆直 YZ)到后一曲线起点(直缓 ZH 或直圆 ZY)之间的长度。在道路平面线形设计时，一般应根据路线所处地带的地形、地物条件，驾驶员的视觉、心理感受以及保证行车安全等因素，合理地布设直线路段，对直线的最大与最小长度应有所限制，既不宜过长，也不宜过短。

(一)直线的最大长度

从理论上讲，合理的直线长度应根据驾驶员的心理反应和视觉效果来确定，但目前这一问题尚在研究之中。各国普遍从经验出发，根据调查分析的结果来规定直线的最大长度。像意大利和日本这样的多山之国，高速公路平面线形以曲线为主，日本、德国规定直线最大长度不宜超过设计时速的 20 倍。我国目前对直线的最大长度未作明确限定，仅规定“直线的长度不宜过长”，设计人员可根据地形、地物、自然景观以及经验等来判断和决定直线的最大长度。

当依据地形条件或其他特殊情况而采用长直线时，应结合沿线具体情况采取相应的技术措施，如：

(1)直线路段路线纵坡不应过大，否则会造成上坡行车较难，下坡速度过快且极易失控，从而产生交通事故。

(2)平面直线最好与纵面大半径的凹形竖曲线组合(见图 2-1)，以获取良好的视距条件，改善线形及行车质量。

(a)长直线与直坡组合　　(b)长直线与凹形竖曲线组合

图 2-1　长直线与直坡或凹形竖曲线组合

(3)直线路段两侧地形过于空旷、景观单调或变化较少时，宜采取种植不同的树种或设置合理的建筑物等措施改善道路沿线的景观，保证行车安全、舒适。

(4)长直线或长下坡尽头的平曲线，除曲线半径、超高、视距等必须符合规定要求外，还必须采取设置交通标志、增加路面抗滑能力等安全措施。

(二)直线的最小长度

两圆曲线间以直线径向连接时，基于保证线形连续性的考虑，直线的长度不宜过短。

1.同向曲线间的最小直线长度

两个转向相同的相邻曲线之间连以直线时，若直线较短容易产生把直线和两端的曲线看成为反向曲线的错觉，当直线过短时甚至把两个曲线看成是一个曲线，这种线形(见图 2-2)破坏了线形的连续性，形成所谓的“断背曲线”，且容易造成驾驶员操作的失误，设计中应尽量避免。因此，《公路路线设计规范》(JTG D20—2006)规定：设计速度大于或等于 60 km/h 时，同向圆曲线间的最小直线长度(以 m 计)以不小于设计速度(以 km/h 计)的 6 倍为宜。

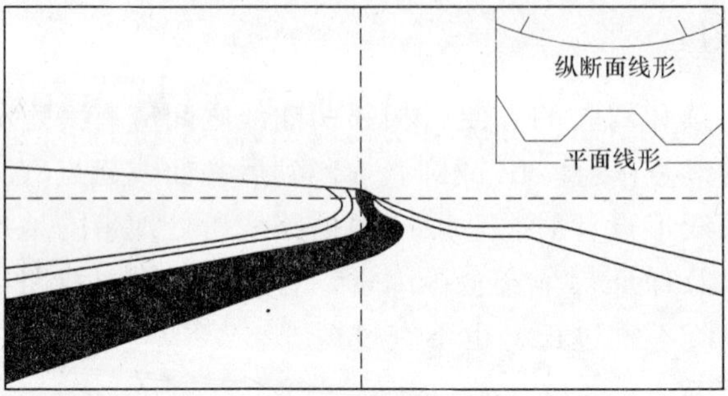

图 2-2　同向曲线之间插入短直线

2.反向曲线间的最小直线长度

两个转向相反的相邻曲线之间考虑到为设置超高和加宽缓和段的需要以及驾驶人员转向操作的需要，其间的最小直线长度应予限制。《公路路线设计规范》（JTG D20—2006）规定：当设计速度大于或等于 60 km/h 时，反向圆曲线间的最小直线长度(以 m 计)以不小于设计速度(以 km/h 计)的 2 倍为宜。

设计速度小于或等于 40 km/h 时，可参照上述规定执行。

第三节　圆曲线

在平面线形中，圆曲线是最常用的基本线形，各级道路不论转角大小均应设置圆曲线。圆曲线由于与地形适应性强、线形美观和易于测设等优点，使用十分普遍。

一、圆曲线的半径

(一)计算公式

圆曲线作为平曲线或平曲线的组成部分，其主要技术指标就是圆曲线半径。圆曲线半径是以汽车在曲线部分能安全而又顺适地行驶所需要的条件而确定的。通过对行驶于平曲线上的汽车横向受力状态的分析及各种力的几何关系，得出圆曲线半径的计算公式为：

$$R=\frac{V^2}{127(\mu+i)} \tag{2-1}$$

式中　R——圆曲线半径，m；

V——行车速度，km/h；

μ——横向力系数，即单位车重所承受的实际横向力，极限值为路面与轮胎之间的横向摩阻系数；

i——路面的横向坡度，曲线内侧低外侧高取正值，反之则取负值。

由式(2-1)可见，圆曲线半径越大，横向力系数就越小，汽车就越稳定。所以，从汽车行驶稳定性出发，圆曲线半径越大越好。但有时因受地形、地质、地物等因素的限制，圆曲线半径不可能设置的很大，如果半径选用的太小，又会使汽车行驶不稳定，安全性较差甚至翻车。所以，必须综合考虑汽车安全、迅速、舒适和经济，并兼顾美观，使确定的最小半径能满足某种程度的行车要求。

(二)圆曲线最小半径

由式(2-1)计算最小曲线半径时，式中的 V 采用各级道路相应的设计速度，因此确定圆曲线最小半径的关键参数是横向力系数和路面横坡。确定横向力系数时既不能超过摩阻系数，还要考虑司乘人员在行驶中所能忍受的横向力的大小和舒适感。

圆曲线最小半径包括极限最小半径、一般最小半径和不设超高的最小半径。

1.极限最小半径

极限最小半径是圆曲线半径采用的最小极限值，当地形困难或条件受限制时，方可采用。

我国《标准》制定极限最小半径时采用表 2-1 所列的最大横向力系数和最大超高值，计算结果取整得圆曲线极限最小半径(见表 2-1)。

表 2-1　圆曲线极限最小半径

设计速度(km/h)	120	100	80	60	40	30	20
横向力系数	0.10	0.12	0.13	0.15	0.15	0.16	0.17
超高值(%)	8						
极限最小半径(m)	650	400	250	125	60	30	15

2.一般最小半径

一般最小半径对按设计速度行驶的车辆能保证其安全性与舒适性，是设计时建议采用的值，它介于极限最小半径与不设超高的最小半径之间。

我国《标准》制定一般最小半径时采用表 2-2 所列的横向力系数和超高值，计算结果取整得出圆曲线一般最小半径(见表 2-2)。

表 2-2　圆曲线一般最小半径

设计速度(km/h)	120	100	80	60	40	30	20
横向力系数	0.05	0.05	0.06	0.06	0.06	0.05	0.05
超高值(%)	0.06	0.06	0.07	0.08	0.07	0.06	0.06
一般最小半径(m)	1 000	700	400	200	100	65	30

3.不设超高的最小半径

不设超高的最小半径是指道路曲线半径较大、离心力较小时，汽车沿双向路拱外侧行驶的路面摩擦力足以保证汽车行驶安全稳定所采用的最小半径。

圆曲线半径大于一定数值时，可以不设置超高，从行驶的舒适性考虑，必须把横向力系数控制到最小值，我国《标准》规定：

(1)路拱横坡小于等于 2.0%时，横向力系数按 0.035～0.040 取用，并规定当路拱横坡为 1.5%时横向力系数采用 0.035，当路拱横坡为 2.0%时横向力系数采用 0.040。

(2)路拱横坡大于 2.0%时，横向力系数按 0.040～0.050 取用：当路拱横坡为 2.5%时横向力系数采用 0.040；当路拱横坡为 3.0%时横向力系数采用 0.045；当路拱横坡为 3.5%时横向力系数采用 0.050。

《公路路线设计规范》(JTG D20—2006)规定的不设超高的圆曲线最小半径见表 2-3。

表 2-3　不设超高的圆曲线最小半径

设计速度(km/h)		120	100	80	60	40	30	20
不设超高圆曲线最小半径(m)	路拱≤2%	5 500	4 000	2 500	1 500	600	350	150
	路拱＞2%	7 500	5 250	3 350	1 900	800	450	200

我国《城市道路设计规范》(CJJ 37—90)规定的圆曲线最小半径见表 2-4。

表 2-4　城市道路圆曲线最小半径

计算行车速度(km/h)	80	60	50	40	30	20
不设超高最小半径(m)	1 000	600	400	300	150	70
设超高一般最小半径(m)	400	300	200	150	85	40
极限最小半径(m)	250	150	100	70	40	20

(三)圆曲线最大半径

公路平面线形设计选用圆曲线半径时，在地形等条件允许的前提下，应尽量采用大半径曲线，以保证行车的舒适和安全。但半径过大，常常会造成平曲线过长。当曲线过长且地形平坦、景观单调时，同样会使驾驶者感到疲劳、反应迟钝；而且当圆曲线半径大于 9 000 m 时，驾驶者视线集中的 300～600 m 范围内的视觉效果同直线没有区别，过大的半径对测设和施工也都不利。因此，《公路路线设计规范》(JTG D20—2006)规定，圆曲线的最大半径不宜超过 10 000 m。

(四)圆曲线的运用

圆曲线半径的选用与设计速度、地形、相邻曲线的协调均衡、曲线长度、曲线间的直线长度、纵面线形的配合、公路横断面等诸多因素有关。在确定半径时，应注意以下几点：

(1)设置圆曲线时应与地形相适应，以采用超高为 2%～4%的圆曲线半径为宜。

(2)公路线形设计时应根据沿线地形等情况尽量选用较大半径，条件受限制时，可采用大于或接近于圆曲线最小半径的“一般值”；地形条件特殊、困难而不得已时，方可采用圆曲线最小半径的“极限值”。

(3)设置圆曲线时，应同衔接路段的平、纵线形要素相协调，使之构成连续、均衡的曲线线形，并避免小半径圆曲线与陡坡相重合的线形。

二、圆曲线的要素计算

圆曲线的要素计算见图 2-3，计算公式如下：

$$T = R\tan\frac{\alpha}{2} \tag{2-2}$$

$$L = \frac{\pi}{180}\alpha R = 0.017\,45\alpha R \tag{2-3}$$

$$E = R\left(\sec\frac{\alpha}{2} - 1\right) \tag{2-4}$$

$$D = 2T - L \tag{2-5}$$

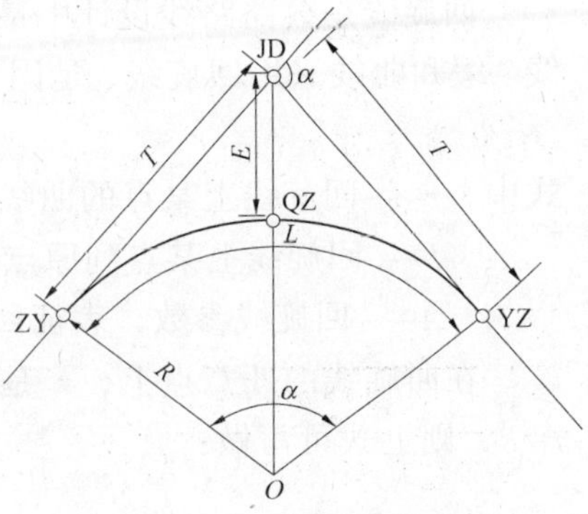

图 2-3　圆曲线要素计算

式中　T——切线长，m；

L——圆曲线长，m；

E——外距，m；

D——校正值或称超距，m；

R——圆曲线半径，m；

α——转角，(°)。

第四节　缓和曲线

一、缓和曲线的作用

缓和曲线是指在直线与圆曲线之间或者半径相差较大的两个转向相同的圆曲线之间设置的一种曲率连续变化的曲线。《标准》规定，除四级路可不设缓和曲线外，其余各级公路都应设置缓和曲线。在现代高速公路上，有时缓和曲线所占的比例超过了直线和圆曲线，成为平面线形的主要组成部分。在城市道路上，缓和曲线也被广泛使用。缓和曲线具有如下作用：

(1)曲率连续变化，符合车辆行驶轨迹。

(2)离心加速度逐渐变化，旅客感觉舒适。

(3)超高横坡度逐渐变化，行车更加平稳。

(4)与圆曲线配合得当，增加线形美观，如图 2-4 所示。

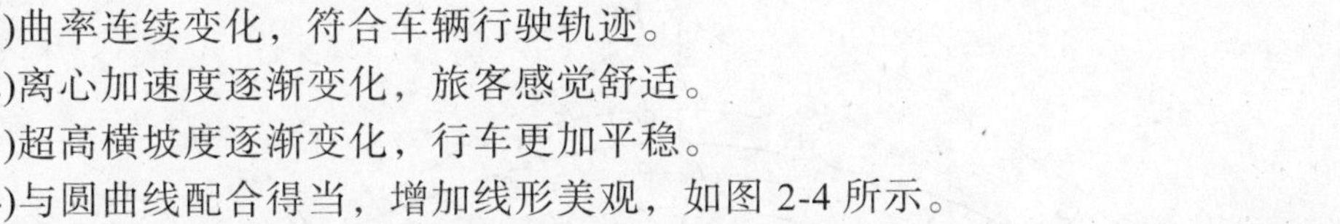

(a)不设缓和曲线感觉路线扭曲　　(b)设置缓和曲线后变得平顺美观

图 2-4　直线与曲线连接效果图

二、回旋线

(一)回旋线的数学表达式

回旋线是公路路线设计中最常用的一种缓和曲线。《标准》规定缓和曲线采用回旋线。缓和曲线采用回旋线，是因为汽车行驶轨迹非常近似回旋线。回旋线的基本公式为：

$$rl = A^2 \tag{2-6}$$

式中　r——回旋线上某点的曲线半径，m；

l——回旋线上某点到原点的曲线长，m；

A——回旋线参数，表征回旋线曲率变化的缓急程度。

在回旋线的任意点上，r 是随 l 的变化而变化的，但在缓和曲线的终点处，$l=L_s$，$r=R$，则上式可写做：

$$RL_s = A^2 \tag{2-7}$$

则参数

$$A=\sqrt{RL_s} \tag{2-8}$$

式中　R——回旋线所连接的圆曲线的半径，m；

L_s——回旋线的缓和曲线的长度，m。

设计上可以由已知 R 和 L_s 计算 A，也可以按各种条件选择 R 和 A，再计算 L_s。

(二)有缓和曲线的道路平曲线的几何要素计算

图 2-5 为将回旋线设为缓和曲线的基本图式，其几何元素的计算公式如下：

$$q=\frac{L_s}{2}-\frac{{L_s}^3}{240R^2} \tag{2-9}$$

$$p=\frac{{L_s}^2}{24R}-\frac{{L_s}^4}{2\,384R^3} \tag{2-10}$$

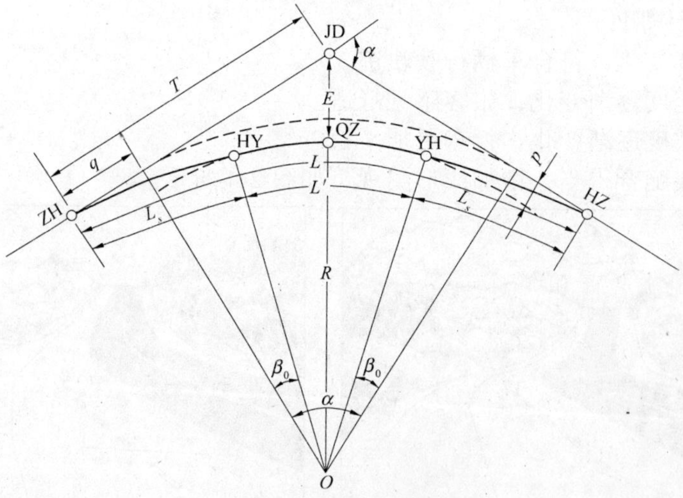

图 2-5　平面线几何要素

$$T=(R+p)\tan\frac{\alpha}{2}+q \tag{2-11}$$

$$\beta_0=28.647\ 9\frac{L_s}{R} \tag{2-12}$$

$$L=(\alpha-2\beta_0)\frac{\pi}{180}R+2L_s \tag{2-13}$$

$$E=(R+p)\sec\frac{\alpha}{2}-R \tag{2-14}$$

$$D=2T-L \tag{2-15}$$

回旋线上任意点一的坐标公式为：

$$x=l-\frac{l^5}{40R^2L_s^{\ 2}} \tag{2-16}$$

$$y=\frac{l^3}{6RL_s}-\frac{l^7}{336R^3L_s^{\ 3}} \tag{2-17}$$

在圆曲线上任意一点的坐标公式为：

$$\varphi_m=\alpha_m+\beta_0=28.647\ 9\left(\frac{2l_m+L_s}{R}\right) \tag{2-18}$$

$$x=q+R\sin\varphi_m \tag{2-19}$$

$$y=p+R(1-\cos\varphi_m) \tag{2-20}$$

式中　T——总切线长，m；

L——总曲线长，m；

E——外距，m；

D——校正值，m；

R——圆曲线半径，m；

α——路线转角，(°)；

β_0——缓和曲线终点处(即 HY、YH)的缓和曲线角，(°)；

p——设缓和曲线后，主圆曲线的内移值，m；

q——缓和曲线切线增长值，m；

L_s——缓和曲线长度，m；

l_m——圆曲线上任意一点 m 至缓和曲线终点(即 HY、YH)的弧长，m；

α_m——l_m 弧所对应的圆心角，(°)；

x，y——曲线上任意一点的切线支距坐标，m。

三、缓和曲线的长度及参数

(一)缓和曲线的最小长度

缓和曲线应有足够的长度，以保证驾驶员操纵方向盘所需的时间，使乘客感觉舒适，线形圆滑顺适，圆曲线上的超高和加宽的过渡能在缓和曲线内完成。所以，应规定缓和曲线的最小长度。可从以下几方面考虑。

1.旅客感觉舒适

汽车行驶在缓和曲线上，其离心加速度将随着缓和曲线曲率的变化而变化，如果变化过快将会使旅客感到横向的冲击，产生不舒适的感觉。缓和曲线上离心加速度的变化率α_s为：

$$\alpha_s = \frac{\alpha}{t} = \frac{v^2}{Rt}$$

式中 v——汽车行驶速度，m/s；

R——圆曲线半径，m；

α——离心加速度，m/s^2；

t——汽车在缓和曲线上的行驶时间，s。

在等速行驶的情况下：

$$t = \frac{L_s}{v}$$

于是

$$\alpha_s = \frac{v^3}{RL_s} = 0.021\,4\frac{V^3}{RL_s} \tag{2-21}$$

式中 V——汽车行驶速度，km/h。

则可推出缓和曲线的最小长度公式为：

$$L_{s\min} = 0.021\,4\frac{V^3}{\alpha_s R} \tag{2-22}$$

离心加速度的变化率α_s通常取 0.6 m/s^2，于是缓和曲线的最小长度为：

$$L_{s\min} = 0.036\frac{V^3}{R} \tag{2-23}$$

2.超高渐变率适中

由于在缓和曲线上设有超高过渡段，如果过渡段太短则会因路面急剧地由双坡变为单坡而形成一种扭曲的面，对行车不利。

在超高过渡段上，路面外侧逐渐抬高，从而形成一个“附加坡度”，当圆曲线上的超高值一定时，这个附加坡度就取决于过渡段长。附加坡度(或称超高渐变率)太大或太小都不好，太大对行车不利，太小对排水不利。《公路路线设计规范》(JTG D20—2006)规定了适中的超高渐变率，由此可导出缓和曲线最小长度公式为：

$$L_{s\min} = \frac{B\Delta i}{p} \tag{2-24}$$

式中 B——旋转轴至行车道(设路缘带时为路缘带)外侧边缘的宽度，m；

Δi——超高坡度与路拱坡度的代数差（%）；

p——超高渐变率，即旋转轴至行车道外侧边缘线之间的相对坡度，相关规定详见本章第五节表 2-11。

3.行驶时间不过短

缓和曲线的长度太短，会使驾驶员操作不便，甚至造成驾驶操纵的紧张和忙乱。一般要求汽车在缓和曲线上行驶的时间应不小于 3 s，故缓和曲线的最小长度为：

$$L_{s\min}=vt=\frac{V}{1.2} \tag{2-25}$$

考虑了上述影响缓和曲线长度的各项因素，《标准》规定了各级公路回旋线的最小长度，见表 2-5；《城市道路设计规范》（CJJ 37—90）制定了城市道路的最小回旋线长度，见表 2-6。

表 2-5　各级公路回旋线最小长度

设计速度(km/h)	120	100	80	60	40	30	20
回旋线最小长度(m)	100	85	70	50	35	25	20

注：四级公路为超高、加宽过渡段长度。

表 2-6　城市道路最小回旋线长度

设计速度(km/h)	80	60	50	40	30	20
最小回旋线长度(m)	70	50	45	35	25	20

(二)回旋线参数的确定

回旋线参数宜根据地形条件及线形要求确定，并与圆曲线半径相协调。德国经验认为，为得到视觉上协调而又平顺的线形，回旋线参数 A 和连接的圆曲线间应保持以下关系：

$$\frac{R}{3}\leqslant A\leqslant R \tag{2-26}$$

当 R 小于 100 m 时，A 宜大于或等于 R；当 R 接近于 100 m 时，A 宜等于 R；当 R 较大或接近于 3 000 m 时，A 宜等于 $R/3$；当 R 大于 3 000 m 时，A 宜小于 $R/3$。

(三)缓和曲线的省略

《公路路线设计规范》(JTG D20—2006)规定，在下列情况下可不设回旋线：

(1)在直线与圆曲线间，当圆曲线半径大于或等于表 2-3 所列“不设超高的圆曲线最小半径”时。

(2)半径不同的同向圆曲线间，当小圆半径大于或等于“不设超高的圆曲线最小半径”时。

(3)小圆半径大于表 2-7 中所列半径，且符合下列条件之一者：①小圆按最小回旋线长度设回旋线，大圆与小圆的内移值之差小于 0.10 m 时；②设计速度大于或等于 80 km/h，大圆半径 R_1 与小圆半径 R_2 之比小于 1.5 时；③设计速度小于 80 km/h，大圆半径 R_1 与小圆半径 R_2 之比小于 2 时。

表 2-7　复曲线中小圆临界圆曲线半径

设计速度(km/h)	120	100	80	60	40	30
临界圆曲线半径(m)	2 100	1 500	900	500	250	130

《城市道路设计规范》（CJJ 37—90）所规定的不设缓和曲线的最小圆曲线半径如表 2-8 所示。

表 2-8　城市道路不设缓和曲线的最小圆曲线半径

设计速度(km/h)	80	60	40	30
不设缓和曲线的最小圆曲线半径(m)	2 000	1 000	700	500

第五节　曲线上的超高与加宽

一、曲线超高

(一)超高及其作用

为抵消车辆在曲线路段上行驶时所产生的离心力，将路面做成外侧高内侧低的单向横坡形式，称为曲线上的超高。合理地设置超高，可以全部或部分抵消离心力，提高汽车在曲线上行驶的稳定性与舒适性。当汽车等速行驶时，圆曲线上所产生的离心力是常数，超高横坡度应是与圆曲线半径相适应的全超高。而在缓和曲线上曲率是变化的，其离心力也是变化的，因此在缓和曲线上应是逐渐变化的超高。这段从直线上的双向横坡渐变到圆曲线上单向横坡的路段，称为超高过渡段。四级公路不设缓和曲线，但曲线上若设有超高，从构造的角度也应有超高过渡段。

(二)超高值的确定

1.最大超高值

由前面平曲线半径计算公式(2-1)可得超高值的计算公式为：

$$i_c = \frac{V^2}{127R} - \mu \tag{2-27}$$

当采用极限最小半径时即为计算最大超高坡度，其公式为：

$$i_{c\max} = \frac{V^2}{127R_{\min}} - \mu \tag{2-28}$$

最大超高值的限值与气候条件、地形、地区、汽车以低速行驶的频率、路面施工的难易程度等因素有关。从保证汽车转弯时有较高速度和乘客舒适性来看，要求超高横坡应尽量大一点，但考虑到车辆组成不同，车速不一，特别是停在弯道上的汽车(V=0)，有可能向弯道内侧滑移的危险。另外，在冰雪状态下，过大的超高对车辆启动及刹车都不利。所以，由式(2-28)，当 $V=0$，产生滑移的极限状态 $\mu=\varphi_y$ 时：

受横向滑移限制

$$i_{c\max} \leqslant \varphi_y \tag{2-29}$$

式中　φ_y——横向附着系数。

各级道路圆曲线部分最大超高值规定见表 2-9 和表 2-10。

表 2-9　各级公路圆曲线最大超高值

公路等级	高速公路、一级公路	二级公路、三级公路、四级公路
一般地区(%)	8 或 10	8
积雪冰冻地区(%)	6	

注：高速公路、一级公路正常情况下采用 8%，交通组成中小客车比例高时可采用 10%。

表 2-10　城市道路最大超高值

计算行车速度(km/h)	80	60、50	40、30、20
最大超高值(%)	6	4	2

二、三、四级公路接近城镇且混合交通量较大的路段，车速受到限制时，其最大超高值可按表 2-10 执行。

2.超高值的确定

各圆曲线半径所设置的超高值应根据设计速度、圆曲线半径、公路条件、自然条件等经计算确定。道路圆曲线部分的最小超高值应与该道路直线部分的正常路拱横坡度值一致。

(三)超高过渡方式

超高过渡方式应根据地形、车道数、中间带宽度、超高值、排水要求、路容美观等因素而定，分为下列几种。

1.无中间带的公路

超高横坡度等于路拱坡度时，将外侧车道绕路中线旋转，直至超高横坡值，如图 2-6 所示。

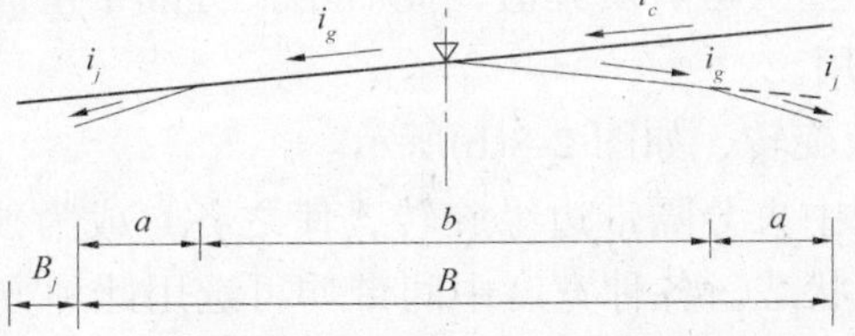

图 2-6　超高横坡度等于路拱坡度时旋转图

超高横坡度大于路拱坡度时，可分别采用以下三种过渡方式：

(1)绕内边缘旋转，如图 2-7(a)所示。

在过渡段起点之前将路肩的横坡逐渐变为路拱横坡，再以路中线为旋转轴，逐渐抬高外侧路面与路肩，使之达到与路拱坡度一致的单向横坡后，整个断面再绕未加宽前的内侧车道边缘旋转，直至达到超高横坡度。新建公路宜采用此种方式。

(2)绕路中线旋转，如图 2-7(b)所示。

在超高过渡段之前，先将路肩横坡逐渐变为路拱横坡，再以路中线为旋转轴，使外侧车道和内侧车道变为单向的横坡度后，整个断面一同绕中线旋转，使单坡横断面直至达到超高横坡度。一般改建公路常采用此种方式。

(3)绕外边缘旋转，如图 2-7(c)所示。

先将外侧车道绕外边缘旋转，与此同时，内侧车道随中线的降低而相应降低，待达到单向横坡后，整个断面仍绕外侧车道边缘旋转，直至超高横坡度。路基外缘标高受限制或路容美观有特殊要求时可采用此种方式。

2.有中间带的公路

(1)绕中间带的中心线旋转，如图 2-8(a)所示。

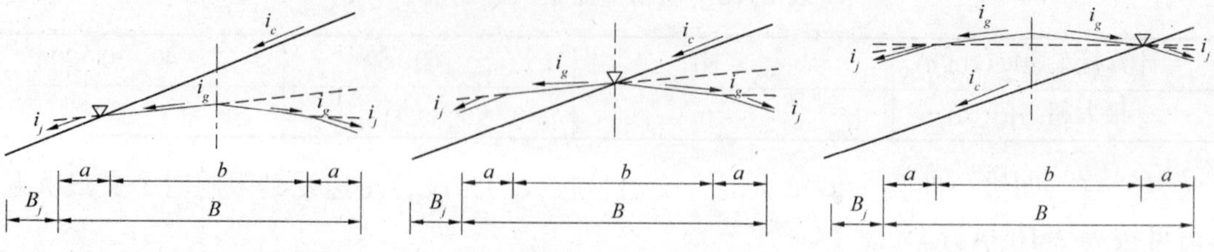

(a)绕内边缘旋转　　(b)绕路中线旋转　　(c)绕外边缘旋转

图 2-7　无中间带公路超高的过渡方式

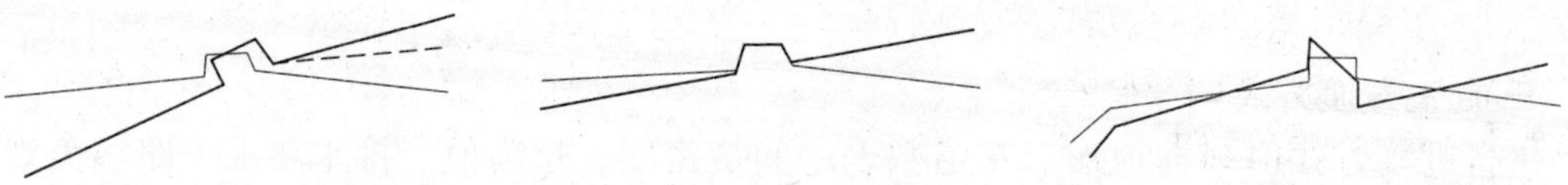

(a)绕中间带的中心线旋转　(b)绕中央分隔带边缘旋转　　(c)绕各自行车道中线旋转

图 2-8　有中间带公路的超高过渡方式

先将外侧行车道绕中间带的中心旋转，待达到与内侧行车道构成单向横坡后，整个断面一同绕中心线旋转，直至超高横坡值，此时中央分隔带呈倾斜状。中间带宽度小于或等于 4.5 m 的公路可采用。

(2)绕中央分隔带边缘旋转，如图 2-8(b)所示。

将两侧行车道分别绕中央分隔带边缘旋转，使之各自成为独立的单向超高断面，此时中央分隔带维持原水平状态。各种宽度中间带均可选用此种方式。

(3)绕各自行车道中线旋转，如图 2-8(c)所示。

将两侧行车道分别绕各自的中线旋转，使之各自成为独立的单向超高断面，此时中央分隔带边缘分别升高与降低而成为倾斜断面。车道数大于 4 条的公路可采用。

3.分离式路基公路

分离式路基公路的超高过渡方式，宜按无中间带公路分别予以过渡。

城市道路单幅路及三幅路机动车道宜绕中线旋转；双幅路及四幅路机动车道宜绕中间分隔带边缘旋转，使两侧车行道各自成为独立的超高横断面。

(四)超高过渡段

由直线段的双向路拱横断面逐渐过渡到圆曲线段的全超高单向横断面，其间必须设置超高过渡段。双车道公路超高过渡段长度按下式计算：

$$L_c = \frac{B\Delta i}{p} \tag{2-30}$$

式中　B——旋转轴至行车道(设路缘带时为路缘带)外侧边缘的宽度，m；

Δi——超高坡度与路拱坡度的代数差（%）；

p——超高渐变率，即旋转轴至行车道外侧边缘线之间的相对坡度，其值见表 2-11。

在确定超高过渡段长度时，应注意：

(1)超高过渡段长度一般应采用 5 的倍数，且不小于 10 m。

表 2-11　超高渐变率

设计速度(km/h)	超高旋转轴位置	
	中线	边线
120	1/250	1/200
100	1/225	1/175
80	1/200	1/150
60	1/175	1/125
40	1/150	1/100
30	1/125	1/75
20	1/100	1/50

(2)一般情况下，在确定缓和曲线长度时，已经考虑了超高过渡段所需的最短长度，故一般取超高过渡段 L_c 与回旋线长度 L_s 相等，即超高的过渡应在回旋线全长范围内进行。

(3)但当回旋线较长时，其超高的过渡可采用以下方式：

超高过渡段可设在回旋线的某一区段范围之内，其超高过渡段的纵向渐变率不得小于 1/330，全超高断面宜设在缓圆点或圆缓点处。

6 车道及其以上的公路宜增设路拱线。

高速公路、一级公路，当采用中央分隔带外缘为旋转轴时，即便超高渐变率大于 1/330，在纵坡较平缓的情况下，行车道排水也会因断面较宽而难以达到满意的效果。为避免这种不良现象，除采取减小超高过渡段长度、加大超高渐变率、在回旋线的某一区段内设置超高等措施外，还可以采用在行车道中间增设 1～2 个路拱线以加速排水，如图 2-9 所示。

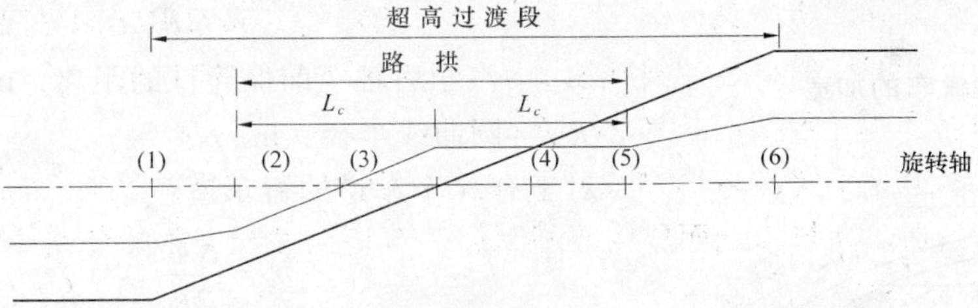

(a)超高渐变图

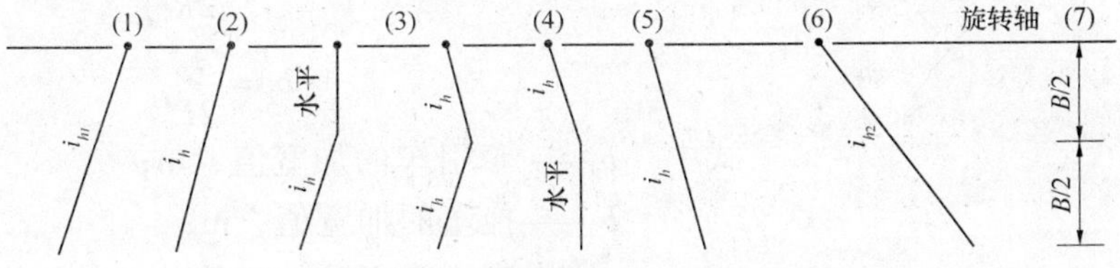

(b)横断面

图 2-9　增设路拱的超高方式

(4)四级公路超高的过渡应在超高过渡段的全长范围内进行。

(5)对线形设计要求较高的公路，应在超高过渡段的起、终点插入一段二次抛物线，使之连接圆滑、舒顺。

二、曲线加宽

(一)加宽及其作用

汽车在曲线路段上行驶时，各车轮行驶的轨迹不相同，靠近曲线内侧后轮行驶的曲线半径最小，靠曲线外侧的前轮行驶的曲线半径最大。所以，汽车在曲线上行驶时所占的车道宽度比直线段大。为保证汽车在转弯中不侵占相邻车道，在曲线内侧相应增加的路面、路基宽度称为曲线加宽(又称弯道加宽)。

(二)加宽值的计算

1.几何加宽值的计算

圆曲线上加宽值由几何需要的加宽和汽车转弯时摆动加宽两部分组成。

普通汽车的加宽值可由图 2-10 所示的几何关系求得：

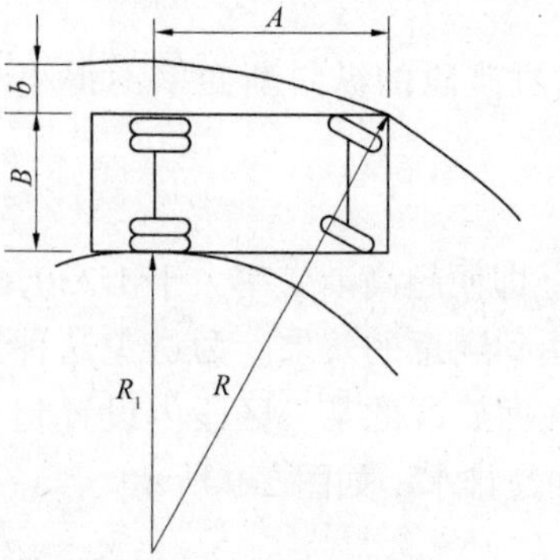

图 2-10　普通汽车的加宽

$$b = R-\left(R_1+B\right)$$

而
$$R_1+B=\sqrt{R^2-A^2}=R-\frac{A^2}{2R}-\frac{A^4}{8R}-\cdots$$

故
$$b=\frac{A^2}{2R}+\frac{A^4}{8R}+\cdots$$

上式第二项以后的数值极小，可省略不计，故一条车道的加宽为：

$$b_{单}=\frac{A^2}{2R} \tag{2-31}$$

式中　A——汽车后轴至前保险杠的距离，m；

R——圆曲线半径，m。

对于有 N 个车道的行车道：

$$b_n=\frac{NA^2}{2R} \tag{2-32}$$

半挂车的加宽值由图 2-11 所示的几何关系求得：

$$b_1=\frac{A_1{}^2}{2R}$$

$$b_2=\frac{A_2{}^2}{2R'}$$

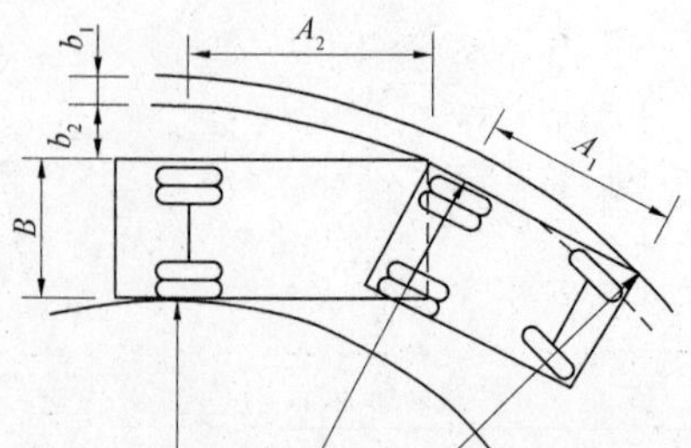

图 2-11　半挂车加宽

式中　b_1——牵引车的加宽值，m；

b_2——拖车的加宽值，m；

A_1——牵引车保险杠至第二轴的距离，m；

A_2——第二轴至拖车最后轴的距离，m；

其余符号意义见图 2-11。

由于 $R'=R-b_1$，而 b_1 与 R 相比甚微，可取 $R'=R$，于是半挂车的加宽值：

$$b=b_1+b_2=\frac{A_1{}^2+A_2{}^2}{2R} \tag{2-33}$$

令 $A_1^2+A_2^2=A^2$，上式仍可归纳为式(2-32)：

$$b_n=\frac{NA^2}{2R}$$

2.摆动加宽值的计算

据实测，汽车转弯摆动加宽与车速有关，一个车道摆动加宽值计算经验公式为：

$$e=\frac{0.05V}{\sqrt{R}} \tag{2-34}$$

式中 V——汽车转弯时的车速，km/h。

《公路路线设计规范》(JTG D20—2006)规定：二、三、四级公路的圆曲线半径小于或等于 250 m 时，应在圆曲线的内侧设置加宽。各级公路路面加宽后，路基也应相应加宽。双车道公路路面加宽值的规定见表 2-12。圆曲线加宽类别应根据该公路的交通组成确定。二级公路以及设计速度为 40 km/h 的三级公路有集装箱半挂车通行时，应采用第 3 类加宽值；不经常通行集装箱半挂车时，可采用第 2 类加宽值。四级公路和设计速度为 30 km/h 的三级公路可采用第 1 类加宽值。

表 2-12　双车道公路路面加宽值

加宽类型	汽车轴距加前悬(m)	圆曲线半径(m)								
		250～200	200～150	150～100	100～70	70～50	50～30	30～25	25～20	20～15
1	5	0.4	0.6	0.8	1.0	1.2	1.4	1.8	2.2	2.5
2	8	0.6	0.7	0.9	1.2	1.5	2.0	—	—	—
3	5.2+8.8	0.8	1.0	1.5	2.0	2.5	—	—	—	—

注：单车道公路路面加宽值应为表 2-12 规定值的一半。

双车道公路当采取强制性措施实行分向行驶的路段，其圆曲线半径较小时，内侧车道的加宽值应大于外侧车道的加宽值，设计时应通过计算确定其差值。

《城市道路设计规范》(CJJ 37—90)规定，圆曲线半径小于或等于 250 m 时，应在圆曲线内侧加宽，每条车道加宽值见表 2-13。

表 2-13　城市道路圆曲线每条车道的加宽值　(单位：m)

车型	圆曲线半径								
	200<R≤250	150<R≤200	100<R≤150	60<R≤100	50<R≤60	40<R≤50	30<R≤40	20<R≤30	15<R≤20
小型汽车	0.28	0.30	0.32	0.35	0.39	0.40	0.45	0.60	0.70
普通汽车	0.40	0.45	0.60	0.70	0.90	1.00	1.30	1.80	2.40
铰接车	0.45	0.55	0.75	0.95	1.25	1.50	1.90	2.80	3.50

(三)加宽过渡段

为了使路面由直线上的正常宽度过渡到在圆曲线范围内设置了全加宽的宽度，需在圆曲线两端设加宽过渡段。

1.加宽过渡段的长度

加宽过渡段的长度可按以下两种情况确定：

(1)设置回旋线或超高过渡段时，加宽过渡段长度应采用与回旋线或超高过渡段长度相同的数值。

(2)不设回旋线或超高过渡段时，加宽过渡段长度应按渐变率为 1∶15 且长度不小于 10 m 的要求设置。

2.加宽过渡的方式

二、三、四级公路的加宽过渡段的设置，应采用在相应的回旋线或超高、加宽过渡段全长范围内，按其长度成比例增加的方式，即

$$b_{jx}=\frac{L_x}{L_j}\times b_j \tag{2-35}$$

式中 b_{jx}——加宽过渡段上任一点的加宽值，m；

b_j——行车道加宽值，m；

L_x——加宽过渡段内任一点到过渡段起点的长度，m；

L_j——加宽过渡段长度，m。

第六节　平面线形的组合与衔接

一、平面线形设计的一般规定

(1)平面线形应直捷、连续、均衡，并与地形相适应，与周围环境相协调。

(2)各级公路不论转角大小均应敷设曲线，并宜选用较大的圆曲线半径。转角过小时，应调整平面线形。当不得已而设置小于 7° 的转角时，则必须按规定设置足够长的曲线。

《公路路线设计规范》(JTG D20—2006)规定的平曲线最小长度见表 2-14，公路转角等于或小于 7° 时的平曲线长度见表 2-15。

表 2-14　平曲线最小长度

设计速度(km/h)		120	100	80	60	40	30	20
平曲线最小长度(m)	一般值	600	500	400	300	200	150	100
	最小值	200	170	140	100	70	50	40

注：“一般值”为正常情况下的采用值，“最小值”为条件受限制时可采用的值。

表 2-15　公路转角等于或小于 7° 时的平曲线长度

设计速度(km/h)	120	100	80	60	40	30	20
平曲线长度(m)	1 400/ Δ	1 200/ Δ	1 000/ Δ	700/ Δ	500/ Δ	350/ Δ	280/Δ

注：表中Δ为路线转角值(°)，当$\Delta<2°$ 时，按$\Delta=2°$ 计算。

(3)两同向圆曲线间应设有足够长度的直线，否则，应调整线形设置为单曲线或复曲线。

(4)两反向圆曲线间不应设置短直线段，否则应调整线形设置为 S 形曲线。

(5)6 车道及其以上的高速公路，同向或反向圆曲线间插入的直线长度，还应符合路基外侧边缘超高过渡渐变率规定的要求。

(6)设计速度等于或小于 40 km/h 的双车道公路，两相邻反向圆曲线无超高时可径向衔接，无超高有加宽时应设置长度不小于 10 m 的加宽过渡段；两相邻反向圆曲线设有超高时，地形条件特殊困难路段的直线长度不得小于 15 m。

(7)设计速度等于或小于 40 km/h 的双车道公路，应避免连续急弯的线形。地形条件特殊困难不得已而设置时，应在曲线间插入规定的直线长度或回旋线。

二、平面线形的组合与衔接

平面线形由直线、圆曲线、缓和曲线三个几何要素组成。三个线形要素可以组合成不同的组合线形。

(一)简单形曲线

当一个弯道由直线与圆曲线组合时叫简单形曲线，即按直线—圆曲线—直线的顺序组合，如图 2-12 所示。简单形组合曲线在 ZY 和 YZ 点处有曲率突变点，对行车不利。当半径较小时，该处线形也不顺适，一般限于四级公路采用。在其他等级公路中，当平曲线半径大于不设超高半径时，省略缓和曲线后也可以构成简单形曲线。

(二)基本形曲线

按直线—回旋线—圆曲线—回旋线—直线的顺序组合的曲线称为基本形曲线，如图 2-13 所示。当两回旋线的参数值相等，即 $A_1=A_2$ 时，叫对称基本形，回旋线—圆曲线—回旋线的长度以大致接近为宜。两个回旋线的参数值亦可根据地形条件设计成非对称的曲线，即 $A_1 \neq A_2$，但 $A_1 : A_2$ 不应大于 2.0。

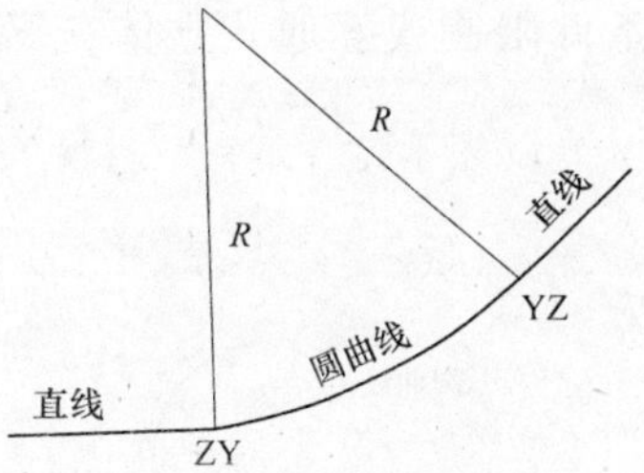

图 2-12 简单形曲线

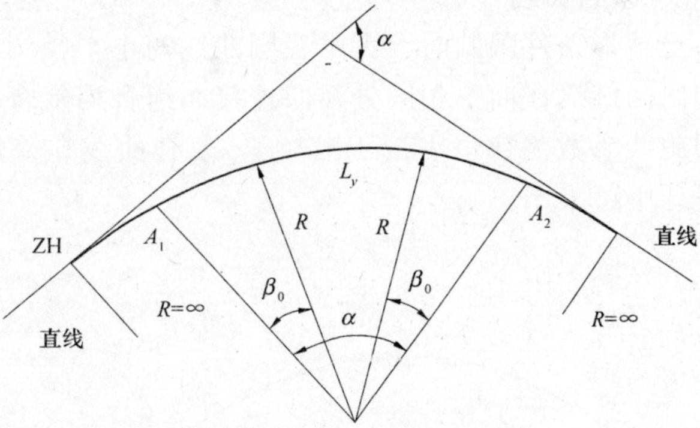

图 2-13 基本形曲线

(三)S 形曲线

两反向圆曲线相衔接或插入的直线长度不足时，可用回旋线将两反向圆曲线连接组合为 S 形曲线，如图 2-14 所示。S 形曲线的两回旋线参数 A_1 与 A_2 宜相等。当采用不同的回旋线参数时，A_1 与 A_2 之比应小于 2.0，有条件时以小于 1.5 为宜。当 $A_2 \leqslant 200$ 时，A_1 与 A_2 之比应小于 1.5。两圆曲线半径之比不宜过大，以 $R_1/R_2 \leqslant 2$ 为宜(R_1 为大圆曲线半径，R_2 为小圆曲线半径)。

(四)卵形曲线

两同向圆曲线相衔接或插入的直线长度不足时，可用回旋线将两同向圆曲线连接组合为卵形曲线，如图 2-15 所示。卵形曲线的回旋线参数宜选 $R_2/2 \leqslant A \leqslant R_2$($R_2$ 为小圆曲线半径)。两圆曲线半径之比，以 $R_2/R_1=0.2 \sim 0.8$ 为宜。两圆曲线的间距，以 $D/R_2=0.003 \sim 0.03$ 为宜(D 为两圆曲线间的最小间距)。

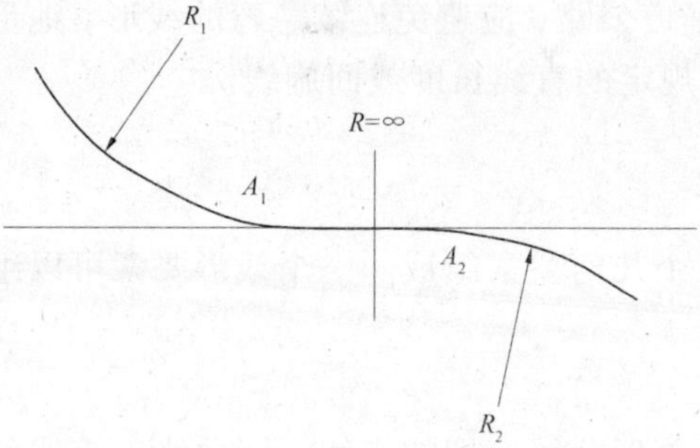

图 2-14　S 形曲线

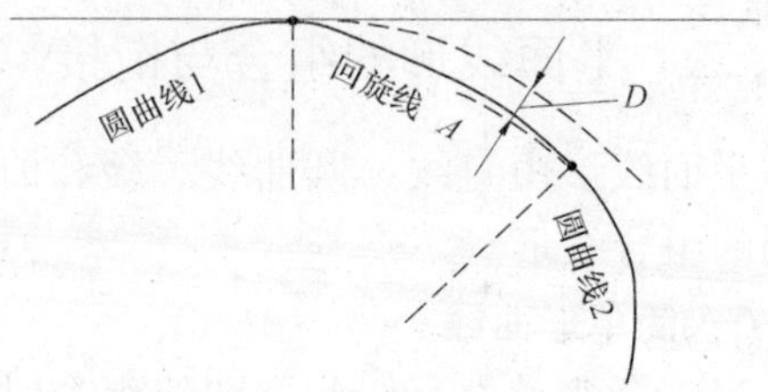

图 2-15　卵形曲线

(五)凸形曲线

受地形条件限制时，可将两同向回旋线在曲率相同处径向衔接而组合为凸形曲线，如图 2-16 所示。凸形曲线只有在路线严格受地形限制，且对接点的曲率半径相当大时方可采用。凸形曲线的回旋线参数及其对接点的曲率半径，应分别符合容许最小回旋线参数和圆曲线最小半径的规定。对接点附近的 0.3 V(以 m 计，其中 V 为设计速度，按 km/h 计)长度范围内，应保持以对接点的曲率半径确定的路拱横坡度。

(六)复合曲线

受地形条件限制时，大半径圆曲线与小半径圆曲线相衔接处，可采用两个或两个以上同向回旋线在曲率相同处径向连接而组合为复合曲线，如图 2-17 所示。复合曲线的两个回旋线参数之比以小于 1.5 为宜。复合曲线在受地形条件限制或互通式立体交叉的匝道设计中可采用。

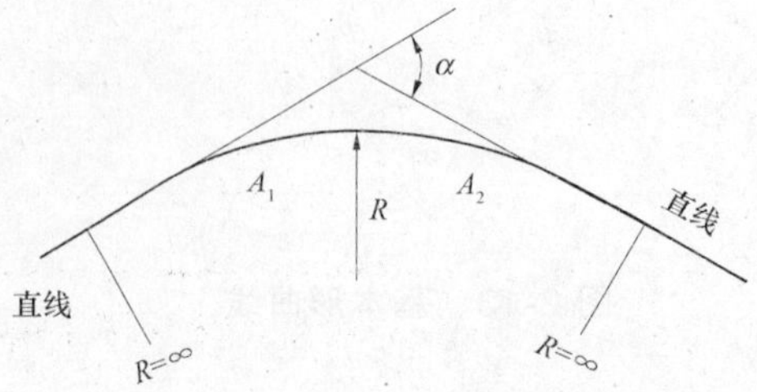

图 2-16　凸形曲线

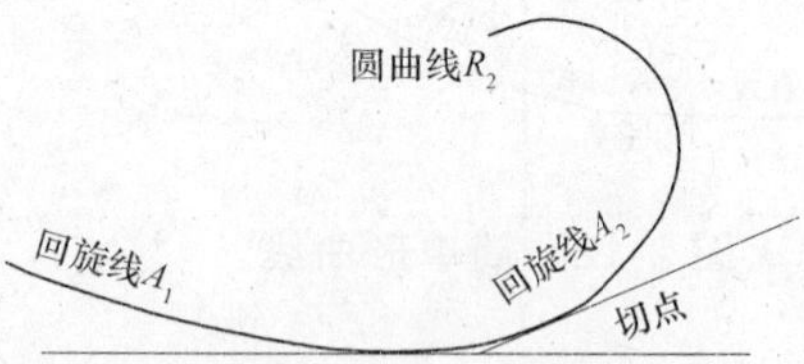

图 2-17　复合曲线

(七)C 形曲线

受地形条件或其他特殊情况限制时，可将两同向圆曲线的回旋线曲率为零处径向衔接而组合为 C 形曲线，如图 2-18 所示。C 形曲线仅限于地形条件特殊困难，路线严格受限制时方可采用。

(八)回头曲线

回头曲线是由一个主曲线、两个辅助曲线和主、辅曲线所夹的直线段组合而成的复杂曲线。回头曲线是在山区公路为克服高差在同一坡面上展线时所采用的，其圆心角一般接近或大于 180° 的曲线，如图 2-19 所示。回头曲线转角大、半径小、线形差，越岭路线应利用地形自然展线，避免设置回头曲线。三级公路、四级公路在自然展线无法争取需要的距离以克服高差，或因地形、地质条件所限不能采取自然展线时，方可采用回头曲线。两相邻回头曲线之间，应有较长的距离。由一个回头曲线的终点至下一个回头曲线起点的距离，设计速度为 40 km/h、30 km/h、20 km/h 时，应分别不小于 200 m、150 m、100 m。

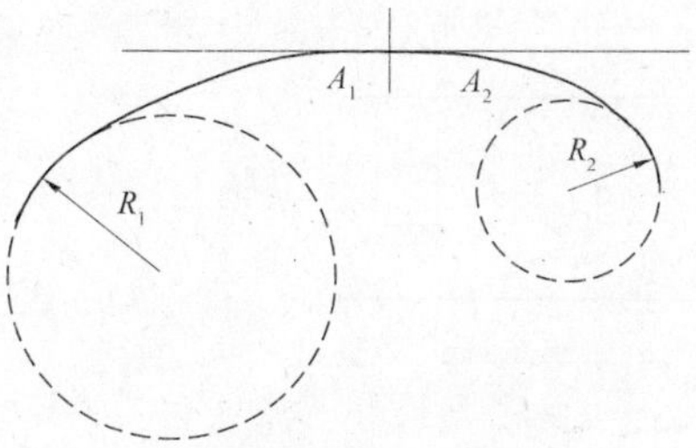

图 2-18　C 形曲线

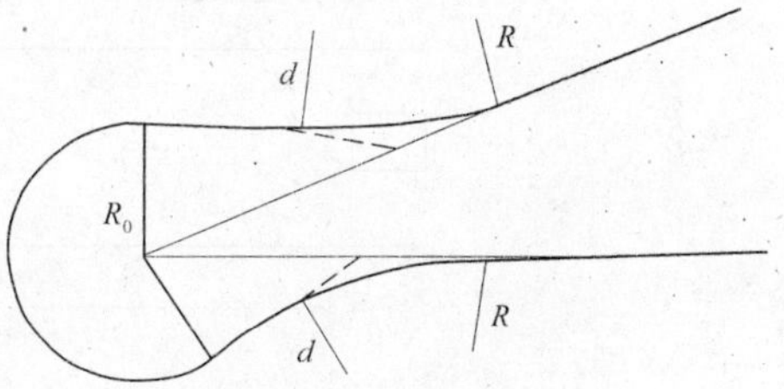

图 2-19　回头曲线

回头曲线的前后线形应连续、均匀、通视良好，两端以布设过渡性曲线为宜，且设置限速标志、交通安全设施等。回头曲线各部分的技术指标见表 2-16。

表 2-16　回头曲线技术指标

主线设计速度(km/h)	40		30	20
回头曲线设计速度(km/h)	35	30	25	20
圆曲线最小半径(m)	40	30	20	15
回旋线最小长度(m)	35	30	25	20
超高横坡度(%)	6	6	6	6
双车道路面加宽值(m)	2.5	2.5	2.5	3.0
最大纵坡(%)	3.5	3.5	4.0	4.5

设计速度为 40 km/h 的公路根据地形条件可选用 35 km/h 或 30 km/h 的回头曲线设计速度。

第七节　行车视距

为了保证行车安全，驾驶员应能随时看到前方一定距离的道路以及道路上的障碍物或对向来车，以便及时制动或绕过。汽车在这段时间内沿道路路面行驶的必需的最短距离，称为行车视距。行车视距是否充分，直接关系到行车的安全与迅速，它是道路使用质量的重要指标之一。无论在道路的平面上或纵断面上，都应保证必要的行车视距。

驾驶员发现障碍物或迎面来车，根据其采取措施的不同，行车视距可分为停车视距、会车视距、超车视距等几种。

一、停车视距

(一)小客车停车视距

小客车行驶时，当目高为 1.2 m、物高为 0.1 m 时，驾驶人员自看到前方障碍物时起，至障碍物前能安全停车所需的最短行车距离，即为小客车停车视距(简称停车视距)。如图 2-20 所示。

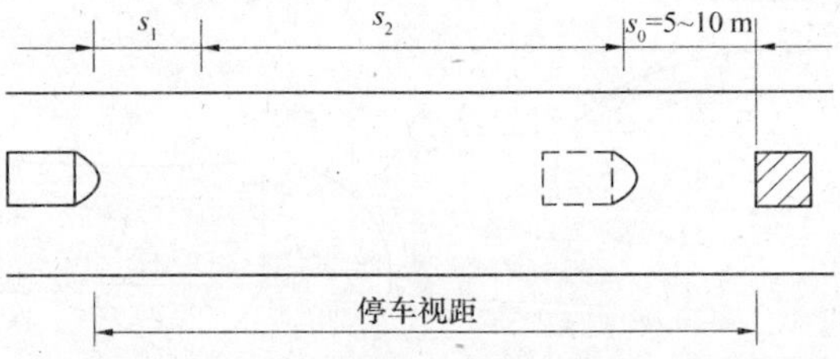

图 2-20 停车视距

停车视距由三部分组成：①驾驶者在反应时间内行驶的距离；②开始制动到刹车停止所行驶的距离，即制动距离；③安全距离。通常按下式计算：

$$s_{停}=\frac{V}{3.6}t+\frac{(V/3.6)^2}{2gf_1}+s_0 \tag{2-36}$$

式中 s_0——安全距离，一般取 5 ~ 10 m；

f_1——纵向摩阻系数，依车速及路面状况而定，一般按潮湿状态考虑，不同设计速度下的 f_1 值见表 2-17；

t——驾驶者反应时间，取 2.5 s(判断时间 1.5 s，运行时间 1.0 s)；

V——行驶速度，当设计速度为 80 ~ 120 km/h 时，采用设计速度的 85%，当设计车速为 0 ~ 40 km/h 时，采用设计速度的 90%，当设计车速为 20 ~ 30 km/h 时，采用原设计速度。

表 2-17 不同设计速度下的 f_1 值

设计速度(km/h)	120	100	80	60	40	30	20
f_1	0.29	0.30	0.31	0.33	0.38	0.44	0.44

我国停车视距的规定值见表 2-18 和表 2-19。

《标准》规定：高速公路、一级公路采用停车视距，其他各级公路视距一般采取不小于两倍停车视距的长度(即会车视距)。受地形条件或其他特殊情况限制而采取分道行驶措施的地段，可采用停车视距。

表 2-18　各级公路每条车道的停车视距

设计速度(km/h)	120	100	80	60	40	30	20
停车视距(m)	210	160	110	75	40	30	20

表 2-19　城市道路停车视距

设计速度(km/h)	80	60	50	45	40	35	30	25	20	15	10
停车视距(m)	210	160	110	75	40	30	20	25	20	15	10

(二)货车停车视距

载重货车行驶时，当目高为 2.0 m、物高为 0.1 m 时，驾驶人员自看到前方障碍物时起，至障碍物前能安全停车所需的最短行车距离即为货车停车视距。货车存在空载时制动性能差、轴间荷载难以保证均匀分布、一条轴侧滑会引发其他车轴失稳、半挂车铰接刹车不灵等现象。尽管货车驾驶者因眼睛位置高，比小客车驾驶者看得更远，但仍需要比小客车更长的停车视距。《公路路线设计规范》（JTG D20—2006）规定，在高速公路、一级公路以及大型车比例高的二级公路、三级公路的下坡路段，采用下坡段货车停车视距对下列相关路段进行视距检验：

(1)减速车道及出口端部。

(2)主线下坡路段且纵面竖曲线半径小于一般值的路段。

(3)主线分、汇流处，车道数减少，且该处纵面竖曲线半径小于一般值的路段。

(4)要求保证视距的圆曲线内侧，当圆曲线半径小于 2 倍“一般值”或路堑边坡陡于 1∶1.5 的路段。

(5)公路与公路、公路与铁路平面交叉附近。

下坡段货车停车视距规定见表 2-20。

表 2-20　下坡段货车停车视距　(单位：m)

设计速度(km/h)		120	100	80	60	40	30	20
纵坡坡度(%)	0	245	180	125	85	50	35	20
	3	265	190	130	89	50	35	20
	4	273	195	132	91	50	35	20
	5	—	200	136	93	50	35	20
	6	—	—	139	95	50	35	20
	7	—	—	—	97	50	35	20
	8	—	—	—	—	—	35	20
	9	—	—	—	—	—	—	20

二、会车视距

两辆对向行驶的汽车能在同一车道上及时刹车所必需的距离，称为会车视距。

会车视距由三部分组成(见图 2-21)：①双方驾驶者反应时间内行驶的距离；②双方汽车的制动距离；③安全距离。

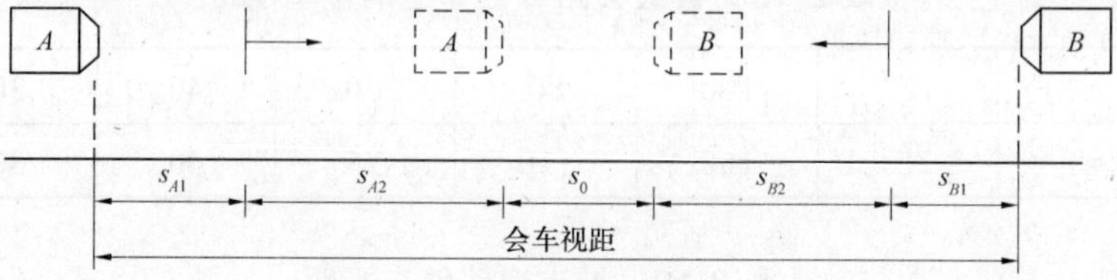

图 2-21 会车视距

参照国内外的普遍做法，会车视距取停车视距的两倍。

由于高速公路和一级公路采用分向分道行驶，不存在会车的问题，只考虑停车视距。对于二、三、四级公路除必须保证会车视距的要求外，双车道公路还应考虑超车视距的要求。

三、超车视距

超车视距是指在双车道道路上，当目高为 1.2 m、物高为 1.2 m 时，后车超越前车过程中，从开始驶离原车道之处起，至可见对向来车并能超车后安全驶回原车道所需的最短距离。如图 2-22 所示。

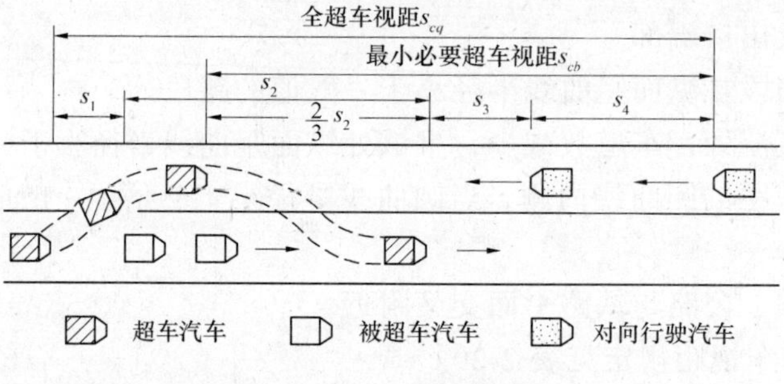

图 2-22 超车视距

超车视距的全程可分为四个阶段。

(一)加速行驶距离 s_1

当超车汽车经判断认为有超车的可能，于是加速行驶移向对向车道，在进入该车道之前的行驶距离为 s_1：

$$s_1 = \frac{V_0}{3.6}t_1 + \frac{1}{2}at_1^{\,2} \tag{2-37}$$

式中 V_0——被超汽车的速度，km/h；

t_1——加速时间，s，根据实测取 2.7 ~ 4.2 s；

a——平均加速度，m/s^2。

(二)超车汽车在对向车道上行驶的距离 s_2

s_2 按下式计算：

$$s_2 = \frac{V}{3.6} t_2 \tag{2-38}$$

式中 V——超车汽车的速度，km/h；

t_2——在对向车道上的行驶时间，s，根据实测取 7.6 ~ 10.4 s。

(三)超车完成时，超车汽车与对向汽车之间的安全距离 s_3

这个距离视超车汽车和对向汽车的行驶速度不同而采用不同的数值，一般取：

$$s_3 = 15 \sim 100 \text{ m} \tag{2-39}$$

(四)超车汽车从开始加速到超车完成时对向汽车的行驶距离 s_4

s_4 按下式计算：

$$s_4 = \frac{V}{3.6}(t_1 + t_2) \tag{2-40}$$

式中 V——对向汽车的速度，km/h。

以上四个距离之和是比较理想的全超车过程，但距离较长，在地形比较复杂的地点很难实现。实际上在计算 s_4 所需的时间时，只考虑超车汽车从完全进入对向车道到超车完了所行驶的时间就可保证安全了。因为，尾随在慢车后面的快车司机往往在未看到前面的安全区段就开始了超车作业，如果进入对向车道之后发现迎面有汽车开来而距离不足时还来得及返回自己的车道。因此，对向汽车行驶时间大致为 t_2 的 2/3 就足够了，即：

$$s'_4 = \frac{2}{3} s_2 = \frac{2}{3} \frac{V}{3.6} t_2 = \frac{V}{5.4} t_2 \tag{2-41}$$

于是全超车视距为：

$$s_{cq} = s_1 + s_2 + s_3 + s_4 \tag{2-42}$$

在地形困难或其他原因不得已时，可采用最小必要超车视距：

$$s_{cb} = \frac{2}{3} s_2 + s_3 + s'_4 \tag{2-43}$$

双车道公路的行车特征是超车时经常要占用对向车道，为保证行车安全，《标准》规定：具干线功能的二级公路宜在 3 min 的行驶时间内，应提供一次满足超车视距要求的超车路段；其他双车道公路可根据情况间隔设置具有超车视距的路段。规定的超车视距见表 2-21。

表 2-21 各级公路的超车视距

设计速度(km/h)		80	60	40	30	20
超车视距(m)	一般值	550	350	200	150	100
	最小值	350	250	150	100	70

注：“一般值”为正常情况下的采用值，“最小值”为条件受限制时可采用的值。

第八节 道路平面设计成果

完成道路平面设计后应即时清绘各种图纸和表格。主要的图纸有路线平面设计图、路线总体布置图、路线交叉设计图、道路用地图等。主要表格有直线、曲线及转角表、逐桩坐标表、路线固定表、总里程及断链桩号表等。下面仅就直线、曲线及转角表和路线平面设计图作一介绍。

一、直线、曲线及转角表

该表全面地反映了路线的平面位置和路线平面线形的各项指标，只有在完成“直线、曲线及转角表”以后，才能据此计算“逐桩坐标表”和绘制“路线平面设计图”，同时在做路线的纵断面设计、横断面设计和其他构造物设计时都要使用该表的数据。该表的格式参见表 2-22。

表 2-22　直线、曲线及转角表

交点号 JD	交点桩号	转角值α		曲线要素值(m)							曲线位置		
		左转角值α_z	右转角值α_y	半径 R	缓和曲线参数 A	缓和曲线长度 L_s	切线半径 T	曲线长度 L	外距 E	校正值 D	第一缓和曲线或超高过渡长度加宽过渡长度起点 ZH	第一缓和曲线终点或圆曲线起点 HY(ZY)	曲线中点 QZ
1	2	3	4	5	6	7	8	9	10	11	12	13	14

曲线位置		直线长度及方向			测量断链			备注
第二缓和曲线终点或圆曲线起点 YH(YZ)	第二缓和曲线或超高过渡长度加宽过渡长度起点 HZ	直线长度(m)	交点间距(m)	计算方位角或计算方向角(°)	桩号	增长(m)	减短(m)	
15	16	17	18	19	20	21	22	23

二、路线平面设计图

(一)公路平面设计图

公路平面设计图综合反映路线的平面位置、线形和几何尺寸，还反映出沿线人工构造物和重要工程设施的布置及道路与周边环境地形、地物和行政区划的关系等。

公路平面图中应示出：沿线的地形、地物、路线位置及里程桩号、断链、平曲线主要桩位与其他交通路线的关系以及县以上境地界等，标注水准点、导线点及坐标网格或指北图式，示出特大桥、大中桥、隧道、路线交叉位置等，列出平曲线要素和交点坐标表等。比例尺一般为 1∶2 000～1∶5 000，参见图 2-23。

(二)城市道路平面设计图

城市道路平面设计图是城市道路设计成果的重要组成之一。一般应标明路线、规划红线、车行道线、人行道线、停车场、绿化、交通标志、人行横道线、沿线建筑物出入口、各种地上地下管线的起向位置、雨水进水口、窨井等，注明交叉口及沿线里程桩，弯道及交叉口处应注明曲线要素、交叉口转角缘石的转弯半径等，比例尺一般为 1∶500～1∶1 000，参见图 2-24。

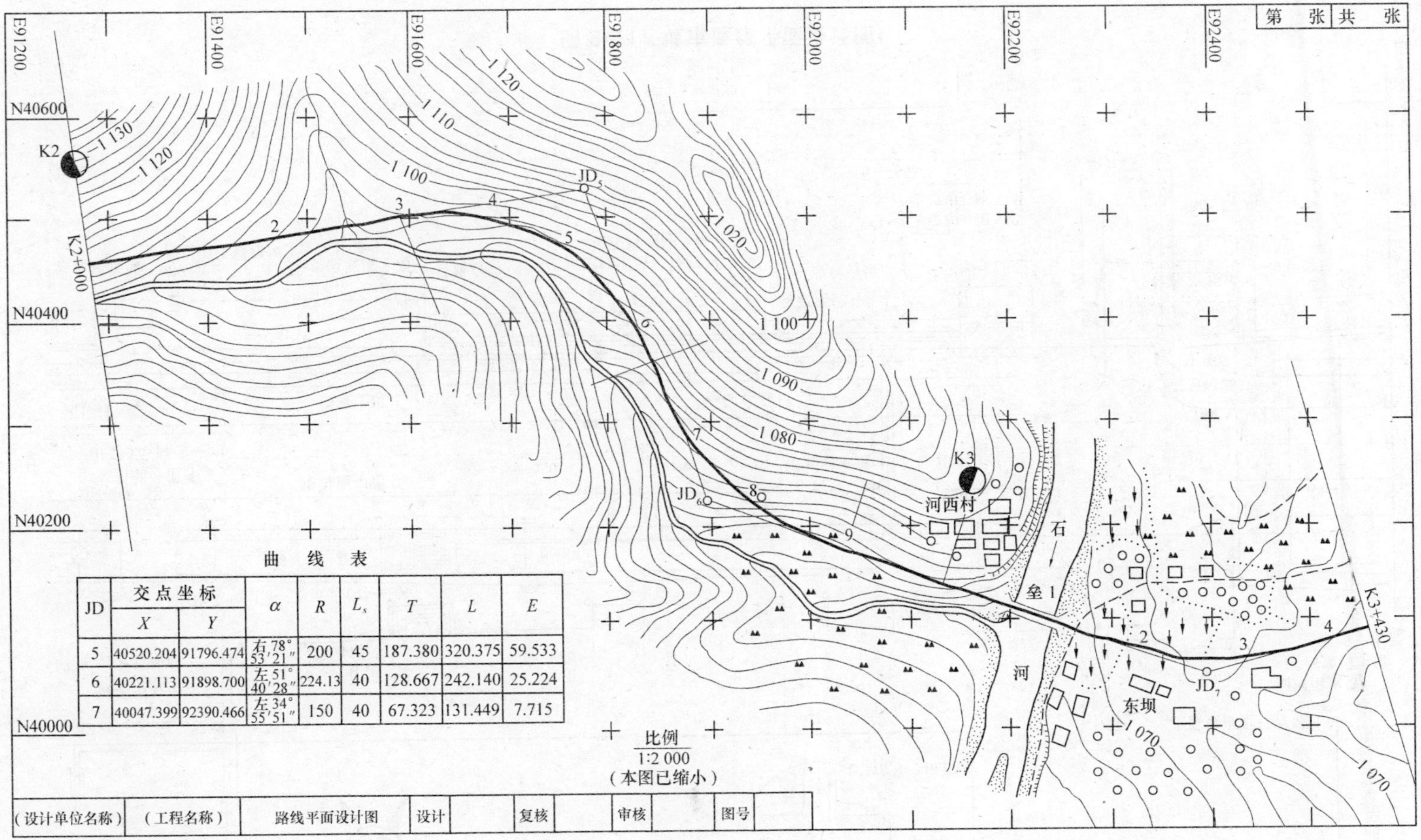

曲　线　表

JD	交点坐标 X	交点坐标 Y	α	R	L_s	T	L	E
5	40520.204	91796.474	右78°53′21″	200	45	187.380	320.375	59.533
6	40221.113	91898.700	左51°40′28″	224.13	40	128.667	242.140	25.224
7	40047.399	92390.466	左34°55′51″	150	40	67.323	131.449	7.715

图 2-23　公路平面设计图

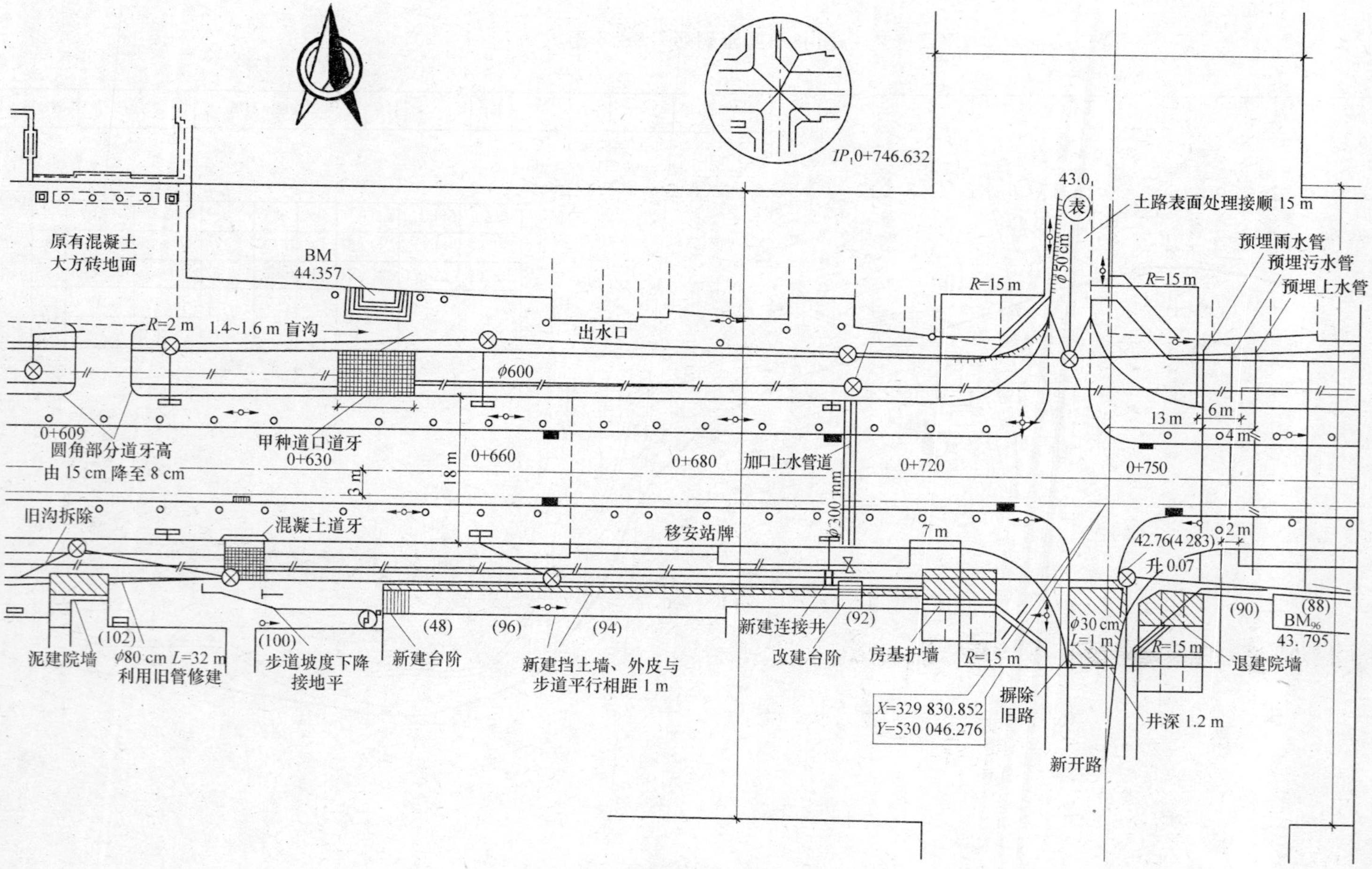

图 2-24 城市道路平面设计图

复习思考题

2-1 公路的最小圆曲线半径有几种？分别是怎样计算出来的？

2-2 缓和曲线有哪些作用？其长度是如何确定的？

2-3 道路曲线上设置超高和加宽有什么作用？如何设置？

2-4 平面线形的组合与衔接有哪些类型？它们各自的特点是什么？

2-5 行车视距包括哪几种？分别应如何计算？

第三章　道路纵断面

重点提示

本章主要介绍纵断面的概念，汽车行驶对道路纵坡的要求，最大纵坡和最小纵坡、坡长限制、缓和坡段、平均纵坡和合成坡度，竖曲线要素计算及竖曲线半径和最小长度，平、纵线形组合设计要点，纵断面设计成果等内容。

第一节　概　述

通过道路中线的竖向剖面即为道路纵断面。纵断面图是道路纵断面设计的主要成果，也是道路设计的技术文件之一。把道路的纵断面图与平面图、横断面图结合起来，就能完整地表达出道路的空间位置和立体线形。纵断面设计的主要任务就是根据汽车的动力特性、道路等级、地形、地物、水文地质等因素，综合考虑路基稳定、排水以及工程经济性等要求，研究纵坡的大小、长短、竖曲线半径以及线形的组合关系等，以达到行车安全迅速、运输经济合理及乘客感觉舒适的目的。

图 3-1 为路线纵断面示意图。纵断面图上有两条主要的线：一条是地面线，它是根据中线上各个桩的地面高程而点绘的一条不规则的折线，反映了中线原地面的起伏变化情况；另一条是设计线，它是经过技术上、经济上以及美学上等多方面比较后定出的一条具有规则形状的几何线，反映道路路线的起伏变化情况。纵断面设计线是由直线和竖曲线组成的。匀坡路段坡度 i 的大小用高差 h 与水平长度 l 之比来量度，即 $i=h/l$(%)(上坡为正，下坡为负)。在直线的坡度转折处为平顺过渡要设置竖曲线。

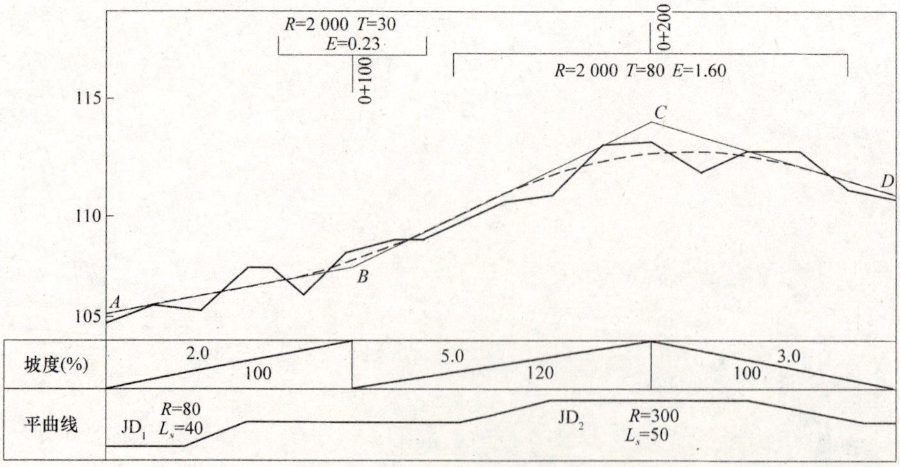

图 3-1　路线纵断面示意图

纵断面上的设计标高，即路基设计标高规定如下：

(1)新建公路的路基设计标高：高速公路和一级公路宜采用中央分隔带的外侧边缘标高；二、三、四级公路宜采用路基边缘标高，在设置超高、加宽路段为设超高、加宽前该处边缘标高。

(2)改建公路的路基设计标高：宜按新建公路的规定执行，也可视具体情况而采用中央分隔带中线或行车道中线标高。

对于城市道路，设计标高指建成后的行车道中线路面标高或中央分隔带中线标高。

第二节　纵坡与坡长

一、汽车行驶对道路纵坡的要求

根据汽车动力特性分析，汽车上坡时，若道路纵坡较缓，汽车的行驶阻力的代数和小于或等于汽车所用挡位牵引力，汽车就能用该挡位以等速或加速走完该段纵坡的全长，若汽车所用的挡位愈高，行驶速度就愈快，但爬坡能力愈差。因此，道路纵坡设计总是力求纵坡较缓为好，特别是等级较高的道路更是如此。

当道路的纵坡较陡，汽车上坡时的行驶阻力的代数和大于汽车所用挡位的牵引力时，在坡段较短的情况下，只要在上坡之前加大汽车油门，提高汽车的初速，利用动力冲坡的惯性原理，在车速降到临界速度之前即使不换挡也能冲过此段纵坡，但如果道路纵坡既陡又长，汽车利用动力冲坡无法冲过坡顶，此时就必须在车速下降到某一速度(如临界车速)之前换到较低的挡位来获得较大的动力因数，从而增大牵引力，汽车才能继续走完全程，但挡位愈低，汽车的行驶速度愈慢。

汽车使用低挡的行程时间越长或换挡次数频繁会延长行程时间，增加汽车燃料消耗和机件磨损。此外，道路纵坡对车速的影响极大，因为纵坡越陡，需要的动力因素越大，从而导致采用的挡位越低，行驶速度越慢。为了使汽车能保持较高的车速行驶，少用低挡和减少换挡次数，对道路纵坡提出如下要求：

(1)纵坡度力求平缓。

(2)陡坡宜短，长陡坡的纵坡度应加以严格限制。

(3)纵坡度变化不宜太多，尤其应避免急剧的起伏变化，力求纵坡均匀。

二、最大纵坡

最大纵坡是指在纵断面设计时各级道路允许采用的最大坡度值，它是纵面线形设计的一项重要指标。它将直接影响道路的使用质量、行车安全以及运营成本和工程的经济性。制定最大纵坡主要是依据汽车的动力特性、道路等级、自然条件、车辆行驶安全以及工程、运营经济等因素进行确定。

我国《公路路线设计规范》（JTG D20—2006）规定的公路最大纵坡见表 3-1。

桥上及桥头路线的最大纵坡：小桥与涵洞处纵坡应按路线规定采用；大、中桥上纵坡不宜大于 4%，桥头引道的纵坡不宜大于 5%，引道紧接桥头部分的线形应与桥上线形相配合。位于市镇附近非汽车交通量大的地段，桥上及桥头引道的纵坡均不得大于 3%。

表 3-1　公路最大纵坡

设计速度(km/h)	120	100	80	60	40	30	20
最大纵坡(%)	3	4	5	6	7	8	9

注：①设计速度为 120 km/h、100 km/h、80 km/h 的高速公路，受地形条件或其他特殊情况限制时，经技术经济论证最大纵坡值可增加 1%。

②设计速度为 40 km/h、30 km/h、20 km/h 的公路，改建工程利用原有公路的路段，经技术经济论证，最大纵坡值可增加 1%。

③四级公路位于海拔 2 000 m 以上或积雪冰冻地区的路段，最大纵坡不应大于 8%。

隧道及其洞口两端路线的纵坡：隧道内纵坡应大于 0.3%并小于 3%，但短于 100 m 的隧道不受此限；高速公路、一级公路的中短隧道，当条件受限制时，经技术经济论证后最大纵坡可适当加大，但不宜大于 4%；隧道的纵坡宜设成单向坡，地下水发育的隧道及特长、长隧道宜采用人字坡。

位于市镇附近非汽车交通量大的地段，其纵坡可根据具体情况适当放缓。

城市道路最大纵坡值可参考表 3-2。

表 3-2　城市道路最大纵坡值

设计速度(km/h)		80	60	50	40	30	20
最大纵坡值(%)	推荐值	4	5	5.5	6	7	8
	限制值	6	7	7	8	9	9

注：①海拔 3 000 ~ 4 000 m 高原城市道路的最大纵坡度推荐值按表列值减小 1%。

②积雪寒冷地区最大纵坡度推荐值不得超过 6%。

三、高原地区纵坡折减

高原地区公路，随着海拔高度的增加，大气压力、空气温度和密度都逐渐减小。空气密度的减小，使汽车发动机的正常操作状态受到影响，从而使汽车的动力性能受到影响。另外，空气密度变小，散热能力也较低，发动机易过热。经常持久使用低挡，特别容易使发动机过热，并使启动后汽车水箱中的水易沸腾而破坏冷却系统。因此，设计速度小于或等于 80 km/h，位于海拔 3 000 m 以上高原地区的公路，最大纵坡应按表 3-3 的规定予以折减。最大纵坡折减后若小于 4%，则仍采用 4%。

表 3-3　高原纵坡折减值

海拔高度(m)	3 000 ~ 4 000	4 000 ~ 5 000	5 000 以上
折减值(%)	1	2	3

四、最小纵坡

为防止积水渗入路基而影响其稳定性，保证排水的要求，道路纵坡不宜小于 0.3%，横向排水不畅的路段或长路堑路段，采用平坡(0%)或小于 0.3%时，其边沟应作纵向排水设计。

五、坡长设计

坡长是指变坡点间的水平直线距离，坡长限制主要是指对陡坡的最大长度和一般纵坡的最小长度加以限制。

(一)最小坡长

最小坡长的限制主要是从汽车行驶平顺性的要求考虑的。如果坡长过短，使变坡点增多，车辆行驶颠簸频繁，当坡度差较大时还容易造成视觉的中断，视距不良，从而影响行车的平顺和安全性。从线形几何构成来看，相邻变坡点之间的距离不宜过短，最短应不小于相邻两个竖曲线的切线长度之和，以使能插入适当的竖曲线，同时也利于平纵面线形的合理组合与布置。因此，从行车的平顺性和线形几何的连续性考虑，坡长都不宜过短。

我国《标准》和《城市道路设计规范》（CJJ 37—90）规定的最小坡长见表3-4、表3-5。

表 3-4　公路最小坡长

设计速度(km/h)	120	100	80	60	40	30	20
最小坡长(m)	300	250	200	150	120	100	60

表 3-5　城市道路最小坡长

设计速度(km/h)	80	60	50	40	30	20
最小坡长(m)	280	170	140	110	85	60

注：平面交叉路口、立体交叉匝道等坡段不受此限制。

(二)最大坡长

根据汽车的动力性能可知，道路纵坡的大小及其坡长对汽车的行驶影响很大，特别是长距离的陡坡对汽车行驶非常不利。当纵坡的坡段太长，汽车因克服坡度阻力而采用低速挡行驶，会使发动机过热，水箱沸腾，行驶无力；而下坡时，则因坡度过陡，坡段过长频繁制动，影响行车安全。因此，必须对最大坡长也加以限制，《标准》和《城市道路设计规范》（CJJ 37—90）规定的最大坡长见表 3-6、表 3-7。对城市道路来讲，坡长限制还应考虑到非机动车的要求，非机动车车行道纵坡度宜小于 2.5%，大于或等于 2.5%时，应按表 3-8 规定限制坡长。

表 3-6　公路不同纵坡最大坡长

设计速度(km/h)		120	100	80	60	40	30	20
纵坡坡度(%)	3	900	1 000	1 100	1 200			
	4	700	800	900	1 000	1 100	1 100	1 200
	5	—	600	700	800	900	900	1 000
	6	—	—	500	600	700	700	800
	7	—	—	—	—	500	500	600
	8	—	—	—	—	300	300	400
	9	—	—	—	—	—	200	300
	10	—	—	—	—	—	—	200

表 3-7 城市道路最大坡长

设计速度(km/h)	80			60			50			40		
纵坡坡度(%)	5	5.5	6	6	6.5	7	6	6.5	7	6.5	7	8
坡长限制(m)	600	500	400	400	350	300	350	300	250	300	250	200

表 3-8 城市道路非机动车限制坡长

纵坡坡度(%)	限制坡长(m)	
	自行车	三轮车、平板车
2.5	300	150
3.0	200	100
3.5	150	—

六、缓和坡段

在纵断面设计中，当陡坡的长度达到限制坡长时，应安排一段缓坡，用以恢复在陡坡上降低的速度，将这一段称为缓和坡段，其坡度一般不大于 3%。从下坡安全考虑，缓坡也是需要的。在缓坡上汽车将以加速度行驶，理论上缓坡的长度应适应这个加速过程的需要。

《公路路线设计规范》（JTG D20—2006）规定：公路连续上坡或下坡时，应在不大于表 3-6 规定的纵坡长度之间设置缓和坡段。缓和坡段的纵坡应不大于 3%，其长度应符合表 3-4 最小坡长的规定。

《城市道路设计规范》（CJJ 37—90）规定：设计纵坡度超过 5%，坡长超过表 3-7 规定值时，应设纵坡缓和段。缓和段的坡度为 3%，长度应符合表 3-5 的规定。

七、平均纵坡

平均纵坡是指一定长度路段的高差值与水平距离之比，用百分率(%)表示。它是衡量纵断面线形质量的一个重要指标。

道路的纵断面设计，即使完全符合最大纵坡、坡长限制及缓和坡段的规定，也还不能保证使用质量。长、大纵坡对载重汽车行驶很不利，上坡会使车速减慢，妨碍后续的快速车辆，使超车需求增多，“强超硬会”的可能性增大，安全性降低，且上坡持续使用低速挡，也易导致车辆水箱开锅；下坡会使刹车片过热、失效而导致交通事故发生。因此，必须对连续上坡和连续下坡路段的平均纵坡加以控制。

《标准》规定：二、三、四级公路越岭路线连续上坡或下坡路段相对高差为200 ~ 500 m时，平均纵坡不应大于5.5%；相对高差大于500 m时，平均纵坡不应大于5%，任意连续3 km路段的平均纵坡不应大于5.5%。

《城市道路设计规范》（CJJ 37—90）规定：越岭路段的相对高差为200 ~ 500 m时，平均纵坡宜采用4.5%；相对高差大于500 m时，宜采用4%，任意连续3 000 m长度范围内的平均纵坡不宜大于4.5%。

八、合成坡度

合成坡度是指在设有超高的平曲线上，路线纵坡与超高横坡或不设超高的路面横坡所组成的坡度。计算公式为：

$$I=\sqrt{i^2+i_h^2} \tag{3-1}$$

式中 I——合成坡度；

i——路线纵坡度；

i_h——超高横坡度。

在有平曲线的坡道上，最大坡度在纵坡和超高坡度的合成方向上。将合成坡度控制在一定范围之内，目的是尽可能地避免急弯和陡坡的不利组合，防止因合成坡度过大而引起的横向滑移和行车危险，保证车辆在弯道上安全而顺适地行驶。

我国《公路路线设计规范》（JTG D20—2006）规定各级公路的最大合成坡度见表3-9。

表 3-9　公路最大合成坡度

公路等级	高速公路			一级公路			二级公路		三级公路		四级公路
设计速度(km/h)	120	100	80	100	80	60	80	60	40	30	20
合成坡度(%)	10.0	10.0	10.5	10.0	10.5	10.5	9.0	9.5	10.0	10.0	10.0

当陡坡与小半径圆曲线相重叠时，宜采用较小的合成坡度。特别是在冬季路面有积雪结冰的地区、自然横坡较陡峻的傍山路段及非汽车交通量较大的路段，其合成坡度必须小于 8%。

为了保证路面排水，合成坡度的最小值不宜小于 0.5%。在超高过渡的变化处，合成坡度不应设计为 0%。当合成坡度小于 0.5%时，应采取综合排水措施，以保证排水通畅。

《城市道路设计规范》（CJJ 37—90）对城市道路合成坡度的规定见表3-10。

表 3-10　城市道路最大合成坡度

计算车速(km/h)	80	60	50	40	30	20
合成坡度(%)	7	6.5	6.5	7	7	8

九、各种地形的纵坡设计

(1)平原地形的纵坡应均匀、平缓。

(2)丘陵地形的纵坡应避免过分迁就地形而起伏过大。

(3)越岭线的纵坡应力求均匀，不应采用最大值或接近最大值的坡度，更不宜连续采用不同纵坡最大坡长值的陡坡夹短距离缓坡的纵坡线形。

(4)山脊线和山腰线，除结合地形不得已时采用较大的纵坡外，在可能条件下应采用平缓的纵坡。

第三节　竖曲线

纵断面上相邻两条纵坡线的交点为变坡点。为了缓和因汽车动能变化而产生的冲击和保证视距，必须在变坡点处插入竖曲线。竖曲线一般采用圆曲线和二次抛物线两种。我国规定各级公路及城市道路在变坡点处均应设置竖曲线，竖曲线形式宜采用圆曲线。

一、竖曲线要素计算

相邻两纵坡线的交角用变坡角 ω 表示，变坡角一般较小，可近似地用两坡段坡度的代数差表示，即 $\omega=i_1-i_2$，式中 i_1 和 i_2 分别为两相邻纵坡线的坡度值，上坡为正，下坡为负。ω 为正，变坡点在曲线上方，称为凸形竖曲线；ω 为负，变坡点在曲线下方，称为凹形竖曲线。如图 3-2 所示。

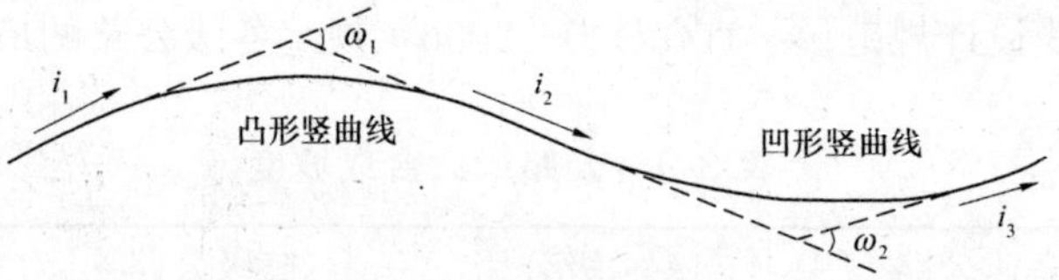

图 3-2　竖曲线示意图

(一)竖曲线要素计算公式

竖曲线要素主要包括竖曲线长度 L、切线长度 T 和外距 E，如图 3-3 所示。因纵坡很小，而高程变化值与水平距离之比相差很大，因而实际计算时，均假定竖曲线长度 L、切线长度 T 等于其水平投影长度。竖曲线形式通常采用圆曲线，则由几何关系得：

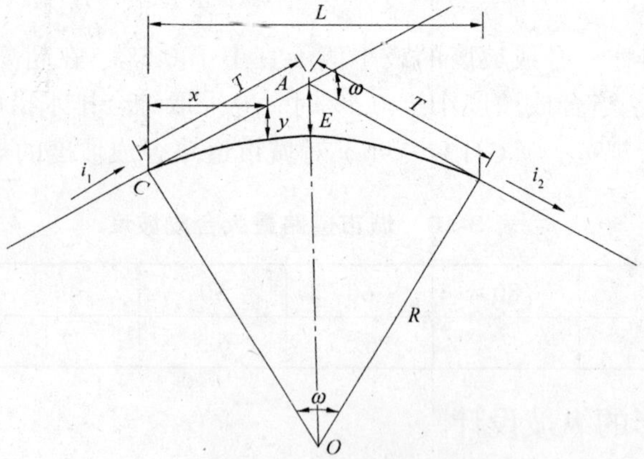

图 3-3　竖曲线要素

$$L=R\omega\frac{\pi}{180}\approx R\omega=R(i_1-i_2) \tag{3-2}$$

$$T=R\tan\frac{\omega}{2}\approx\frac{L}{2}=\frac{R}{2}(i_1-i_2) \tag{3-3}$$

由$\triangle ACO$得出下列关系：$(R+E)^2-T^2=R^2$，则有$E=\dfrac{T^2}{2R+E}$，E与$2R$相比甚小，可忽略不计，则：

$$E=\frac{T^2}{2R}=\frac{L^2}{8R}=\frac{R(i_1-i_2)^2}{8}=\frac{T\omega}{4} \tag{3-4}$$

为具体敷设竖曲线，竖曲线上各点纵坐标x、y值可按下式计算：

$$y=\frac{x^2}{2R} \tag{3-5}$$

式中　x——竖曲线起讫点至所求桩号之间的距离；

y——竖曲线各点至切线的纵距，当$x=T$时，$y=E$。

(二)竖曲线起终点的桩号

竖曲线起点桩号=变坡点桩号$-T$；

竖曲线终点桩号=变坡点桩号$+T$。

(三)竖曲线各点设计高程计算

对于凸形竖曲线：设计标高=未设竖曲线时纵坡线上的高程$-y$；

对于凹形竖曲线：设计标高=未设竖曲线时纵坡线上的高程$+y$。

【例 3-1】　某二级公路，设计车速$V=80$ km/h，相邻两坡段纵坡为$i_1=5\%$和$i_2=-3\%$，变坡点桩号为K10+200，该点的高程为120.28 m，竖曲线半径$R=5\ 000$ m。试计算竖曲线诸要素以及桩号为K10+100和K10+300处的设计高程。

解：(1)计算竖曲线要素。

变坡角：$\omega=i_1-i_2=0.05-(-0.03)=0.08$，$\omega>0$，为凸形竖曲线

竖曲线长度：$L=R\omega=5\ 000\times0.08=400\ (\text{m})$

切线长度：$T=\dfrac{L}{2}=\dfrac{400}{2}=200\,(\text{m})$

外距：$E=\dfrac{T^2}{2R}=\dfrac{200^2}{2\times5\ 000}=4\ (\text{m})$

(2)求竖曲线起点和终点桩号。

竖曲线起点桩号=K10+200−200=K10+000

竖曲线终点桩号=K10+200+200=K10+400

(3)计算设计高程。

桩号K10+100处：

至起点距离：$x_1=(\text{K10+100})-(\text{K10+000})=100(\text{m})$

纵距：$y_1=\dfrac{x_1^{\ 2}}{2R}=\dfrac{100^2}{2\times5\ 000}=1.00\ (\text{m})$

切线标高：120.28−100 × 0.05=115.28(m)

设计高程：115.28−1.00=114.28(m)

桩号K10+300处：

至终点距离：$x_2=(\text{K10+400})-(\text{K10+300})=100(\text{m})$

纵距：$y_2=\frac{x_2^{\ 2}}{2R}=\frac{100^2}{2\times5\ 000}=1.00\,(\mathrm{m})$

切线标高：$120.28-100\times0.03=117.28$(m)

设计高程：$117.28-1.00=116.28$(m)

二、竖曲线的半径

纵面线形的优劣很大程度上取决于竖曲线半径的大小。在不过分增加土石方数量的情况下，为使行车舒适，应尽量采用较大半径。

凸形竖曲线半径的选定应能提供汽车所需要的视距，以保证汽车能安全迅速地行驶。凹形竖曲线主要为缓和行车时汽车的颠簸和振动而设置，汽车沿凹形竖曲线路段行驶时，在重力方向受到离心力作用而发生颠簸和引起弹簧负荷增加，凹形竖曲线最小半径的主要控制依据是使离心力不致过大。

《公路路线设计规范》（JTG D20—2006）将竖曲线半径分为极限最小半径和一般最小半径，见表 3-11。凸形竖曲线极限最小半径是为缓和冲击和保证视距所需的最小半径的计算值，凹形竖曲线极限最小半径是考虑缓冲要求、前灯照射、跨线桥下视距的要求确定的。极限最小半径是在受地形等特殊情况约束时方可采用的。竖曲线“一般值”是“极限值”的 1.5 ~ 2.0 倍，在实际设计时，为了安全与舒适，应采用表中所列“一般值”的 1.5 ~ 2.0 倍或更大值。

表 3-11　竖曲线最小半径与竖曲线长度

设计速度(km/h)		120	100	80	60	40	30	20
凸形竖曲线最小半径(m)	一般值	17 000	10 000	4 500	2 000	700	400	200
	极限值	11 000	6 500	3 000	1 400	450	250	100
凹形竖曲线最小半径(m)	一般值	6 000	4 500	3 000	1 500	700	400	200
	极限值	4 000	3 000	2 000	1 000	450	250	100
竖曲线长度(m)	一般值	250	210	170	120	90	60	50
	最小值	100	85	70	50	35	25	20

我国城市道路竖曲线半径可参照表 3-12 采用。

表 3-12　城市道路竖曲线半径

计算车速(km/h)		80	60	50	40	30	20
凸形竖曲线半径(m)	极限最小值	3 000	1 200	900	400	250	100
	一般最小值	4 500	1 800	1 350	600	400	150
凹形竖曲线半径(m)	极限最小值	1 800	1 000	700	450	250	100
	一般最小值	2 700	1 500	1 050	700	400	150

注：非机动车道，凸、凹形竖曲线半径为 500 m。

设计速度大于或等于 60 km/h 的公路，竖曲线设计宜采用长的竖曲线和长直线坡段的组合，有条件时宜采用大于或等于表 3-13 所列视觉所需要的竖曲线最小半径值。

表 3-13　视觉所需要的竖曲线最小半径值

设计速度(km/h)	竖曲线半径(m)	
	凸形	凹形
120	20 000	12 000
100	16 000	10 000
80	12 000	8 000
60	9 000	6 000

三、竖曲线的最小长度

竖曲线长度太短，汽车行驶时会感到不适或视觉上存在问题，给驾驶员在纵面上一个很急促折曲的感觉，竖曲线最小长度按 3 s 设计速度行程长度计算确定。《公路路线设计规范》（JTG D20—2006）规定竖曲线最小长度见表 3-11，城市道路 V＝20 ~ 80 km/h 时，竖曲线最小长度亦采用表 3-11 所列的最小值。

同向竖曲线间，特别是同向凹形竖曲线之间，当直线坡段接近或达到最小坡长时，宜合并为单曲线或复曲线，以避免出现断背曲线。

第四节　纵断面线形与平面线形的组合设计

设计速度大于或等于 60 km/h 的道路，应注重路线平、纵线形组合。平、纵线形组合是指在符合行驶力学要求的前提下，研究如何满足行驶者的视觉和心理与生理方面的要求，以及与周围环境相协调的要求，以提高汽车行驶的安全性、舒适性与经济性。设计速度等于或小于 40 km/h 的道路，首先应在保证行车安全的前提下，正确地运用线形要素指标，在条件允许的情况下力求做到各种线形要素的合理组合，并尽量避免和减轻不利的组合。

一、组合设计的基本要求

(1)线形组合设计中，各技术指标除应分别符合平面、纵断面规定值外，还应考虑横断面对线形组合与行驶安全的影响。应避免平面、纵断面、横断面的最不利值的相互组合的设计。

(2)在确定平面、纵断面的各相对独立技术指标时，各自除应相对均衡、连续外，应考虑与之相邻路段的各技术指标值的均衡、连续。

(3)条件受限制时选用平面、纵断面的各接近或最大(最小)值及其组合时，应考虑前后地形、技术指标运用等对实际行驶速度的影响，其运行速度与设计速度之差不应大于

20 km/h。

(4)线形组合设计除应保持各要素间内部的相对均衡与变化节奏的协调外，还应注意同公路外部沿线自然景观的适应和地质条件等的配合。

(5)路线线形应能自然地诱导驾驶者的视线，并保持视觉的连续性。

二、组合设计的原则

(1)平曲线与竖曲线应相互对应。即当竖曲线与平曲线组合时，竖曲线宜包含在平曲线之内，且平曲线应稍长于竖曲线，如图 3-4 所示。当平、竖曲线半径均较小时，其相互对应程度应较严格；随着平、竖曲线半径的同时增大，其对应程度可适当放宽；当平、竖曲线半径均大时，可不严格相互对应。

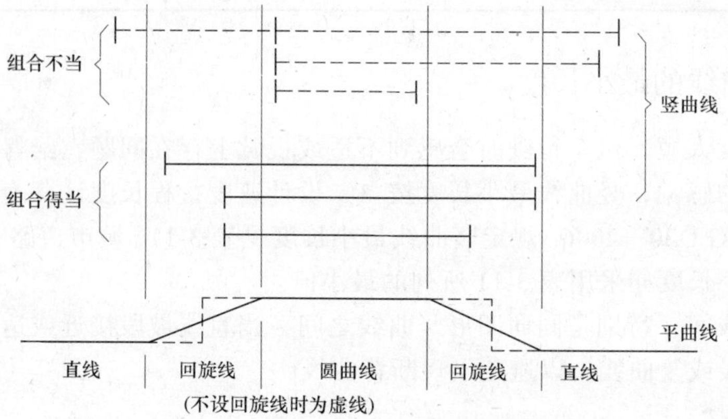

图 3-4　平曲线与竖曲线的组合

(2)长直线不宜与陡坡或半径小且长度短的竖曲线组合。前者易超速行驶，危及行车安全；后者使驾驶员产生行车错觉，导致高速行驶中的制动操作，影响行车安全。

(3)长的平曲线内不宜包含多个短的竖曲线，短的平曲线不宜与短的竖曲线组合。

(4)半径小的圆曲线起讫点，不宜接近或设在凸形竖曲线的顶部或凹形竖曲线的底部。若将凸形竖曲线的顶部设在小半径圆曲线的起点，产生不连续的线形，则失去了视线引导作用。而将凹形竖曲线的底部设在小半径圆曲线的起点，除视觉上扭曲外，还产生下坡尽头接急弯的不安全组合。

(5)长的竖曲线内不宜设置半径小的平曲线。

(6)凸形竖曲线的顶部或凹形竖曲线的底部，不宜同反向平曲线的拐点重合。此类组合都存在不同程度的扭曲外观，前者不能正确引导视线，会使驾驶员操作失误；后者路面排水不畅，积水影响行车安全。

(7)复曲线、S 形曲线中的左转圆曲线不设超高时，应采用运行速度对其安全性予以验算。

第五节　道路纵断面设计成果

一、纵断面线形设计的一般规定

(1)纵断面线形应平顺、圆滑、视觉连续，并与地形相适应，与周围环境相协调。

(2)纵坡设计应考虑填挖平衡，并利用挖方就近作为填方，以减轻对自然地面横坡与环境的影响。

(3)相邻纵坡之代数差小时，应采用大的竖曲线半径。

(4)连续上坡路段的纵坡设计，除上坡方向应符合平均纵坡、不同纵坡最大坡长规定的技术指标外，还应考虑下坡方向的行驶安全。凡个别技术指标接近或达到最大值的路段，应结合前后路段各技术指标设置情况，采用运行速度对连续上坡方向的通行能力与下坡方向的行车安全进行检验。

(5)路线交叉处前后的纵坡应平缓。

(6)位于积雪或冰冻地区的公路，应避免采用陡坡。

二、公路纵断面设计图

纵断面图是纵断面设计的最终成果，是道路设计文件的重要组成部分，如图3-5所示。纵断面图采用直角坐标，以横坐标表示里程及桩号，纵坐标表示高程。为了突出地形起伏，纵横坐标通常采用不同的比例尺。横坐标比例尺一般采用1∶2 000，纵坐标采用1∶200。

纵断面图是由上、下两部分内容组成的。上部主要绘制的内容有：地面线、设计线、竖曲线及其要素；桥涵(桥梁按桥型、孔数及孔径标绘，注明桥名、结构类型、中心桩号、设计水位；路线桥示出交叉方式；涵洞与通道按桩号及底高绘出，注明结构类型、中心桩号、孔数及孔径)；隧道(按长度、高度标绘，注明名称和起始点桩号)；与道路、铁路交叉时的桩号及路名；水准点的位置、编号及高程；断链桩位置及长短链关系；沿线跨越河流的现有水位和设计洪水位，影响路基稳定的地下水位等。下部各栏应示出土壤地质情况、填挖高、设计高程、地面高程、坡长及坡度、里程及桩号、直线及平曲线等。

三、城市道路纵断面设计图

城市道路的纵断面图一般包括以下内容：道路中线的地面线，纵坡设计线，施工高度(填挖值)，土壤地质剖面图，沿线桥涵位置、街沟类型和孔径，沿线交叉口位置和标高，沿线水准点位置、桩号和标高等，以及在图的下方附以简要的说明表格。在市区主干道的纵断面图上，尚应标注出相交道路的路名与交叉口的交点标高以及街坊与主要建筑物的出入口标高等，如图3-6所示。

当设计纵坡小于0.3%时，道路两侧街沟应作锯齿形街沟设计，以满足排水要求，并分别算出雨水进水口和分水点的设计标高，注在相应的图栏内。

城市道路纵断面图的比例尺一般采用水平方向 1∶500～1∶1 000，垂直方向 1∶50～1∶100。

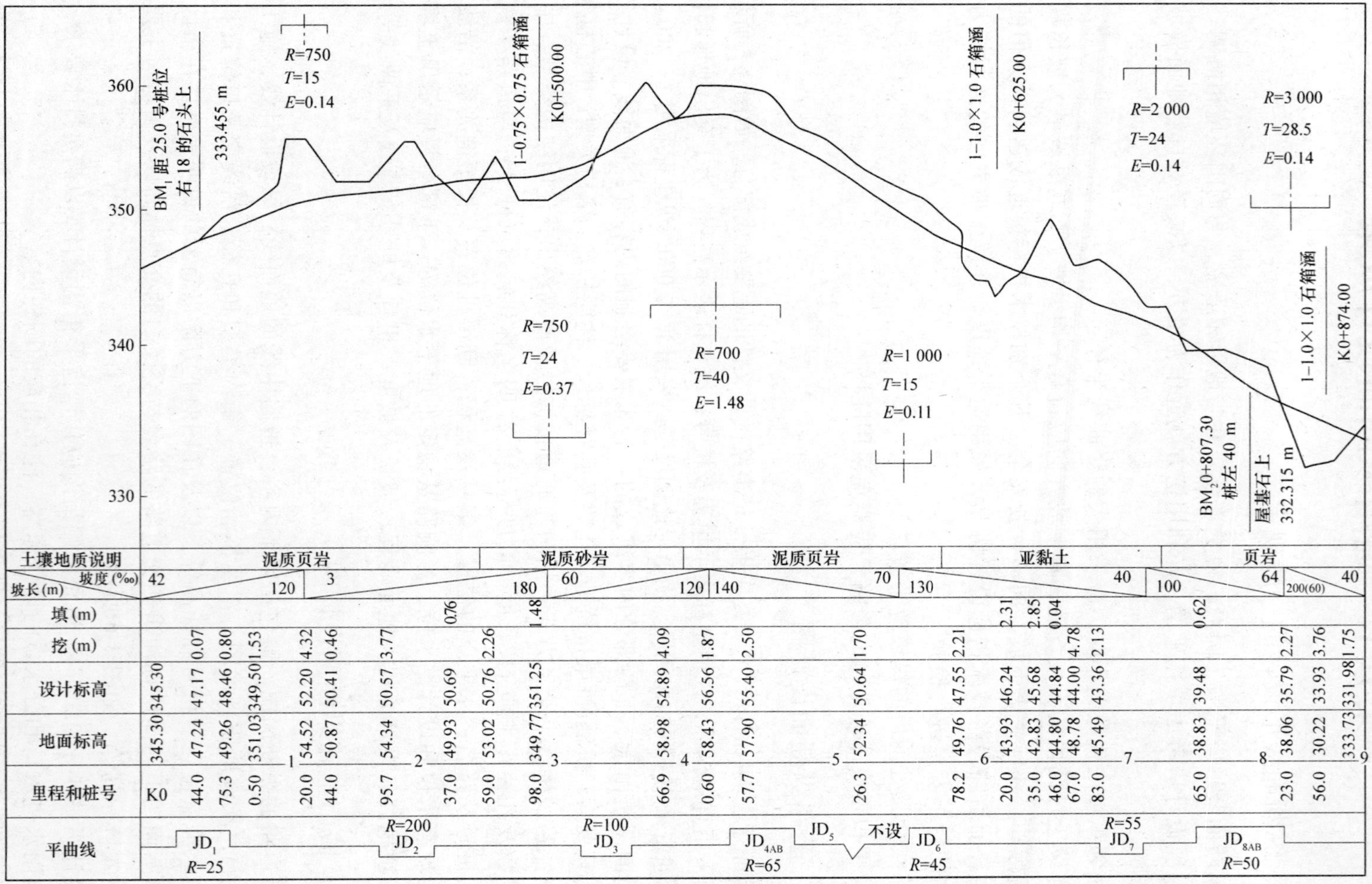
BM1 距 25.0 号桩位右 18 的石头上
333.455 m
R=750
T=15
E=0.14
1−0.75×0.75 石箱涵
K0+500.00
R=750
T=24
E=0.37
R=700
T=40
E=1.48
R=1 000
T=15
E=0.11
1−1.0×1.0 石箱涵
K0+625.00
R=2 000
T=24
E=0.14
R=3 000
T=28.5
E=0.14
BM2 0+807.30
桩左 40 m
屋基石上
332.315 m
1−1.0×1.0 石箱涵
K0+874.00
360
350
340
330
土壤地质说明
泥质页岩
泥质砂岩
泥质页岩
亚黏土
页岩
坡度 (‰)
坡长 (m)
42
120
3
180
60
120
140
70
130
40
100
64
200(60)
40
填 (m)
0.76
1.48
2.31
2.85
0.04
0.62
挖 (m)
0.07
0.80
1.53
4.32
0.46
3.77
2.26
4.09
1.87
2.50
1.70
2.21
4.78
2.13
2.27
3.76
1.75
设计标高
345.30
47.17
48.46
349.50
52.20
50.41
50.57
50.69
50.76
351.25
54.89
56.56
55.40
50.64
47.55
46.24
45.68
44.84
44.00
43.36
39.48
35.79
33.93
331.98
地面标高
345.30
47.24
49.26
351.03
54.52
50.87
54.34
49.93
53.02
349.77
58.98
58.43
57.90
52.34
49.76
43.93
42.83
44.80
48.78
45.49
38.83
38.06
30.22
333.73
里程和桩号
K0
44.0
75.3
0.50
1
20.0
44.0
95.7
2
37.0
59.0
98.0
3
66.9
4
0.60
57.7
5
26.3
78.2
6
20.0
35.0
46.0
67.0
83.0
7
65.0
8
23.0
56.0
9
平曲线
JD1
R=25
R=200
JD2
R=100
JD3
JD4AB
R=65
JD5
不设
JD6
R=45
R=55
JD7
JD8AB
R=50

图 3-5 公路纵断面图

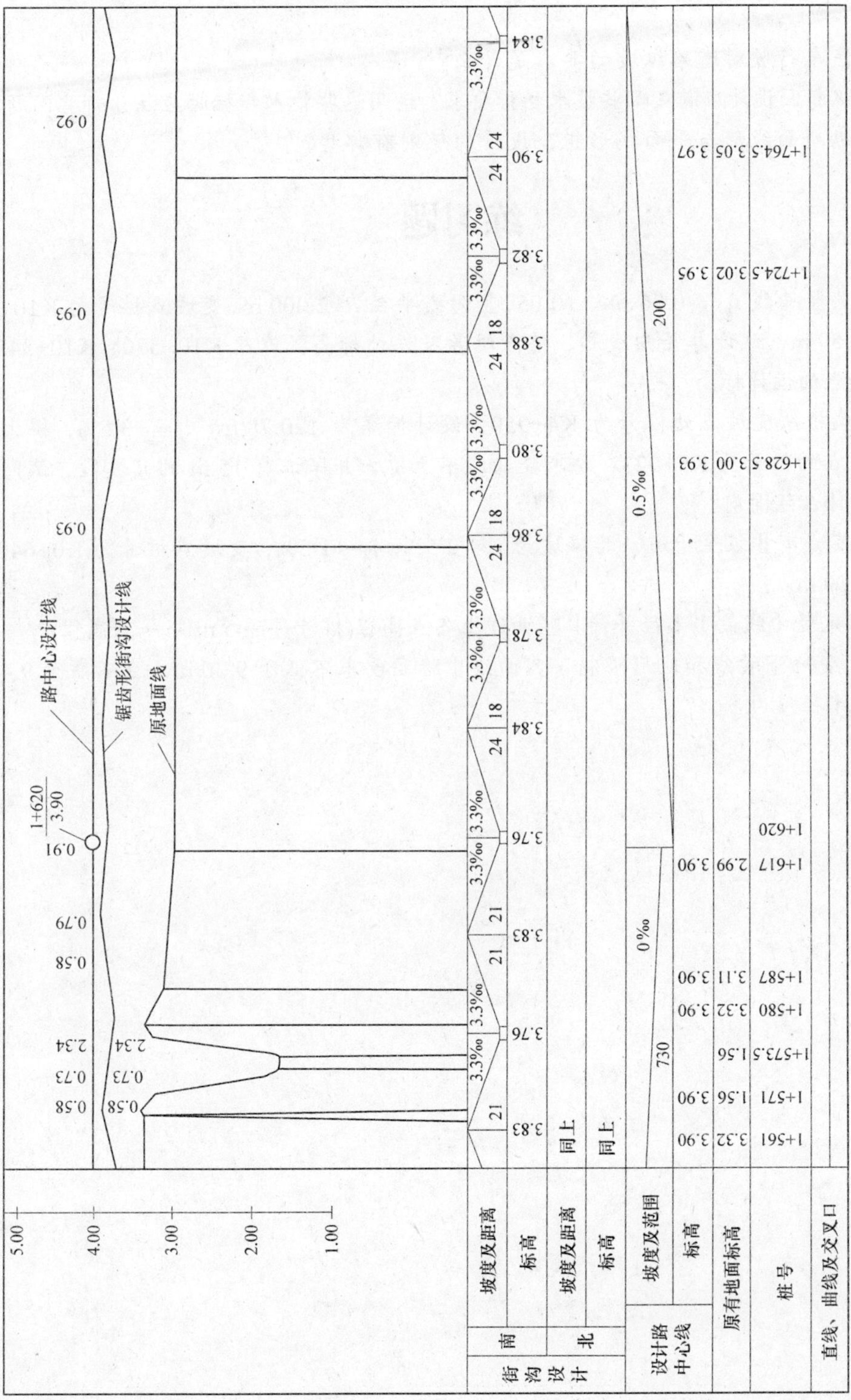

图 3-6 城市道路纵断面设计图

复习思考题

3-1　汽车行驶对道路纵坡的要求是什么？

3-2　纵断面设计应满足哪些技术指标要求？运用这些技术指标时应注意哪些问题？

3-3　纵断面线形与平面线形组合设计的原则有哪些？

练习题

3-1　某竖曲线 $i_1=-0.06$，$i_2=+0.05$，竖曲线半径 R=2 000 m，变坡点桩号为 K10+355，标高为 250.50 m，试计算竖曲线起、终点桩号及设计标高，以及 K10+330、K10+345.50、K10+381 各点的设计标高。

3-2　某桥头变坡点处桩号为 K4+950，设计标高为 120.78 m，$i_1=+3.5\%$，桥上为平坡，桥头端点的桩号为 K5+023，要求竖曲线不上桥，并保证有 15 m 的直坡段，试问竖曲线半径选在什么范围内？

3-3　某城市Ⅱ级主干道，其纵坡为 $i_3=-2.5\%$，$i_2=+1.5\%$，变坡点桩号为 K0+640，设计高程为 9.00 m。

(1)试确定竖曲线最小半径并计算竖曲线上各点高程(桩号每隔 5 m 求一点高程)。

(2)由于受地下管线和地形限制，凹曲线中标高要求不低于 9.30 m，且不高于 9.40 m，这时竖曲线半径应为多少？

第四章　道路横断面

重点提示

通过学习本章，主要掌握道路横断面的设计要求和方法，土石方数量的计算与调配方法；了解道路平、纵、横设计的组合原则，道路建筑限界与用地、公路与城市道路设计中的区别。

道路的横断面是指道路中线上各点垂直于路线前进方向的法向切面，它是由横断面设计线和地面线构成的。其中，横断面设计线包括行车道、路肩、分隔带、边沟、边坡、截水沟、护坡道以及取土坑、弃土堆、环境保护设施等。城市道路的横断面组成中，还包括机动车道、非机动车道、人行道、绿带、分车带等。高速公路和一级公路还有变速车道、爬坡车道等。横断面中的地面线是表征地面起伏变化的那条线，它是通过现场实测或由大比例尺地形图、航测相片、数字地面模型等获得的。

路线设计中所讨论的横断面设计只限于与行车直接有关的那一部分内容，即各组成部分的宽度、横向坡度等问题，所以有时将路线横断面设计称做“路幅设计”。

第一节　道路横断面的组成

一、公路横断面的组成

公路横断面的组成和各部分的尺寸要根据设计交通量、交通组成、设计车速、地形条件等因素确定，在保证必要的通行能力和交通安全畅通的前提下，尽量做到用地省、投资少，使道路发挥其最大的经济效益与社会效益。

(一)路幅的构成

路幅是指公路路基顶面两路肩外侧边缘之间的部分。

路幅有两种布置方式：一种是有分隔带，另一种是无分隔带。等级高、交通量大的公路(如高速公路、一级公路)适用于第一种方式，通常是将上、下行车辆分开。分隔的方式有两种：一种是用分隔带分隔，称为整体式断面；另一种是将上、下行车道放在不同的平面上加以分隔，称为分离式断面。整体式断面包括行车道、中间带、路肩以及紧急停车带、爬坡车道等。不设分隔带的整体式断面(如二、三、四级公路)包括行车道、路肩以及错车道等，应根据道路的实际情况选用。路幅布置形式如下。

1.单幅双车道

单幅双车道公路指的是整体式的供双向行车的双车道公路。这类公路在我国公路总里程中占的比重最大，二、三级公路和一部分四级公路都属于这一种。这类公路在交通量不大时，车速一般都不会受到影响。此类公路的最大缺点是混合交通造成的交通干扰。

2.双幅多车道

4 车道、6 车道以及更多车道的公路，中间一般都设置分隔带或做成分离式路基而构成“双幅路”，有些分离式路基为了利用地形或处于风景区等原因甚至做成两条独立的单向行车的道路。这种类型的公路的设计车速高、通行能力大，每条车道能负担的交通量比一条双车道公路的还多，而且行车顺适、事故率低。《标准》中的高速公路和一级公路即属此种类型。高速公路和一级公路占地多、造价高，只有在公路网中具有非常重要的政治、经济意义，远景交通量很大时才修建。

3.单车道

对交通量小、地形复杂、工程艰巨的山区公路或地方性道路，可采用单车道，《标准》中的山区四级公路路基宽度为 4.50 m，路面宽度为 3.50 m 的就属此类。此类公路虽然交通量很小，但仍然会出现错车和超车，为此，应在不大于 300 m 的距离内选择有利地点设置错车道，使驾驶员能够看到相邻两错车道驶来的车辆。

(二)公路横断面的组成

1.行车道

公路上供各种车辆行驶部分的总称，包括快车行车道和慢车行车道。

2.路肩

位于行车道边缘至路基边缘，具有一定宽度的带状结构。

3.边坡

为保证路基稳定，在路基两侧做成的具有一定坡度的坡面。

4.边沟

为汇集和排除路面、路肩及边坡的流水，在路基两侧设置的纵向水沟。

5.中间带

高速公路及一级公路用于分隔对向车辆的路幅组成部分，通常设于车道中间。

6.护坡道

当路堤较高时，为保证边坡稳定，在取土坑和坡脚之间，沿原地面纵向保留的有一定宽度的平台。

7.碎落台

设在路堑边坡坡脚与边沟外侧边缘之间或边坡上，为防止碎落物落入边沟而设置的有一定宽度的纵向平台。

8.截水沟

为拦截山坡上流向路基的水，在路堑坡顶以外设置的水沟。

9.爬坡车道

高速公路、一级公路以及二级公路的连续上坡路段，当通行能力、运行安全受到影响时，应设置爬坡车道，供慢速上坡车辆行驶用。

10.加(减)速车道(变速车道)

供车辆驶入(离)高速车流之前(后)加速(减速)用的车道，设置在高速公路、一级公路的互通式立体交叉服务区、停车区、公共汽车停靠站、管理与养护设施等的出入口处。

11.错车道

四级公路采用 4.5 m 单车道路基时，在可通视一定距离内，供车辆交错避让用的一段加宽车道。设置错车道路段的路基宽度应不小于 6.50 m，有效长度应不小于 20 m。

12.紧急停车带

供车辆临时发生故障或其他紧急原因停车使用的临时停车地带。高速公路、一级公路的右侧硬路肩宽度小于2.50 m时，应设置紧急停车带。

13.避险车道

连续长、陡下坡路段危及运行安全处设置的用于避险的车道。

图 4-1、图 4-2 列出了几种公路的标准横断面组成。

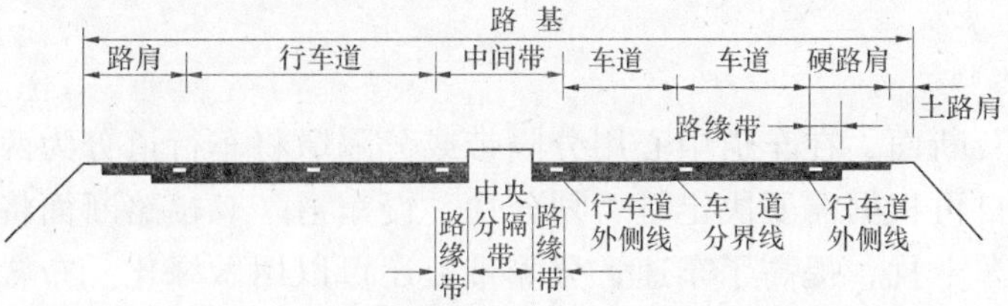

图 4-1　高速公路及一级公路标准横断面组成

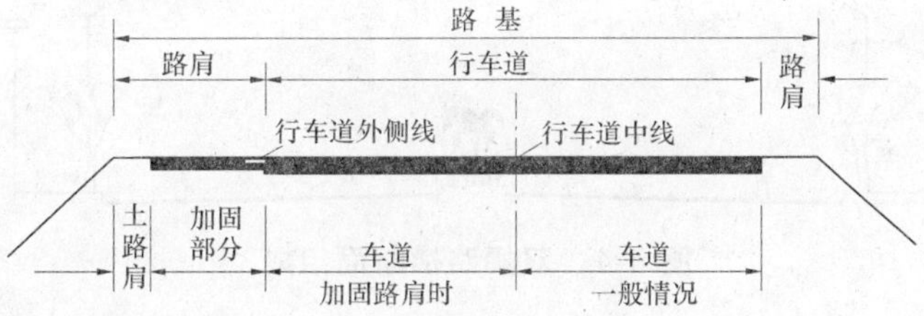

图 4-2　二、三、四级公路标准横断面组成

二、城市道路横断面的组成

道路横断面设计应在城市规划的红线宽度范围内进行。横断面形式、布置、各组成部分尺寸及比例应按道路类别、级别、设计速度、交通量和人流量、交通特性、交通组织、交通设施、地上杆线、地下管线、绿化、地形等因素统一安排，以保障车辆和人行交通的安全通畅。

城市道路的交通性质和组成比较复杂，尤其表现在行人和各种非机动车较多，各种交通工具和行人的交通问题都需要在横断面设计中综合予以解决，所以城市道路路线设计中的横断面设计是矛盾的主要方面，一般都放在平面和纵断面设计之前进行。

(一)布置类型及断面形式选用

城市道路常见的几种断面形式见图 4-3~图 4-6。

1.单幅路

俗称“一块板”断面，各种车辆在车道上混合行驶。在交通组织上可以有以下两种方式：一是划出快、慢车行驶分车线，快车和机动车车辆在中间行驶，慢车和非机动车靠两侧行驶；二是不划分车线，车道的使用在不影响安全的条件下予以调整。单幅路占地少、投资省，但各种车辆混合行驶，于交通安全不利，仅适用于机动车交通量不大、非机动车较少的次干路、支路，以及用地不足、拆迁困难的旧城改建的城市道路。

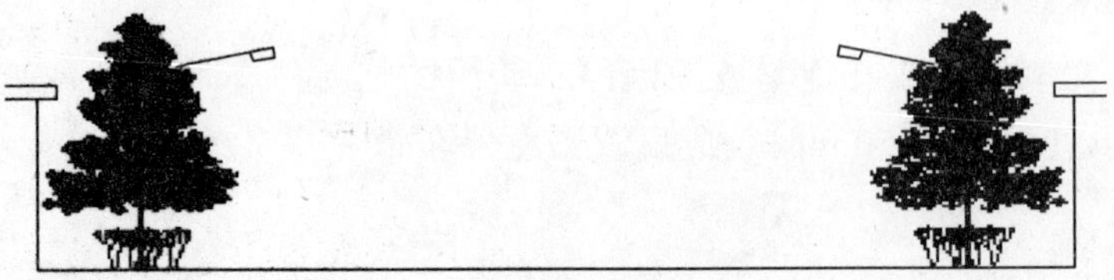

图 4-3　单幅路横断面组成

2.双幅路

俗称“两块板”断面，在车道中心用分隔带或分隔墩将车行道分为两半，上、下行车辆分向行驶，各自再根据需要决定是否划分快、慢车道。双幅路断面将对向行驶的车辆分开，减少了行车干扰，提高了车速，分隔带上还可以用做绿化、布置照明和敷设管线等。它主要用于各向两条以上机动车道，非机动车较少、地形地物特殊，或有平行道路可供非机动车通行的快速路和郊区道路。

图 4-4　双幅路横断面组成

3.三幅路

俗称“三块板”断面，中间为双向行驶的机动车道，两侧为靠右侧行驶的非机动车道。三幅路将机动车与非机动车分开，对交通安全有利；在分隔带上布置绿带，有利于夏天遮阴防晒、减少噪声和布置照明等，对于机动车交通量大、非机动车多的城市道路上宜优先考虑采用。但三幅式断面占地较多，只有当红线宽度不小于 40 m 时才能满足车道布置的要求。

图 4-5　三幅路横断面组成

4.四幅路

俗称“四块板”断面，在三幅路的基础上，再将中间机动车车道分隔为二，分向行驶。四幅路不但将机动车和非机动车分开，还将对向行驶的机动车分开，其安全性和车速较三幅路更为有利。它适用于机动车辆车速较高，各向两条机动车道以上，非机动车多的快速路与主干路。

图 4-6　四幅路横断面组成

一条道路宜采用相同形式的横断面。当道路横断面形式或横断面各组成部分的宽度变化时，应设过渡段，过渡段的起、止点宜选择在交叉口或结构物处。

(二)城市道路横断面的组成

城市道路横断面由机动车道、非机动车道、人行道和分隔各种车道(或人行道)的分隔带及绿化带组成。

1.行车道

城市道路上供各种车辆行驶的部分统称为行车道。在行车道断面上，供汽车、无轨电车、摩托车等机动车行驶的部分称为机动车道；供自行车、三轮车等非机动车行驶的部分称为非机动车道。

2.人行道

在城市道路上用路缘石或护栏加以分隔的、专供行人步行使用的部分。

3.绿化带

在道路用地范围内供绿化使用的条形地带。

4.分隔带

分隔带又称分车带，沿道路纵向设置的分隔行车道用的带状设施。位于路中线位置的称为中央分隔带(中间带)，位于路中线两侧的称为外侧分隔带(两侧带)。

5.其他组成部分

除了以上部分，城市道路横断面还包括路缘石、街沟、路拱、照明设施等。

三、行车道宽度与路基宽度

高速公路、一级公路各路段的车道数应根据设计交通量以及采用的服务水平确定，当车道数为4车道以上时，应按双数增加。

(一)机动车道路面宽度

行车道是道路上供各种车辆行驶部分的总称，包括快车道和慢车道，在一般公路和城市道路上还有非机动车道。行车道的宽度要根据车辆宽度、设计交通量、交通组成和汽车行驶速度来确定。行车道宽度应该满足车辆行驶的需要，双车道公路应满足错车、超车行驶所必须的余宽，4 车道公路应满足车辆并列行驶所需的宽度。

《标准》规定的各级公路车道宽度列于表 4-1。

城市道路机动车道宽度，应根据车型及计算行车速度确定，推荐按表 4-2 采用。机动车车道宽度包括几条车道宽度。机动车道路面宽度包括车道宽度及两侧路缘带宽度。机动车道路缘带宽度一般为 0.5 m。

表 4-1　各级公路车道宽度

设计速度(km/h)	120	100	80	60	40	30	20
车道宽度(m)	3.75	3.75	3.75	3.50	3.50	3.25	3.00(单车道时为 3.50)

注：高速公路为 8 车道，当设置左侧硬路肩时，内侧车道宽度可采用 3.50 m。

根据我国城市道路的实际经验，一般可采用设计参考值：双车道7.50 ~ 8.0 m，4车道13.0 ~ 15.0 m，6车道19.0 ~ 22.0 m。

表 4-2　城市道路机动车车道宽度要求

车型	设计速度(km/h)	车道宽度(m)	车型	设计速度(km/h)	车道宽度(m)
大型汽车或大小型汽车混行	≥40	3.75	小客车专用线	—	3.50
	<40	3.50	公共汽车停靠站	—	3.00

注：小型汽车包括 2 t 以下载货汽车、小型旅行车、吉普车、小客车及摩托车等。

(二)非机动车车道宽度

非机动车车道主要供自行车行驶，应根据自行车设计交通量与每条自行车道设计通行能力计算自行车车道条数。非机动车道路面宽度包括几条自行车车道宽度及两侧各25 cm 路缘带宽度，按表4-3采用。三幅路或四幅路的非机动车车行道上如有兽力车、三轮车、板车行驶，两侧非机动车道路面宽度除按设计通行能力计算确定外，还应适当加宽。为减少分隔带断口，保证机动车交通顺畅，允许少量机动车在非机动车道上顺向行驶一段距离时，应适当加宽非机动车车道路面宽度。

表 4-3　城市道路非机动车车道宽度要求

车辆种类	自行车	三轮车	兽力车	板车
非机动车车道宽度(m)	1.0	2.0	2.5	1.5 ~ 2.0

(三)路基宽度的确定

路基宽度指行车道宽度与路肩宽度之和，但当设有紧急停车带、爬坡车道、变速车道、错车道等时，还应包含这些部分的宽度，即路基宽度指路基顶面的总宽度。

路基宽度应满足表4-4要求。确定路基宽度时，中央分隔带宽度、左侧路缘带宽度、

表 4-4　各级公路路基宽度

公路等级		高速公路、一级公路								
设计速度(km/h)		120			100			80		60
车道数		8	6	4	8	6	4	6	4	4
路基宽度(m)	一般值	45.00	34.50	28.00	44.00	33.50	26.00	32.00	24.50	23.00
	最小值	42.00	—	26.00	41.00	—	24.50	—	21.50	20.00

公路等级		二级公路、三级公路、四级公路				
设计速度(km/h)		80	60	40	30	20
车道数		2	2	2	2	2 或 1
路基宽度(m)	一般值	12.00	10.00	8.50	7.50	6.50(双车道)4.50(单车道)
	最小值	10.00	8.50	—	—	—

注：①“一般值”为正常情况下的采用值，“最小值”为条件受限制时可采用的值。
②8 车道高速公路路基宽度“一般值”为设置左侧硬路肩内侧车道采用 3.50 m 时的宽度，8 车道高速公路路基宽度“最小值”为不设置左侧硬路肩内侧车道采用 3.75 m 时的宽度。

右侧硬路肩宽度、土路肩宽度等的“一般值”和“最小值”应同类项相加。

此外，二级公路因交通量、交通组成等需设置慢车道的路段，设计速度为80 km/h时，其路基宽度可采用15.0 m；设计速度为60 km/h时，可采用12.0 m。四级公路宜采用双车道路基宽，交通量小的路段，可采用单车道4.50 m路基宽。

四、路肩、分隔带、路侧带与路缘石

(一)路肩

路肩从构造上又可分为硬路肩、土路肩。硬路肩是指进行了铺装的路肩，它可以承受汽车荷载的作用力，在混合交通的公路上便于非机动车、行人通行。土路肩是指不加铺装的土质路肩，它起保护路面和路基的作用，并提供侧向余宽。

1.公路路肩

各级公路都要设置路肩。路肩的作用是保护及支撑路面结构、增加路面的富余宽度以及供临时停车、错车或堆放养路材料使用，同时对提高车道通行能力也有辅助作用。高速公路、一级公路应在右侧硬路肩宽度内设右侧路缘带，其宽度为0.50 m。

现行《标准》规定的路肩宽度如表 4-5 所示。

表 4-5　各级公路路肩宽度

设计速度(km/h)		高速公路、一级公路				二级公路、三级公路、四级公路				
		120	100	80	60	80	60	40	30	20
右侧硬路肩宽度(m)	一般值	3.00 或 3.50	3.00	2.50	2.50	1.50	0.75			
	最小值	3.00	2.50	1.50	1.50	0.75	0.25			
土路肩宽度(m)	一般值	0.75	0.75	0.75	0.50	0.75	0.75	0.75	0.50	0.25(双车道)
	最小值	0.75	0.75	0.75	0.50	0.50	0.50			0.50(单车道)

注：①“一般值”为正常情况下的采用值，“最小值”为条件受限制时可采用的值。

②设计速度为 120 km/h 的 4 车道高速公路，采用 3.50 m 的右侧硬路肩；6 车道、8 车道高速公路，采用 3.00 m 的右侧硬路肩。

高速公路、一级公路采用分离式断面时，应设置左侧硬路肩，其宽度要求见表4-6，左侧硬路肩宽度包含左侧路缘带宽度。

表 4-6　分离式断面高速公路、一级公路左侧路肩宽度

设计速度(km/h)	120	100	80	60
左侧硬路肩宽度(m)	1.25	1.00	0.75	0.75
左侧土路肩宽度(m)	0.75	0.75	0.75	0.50

8车道高速公路宜设置左侧硬路肩，其宽度应为2.50 m，左侧硬路肩宽度包含左侧路缘带宽度。

各级公路均应设置土路肩，其最小宽度要求见表4-5、表4-6。

2.城市道路路肩

采取边沟排水的城市道路应在路面外侧设路肩。路肩分为硬路肩及保护性路肩，计算行车速度大于或等于 40 km/h 时，应设硬路肩，见表 4-7。接近城市、村镇有行人的路段，右侧硬路肩宽度应根据人流确定，但不得小于表 4-7 的规定值。双幅路或四幅路中间具有排水沟的断面，应设置左侧路肩。不设硬路肩时，路肩宽度不得小于 1.25 m。

表 4-7　城市道路硬路肩宽度

计算行车速度(km/h)	80	60、50	40
硬路肩最小宽度(m)	1.00	0.75	0.50
有少量行人时最小宽度(m)	1.75	1.50	1.25

保护性路肩一般为土质或简易铺装，宽度应满足安设护栏、杆柱、交通标志牌的要求，最小宽度为 0.5 m。

(二)中间带及分隔带

1.公路中间带

中间带设在两个不同行驶方向车道之间，由两条左侧路缘带和中央分隔带组成，如图 4-7 所示。中间带用于分隔对向车流，提高通行能力；可设置公路标志牌及其他交通管理设施、种植花草灌木或设置防眩网；可引导驾驶员视线，增加行车所必须的侧向余宽，从而提高行车的安全性和舒适性。

《标准》规定，高速公路、一级公路整体式断面必须设置中间带。中间带的宽度是根据行车带以外的侧向余宽，防止驶入对向行车带的护栏、种植、防眩网、交叉公路的桥墩等所需的设置带宽度而定的，各部分宽度应符合表 4-8 的规定。

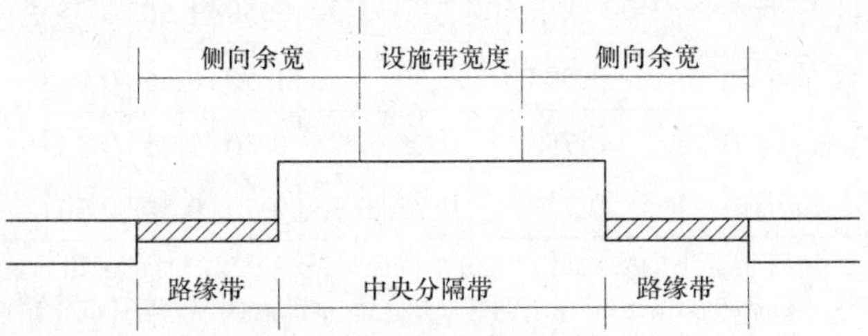

图 4-7　中间带组成

表 4-8　高速公路、一级公路整体式断面中间带宽度

计算速度(km/h)		120	100	80	60
中央分隔带宽度(m)	一般值	3.00	2.00	2.00	2.00
	最小值	2.00	2.00	1.00	1.00
左侧路缘带宽度(m)	一般值	0.75	0.75	0.50	0.50
	最小值	0.75	0.50	0.50	0.50
中间带宽度(m)	一般值	4.50	3.50	3.00	3.00
	最小值	3.50	3.00	2.00	2.00

注：“一般值”为正常情况下的采用值，“最小值”为条件受限制时可采用的值。

为了便于养护作业和某些车辆在必要时驶向反向车道，中央分隔带应按一定距离设置开口部。

2.城市道路分车带

城市道路机动车和非机动车混合行驶，因此在设置非机动车道时，除应设置分隔对向车流的中间带外，还应在道路的两侧同向行驶的机动车道和非机动车道之间设置分隔带(即两侧带)。设置这类分隔带的作用是分隔同向行驶的机动车和非机动车，防止其相互干扰，以减少事故，保证车速，并可作为设置沿线设施之用。城市道路分车带最小宽度要求见表 4-9。

表 4-9　城市道路分车带最小宽度要求

分车带类别		中间带			两侧带		
设计速度(km/h)		80	60、50	40	80	60、50	40
分隔带最小宽度(m)		2.00	1.50	1.50	1.50	1.50	1.50
路缘带宽度(m)	机动车道	0.50	0.50	0.25	0.50	0.50	0.25
	非机动车道	—	—	—	0.25	0.25	0.25
侧向净宽(m)	机动车道	1.00	0.75	0.50	0.75	0.75	0.50
	非机动车道	—	—	—	0.50	0.50	0.50
安全带宽度(m)	机动车道	0.50	0.25	0.25	0.25	0.25	0.25
	非机动车道	—	—	—	0.25	0.25	0.25
分车带最小宽度(m)		3.00	2.50	2.00	2.25	2.25	2.00

注：①快速路的分车带均应采用 80 km/h 栏中的规定值。
②设计速度小于 40 km/h 的主干路与次干路可不设置路缘带，分车带采用 40 km/h 栏中的规定值。
③支路可不设路缘带，但应保证 25 cm 的侧向净宽。
④表中分隔带最小宽度是按设施带宽度为 1 m 考虑的，如设施带宽度大于 1 m，应增加分隔带宽度。
⑤安全带宽度为侧向净宽和路缘带宽度之差。

两侧带的最小宽度规定为 2.0 m 至 2.25 m。在北方寒冷积雪地区，在满足最小宽度的前提下，还应考虑能否满足临时堆放积雪的要求。

3.城市道路路侧带

位于城市道路行车道两侧的人行道、绿化带、公用设施带等统称为路侧带，其宽度应根据道路类别、功能、行人流量、绿化、沿街建筑性质及布设公用设施要求等确定。

1)人行道

人行道主要是供行人步行之用，同时也是植树、立杆的场地，人行道的地下空间还可埋设管线等。人行道宽度必须满足行人通行的安全和顺畅，保证高峰时的行人流量，并用来设置绿化、照明、地下管线等。人行道横坡为单向坡，一般为 1.5% ~ 2.0%，向路缘石一侧倾斜，高出车行道 0.10 ~ 0.20 m。车站、码头的人行天桥、人行地道的一条人行带宽度取 0.90 m，其余情况取 0.75 m。

2)种植带

人行道上靠行车道一侧种植行道树。行道树的株距一般为 4 ~ 6 m，树池采用 1.5 m 的正方形或 1.2 m×1.8 m 的矩形，也可植草皮与花丛。

3)设施带

设施带宽度包括设置行人护栏、照明灯柱、标志牌、信号灯等的宽度。红线宽度较窄及条件困难时，设施带可与种植带合并，但应避免各种设施与树木间的干扰。常用宽度为护栏 0.25 ~ 0.50 m，杆柱 1.0 ~ 1.5 m。

按上述所求得的步行带宽、绿化带宽与设施带宽之和为人行道宽。此外，还要考虑人行道下面埋设管线所需要的宽度。

4.路缘石

路缘石是设置在路面与其他构造物之间的标石。在分隔带与路面之间、人行道与路面之间一般都需要设置路缘石。路缘石的形状有立式、斜式和曲线式等几种。路缘石宜高出路面 10 ~ 20 cm，隧道内线形弯曲线段或陡峻路段等处，可高出 25 ~ 40 cm，并应有足够的埋置深度，以保证稳定。缘石宽度宜为 10 ~ 15 cm。

五、路拱

(一)路拱横坡度

为保证路面横向迅速排水，将路面做成由中央向两侧倾斜的拱形，称为路拱。路拱横坡度的选用，应有利于路面排水通畅和行车平稳。对不同类型的路面，由于其表面的平整度和透水性不同，应再考虑当地的自然条件选用不同的路拱坡度，见表 4-10 的数值。

表 4-10　路拱横坡度

路面类型	路拱横坡度(%)	路面类型	路拱横坡度(%)
水泥混凝土路面	1.0 ~ 2.0	其他黑色路面、整齐石块	1.5 ~ 2.5
沥青混凝土路面	1.0 ~ 2.0	碎、砾石等粒料路面	2.5 ~ 3.5
半整齐、不整齐石块	2.0 ~ 3.0	低级路面	3.0 ~ 4.0

土路肩的排水性远低于路面，其横坡度较路面宜增大 1.0% ~ 2.0%；硬路肩视具体情况(材料、宽度)可与路面同一横坡，也可稍大于路面；路缘带横坡与路面相同。

(二)路拱形式

路拱形式依路面宽度、路拱坡度及施工便利等决定，有直线形、折线形和抛物线形等。

直线形路拱的特点是中间有屋脊形，且两侧横坡一致，适用于路拱横坡小的水泥路面、有中央分隔带的路面以及宽度较小的低等级公路。折线形路拱的特点是坡度从中到边逐步增大利于排水，横坡变化缓，对行车有利，适用于多车道水泥混凝土路面。抛物线形路拱的特点是造型美观、横坡圆顺，没有路中尖顶，路面中间部分坡度较小，两旁坡度较大，利于排除雨水，适用于机动车、非机动车混合行驶的城市道路单幅路断面。

第二节　道路建筑限界与道路用地

一、道路建筑限界

道路建筑限界(又称净空)是为保证道路上各种车辆、人群的正常通行与安全，在一定的高度和宽度范围内不允许有任何障碍物侵入的空间界线。道路建筑限界分为净高和净宽两部分。在进行道路横断面设计时，应充分研究组成路幅要素的相互关系及道路的各种设施的设置规划，在有限空间内做出合理的安排，绝对不允许有任何障碍物侵入。

净宽是指在规定的净高范围内应保证的宽度，对高速公路、一级公路，包括行车带、路缘带、硬路肩、部分中央分隔带的宽度；二、三、四级公路，包括行车带及部分路肩的宽度。设人行道、自行车道时，还应包括它们的宽度。上述规定的路肩宽度是在净空范围以内的，所以道路上的各种设施(护栏、标志牌等)应该设置在右路肩以外的保护性路肩上，而且必须保证其伸入部分在净高以上。

(一)公路建筑限界

《标准》规定：

(1)当设置有加减速车道、紧急停车带、爬坡车道、慢车道、错车道时，建筑限界应包括相应部分的宽度。

(2)8车道及其以上的高速公路(整体式)，建筑限界应包括左路肩的宽度。

(3)桥梁、隧道设置检修道、人行道时，建筑限界应包括相应部分的宽度。

(4)一条公路应采用同一净高，高速公路、一级公路、二级公路的净高应为5.00 m，三级公路、四级公路的净高应为4.50 m。

(5)检修道、人行道与行车道分开设置时，其净高应为2.50 m。

公路建筑限界如图4-8所示。

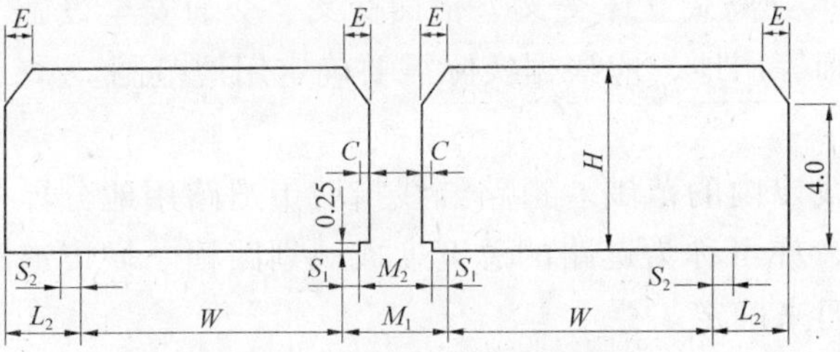

(a)高速公路、一级公路(整体式)

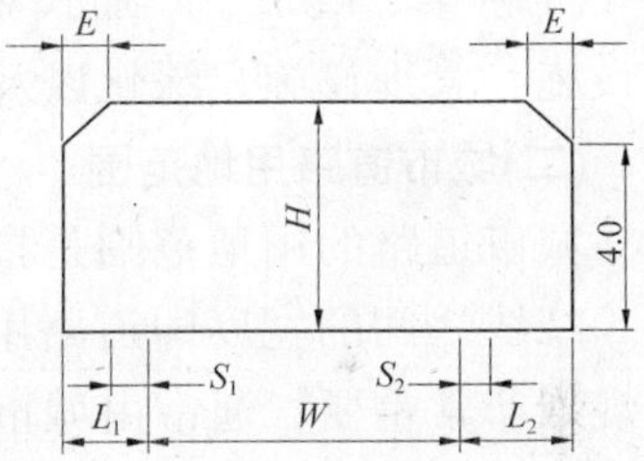

(b)高速公路、一级公路(分离式)

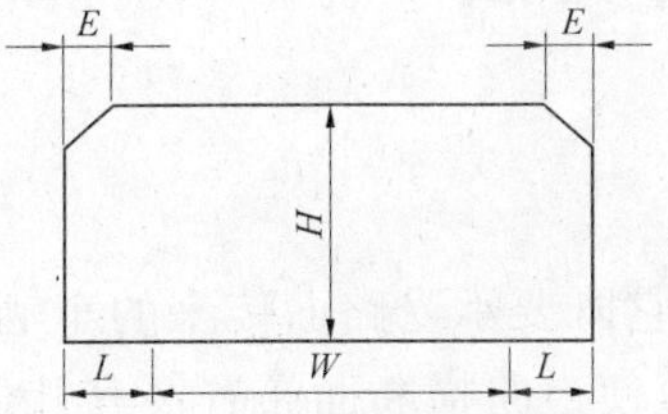

(c)二、三、四级公路

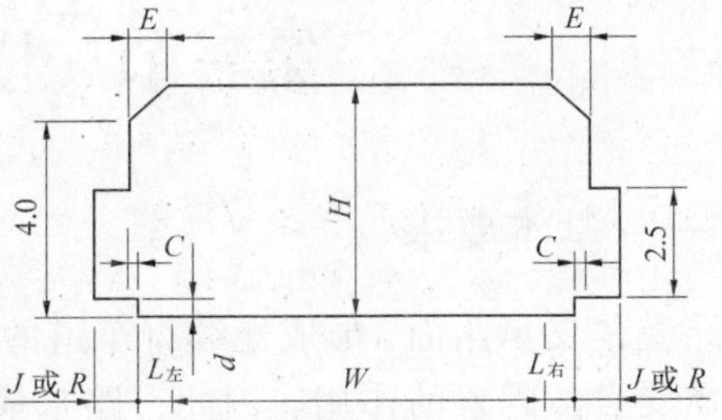

(d)公路隧道

图 4-8　公路建筑限界　(单位：m)

W—行车道宽度；L_1—左侧硬路肩宽度；L_2—右侧硬路肩宽度；S_1—左侧路缘带宽度；S_2—右侧路缘带宽度；L—侧向宽度，高速公路、一级公路的侧向宽度为硬路肩宽度(L_1 或 L_2)，二、三、四级公路的侧向宽度为路肩宽度减去 0.25 m，隧道内侧向宽度 $L_{左}$或 $L_{右}$应符合隧道最小侧向宽度的规定；C—当设计速度大于 100 km/h 时为 0.5 m，等于或小于 100 km/h 时为 0.25 m；M_1—中间带宽度；M_2—中央分隔带宽度；J—隧道内检修道宽度；R—隧道内人行道宽；d—隧道内检修道或人行道高度；E—建筑限界顶角宽度，当 $L \leqslant 1$ m 时 $E=L$，当 $L>1$ m 时 $E=1$ m；H—净空高度

(二)城市道路建筑限界

城市道路建筑限界划定原理与公路相同。最小净高见表 4-11。

表 4-11　城市道路最小净高

行车道种类	机动车			非机动车	
行驶车辆种类	各种汽车	无轨电车	有轨电车	自行车、行人	其他非机动车
最小净高(m)	4.5	5.0	5.5	2.5	3.5

二、道路用地

(一)公路用地范围

公路建设应贯彻切实保护耕地、节约用地的原则，在确定公路用地范围时应符合以下规定：

(1)公路用地范围为公路路堤两侧排水沟外边缘(无排水沟时为路堤或护坡道坡脚)以外，或路堑坡顶截水沟外边缘(无截水沟为坡顶)以外不小于1 m 范围内的土地；在有条件的地段，高速公路、一级公路不小于3 m，二级公路不小于2 m 范围内的土地为公路用地范围。

(2)在风沙、雪害等特殊地带设置防护设施时，应根据实际需要确定用地范围。

(3)桥梁、隧道、互通式立体交叉、分离式立体交叉、平面交叉、交通安全设施、服务设施、管理设施、绿化以及料场苗圃等用地，应根据实际需要确定用地范围。

(二)城市道路用地范围

城市道路的用地范围是指建筑红线以内的范围。道路红线指城市道路用地分界控制线，红线之间的宽度即道路用地范围，亦可称为道路的总宽度或规划路幅。城市道路红线规划非常重要，通常由城市规划部门来确定。

在城市总平面图上，先定出道路中心线的位置，再按道路红线宽度画出道路红线。

第三节　横断面设计方法

一、基本要求

路基是支承路面、形成连续行车道的带状结构物，它既要承受路面传来的车辆荷载，又要承受自然因素的作用。因此，路基横断面的设计应使道路横断面布置及其几何尺寸满足交通、环境、用地、城市面貌的要求，同时应满足以下几点：

(1)路基的设计应根据使用要求和当地自然条件(包括地质、水文和材料情况)，并结合施工条件进行，既应有足够的强度和稳定性，又要经济合理。

(2)路基的断面形式和尺寸应根据道路的等级、设计标准和设计任务书的规定以及道路的使用要求，结合具体条件确定。一般路基可参照标准横断面进行设计，特殊路基则应进行单独计算设计。

(3)路基设计应兼顾当地农田基本建设的需要，在取土、弃土、取土坑设置、排水设计等方面应与农田水利、灌溉沟渠等配合，尽量减少废土占地，防止水土流失和淤塞河道。

二、公路横断面设计

(一)公路横断面布置

根据《标准》，路基横断面按照公路性质及等级不同有整体式断面和分离式断面两大类，每一类按车道数不同有多种布置形式。在具体设计每个横断面之前，公路横断面的形式可结合当地地形、地质、水文、填挖等情况，参照标准横断面进行布置。公路标准横断面图一般包括路堤、路堑、半路堤半路堑、护肩路基、挡土墙路基、砌石路基等。对于高填、深挖、特殊地质或浸水路堤等应单独设计。

1.一般路堤

一般路堤是指填土高度小于 20 m 的路堤，如图 4-9(a)所示。当填土高度小于 0.5 m 时，为满足最小填土高度和排除路面、路肩和边坡地面水的需要，应设置边沟。当填土高度大于 2 m 时，可将边沟断面扩大成取土坑以满足填土需要，此时应在坡脚和取土坑间设宽度不小于 1 m 的护坡道；当填土高度较大时，为保证边坡稳定，应采用折线形边坡。

2.挖方路基

挖方路基是指挖方深度大于 20 m、一般地质条件下的路堑，如图 4-9(b)所示。挖方边坡的坡脚设置边沟，汇集和排除路基范围内地表径流，上方设置截水沟拦截和排除流向路基的地表径流，挖方弃土堆在路堑的下方。坡体因开挖而可能失去稳定性时必须采用支挡结构物。边坡坡面易风化或有碎落物时，可设置碎落台，也可坡面防护。

3.半填半挖路基

横断面上，部分为挖方、部分为填方的路基称为半填半挖路基，通常出现在地面横坡较陡的地方。在丘陵或山区公路上，挖填结合是路基横断面的主要形式，如图 4-9(c)所示。

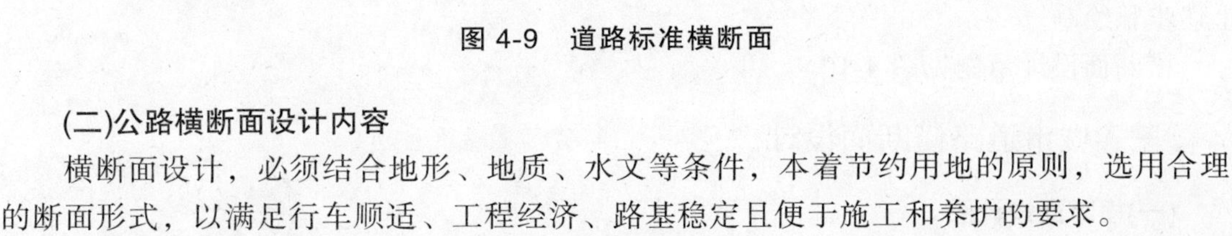

(a)一般路堤　(b)挖方路基　(c)半填半挖路基

图 4-9　道路标准横断面

(二)公路横断面设计内容

横断面设计，必须结合地形、地质、水文等条件，本着节约用地的原则，选用合理的断面形式，以满足行车顺适、工程经济、路基稳定且便于施工和养护的要求。

(1)确定路幅横断面尺寸，包括宽度及横坡度。

(2)确定路基高度，完成纵断面设计。

(3)参照标准横断面确定路基横断面形状。

(4)确定边坡坡度，包括路堤及路堑边坡，土质与岩石边坡。

(5)横断面面积计算及土石方数量计算与调配。

(三)路基横断面设计所需资料

(1)平曲线资料：半径、缓和曲线、偏角、曲线位置(交点桩号)等。

(2)每个中桩的填挖高度。

(3)路基宽度，路面宽度(分别确定左右侧宽度)。

(4)各中桩的超高值。

(5)路基标准横断面图式。

(6)路基边坡坡度值。

(7)边沟、截水沟的形式及尺寸。

(8)弯道上视距。

(四)横断面设计方法和步骤

道路横断面设计，应按如下方法进行。

1.在计算纸上绘制横断面的地面线

地面线是在现场测绘的，若是纸上定线，可从大比例尺的地形图上内插获得。在计算机辅助设计中，可通过数字化仪或键盘向计算机输入横断面各变化点相对于中桩的坐标，由绘图机自动绘制。横断面图的比例尺一般是 1：200。

2.绘出设计线(俗称“戴帽子”)

根据现场调查所得来的土壤、地质、水文资料，参照标准横断面图，画出路幅宽度、填或挖的边坡线，在需要设置各种支挡工程和防护工程的地方画出该工程结构的断面示意图。

(1)从路基设计表中抄入路基中心填挖高度，由中桩地面点量出填挖高度，画一条水平线，即为设计高程。

(2)确定左、右侧路基宽度，在设计高程线上截取左、右路基边缘位置。

(3)按路中线、路基或路面边缘与设计高程的差值绘出路拱。

(4)绘出路基边坡线。

(5)绘出防护及加固设施的断面图。

3.其他

根据综合排水设计，画出路基边沟、截水沟、排灌渠等的位置和断面形式，必要时须注明各部分尺寸。此外，对于取土坑、弃土堆、绿化等也尽可能画出。

对于分离式断面的公路和具有变速车道、爬坡车道、紧急停车车道的断面，可参照上述步骤绘制。

横断面设计示例见图 4-10。

三、城市道路横断面设计

(一)横断面设计图

当按城市道路的交通性质、地形条件以及近、远期相结合的原则确定了横断面组成和宽度以后，即可绘制横断面设计图，它是指导施工和计算土石方数量的依据。

城市道路横断面设计图一般要用的比例尺为 1：100 或 1：200，在图上应绘出红线宽度、行车道、人行道、绿化带、照明、新建或改建的地下管道等各组成部分的位置和宽度，以及排水方向、路面横坡等，见图 4-11。

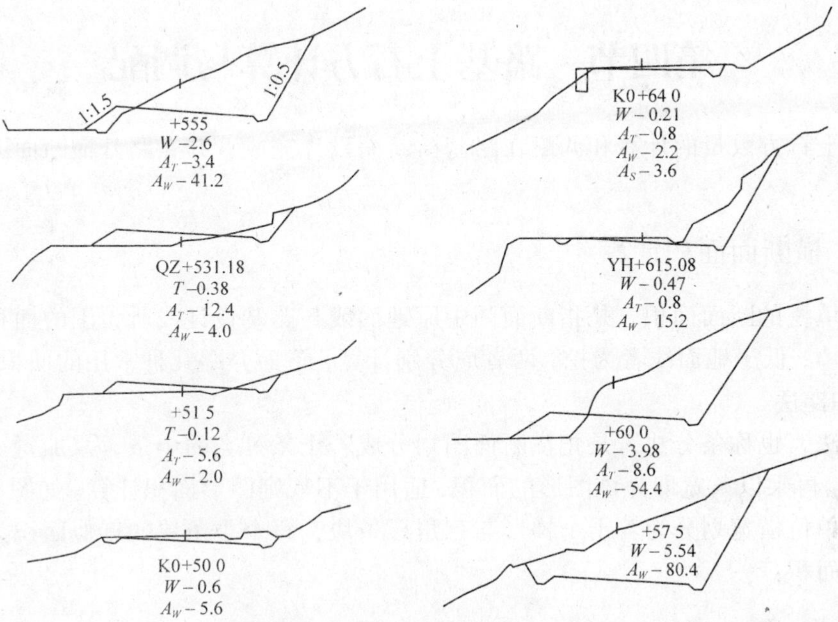

图 4-10　公路路基横断面设计图

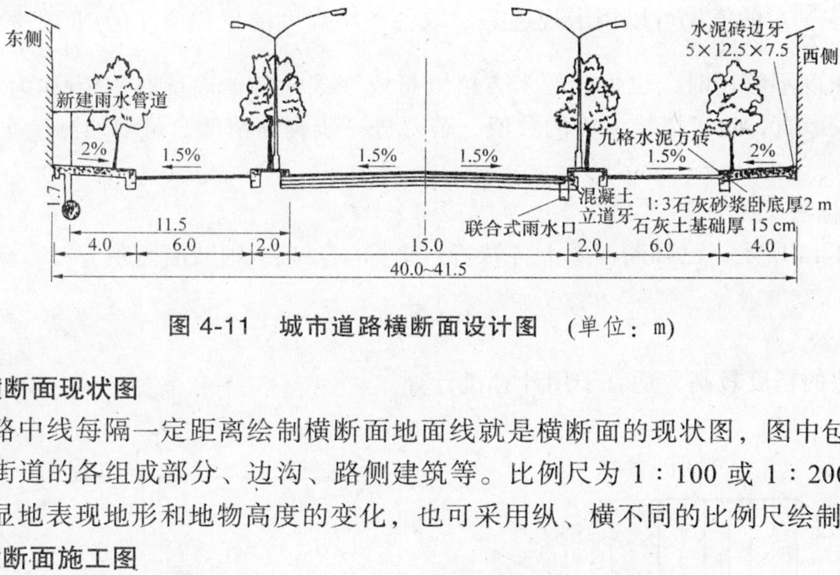

图 4-11　城市道路横断面设计图　(单位：m)

(二)横断面现状图

沿道路中线每隔一定距离绘制横断面地面线就是横断面的现状图，图中包括地形、地物、原街道的各组成部分、边沟、路侧建筑等。比例尺为 1∶100 或 1∶200，有时为了更加明显地表现地形和地物高度的变化，也可采用纵、横不同的比例尺绘制。

(三)横断面施工图

在完成道路纵断面设计之后，各中线上的填挖高度为已知。将这一高度点绘在相应的横断面现状图上，然后将横断面设计图以相同的比例尺画于其上。此图反映了各断面上的填、挖和拆迁界线，是施工时的主要根据，见图 4-12。

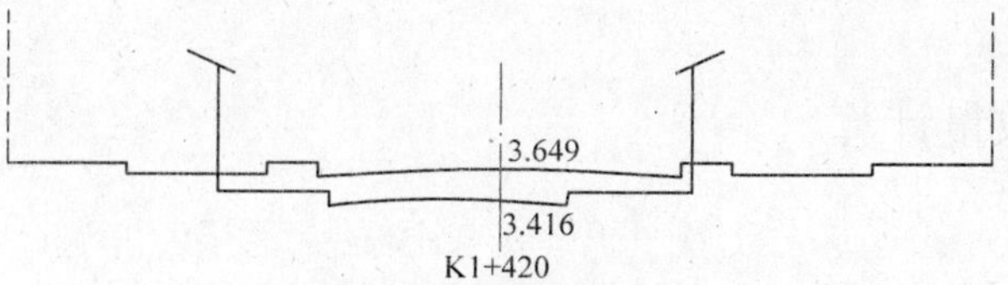

图 4-12　城市道路横断面施工图　(单位：m)

第四节　路基土石方计算与调配

路基土石方数量的计算和调配在路基横断面设计完成，并在路基横断面图绘制完成后进行。

一、横断面面积计算

路基填挖的断面面积，是指断面图中原地面线与路基设计线所包围的面积，高于地面线者为填，低于地面线者为挖，两者应分别计算，下面介绍几种常用的面积计算方法。

(一)积距法

积距法，也称条分法，是把横断面图划分成若干条等宽的小条，累加每一小条中心处的高度，再乘以条宽即为该图形的面积，适用于不规则图形面积计算。如图 4-13 所示，将断面按单位横宽划分为若干个梯形与三角形条块，每个小条块的近似面积为 $A_i=bh_i$，则横断面面积：

$$A=b\sum_{i=1}^{n}h_i \tag{4-1}$$

要求得 $\sum_{i=1}^{n}h_i$ 的值，可以用卡规逐一量取各条块高度的累积值(称为卡规法)；当面积较大卡规张度不够用时，也可用厘米方格纸折成窄条代替卡规量取积距(称为纸条法)。若地面线较顺直，也可以增大 b 的数值，若要进一步提高精度，可增加测量次数最后取其平均值。

(二)坐标法

如图 4-14 所示，已知断面图上各转折点坐标$(x_i,\ y_i)$，则断面面积为：

$$A=\frac{1}{2}\sum_{i=1}^{n}(x_iy_{i+1}-x_{i+1}y_i) \tag{4-2}$$

坐标法的精度较高，适宜于用计算机计算。

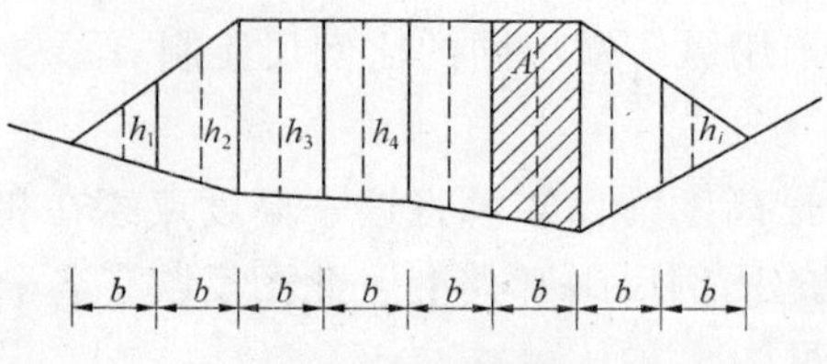

图 4-13　积距法

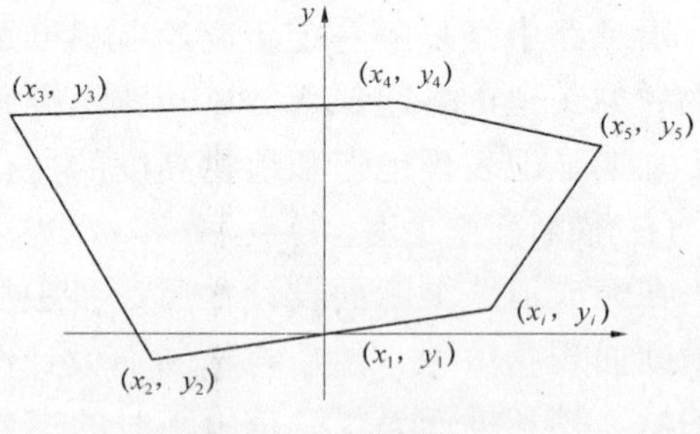

图 4-14　坐标法

二、土石方数量计算

(一)平均断面法

若相邻两断面均为填方或均为挖方且面积大小相近，则可假定两断面之间为一棱柱体(见图 4-15)，其体积的计算公式为：

$$V=\frac{1}{2}\left(F_1+F_2\right)L \tag{4-3}$$

式中　V——体积，即土石方数量，m^3；

F_1、F_2——相邻两断面的面积，m^2；

L——相邻断面之间的距离，m。

此法计算简易，较为常用，一般称之为“平均断面法”。

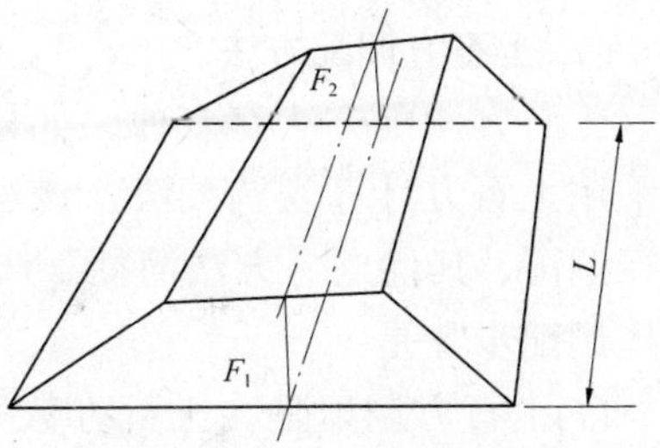

图 4-15　平均断面法

(二)棱台体积法

若 F_1 和 F_2 相差甚大，则两断面间形状与棱台更为接近。其计算公式为：

$$V=\frac{1}{3}(F_1+F_2+\sqrt{F_1F_2})L \tag{4-4}$$

此方法的精度较高，应尽量采用，特别是用计算机计算时。

(三)土石方数量计算应注意的问题

(1)填挖方数量分别计算(填挖方面积分别计算)。

(2)土石方应分别计算(土石面积分别计算)。

(3)换土、挖淤泥或挖台阶等部分应计算挖方工程量，同时还应计算填方工程量。

(4)路基填、挖方数量中应考虑路面所占的体积(填方扣除、挖方增加)。

(5)路基土石方数量中应扣除大、中桥所占的体积，小桥及涵洞可不予考虑。

三、路基土石方调配

土石方调配的目的是确定填方用土的来源、挖方弃土的去向，以及计价土石方的数量和运量等。通过调配合理地解决各路段土石方平衡与利用问题，使从路堑挖出的土石方，在经济合理的调运条件下移挖作填，达到填方有所“取”，挖方有所“用”，避免不必要的路外借土和弃土，以减少占用耕地和降低公路造价。

(一)土石方调配原则

(1)就近利用，减少运量。在半填半挖断面中，应首先考虑在本路段内移挖作填进行横向平衡，然后再作纵向调配，以减少总的运输量。

(2)不跨沟调运。土石方调配应考虑桥涵位置对施工运输的影响，一般大沟不作跨越调运。

(3)自高向低调运。应注意施工的可能与方便，尽可能避免和减少上坡运土；位于山坡上的回头曲线段优先考虑上线向下线的土方竖向调运。

(4)经济合理性。应进行远运利用与附近借土的经济比较(移挖作填与借土费用的比较)。为使调配合理，必须根据地形情况和施工条件，选用适当的运输方式，确定合理的经济运距，用以分析工程用土是调运还是外借。

(5)不同的土方和石方应根据工程需要分别进行调配，以保证路基稳定和人工构造物的材料供应。

(6)土方调配对于借土和弃土应事先同地方商量，妥善处理。借土应结合地形、农田规划等选择借土地点，并综合考虑借土还田，整地造田等措施。弃土应不占或少占耕地，在可能条件下宜将弃土平整为可耕地，防止乱弃滥堆，或堵塞河流，毁坏农田。

(二)土石方调配方法

土石方调配方法有多种，如累积曲线法、调配图法及土石方计算表调配法等，通常多采用土石方计算表调配法，该法不需绘制累积曲线图与调配图，直接可在土石方表上进行调配，其优点是方法简捷，调配清晰，精度符合要求。该表也可由计算机自动完成。具体调配步骤是：

(1)土石方调配是在土石方数量计算与复核完毕的基础上进行的，调配前应将可能影响运输调配的桥涵位置、陡坡、大沟等注在表旁，供调配时参考。

(2)弄清各桩号间路基填挖方情况并作横向平衡，明确利用、填缺与挖余数量。

(3)在作纵向调配前，应根据施工方法及可能采取的运输方式定出合理的经济运距，供土石方调配时参考。

(4)根据填缺挖余分布情况，结合路线纵坡和自然条件，具体拟订调配方案。方法是逐桩逐段地将毗邻路段的挖余就近纵向调运到填缺内加以利用，并把具体调运方向和数量用箭头标明在纵向利用调配栏中。

(5)经过纵向调配，如果仍有填缺或挖余，则应会同当地政府协商确定借土或弃土地点，然后将借土或弃土的数量和运距分别填注到借方或废方栏内。

(6)土石方调配后，应按下式进行复核检查：

横向调运+纵向调运+借方=填方

横向调运+纵向调运+弃方=挖方

挖方+借方=填方+弃方

以上检查一般是逐页进行复核的，如有跨页调配，须将其数量考虑在内，通过复核可以发现调配与计算过程有无错误，经核实无误后，即可分别计算计价土石方数量、运量和运距等，为编制施工预算提供土石方工程数量。

(三)关于调配计算的几个问题

1.经济运距

填方用土来源，一是路上纵向调运，二是就近路外借土。一般情况调运路堑挖方来填筑距离较近的路堤还是比较经济的。但如调运的距离过长，以致运价超过了在填方附近借土所需的费用时，移挖作填就不如就地借土经济。因此，采取“调”还是“借”有个限度距离问题，这个限度距离即所谓“经济运距”。经济运距是确定借土或调运的限界，当调运距离小于经济运距时，采取纵向调运是经济的，反之则可考虑就近借土。

2.平均运距

土方调配的运距，是指从挖方体积的重心到填方体积的重心之间的距离。在路线工程中为简化计算起见，这个距离可简单地按挖方断面间距中心至填方断面间距中心的距离计算，称平均运距。

在纵向调配时，当其平均运距超过定额规定的免费运距，应按其超运运距计算土石方运量。

3.运量

土石方运量为平均运距与土石方调配数量的乘积。

在土石方调配中，所有挖方无论是“弃”或“调”，都应予以计价。但对于填方则不然，要根据用土来源来决定是否计价。如果是路外借土，那当然要计价，倘若是移挖作填调配利用，则不应再计价，否则形成双重计价。因此，计价土石方必须通过土石方调配表来确定其数量为：

计价土石方数量=挖方数量+借方数量

一般工程上所说的土石方总量，实际上是指计价土石方数量。一条公路的土石方总量，一般包括路基工程、排水工程、临时工程、小桥涵工程等项目的土石方数量。对于独立大、中桥梁及长隧道的土石方工程数量应另外计算。

第五节　道路横断面设计成果

道路横断面设计成果主要包括路基横断面设计图和路基土石方数量计算表，具体包括路基横断面设计图、路基标准横断面图、路基设计表、路基土石方计算表、每公里土石方数量表等。

一、路基横断面设计图

路基横断面设计图是路基每一个中桩的法向剖面图，它反映每个桩位处横断面的尺寸及结构，是路基施工及横断面面积计算的依据，图中应给出地面线和设计线，并标注桩号、施工高度与断面面积。相同的边坡坡度可只在一个断面上标注，挡墙等构造物可只绘出形状，不标注尺寸，边沟也只需绘出形状；横断面设计图应按从上到下、从左到右的方式进行布置，一般采用 1∶200 的比例。

二、路基标准横断面图

路基标准横断面图是路基横断面设计图中所出现的所有路基形式的汇总。它表示了所有设计线(包括边沟、边坡、挡墙、路肩)的形状、尺寸和比例，用以指导施工。这样路基横断面设计图就不必对每一个断面进行详细的标注，避免了工作的重复和烦琐，也使得设计图比较简洁。

三、路基设计表

路基设计表是路线设计和路基设计成果的综合体现，是平、纵、横断面等主要测设资料的综合，在道路设计文件中占有重要地位。其前半部分是平面与纵面设计成果，横断面设计完成后，再将边坡、边沟等栏填上，其中边沟一栏的坡度如不填写，表明沟底纵坡与道路纵坡一致，如果不一致，则需另外填写。

四、路基土石方计算表

路基土石方是公路工程的一项主要工程量，在公路设计和路线方案比较中，路基土石方数量的多少是评价公路建设质量的主要技术经济指标之一。在编制公路施工组织计划和工程概预算时，还需要确定分段和全线的路基土石方数量。

复习思考题

4-1　什么是道路的横断面？公路的横断面包括哪些组成部分？

4-2　城市道路的组成部分有哪些？其位置的安排和宽度的确定应考虑哪些因素？

4-3　路幅布置形式一般有哪几种？各有何特点？

4-4　什么叫路缘带？其作用是什么？在什么情况下公路需设置路缘带？

4-5　公路路肩的组成及作用是什么？

4-6　路拱的作用是什么？有哪些基本形式？

4-7　划分公路用地的意义是什么？怎样划定公路的建筑限界？

4-8　简述道路横断面设计的步骤。

4-9　土石方调配方法一般有哪几种？土石方计算表调配法有何优点？

4-10　简述道路土石方计算的基本原理和方法。怎样对土石方计算进行校核？

第五章　道路交叉

重点提示

掌握道路平面交叉的类型及其选择、道路平面交叉的设计方法，熟悉道路立体交叉设计的类型和适用条件，了解道路立体交叉的设计要求。

交叉口是道路系统的重要组成部分，是道路交通的咽喉。在道路网中，各种道路纵横交错，必然会形成很多交叉口，相交道路的各种车辆和行人都要在交叉口汇集、通过和转换方向，由于它们之间的相互干扰，会使行车速度降低，阻滞交通，耽误通过时间，也容易发生交通事故。因此，如何正确设计交叉口，合理组织交通，对于提高交叉口的通行能力，避免交通阻塞，减少交通事故，都具有重要意义。

第一节　道路平面交叉

一、交叉口设计概述

(一)交叉口设计的基本要求和内容

道路与道路(或铁路)在同一平面上相交的地方称为平面交叉。

交叉口设计的基本要求：一是保证车辆与行人在交叉口能以最短的时间顺利通过，使交叉口的通行能力能适应各条道路的行车要求；二是正确设计交叉口立面，保证转弯车辆的行车稳定，同时符合排水要求。

平面交叉位置的选定应考虑公路网规划、地形和地质条件、经济与环境因素等。

平面交叉的间距应根据其对行车安全通行能力和交通延误等的影响确定。一、二级公路平面交叉的最小间距应符合表 5-1 的规定。

表 5-1　平面交叉最小间距

公路等级	一级公路			二级公路	
公路功能	干线公路		集散公路	干线公路	集散公路
	一般值	最小值			
间距(m)	2 000	1 000	500	500	300

交叉口设计的主要内容包括以下几个方面：

(1)正确选择交叉口的形式，确定各组成部分的几何尺寸(进口车道数、车行道道宽、缘石转弯半径、交通岛尺寸等)。

(2)验算交叉口行车视距，保证安全通视条件。

(3)交叉口立面设计，布置雨水口和排水管道。

(4)交通设计(标志、标线、信号灯)和渠化设计，合理布置各种交通设施。

(5)结构设计。

(二)交叉口的交通分析

进出交叉口的车辆，由于行驶方向的不同，车辆与车辆之间的交错方式也不相同，可能产生的交错点的性质也不一样。

同一行驶方向的车辆向不同方向分离行驶的地点称为分流点；来自不同行驶方向的车辆以较小的角度，向同一方向汇合行驶的地点称为交织点(或合流点)；来自不同行驶方向的车辆以较大的角度相互交叉的地点称为冲突点，见图 5-1。此三类交错点都存在相互尾撞、挤撞或碰撞的可能性，是影响交叉口行车速度、通行能力和发生交通事故的主要原因，统称为危险点。其中，以直行与直行、左转与左转以及直行与左转车辆之间所产生的冲突点对交通的干扰和行车安全影响最大，其次是合流点，再次是分流点。因此，在交叉口设计时，应尽量采取措施减少冲突点和合流点，尤其要减少或消灭冲突点。

无交通管制时，三路、四路和五路相交平面交叉口的危险点的数量见表 5-2。

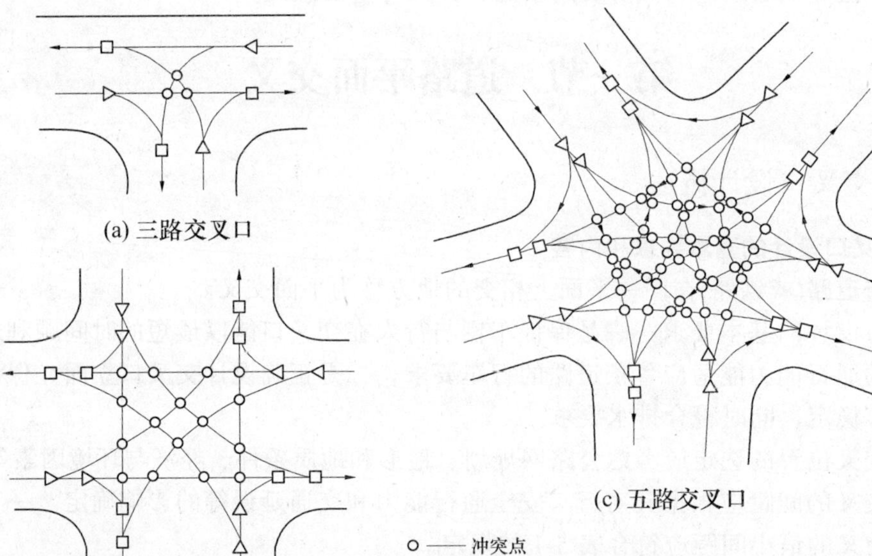

图 5-1　平面交叉口危险点分布

表 5-2　平面交叉口危险点数量

交叉口类型	危险点数量(个)			
	冲突点	交织点	分流点	合计
三路交叉	3	3	3	9
四路交叉	16	8	8	32
五路交叉	50	15	15	80

分析上述图表可得出以下两点结论：

(1)在无交通管制的交叉口，都存在各种交错点，其数量是随相交道路条数的增加而显著增加，其中增加最快的是冲突点，当相交道路均为双车道时，各交错点的数量可用下式计算：

$$交织点=分流点=n(n-2)$$

$$冲突点=\frac{1}{6}n^2(n-1)(n-2)$$

式中　n——交叉口相交道路的条数。

因此，在设计交叉口时，应力求减少相交道路的条数，尽量避免五条或五条以上道路相交，使交通简化。

(2)产生冲突点最多的是左转弯车辆，例如四路交叉口若没有左转车流，则冲突点可由 16 个减至 4 个，而五路交叉口则从 50 个减到 5 个。因此，在交叉口设计中如何正确地处理和组织左转弯车辆，是保证交叉口交通通畅和安全的关键所在。

减少或消灭冲突点的方法主要有以下三点：

(1)实行交通管制，在交叉口设置交通信号灯或由交通警察指挥，使发生冲突的车流从通行时间上错开。如四路交叉口实行交通管制后，冲突点由 16 个减至 2 个，分、合流点由 8 个减至 4 个，若禁止车流左转可完全消灭冲突点。

(2)采用渠化交通。在交叉口内合理布置交通岛、交通标志和标线，或增设车道等，引导各方向车流沿一定路径行驶，减少车辆之间的相互干扰。如环形平面交叉可消灭冲突点。

(3)修建立体交叉。将相互冲突的车流从通行空间上分开，使其互不干扰。这是解决交叉口交通问题最彻底的办法。

二、交叉口的类型及其选择

(一)平面交叉口的形状

平面交叉形式应根据相交公路的功能等级、交通量、交通管理方式和用地条件等确定。常见的形式有十字形、T 字形及其演变而来的 X 形、Y 形、错位、环形交叉等，如图 5-2 所示。这些交叉口在平面上的几何图形，由规划道路网和街坊建筑的形状所决定，一般不易改变。

(二)交叉口类型及其选择

在具体设计中，常因交通量、交通性质以及交通组织方式的不同，把交叉口设计成各具交通特点的形式，可归纳为加铺转角式、拓宽路口式、分道转弯式和环形交叉四类。

1.加铺转角式(简单交叉)

加铺转角式是用适当半径的圆曲线平顺连接相交道路的交叉口，如图 5-2(a)、(b)、(c)、(d)所示。

此类交叉口形式简单，占地少，造价低，设计方便，但行车速度低、通行能力小，适用于交通量小、车速低、转弯车辆少的三、四级公路或地方道路；若斜交不大，也可用于转弯交通量较小的主要道路与次要道路交叉。

简单交叉设计时主要解决合适的转角曲线半径和足够视距问题。

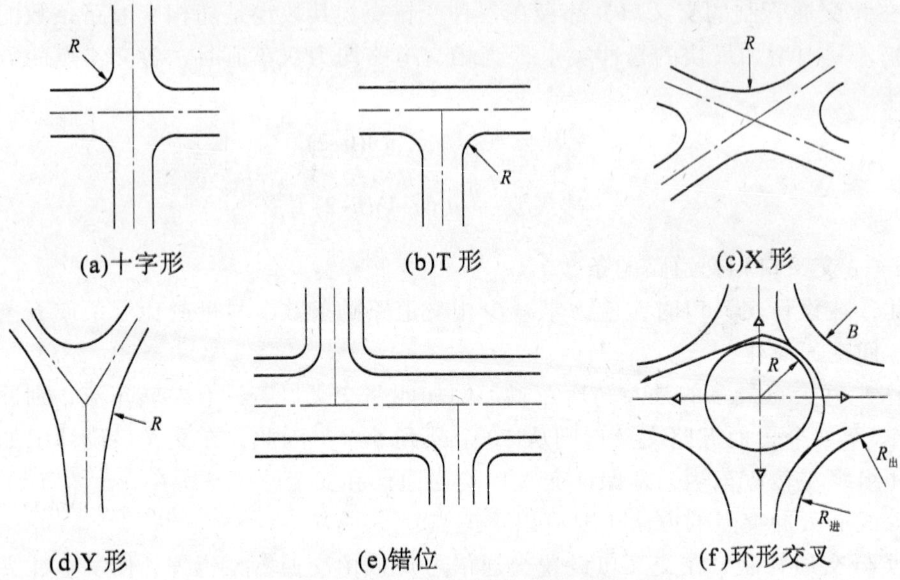

图 5-2　平面交叉的形式

2.拓宽路口式(拓宽交叉)

拓宽路口式是指为使转弯车辆不影响其他车辆的正常行驶，在交叉口连接部增设变速车道和转弯车道的平面交叉。这种交叉可以单增右转或左转车道，也可以同时增设左、右转弯车道，如图 5-3 所示，此类交叉口可减少转弯交通对直行交通的干扰，车速较高、事故率低、通行能力大，但占地多、投资较大，适用于交通量较大、转弯车辆较多的二级公路和城市主干路。

拓宽交叉设计时主要解决拓宽车道数，同时也要满足视距和转角曲线半径的要求。

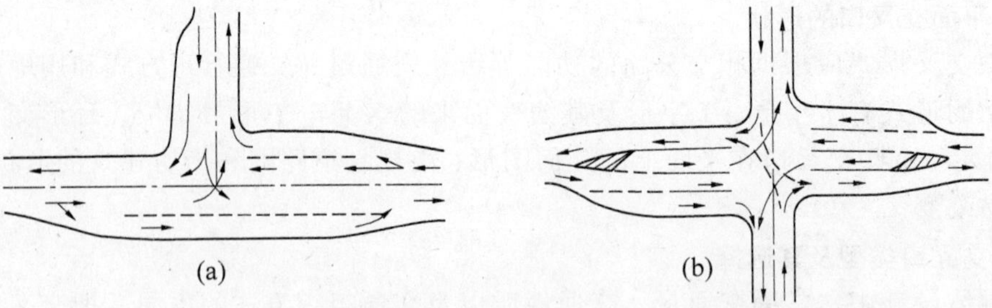

图 5-3　拓宽路口式交叉口

3.分道转弯式(渠化交叉)

分道转弯式是指通过设置交通岛、划分车道等措施疏导车流，使单向右转或双向左、右转车流以较大半径分道行驶的平面交叉，又称渠化交叉，如图 5-4 所示。此类交叉口转弯车辆，尤其是右转弯车辆行驶速度和通行能力都较高，适用于车速较高、转弯车辆较多的一般道路，或斜交、畸形交叉口。

《标准》规定，4 车道以上的多车道公路的平面交叉、二级公路的平面交叉、三级公路的平面交叉当转弯交通量较大时应进行渠化设计。

渠化交叉设计主要解决分道转弯半径、保证足够视距和满足导流岛端部半径的要求。

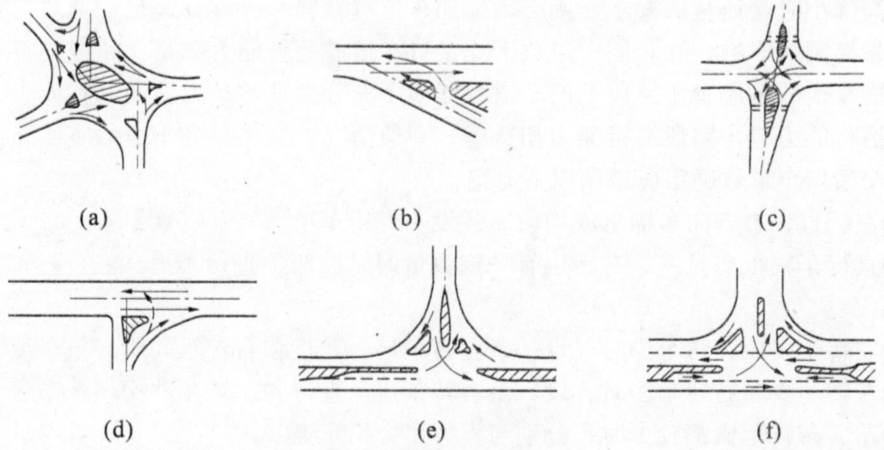

图 5-4　分道转弯式交叉口

4.环形交叉

环形交叉是指在交叉口中央设置中心岛，用环道组织渠化交通，使进入环道的所有车辆一律按逆时针方向绕岛单向行驶，直至所要去的路口离岛驶出的平面交叉，俗称转盘，如图 5-2(f)所示。环形交叉口的优点是驶入交叉口的各种车辆可连续不断地单向运行，没有停滞，减少了车辆在交叉口的延误时间；环道上行车只有分流与合流，消灭了冲突点，提高了行车的安全性；交通组织简便，不需信号管制；中心岛绿化可美化环境。缺点是占地面积大，城区改建困难；增加了车辆绕行距离，特别是左转弯车辆；一般造价高于其他平面交叉。

环形交叉适应于多路交叉和畸形交叉。

环形交叉设计时主要解决中心岛的形状和半径、环道的布置和宽度、交织段长度、交织角、进出口曲线半径和视距要求等问题。

(三)平面交叉口设计原则

(1)相交道路应尽可能正交，无法正交时，斜交角度不小于 45°，避免畸形交叉。

(2)正确选定设计速度。

(3)正确选定交叉形状、类型，选择合适尺寸，保证视距。

(4)做好交通组织设计，要求交叉口车道数不小于路段车道数，保证通行能力。

(5)立面设计应使行车通顺、排水迅速。

三、交叉口的车道数和通行能力

(一)交叉口的车道数

交叉口各相交道路的车道数，应根据交通控制方法、交通量、车道的通行能力及交叉处用地条件等确定。在城市道路上还应考虑大量非机动车交通存在的需要。

交叉口的车道数可按以下方法确定：首先选定交叉口的形式，然后根据设计年限的高峰小时交通量和不同行驶方向的交通组成进行交通组织设计，由此初定出车道数。按照所确定的交通组织设计方案，对初定的车道数进行通行能力验算，如车道通行能力总和小于高峰小时交通量的要求，则必须增加车道重新验算，直到满足交通量的要求。由于受信号控制的影响，在相同车道数下交叉口车道的通行能力总是比路段上要小，所以交叉口的车道数不应少于路段上的车道数。为了充分发挥整条道路的通行能力，交叉口的设计通行能力应与路段通行能力相适应，一般情况，交叉口的车道数宜比路段上多设一条。交叉口车道数确定应遵循以下原则：

(1)左、直、右方向车辆组成均匀，各设一专用车道。

(2)直行车辆很多且左、右转也有一定数量时，设两条直行车道和左、右转各一条车道。

(3)左转车多而右转车少时，设一条左转车道，直行和右转车共用一条车道。

(4)左转车少而右转车多时，设一条右转车道，直行和左转车共用一条车道。

(5)左、右转车辆都较少时，分别与直行车合用车道。

(6)行车道宽度较窄，不设专用车道，只划快、慢车分道线。

(7)行车道宽度很窄时，快、慢车道也不划分。

(二)交叉口的通行能力

有信号控制交叉口的通行能力常用“停车线断面法”，即已知交叉口处车道使用规定、信号显示周期时，以进口道停车线为基准断面，凡通过该断面的车辆即认为已通过交叉口。据此来计算通过停车线断面上不同行驶方向车道上的小时最大通过量(即该车道通过能力)，各进口车道通行能力之和即为交叉口的可能通行能力。

无信号控制交叉口一般是指主要道路与次要道路相交时，因次要道路交通量不大，可不设交通信号控制。根据主要道路优先通行的交通规则，次要道路上的车辆必须等待主要道路上的车辆之间出现足够长的间隔时间而通过交叉口。

四、交叉口的视距与圆曲线半径

(一)交叉口的视距

为了保证交叉口上行车安全，驾驶员在进入交叉口前的一段距离内，应能看到相交道路上的行车情况，以便能及时采取措施顺利驶过或安全停车。这段必要的距离应该大于或等于停车视距。由相交道路上的停车视距所构成的三角形称为视距三角形，在其范围内不能有任何阻挡驾驶员视线的障碍物，如图 5-5 所示。

视距三角形应以最不利的情况来绘制，绘制的方法和步骤为：

(1)确定停车视距 $S_{停}$。

(2)找出行车最危险冲突点：不同形式交叉口的最危险冲突点的找法不尽相同。对常见十字形和 T 形(或 Y 形)交叉口的最危险冲突点可按下述方法寻找。

对十字形交叉口(见图 5-5(a))，最靠右侧第一条直行机动车道的轴线与相交道路最靠中心线的第一条直行车道的轴线所构成的交叉点为最危险的冲突点。

对 T 形(或 Y 形)交叉口(见图 5-5(b)),直行道路最靠右侧第一条直行车道的轴线与相交道路最靠中心线的一条左转车道的轴线所构成的交叉点为最危险的冲突点。

(3)从最危险的冲突点向后沿行车轨迹线各量取停车视距。

(4)连接末端构成视距三角形。

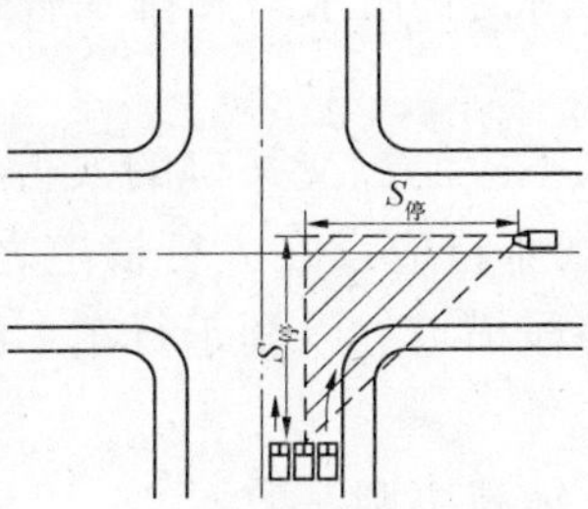

(a)十字形

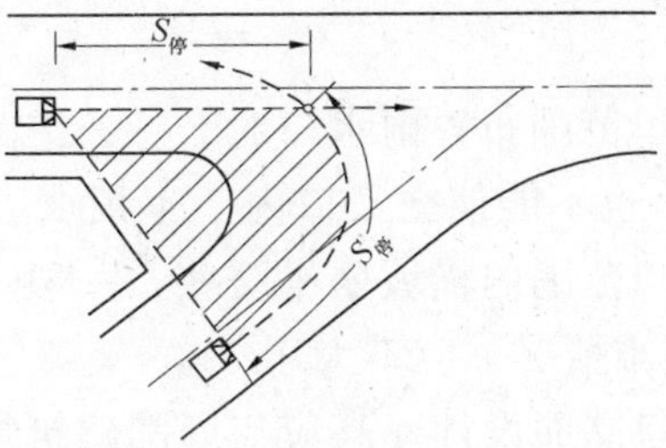

(b)T 形

图 5-5 视距三角形

(二)交叉口的圆曲线半径

交叉口的圆曲线半径包括交叉范围相交道路的圆曲线半径、分道转弯式圆曲线半径以及加铺转角式圆曲线半径三类。

1.相交道路的最小圆曲线半径

为使直行车辆在交叉口范围能以一定速度顺利行驶，保证交叉口立面设计平顺美观，应对交叉范围相交道路平曲线的最小半径或最大超高横坡度加以限制。

2.分道转弯式交叉口最小圆曲线半径

当右转弯车辆比较多时，为保证右转车辆能以规定速度分道行驶，应对最小转弯半径加以限制。

3.加铺转角式交叉口转角半径

为了保证各种右转车辆能以一定速度顺利转弯，交叉口转角处的缘石或行车道边缘应做成圆曲线或多心复曲线，转角半径应符合相关要求。

五、交叉口的立面设计

交叉口立面设计(也称竖向设计)的目的是通过调整交叉口范围的行车道、人行道及附近地面等有关各点的设计标高，合理确定各相交道路之间及交叉口和周围建筑物之间共同面的形状，以符合行车舒适、排水迅速和建筑艺术三方面要求。

(一)交叉口立面设计的要求和原则

立面设计主要取决于相交道路的等级、交通量、横断面形状、纵坡的大小和方向以及周围地形等。交叉口立面设计的基本要求是首先应满足主要道路的行车方便，在不影响主要道路行车平顺的前提下，适当变动主要道路的纵坡和横坡，以照顾次要道路的行车需要。交叉口立面设计的一般原则为:

(1)相同等级道路相交时，一般维持各自的纵坡不变，而改变它们的横坡度。通常是改变纵坡较小道路的横断面形状，将路脊线(路拱顶点的连线)逐渐向纵坡较大道路的车行道边线移动，使其横断面的横坡度与纵坡较大道路的纵坡一致。

(2)主要道路与次要道路相交时，主要道路的纵、横断面均维持不变，而将次要道路双坡横断面，逐渐过渡到与主要道路纵坡相一致的单坡横断面，以保证主要道路的交通。

(3)设计时至少应有一条道路的纵坡方向背离交叉口，以利于排水。如遇特殊地形，所有道路纵坡方向都向着交叉口时，必须在交叉口内设置雨水口和排水管道，以保证排水要求。

(4)交叉口范围布置雨水口时，一条道路的雨水不应流过交叉口的人行横道，或流入另一条道路，也不能使交叉口内产生积水。所以，雨水口应设在人行横道之前或低洼处。

(5)交叉口范围内横坡要平缓些，一般不大于路段横坡，以利于行车。纵坡坡度宜不大于 2%，困难情况下应不大于 3%。

(6)交叉口立面设计标高应与周围建筑物的地坪标高协调一致。

(二)交叉口立面设计的基本类型

交叉口立面设计的形式，主要取决于交叉范围相交道路的纵坡、横坡及地形。以十字形交叉口为例，按其所处地形及相交道路纵坡方向，可划分为六种基本类型，如图 5-6 所示。

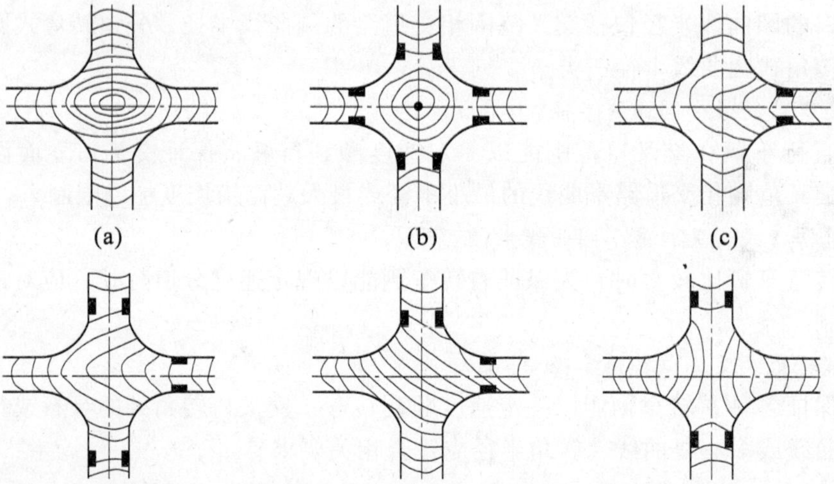

图 5-6　交叉口立面设计的基本类型

1.处于凸形地形上，相交道路的纵坡方向均背离交叉口(见图 5-6(a))

设计时使交叉口的纵坡与相交道路的纵坡一致，适当调整一下接近交叉口的路段横坡，让雨水流向交叉口四个转角的街沟或路基外排除，交叉口内不需设置雨水口。

2.处于凹形地形上，相交道路的纵坡方向都指向交叉口(见图 5-6(b))

这种形式地面水都向交叉口集中，排水比较困难，应尽量避免。若因地形限制，必须采用时应设置地下排水管道排水，为防止雨水汇集到交叉口中心，应适当改变相交道路的纵坡，以抬高交叉口中心标高，并在转角设置雨水口。最好在相交道路纵坡设计时，将一条主要道路的变坡点设在远离交叉口的地方，保证有一条道路的纵坡方向能背离交叉口。

3.处于分水线地形上，有三条道路纵坡方向背离而一条指向交叉口(见图 5-6(c))

设计时应将纵坡指向交叉口的道路路脊线在交叉口处分为三个方向，相交道路的横断面不变，并在纵坡指向交叉口道路的人行横道线外设雨水口，防止雨水流入交叉口内。

4.处于谷线地形上，有三条道路纵坡方向指向交叉口而一条背离(见图 5-6(d))

设计时，与谷线相交的道路进入交叉口之前，在纵断面上产生转折而形成过街横沟，不利于行车，应尽量使纵坡转折点离交叉口远一些，并在该处插入竖曲线。纵坡指向交叉口的人行横道线外应设置雨水口。

5.处于斜坡地形上，相邻两条道路纵坡指向交叉口而另两条背离(见图 5-6(e))

设计时，相交道路的纵坡均不变，而将两条道路的横坡在进入交叉口前逐渐向相交道路的纵坡方向变化，使交叉口上形成一个单向倾斜面。并在纵坡指向交叉口道路的人行横道线外设雨水口。

6.处于马鞍形地形上，相对两条道路纵坡指向交叉口而另两条背离(见图 5-6(f))

设计时，相交道路纵坡、横坡都可按自然地形在交叉口内适当调整，并在纵坡指向交叉口的道路两侧设置雨水口。

以上为几个典型十字形交叉口立面设计形式，对于其他不同形式的交叉口，立面设计的要求和原则是一样的。另外，立面设计的使用效果与相交道路纵坡方向的组合有很大关系。因此，如要获得交叉口理想的立面设计，应在道路纵断面设计时就考虑交叉口立面设计的要求，为其创造良好的条件。

(三)交叉口立面设计的方法与步骤

交叉口立面设计的方法有方格网法、设计等高线法及方格网设计等高线法三种。

1.方格网法

方格网法是在交叉口范围内以相交道路中心线为坐标基线打方格网，测出方格点上的地面标高，求出其设计标高，并标出相应的施工高度。如图 5-7 所示。

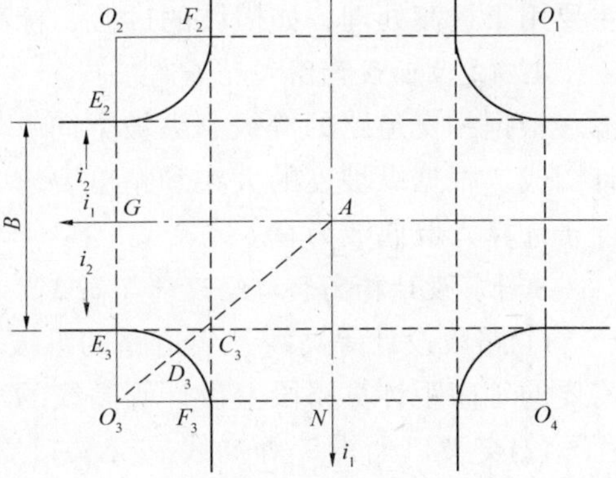

图 5-7　方格网法

2.设计等高线法

设计等高线法是在交叉口范围内选定路脊线和标高计算线网，并计算其上各点的设计标高，勾绘交叉口设计等高线，最后标出各点施工高度。设计等高线画法如图 5-8 所示。

3.方格网设计等高线法

比较上述两种方法，其中设计等高线法比方格网法更能清晰地反映交叉口的立面设计形状，但等高线上的标高点在施工放样时不如方格网法方便。为此，通常把以上两种方法结合使用，称之为方格网设计等高线法，它可以取长补短，既能直观地看出交叉口的立面形状，又能满足施工放样方便的要求。

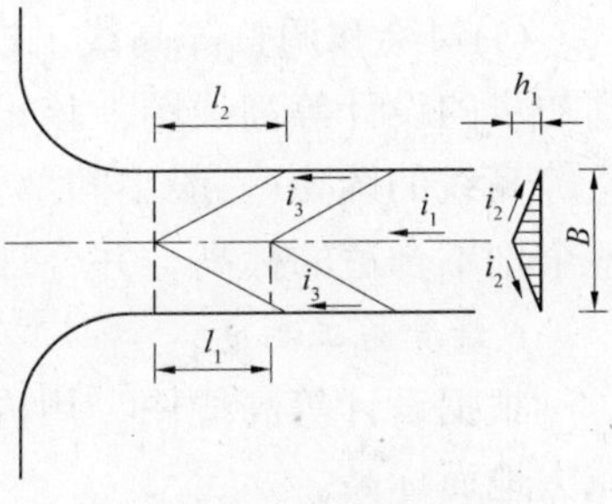

图 5-8　设计等高线画法

对于普通交叉口，多采用方格网法或设计等高线法，其中混凝土路面宜采用方格网法，而沥青路面宜采用设计等高线法；对于大型、复杂的交叉口和广场的立面设计，通常采用方格网设计等高线法。实际工作中，若采用方格网法，则不需勾绘设计等高线，而采用设计等高线法时，可不打方格，只加注一些特征点的设计标高即可。下面以方格网设计等高线法为例来介绍交叉口立面设计的方法和步骤。

(四)方格网设计等高线法设计步骤

1.收集资料

测量资料：交叉口的控制标高和控制坐标；收集或实测 1∶500 或 1∶200 地形图，详细标注附近地坪及建筑物标高。

道路资料：相交道路的等级、宽度、半径、纵坡、横坡等平纵横设计或规划资料。

交通资料：交通量及交通组成。

排水资料：区域排水方式，已建或拟建地下、地上排水管渠的位置和尺寸。

2.绘制交叉口平面图

按比例绘出道路中心线、车行道、人行道及分隔带的宽度，转角曲线和交通岛等。以相交道路中心线为坐标基线打方格网，斜交道路的方格网线应选在便于施工放线测量的方向，方格的大小一般采用 5 m×5 m～10 m×10 m，并量测方格点的地面标高。

3.确定交叉口的设计范围

交叉口的设计范围一般为转角圆曲线的切点以外 5～10 m(相当于一个方格的距离)，主要用于过渡处理，如横坡的过渡、标高的过渡等。

4.确定立面设计图式和等高距

根据相交道路的等级、纵坡方向、地形情况以及排水要求等，确定所采用的立面设计图式。根据纵坡度的大小和精度要求选定等高线间距 h，一般 h 为 0.02～0.10 m，为便于计算，取偶数为宜。

5.计算设计标高和勾绘设计等高线

(1)路段设计等高线。当道路的纵坡、横断面形式及路拱横坡度确定以后，可按照所需要的等高距计算路段上设计等高线的水平距离。

(2)交叉口上设计等高线。交叉口立面设计的关键是正确选择路脊线和标高计算线网。在交叉口上，路脊线的交点就是控制标高的位置，选定路脊线时，要考虑行车平顺及整个交叉口均衡美观。为反映交叉口的立面形状，需正确选择标高计算线网，每条标高计算线上标高点的数目，可根据路面宽度、施工需要及等高距来确定。

(3)勾绘和调整等高线。根据所选立面设计图式和等高距，把各等高点连接起来，得到初步的设计等高线图。该设计等高线应满足行车平顺和路面排水通畅的要求。通过调整等高线的疏密(一般中间部分疏一些，而边沟处密一些)，使纵、横坡度变化均匀，调整个别不合适的标高，并合理布置雨水口。

6.计算施工高度

根据设计等高线图，用内插法求出方格点上的设计标高，则施工高度等于设计标高减去地面标高。

方格网设计等高线法示例如图 5-9 所示。

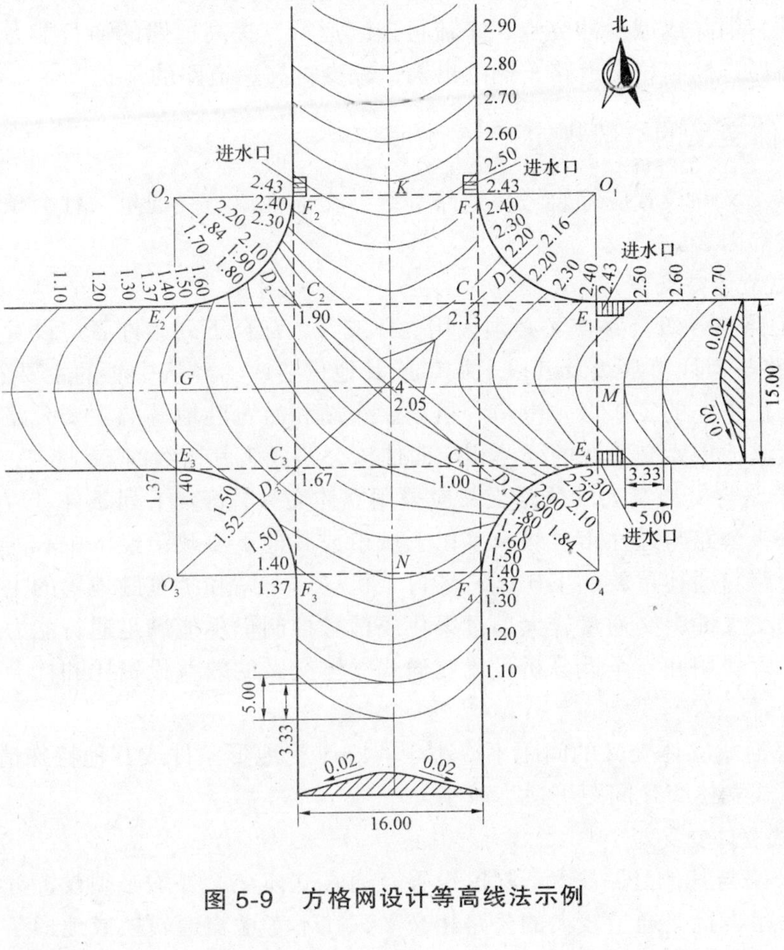

图 5-9　方格网设计等高线法示例

六、平面交叉口设计成果

(一)平面布置图

平面布置图比例一般采用 1∶1 000 ~ 1∶500，图中不仅应标明路中心线、路面边缘线、缘石边线，还应标明交叉点、各交叉点的起点和终点、交叉加桩与控制断面的位置和桩号，并且应列出各交叉道的曲线要素表、各交叉道路的纵坡值。同时，还应标出各控制断面的宽度、横坡坡度、两侧路面边缘标高和各坡段的纵坡。

(二)纵、横断面设计图

横断面设计图可采用 1∶200 ~ 1∶100 的比例，其余要求同一般路线设计。

(三)交叉口地形图和立面设计图

除设计图外，还应包括交叉口设计资料一览表、交叉口工程数量计算表等资料。

第二节　道路立体交叉

立体交叉是利用跨线构造物使道路与道路(或铁路)在不同标高相互交叉的连接方

式，是高等级道路相交必不可少的组成部分。采用立体交叉可使各方向车流在不同标高的平面上行驶，消除或减少冲突点；车流可连续运行，提高道路的通行能力，节约运行时间和燃料消耗；控制相交道路车辆的出入，减少对高速道路的干扰。

一、立体交叉的一般规定

道路立体交叉的设置应综合考虑道路等级、交通性质、交通量、社会条件、自然条件及管理方式等因素。

(一)互通式立体交叉

(1)高速公路与各级公路交叉必须采用立体交叉，符合下列条件者应设置互通式立体交叉：高速公路与通往市县级及其以上城市或其他重要政治经济中心的主要公路相交时，高速公路与通往重要的工矿区、港口、机场、车站和游览胜地等的主要公路相交时，高速公路与连接其他重要交通源的公路相交而使该公路成为其支线时。

(2)一级公路与交通量大的公路交叉应采用立体交叉，符合下列条件者应设置互通式立体交叉：一级公路与通往市县级及其以上城市或其他重要政治经济中心的主要公路相交时，一级公路与通往重要的工矿区、港口、机场、车站和游览胜地等的主要公路相交时，采用平面交叉冲突交通量较大通过渠化或信号控制仍不能满足通行能力要求时，经对投资成本运营费用和安全性分析设置互通式立体交叉的效益投资比和社会效益等大于设置平面交叉时。

(3)相邻互通式立体交叉的间距不应小于 4 km；受地形条件或其他特殊情况限制，经论证相邻互通式立体交叉间距可适当减小。

(二)分离式立体交叉

(1)高速公路与其他公路交叉，除已设置互通式立体交叉外均必须设置分离式立体交叉；一级公路与直行交通量较大的公路相交叉，在不考虑交通转换或地形条件适宜时宜采用分离式立体交叉；二、三、四级公路间的交叉直行交通量很大，在不考虑交通转换或地形条件适宜时宜采用分离式立体交叉。

(2)主线上跨或下穿应根据相交公路的功能、等级、地形和地质条件、跨线桥对主线线形及相关工程的影响程度、工程造价等确定。

(3)主线下穿时，跨线桥及其引道工程应采用被交叉公路现有公路等级的技术指标，当被交叉公路的规划已获批准时应采用规划公路等级的技术指标。

(4)分离式立体交叉跨线桥桥下净空及布孔除应符合《标准》公路建筑限界规定外，还应满足桥下公路的视距和对前方信息识别的要求，其结构形式应与周围环境相协调。

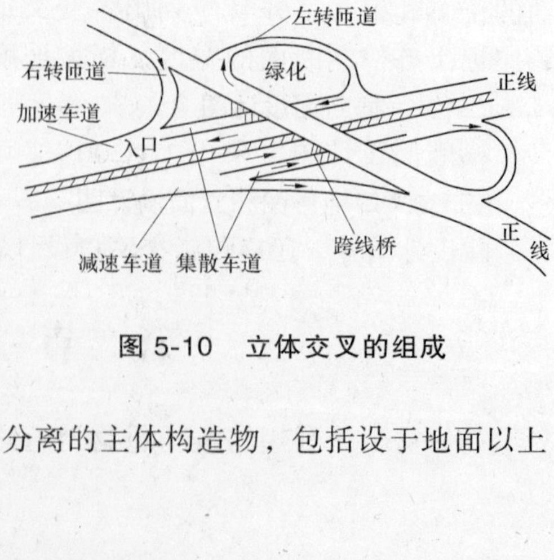

图 5-10　立体交叉的组成

二、立体交叉的组成

立体交叉主要包括以下组成部分(见图 5-10)：

(1)跨线构造物。它是立体交叉实现车流空间分离的主体构造物，包括设于地面以上的跨线桥(上跨式)以及设于地面以下的地道(下穿式)。

(2)正线。它是组成立体交叉的主体，指相交道路的直行车行道，主要包括连接跨线构造物两端到地坪标高的引道和交叉范围内引道以外的直行路段。

(3)匝道。它是立体交叉的重要组成部分，是指供上、下相交道路转弯车辆行驶的连接道，有时包括匝道与正线以及匝道与匝道之间的跨线桥(或地道)。

(4)出、入口。由正线驶出进入匝道的道口为出口，由匝道驶入正线的道口为入口。

(5)变速车道。为适应车辆变速行驶的需要，而在正线右侧的出入口附近设置的附加车道称为变速车道。出口端为减速车道，入口端为加速车道。

立体交叉的范围一般是指各相交道路出入口变速车道渐变段顶点以内包含的正线和匝道的全部区域。

三、立体交叉的类型和适用条件

(一)按相交道路结构物形式划分

立体交叉按相交道路结构物形式划分为上跨式和下穿式两类。

上跨式是用跨线桥从相交道路上方跨过的交叉方式，这种立体交叉施工方便，造价较低，排水易处理，但占地大，引道较长，高架桥影响视线和市容，宜用于市区以外或周围有高大建筑物处。下穿式是用地道(或隧道)从相交道路下方穿过的交叉方式，这种立体交叉占地较少，立面易处理，对视线和市容影响小，但施工期较长，造价较高，排水困难，多用于市区。

(二)按交通功能划分

立体交叉按交通功能划分为分离式立体交叉和互通式立体交叉两类。

1.分离式立体交叉

分离式立体交叉仅设跨线构造物一座，使相交道路空间分离，上、下道路无匝道连接，如图 5-11 所示。这类立体交叉结构简单，占地少，造价低，但相交道路的车辆不能转弯行驶，适用于高速公路与铁路或次要道路之间的交叉。

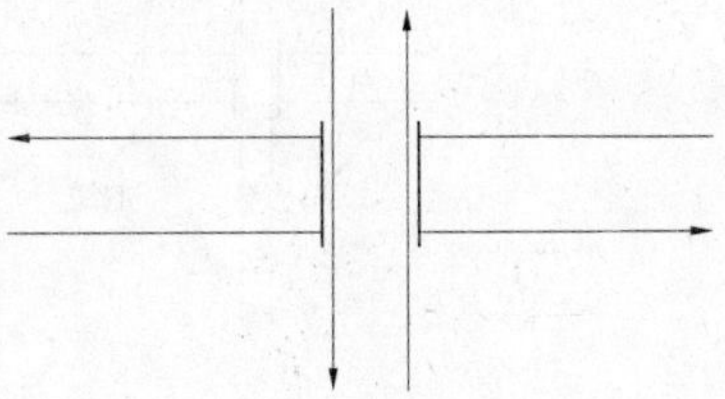

图 5-11　分离式立体交叉

2.互通式立体交叉

互通式立体交叉不仅设跨线构造物使相交道路空间分离，而且上、下道路有匝道连接，以供转弯车辆行驶。这种立体交叉车辆可转弯行驶，全部或部分消灭了冲突点，各方向行车干扰较小，但结构复杂，占地多，造价高。

互通式立体交叉根据交叉处车流轨迹线的交错方式和几何形状的不同，又可分为一般互通式、枢纽互通式和环形立体交叉三种类型。

1)一般互通式立体交叉

一般互通式立体交叉是相交道路的车流轨迹线之间至少有一个平面冲突点的交叉。当个别方向的交通量很小或分期修建时，高速公路与次要道路相交或用地和地形等限制时可采用这种类型立体交叉。

一般互通式立体交叉的代表形式有菱形立体交叉和部分苜蓿叶式立体交叉等。

(1)菱形立体交叉。图 5-12(a)为三路立体交叉，图 5-12(b)为四路立体交叉。这种形式立体交叉能保证主线直行车辆快速通畅，转弯车辆绕行距离较短，主线上具有高标准的单一进出口，交通标志简单；主线下穿时匝道坡度便于驶出车辆减速和驶入车辆加速；形式简单，仅需一座桥，用地和工程费用小。但次线与匝道连接处为平面交叉，影响了通行能力和行车安全。布设时应将平面交叉设在次线上，主线上跨或下穿应视地形和排水条件而定，一般以下穿为宜。次线上可通过渠化或设置交通信号等措施组织交通。

(2)部分苜蓿叶式立体交叉。如图 5-13 所示，可根据转弯交通量的大小或场地的限制，采用图示任意一种形式或其他变形形式。这三种形式立体交叉的主线直行车快速通畅；单一驶出方式简化了主线上的标志；仅需一目标，用地和工程费用较小；远期可扩建为全苜蓿叶式立体交叉，但次线上存在平面交叉，有停车等待和错路运行可能。布设时应使转弯车辆的出入尽可能少妨碍主线的交通，最好使每一转弯运行均为右转弯出入，不得已时应优先考虑右转出口。另外，平面交叉口应布置在次线上。

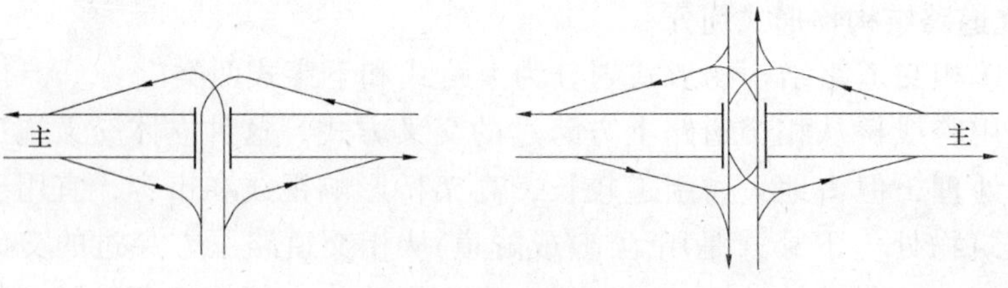

图 5-12 菱形立体交叉

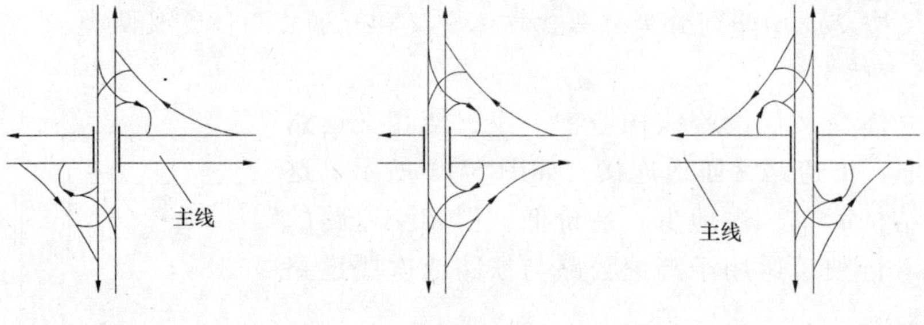

图 5-13 部分苜蓿叶式立体交叉

2)枢纽互通式立体交叉

枢纽互通式立体交叉是相交道路的车流轨迹线全部在空间分离的交叉。它是一种比较完善的高级形式，匝道数与转弯方向数相等，各转向都有专用匝道，适用于高速公路之间及高速公路与其他高等级道路相交。其代表形式有喇叭形、苜蓿叶形、Y 形、X 形等。

(1)喇叭形立体交叉。如图 5-14 所示是三路立体交叉的代表形式，可分为 A 式和 B 式。经环圈式左转匝道驶入主线(或正线)为 A 式，驶出时为 B 式。这种立体交叉除环圈式匝道适应车速较低外，其他匝道都能为转弯车辆提供较高速度的半定向运行；只需一座构造物，投资较省；无冲突点和交织，通行能力大，行车安全；造型美观，行车方向容易辨别。布设时应将环圈式匝道设在交通量小的方向上，主线交通量大时宜采用 A 式。

次线上跨对转弯交通视野有利，下穿时宜斜交或弯穿。

(2)苜蓿叶式立体交叉。如图 5-15 所示，图 5-15(a)为标准形，图 5-15(b)为带集散车道形。该立体交叉平面形似苜蓿叶，交通运行连续而自然，无冲突点，可分期修建，仅需一座构造物。但这种立体交叉占地面积大，左转绕行距离较长，环圈式匝道适应车速较低，且桥上、下存在交织；多用于高速公路之间的立体交叉，而在城市内因受用地限制很难采用。因其形式美观，如果在城市外围的环路上采用，加之适当地绿化，也是较为合适的。布设时为消除主线上的交织，避免双重出口、使标志简化以及提高立体交叉的通行能力和行车安全，可加设集散车道。

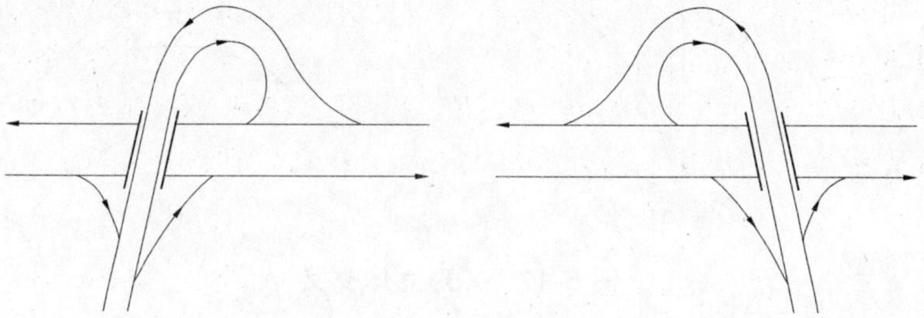

(a)A 式　　(b)B 式

图 5-14　喇叭形立体交叉

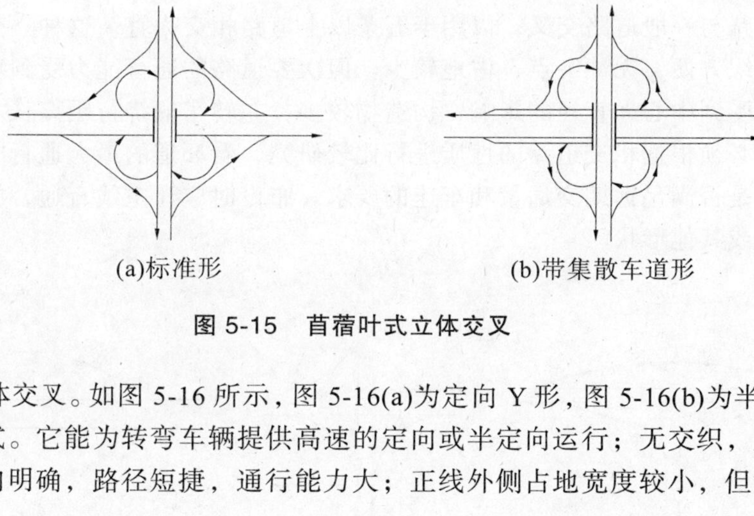

(a)标准形　　(b)带集散车道形

图 5-15　苜蓿叶式立体交叉

(3)Y 形立体交叉。如图 5-16 所示，图 5-16(a)为定向 Y 形，图 5-16(b)为半定向 Y 形，右下图为三层式。它能为转弯车辆提供高速的定向或半定向运行；无交织，无冲突点，行车安全；方向明确，路径短捷，通行能力大；正线外侧占地宽度较小，但需要构造物多，造价较高。

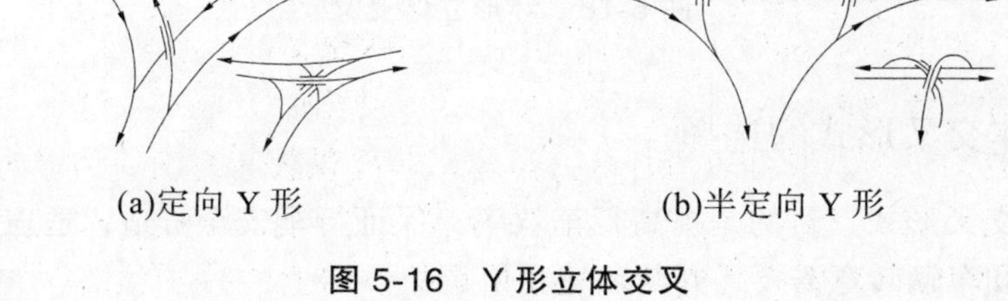

(a)定向 Y 形　　(b)半定向 Y 形

图 5-16　Y 形立体交叉

(4)X 形立体交叉。又称半定向式立体交叉，如图 5-17 所示，图 5-17(b)为对角左转匝道拉开布置。各方向运行都有专用匝道，自由流畅，转向明确；无冲突点，无交织，通行能力大；适应车速高。但它占地面积大，层多桥长，造价高，在城内很难实现。

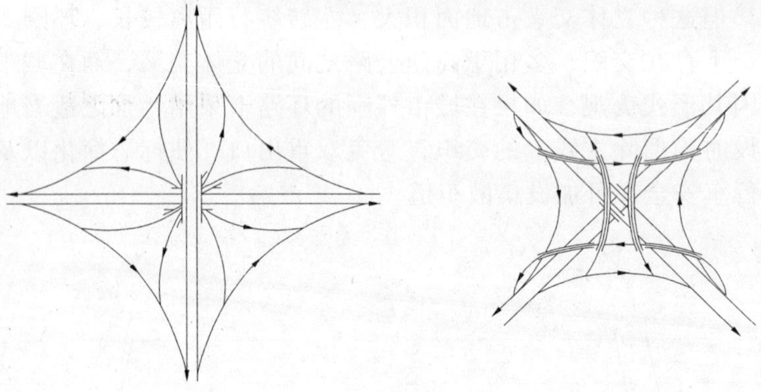

(a) (b)

图 5-17 X 形立体交叉

3)环形立体交叉

环形立体交叉是相交道路的车流轨迹线因匝道数不足而共同使用，且有交织路段的交叉，如图 5-18 所示，其中图 5-18(a)、(b)、(c)分别为三路、四路、多路立体交叉。适用于主要道路与一般道路交叉，以用于五条以上道路相交为宜。这种立交能保证主线直通，交通组织方便，无冲突点，占地较少。但次要道路的通行能力受到环道交织能力的限制，车速受到中心岛直径的影响，构造物较多，左转车辆绕行距离长。当采用环形立体交叉时，必须根据相交道路的性质进行比较研究，看环道的最大通行能力和所采用的中心岛尺寸是否满足远期交通量和车速的要求。布设时应让主线直通，中心岛可采用圆形、椭圆形或其他形状。

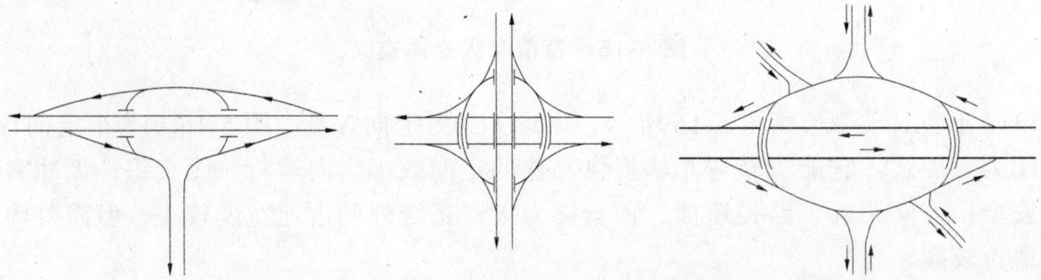

(a) (b) (c)

图 5-18 环形立体交叉

四、立体交叉形式的选择

选择立体交叉形式，目的是提高行车效率，保证行车安全舒适，适应设计交通量、计算行车速度和车辆转弯需要，并与环境相协调。

(一)立体交叉形式选择的基本原则

立体交叉形式的选择，应遵循下列基本原则：

(1)立体交叉的形式首先取决于相交道路的性质、任务和远景交通量等，确保行车安全畅通和车流的连续。相交道路等级高时应采用完全互通式立体交叉；交通量大、计算行车速度高的行车方向要求线形标准高、路线短捷、纵坡平缓；车辆组成复杂时要考虑个别交通特性的需要。在城市道路上，若使机动车、非机动车交通量都很大的车流分离行驶，可采用三层或四层式立体交叉。

(2)选定的立体交叉形式应与所在地的自然环境条件相适应；要充分考虑区域规划、地形地质条件、可能提供的用地范围、周围建筑物及设施分布现状等，在满足交通要求的前提下综合分析研究，力求合理利用地形，工程营运经济，与环境相协调，造型美观，结构新颖合理。

(3)选型应全面考虑近远期结合。既要考虑近期交通要求，减少投资费用，又要考虑远期交通发展需要改建提高的可能。

(4)选型应从实际出发，有利施工、养护和排水；尽量采用新技术、新工艺、新结构，以提高质量、缩短工期和降低成本。

(5)选型和总体布置要全面安排、分清主次、满足线形指标和竖向标高的要求。

(6)选型应与定位相结合。立体交叉的形式随所在位置的地形地物及环境条件而异，通常先定位后选形，并使选形与定位结合考虑。

(二)立体交叉形式选择的步骤和要点

1.初定立体交叉的基本形式

首先选择立体交叉的总体布局，如上跨式或下穿式，枢纽互通式或一般互通式，二层式、三层式或四层式，机动车、非机动车分行或混行，是否考虑行人交通，是否收费等，在此基础上进一步选择立体交叉的基本形式，如菱形、Y形等。

2.立体交叉几何形状及结构的选择

立体交叉的几何形状及结构对行车速度、运行时间、行车视距、视野范围、服务水平及通行能力等影响较大。在基本形式的基础上，通过仔细研究，对立体交叉的总体结构进行安排和匝道布置，如跨线构造物的布置，出入口的位置，匝道布置象限，内外匝道采用整体式或分离式，匝道的平、纵、横几何形状及尺寸等。

3.立体交叉方案比较

有时产生几个立体交叉方案，经过多方案的技术、经济比较，选择合理的立体交叉形式和适当的规模，以做出满足交通功能要求、适合现场条件、工程量小、投资省的立体交叉方案。

五、立体交叉的设计资料、设计步骤和设计成果

(一)设计资料

在立体交叉设计之前，应通过实地勘测、调查收集下列所需设计资料。

(1)自然资料。测绘立体交叉范围的1：500～1：2 000地形图，详细标注建筑物的建筑线、种类、层高、地上及地下各种杆柱和管线；调查并收集用地发展规划、水文、地

质、土壤、气候资料；收集附近的国家控制点和水准点等。

(2)交通资料。收集各转弯及直行交通量，交通组成；推算远景交通量；绘制交通量流量流向图；调查非机动车和行人流量等。

(3)道路资料。调查相交道路的等级、平纵面线形、横断面形式和尺寸、相交角度、控制坐标和标高、路面类型及厚度；确定净空高度、设计荷载，计算行车速度及平纵横指标等。

(4)排水资料。收集立体交叉所在区域的排水制度、现状和规划，各管渠位置、埋深和尺寸。

(5)文书资料。收集设计任务书，上级主管部门的具体要求、意见及有关文件等。

(6)其他资料。调查取土、弃土和材料来源、施工单位、季节、工期和交通组织与安全。

(二)设计步骤

(1)初拟方案。根据交通量和地形条件，在地形图或其上覆盖的透明纸上勾绘出各种可能的立体交叉方案。

(2)确定比较方案。对初拟方案进行分析，应考虑线形是否顺适、半径能否满足、各层间可否跨越，拆迁是否合理，选 2 ~ 4 个比较方案。

(3)确定推荐方案。在地形图上按比例绘出各比较方案，完成初步平纵设计、桥跨方案和概略工程量计算，做出各方案比较表，全面比较后确定推荐方案(一般 1 ~ 2 个)。应考虑交通是否流畅安全，各匝道的平纵横及相互配合是否合适，结构、布置是否合理，设计和施工难易程度，整体工程的估价，养护营运条件以及立交的造型和绿化等。

(4)确定采用方案。对推荐方案视需要做出模型或透视图，征询有关方面意见，最后定出采用方案，应权衡造价与方案、近期与远期、局部与全局的关系，也可采用分期修建方案。

(5)详细测量。对采用方案实地放线并详细测量，进一步收集技术设计所需资料。

(6)技术设计。完成全部施工图和工程预算。

以上(1) ~ (4)步为初步设计阶段，当可选方案较少或简单明了时可酌减步骤，步骤(5) ~ (6)为施工图设计阶段。

(三)设计成果

立体交叉一般需提供以下几方面的成果：

(1)远景交通量计算表及交通量分布图。

(2)立体交叉线位图，包括立体交叉主线及匝道分布、各线路里程桩号及曲线要素、各匝道线位坐标表和直线、曲线及转角表。

(3)立体交叉的纵横断面设计图。

(4)跨线桥设计图。

(5)挡土墙、窨井、排水泵站等其他构造物设计图。

(6)有比较方案时，应绘制图样并提供经济技术比较表等资料。

(7)交叉口的工程量。

(8)立体交叉透视图及景观设计图。

六、匝道设计

匝道是互通式立体交叉必不可少的组成部分。匝道设计的合理与否，直接关系到立体交叉枢纽的功能、营运及安全等。因此，匝道的合理布置及使用合适的线形非常重要。

(一)匝道的基本形式

匝道的形式多种多样，按匝道的功能及其与相交道路的关系，分为右转匝道和左转匝道两大类。

1.右转匝道

如图 5-19 所示，从右侧驶出后直接右转约 90°，到相交道路的右侧驶入，一般不需跨线构造物，形式简单，车辆运行方便，直捷顺当，行车安全。

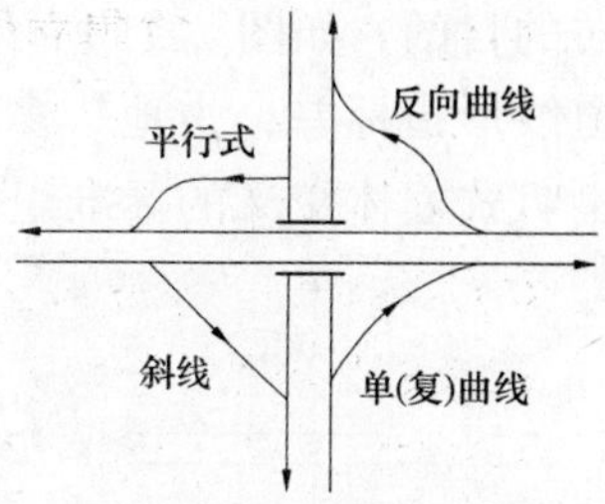

图 5-19　右转匝道

2.左转匝道

车辆须转 90°～270°，越过对向车道，至少需要一座跨线构造物。按匝道与相交道路的关系，左转匝道又可分为以下几种基本形式。

1)直接式

直接式又称定向式或左出左进式，如图 5-20(a)所示，左转车辆直接从左侧驶出，左转弯，到相交道路的左侧驶入，优点是匝道长度最短，可降低营运费用；没有反向迂回运行，自然顺畅；可适应较高车速。缺点是跨线构造物较多，单行跨线桥二层式两座或三层式一座；相交道路的双向行车之间需有足够间距；由于要求车辆左侧高速驶出，对重型车行驶不利，而在车辆左侧高速驶入交织合流时有一定的困难。

因定向式左转匝道存在左出和左进的问题，且与我国右侧行驶规则不相适应，所以除左转交通量很大外，一般不采用。

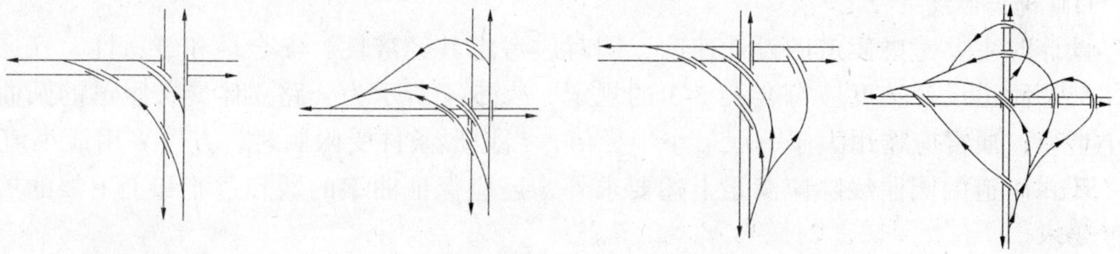

(a)左出左进式　　(b)左出右进式　　(c)右出左进式　　(d)右出右进式

图 5-20　左转匝道

2)半直接式

半直接式又称半定向式，按车辆由相交道路的进出方式可分为三种基本形式。

左出右进式：如图 5-20(b)所示，左转车辆从左侧直接驶出后左转弯，到相交道路时由右侧驶入。与定向式匝道相比，右进改变了左进的缺点，但仍然存在左出的问题；匝道略绕行；驶出道路双向车道间需有足够间距：对应图示三种情况，需设二层式单行和双向跨线桥各一座，或三层式双向一座，或二层式单行一座。

右出左进式：如图 5-20(c)所示，左转车辆从右侧右转驶出，在匝道上左转，到相交道路后直接由左侧驶入。改善了左出的缺点，但左进仍然存在；驶入道路双向车道之间需有足够间距，其余同上。

右出右进式：如图 5-20(d)所示，左转车辆都是右转弯驶出和驶入，在匝道上左转改变方向。完全消除了左出、左进的缺点，行车安全，但匝道绕行最长，构造物最多，图中五种形式应视地形、地物及线形等条件而定。

3)间接式

间接式又称环圈式，左转车辆先驶过正线跨线构造物，然后向右回转约 270°达到左转的目的，如图 5-21 所示。特点是右出右进，行车安全；不需设构造物，造价最低；匝道线形指标差，占地较多；车速和通行能力低，左转绕行较长。环圈式匝道为苜蓿叶和喇叭式立体交叉的标准组成部分。

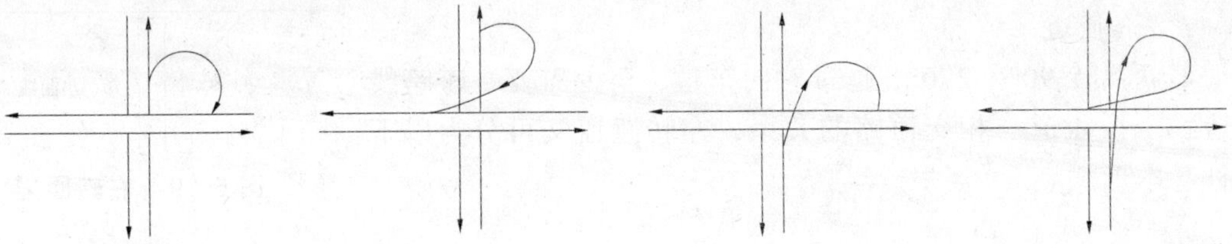

(a) (b) (c) (d)

图 5-21 环圈式匝道

(二)匝道的线形设计标准

1.匝道平面

匝道平面线形要素仍然是直线、圆曲线及缓和曲线，但由于匝道通常较短，难以争取到较长直线，故多以曲线为主。匝道的平面线形要素，主要包括匝道平曲线半径和回旋线参数的取用，它与匝道的形式、用地情况、规模、造价及行车的安全和舒适性有关。

1)匝道平曲线半径

设计时主要考虑匝道的设计速度，同时应考虑其经济性、安全性和舒适性。互通式立体交叉匝道设计速度应符合表 5-3 的规定。表 5-4 所示为公路立体交叉匝道的圆曲线最小半径，通常应选用大于一般最小半径值，当地形条件受限制时，方可采用最小值。

环式匝道的圆曲线除应满足上述要求外，还应保证曲率的缓和过渡和上下线的展线长度要求。

表 5-3 互通式立体交叉匝道设计速度

匝道形式		直连式	半直连式	环形匝道
匝道设计速度(km/h)	枢纽互通式立体交叉	80，70，60，50	80，70，60，50，40	40
	一般互通式立体交叉	60，50，40	60，50，40	40，35，30

表 5-4 公路立体交叉匝道的圆曲线最小半径

匝道设计速度(km/h)		80	70	60	50	40	35	30
圆曲线最小半径(m)	一般值	280	210	150	100	60	40	30
	最小值	230	175	120	80	50	35	25

2)匝道回旋线参数及长度

设计时匝道及其端部曲率变化较大处均应设置缓和曲线，缓和曲线应采用回旋线，其参数及长度宜不小于表 5-5 所示数值。当反向曲线两个回旋线的参数不相等时，其比值应小于 1.5。回旋线长度应不小于超高过渡所需的长度。

表 5-5　匝道回旋线参数

匝道设计速度(km/h)	80	70	60	50	40	35	30
回旋线参数 A(m)	140	100	70	50	35	30	20
回旋线长度(m)	70	60	50	40	35	30	25

2.匝道纵断面

1)匝道最大纵坡坡度

匝道因受上下线标高及用地条件的限制，其纵坡坡度相对于公路一般路段要大，具体可按表 5-6 取用。

表 5-6　匝道最大纵坡坡度

匝道设计速度(km/h)			80，70	60，50	40，35，30
最大坡度(%)	出口匝道	上坡	3	4	5
		下坡	3	3	4
	入口匝道	上坡	3	3	4
		下坡	3	4	5

注：因地形困难或用地紧张时可增大 1%；上坡设计时，非冰冻积雪地区在特殊困难情况下可增大 2%。

2)匝道竖曲线半径

不同设计速度所对应的竖曲线最小半径及长度要求见表 5-7。

表 5-7　匝道竖曲线最小半径及长度要求

匝道设计速度(km/h)			80	70	60	50	40	35	30
竖曲线最小半径(m)	凸形	一般值	4 500	3 500	2 000	1 600	900	700	500
		最小值	3 000	2 000	1 400	800	450	350	250
	凹形	一般值	3 000	2 000	1 500	1 400	900	700	400
		最小值	2 000	1 500	1 000	700	450	350	300
竖曲线最小长度(m)		一般值	100	90	70	60	40	35	30
		最小值	75	60	50	40	35	30	25

3.匝道横断面

匝道横断面由车行道、路缘带、硬路肩和土路肩组成，对向分离双车道匝道横断面还包括中央分隔带。

匝道车道数应根据匝道交通量和匝道长度确定，主线与匝道或匝道与匝道的分合流连接部应保持车道数的平衡。

4.匝道平、纵线形组合设计

匝道平、纵线形组合设计的基本要求是使匝道立体线形平顺无扭曲，视野开阔，行车安全舒适，视觉美观，并与周围环境协调。设计的原则和要点与正线基本相同，但应注意进、出口处平、纵组合的处理。

七、端部设计

端部是指匝道两端分别与正线相连接的道口，它包括出入口、变速车道及辅助车道等。两端的道口和中间部分匝道共同组成一条完整的匝道，从主要道路(简称主线)出入的道口都应是自由流畅式，而次要道路(次线)上的道口有时则是信号控制的。端部设计的一般原则是：出入顺适、安全，线形与正线协调一致；出入口应便于识别；正线与匝道间应能相互通视。

(一)出口与入口设计

1.主线出、入口

一般情况下主线出、入口应设在主线行车道的右侧，出口位置应易于识别，一般设在跨线构造物之前。若在其后，应与构造物保持 150 m 以上的距离。为便于车辆减速，出口最好位于上坡路段。入口应设在主线的下坡路段，以利于重型车辆加速，并在匝道汇入主线之前保持主线 100 m 和匝道 60 m 的三角形区域内通视无阻。

主线与匝道分流处，为给误行车辆提供返回的余地，行车道边缘应加宽一定偏置值，加宽后主线和匝道的路面边缘用圆弧连接，并用路面标线引导行驶方向。

2.互通式立体交叉的平面交叉口

互通式立体交叉在次线或匝道上可设置平面交叉口。这种平交口往往决定整个立体交叉的通行能力、服务水平和交通安全，设计时应予以充分重视。

在选定互通式立体交叉形式时，设计中应将匝道布置在合适的象限内，使冲突点减至尽可能少的程度。对平面交叉应根据交通量、交通组成和行驶速度等做出合理布置，并设置必要的标志、标线、分隔带、交通岛、变速车道、转弯车道等。行人与非机动车交通对平面交叉影响很大，必要时应采取专辟车道、渠化或立体交叉等措施，与机动车分离行驶，互通式立体交叉中的平面交叉设计应符合前面章节有关要求及规定。

(二)变速车道设计

在匝道与正线连接的路段，为适应车辆变速行驶的需要，而不致影响正线交通所设置的附加车道称为变速车道。变速车道包括减速车道和加速车道。车辆由正线驶入匝道时减速所需的附加车道称为减速车道，车辆从匝道驶入正线时加速所需的附加车道称为加速车道。

1.变速车道的形式

变速车道一般分为平行式与直接式两种，如图 5-22 所示。

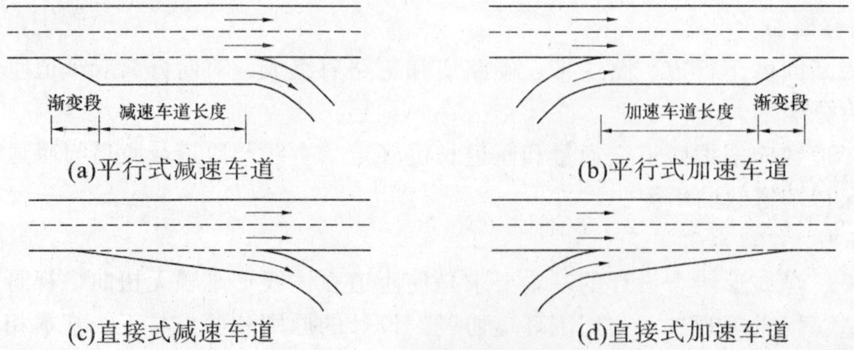

图 5-22　变速车道的形式

1)平行式

平行式是在正线外侧平行增设的一条附加车道。其特点是车道划分明确，行车容易辨认，但车辆行驶轨迹呈反向曲线对行车不利。原则上加速车道采用平行式，因加速车道较长，平行式容易布置。平行式变速车道端部应设渐变段与止线连接。

2)直接式

不设平行路段，由正线斜向渐变加宽，形成一条与匝道连接的附加车道，其特点是线形平顺并与行车轨迹吻合，对行车有利，但起点不易识别。原则上减速车道采用直接式，另外，加速车道较短或双车道的变速车道应采用直接式。

2.变速车道的横断面

变速车道横断面的组成与单车道匝道基本相同，是由行车道、路肩和路缘带组成的。城市道路可不设右路肩，但应保留路缘带。

3.变速车道的长度

变速车道长度为加速或减速车道长度与渐变段长度之和，如图 5-23 所示。

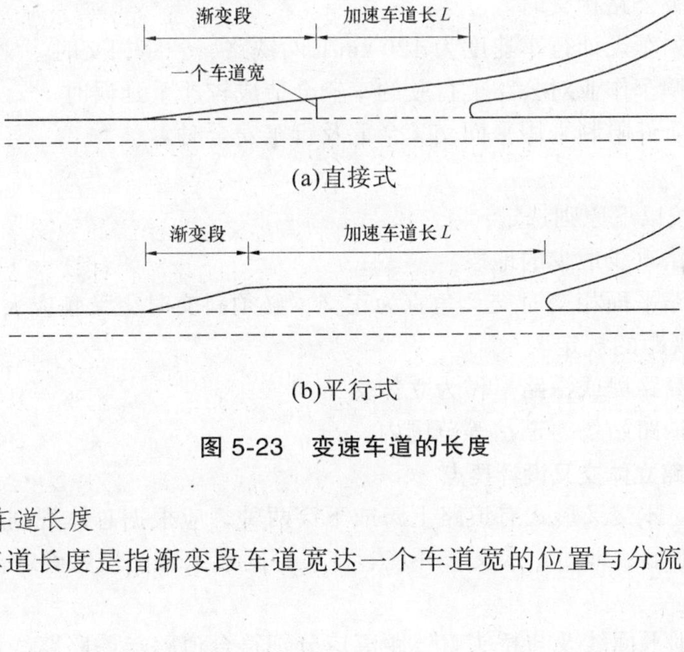

(a)直接式

(b)平行式

图 5-23　变速车道的长度

1)加、减速车道长度

加、减速车道长度是指渐变段车道宽达一个车道宽的位置与分流或合流端之间的距离。

2)渐变段

平行式变速车道渐变段的长度应符合规定，直接式变速车道渐变段按外边缘渐变率控制。

(三)辅助车道

在分、合流处，既要保持车道数平衡，又要保持基本车道数，如果二者发生矛盾，可通过在分流点前与合流点后的正线上增设辅助车道的办法来解决。

在基本车道数连续的条件下，通常单车道匝道也能满足车道数平衡的要求；而设置双车道匝道时车道数不平衡，应增设辅助车道。一般规定辅助车道长度在分流端为 1 000 m，最小为 600 m；在合流端为 600 m。另外，当前一个立体交叉加速车道的末端至下一个立体交叉减速车道起点之间的距离小于 500 m 时，必须设辅助车道将二者连接起来。

第三节　公路与其他路线交叉

一、道路与铁路交叉

道路与铁路交叉分为平面交叉(又称道口)和立体交叉两种。道路与铁路交叉不存在互通问题，所以无须设置连接道，形式简单。

(一)设置条件与位置选择

1.设置条件

根据道路等级与性质、道路与铁路的交通量以及道口封闭延误损失等因素确定是平面交叉还是立体交叉。高速公路、一级公路与铁路相交叉时必须设置立体交叉，准高速铁路路段旅客列车设计行车速度为 140 km/h 的铁路与公路相交叉时必须设置立体交叉。

公路、铁路相交叉符合下列情况之一者应设置立体交叉：

(1)铁路、二级公路相交时。

(2)路段旅客列车设计行车速度为 120 km/h 的铁路、公路相交时。

(3)由于铁路调车作业对公路上行驶的车辆会造成较严重延误时。

(4)受地形等条件限制采用平面交叉会危及行车安全时。

2.位置选择

交叉位置应按以下原则选定：

(1)应选在铁路轨线最少的地段。

(2)公路、铁路平面相交时交叉角宜为正交，必须斜交时交叉角应大于 45°，且道口应符合侧向瞭望视距的规定。

(3)尽量利用高路堤或深路堑作为立体交叉。

(4)不应设在铁路站场、道岔等范围内。

(二)道路与铁路立体交叉设计要点

道路与铁路立体交叉形式有道路上跨或下穿两种，应根据总体规划，并考虑瞭望条件、地下设施、地形、地质、水文、环境、施工等因素综合比较后确定。

1.平面要求

立体交叉范围平面线及与桥头直线距离应分别符合道路与铁路路线设计的要求，并以直线为宜；可不考虑道路超车视距要求；道路引道范围内不得另有平面交叉。

2.纵面要求

道路上跨时，其桥上和引道纵坡应符合道路有关规定，道路下穿时，纵坡不宜大于 4%；当非机动车多时不得大于 3%；当机动车、非机动车分离行驶时，二者可在不同标高上。

3.横断面要求

无论道路上跨或下穿，行车道宽度都不应缩减；人行道宽度可视人流量而定，但每侧不应小于 1.5 m。各组成部分宽度发生变更时应在引道上设置过渡段，其外边缘渐变率为 1/15 ~ 1/30。

4.净空要求

道路上跨时，跨线桥的孔径应根据地形、地质情况和桥下净空要求等确定。桥下净空高度应符合铁路建筑限界有关规定。当道路下穿时，铁路跨线桥桥下净空的宽度应包括该道路横断面的所有组成部分。净高应符合道路有关规定，并预留路面改建高度。

5.排水要求

立体交叉范围内的排水设计，应对铁路和公路的排水系统进行综合考虑，合理设置，不得妨碍既有排水系统的功能。道路下穿时排水要求与互通式立体交叉相同。

二、道路与乡村道路交叉

乡村道路泛指位于村镇之间供机动车、非机动车及行人通行的非等级道路。乡村道路分为机动车通行道路和非机动车与行人通行道路两类，其中前一类又可分为通行汽车道路和通行农机的机耕道路两种。与乡村道路交叉主要是对公路而言，城市道路一般不与其交叉。

(一)交叉间距

公路与乡村道路相交叉的位置、形式、间隔等的确定应考虑县乡镇土地利用总体规划中农业耕作机械需求，必要时应结合规划对农业机耕道路作适当调整或归并。一般应根据公路等级对交叉有所控制，充分考虑沿线土地开发、群众生产和生活需要，兼顾交叉对公路通行能力、服务水平和投资的影响。

高速公路、一级公路与乡村道路交叉时，其间距应根据路线总体设计而定。必要时合并相邻乡村道路，减少交叉数量。在乡村道路密集地区，当公路交通量较大时，可采取设置分隔带和辅道等必要措施，减少交叉的数量及隔离非机动车交通，提高公路的通行能力和服务水平。

(二)交叉形式

高速公路与乡村道路交叉时，必须采用分离式立体交叉；一级公路与乡村道路交叉时，应尽量采用立体交叉；其余各级公路与乡村道路交叉时，可采用平面交叉。

(三)立体交叉构造

1.交叉方式

应根据地形及公路纵断面设计等情况而定。平原地区一般以乡村道路下穿(又称通道)公路为宜；丘陵和山区则应利用有利地形，合理确定上跨或下穿方式。当条件适宜时，亦可利用平时无水或流量很小的桥涵作通道。

2.横断面及净空

乡村道路横断面宽度、组成和净空应根据通行种类和实际需要确定。

3.排水与标志

交叉处排水应通畅，当以下挖方式修建通道时，应使纵断面最低处高于地下水位 0.5 m，并使暴雨时的积水能向低洼处或河流排泄，以免通道积水。公路与乡村道路交叉处应设置必要的交通标志。

三、道路与管线交叉

按照管线的性质和用途，可分为管道和电缆两大类。管道主要有给水管、污水管、雨水管、燃气管、暖气管、输油管等；电缆包括电力线、电信线、无轨电车及地铁电力线等，根据管线的布设位置，可有地下埋设和空中架设两种。一般管道都敷设在地下，称为地下管线；而多数电缆是架设在地面杆柱上，称为地上杆线，但也有少数电缆埋设在地下。

(一)道路与地上杆线交叉

为确保行车安全和架空电缆的正常使用，地上杆线须按行业规范合理布置，并满足最小净空高度要求。架空送电线路与公路相交叉时宜为正交，必须斜交时应大于45°。

电信线、电力线、电缆管道等均不得侵入公路建筑限界，不得妨害公路交通安全且不得损害公路的构造和设施。

(二)道路与地下管线交叉

道路与地下管线交叉时，应以地下管网规划为依据，并应近、远期结合，对各种管线综合考虑，合理确定其位置与标高。

对重要平面交叉、立体交叉、广场或水泥混凝土等刚性路面下，应预埋过街管或预留沟，其结构强度应满足道路施工荷载和路面行车荷载的要求。

1.埋式电缆

埋式电缆有电力和电信电缆两种。对埋式电力电缆应该用管道保护；对埋式电信电缆，二级以上公路应用管道保护，四级公路不需管道保护。

2.地下管道

地下管道有石油管道和天然气管道两种。

管道与高速公路、一级公路相交叉且采用下穿方式时，应埋置地下通道；管道与二级及二级以下公路相交叉时应埋置套管，通道与套管应按相应公路等级的汽车荷载等级进行验算。严禁天然气输送管道、输油管道利用公路桥梁跨越河流。

复习思考题

5-1　交叉口设计的基本要求有哪些？

5-2　交叉口设计的主要内容是什么？

5-3　平面交叉口的形式有哪些？

5-4　消除交叉口冲突点的方法有哪几种？

5-5　什么是立体交叉？

5-6　互通式立体交叉的主要形式有哪些？

5-7　匝道的主要作用是什么？

5-8　匝道的基本形式及特点是什么？

第六章　道路排水设计

重点提示

本章主要介绍公路、城市道路排水系统及组成，公路排水设计，城市道路排水设计。

第一节　概　述

一、公路排水系统及组成

为防止地面水和地下水对公路造成损害，确保公路排水畅通、结构稳定、行车安全所采用的各种拦截、汇集、拦蓄、排放地表水或地下水的排水设施和构造物组成的总体称为公路排水系统。公路排水设计是公路设计的重要内容之一。

公路排水系统由路界地表排水、路面内部排水和地下排水三部分组成。

(一)路界地表排水

路界地表排水是指公路范围内的表面排水，主要排除由降水(雨和雪)形成的地面径流，它包括路面(含路肩)、中央分隔带、路基边坡坡面和路界范围内地表坡面的表面水的排除，也包括在可能进入路界的公路毗邻地带的地表水和由相交道路进入路界内的地表水的排除，如图 6-1 所示。

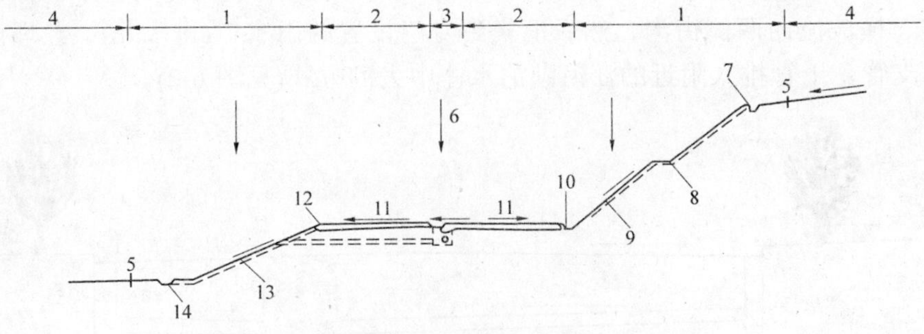

图 6-1　路界地表排水

1—坡面排水；2—路面排水；3—中央分隔带排水；4—相邻地带排水流；5—路界；
6—降雨；7—坡顶截水沟；8—边坡平台排水沟；9—急流槽；10—边沟；
11—路面路肩横坡；12—拦水带；13—急流槽；14—坡脚排水沟

(二)路面内部排水

路面内部排水是指为排除通过路面接缝、裂缝或空隙，或者由路基或路肩渗入并滞留在路面结构内的自由水，沿路面边缘设置边缘排水基层或排水垫层排水系统，或者在路面结构层设置排水基层或排水垫层排水系统的措施。

(三)地下排水

地下排水是排除埋藏在地表下面土中孔隙、岩石孔隙和裂隙中的水。地下水又可分为以下几种。

上层滞水：从地面渗入尚未深达下层的土中水。

层间水：在地面以下任何两个隔水层之间的含水层中的水。当地面低于水源时，它可以通过岩层裂隙冒出地面而成为泉水。

潜水：在地面以下第一个隔水层以上的含水层中的水，距地面较近，在重力作用下可沿土层流动。

地下排水是指在地下水危及路基稳定(包括整体和局部稳定)或严重影响路基强度的情况下，根据具体情况所采取的拦截、旁引、排除含水层的地下水、降低地下水位或者疏干坡体内地下水等措施。

二、城市道路排水系统及组成

城市道路排水系统是指为了保证车辆和行人的正常交通，改善城市卫生条件，以及避免路面的过早损坏，要求迅速地将地面雨雪水排除所采取的排水设施和措施的总称。城市道路排水系统是城市道路的一个组成部分。

城市道路的雨水排除方式，根据其设施构造的特点分为明式、暗式和混合式三种。

(一)明式排水

明式排水就是指采用明沟排水的方式，即仅在街坊出入口、人行道处增设某些必要的带漏孔的盖板明沟或涵管。明式排水多用于郊区或临街建筑物稀少的道路。

(二)暗式排水

暗式排水是用埋设于道路下的雨水沟管系统排水的方式。这是一种让雨水借道路路面的纵坡、横坡流向两侧街沟，然后汇集到专门设置的雨水口(进水井)，经埋设在路面下的雨水支管、干管排入附近的江河湖泊水体中去的方式(见图 6-2)。

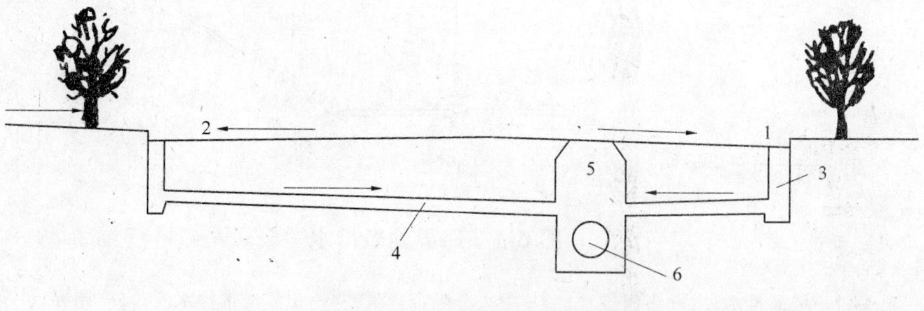

图 6-2　暗沟排水系统构造组成示意图

1—街沟；2—进水口；3—雨水口；4—支管；5—检查井；6—干管

(三)混合式排水

在城市中，为了节约建设投资，一般不需要采取单一的暗管排水系统。混合式排水就是明沟和暗管相结合的排水方式。例如，在建筑密集、交通量大的建成区道路，为了行人出入方便和环境卫生，可采用暗式排水；在郊区以及工业区、居民区边缘至城镇分区，为节省投资，便于维修，宜采用明式排水。

第二节　公路排水设计

一、公路排水设计的一般要求

公路排水设计的一般要求如下：

(1)全面规划、合理布局、少占农田，并与当地排灌系统协调，防止冲毁农田及其水利设施。重视环境保护，防止水土流失和水源污染。

(2)根据公路等级和沿线地形、地质、水文、气象等条件及桥涵设置等情况进行综合考虑，注意各种排水设施及排水构造物之间的联系，使全线形成完善的排水系统。

(3)在不断总结生产实践经验和科学试验的基础上，积极采用新材料、新技术和新工艺。

(4)施工场地的临时性排水设施应尽可能与永久性排水设施结合起来。各项排水设施和构造物的设计，均应便于施工、检查和养护维修。

(5)穿越城镇的公路，其排水设计应与城镇现有或规划的排水系统和设施相协调。

(6)黄土、膨胀土、盐渍土、多年冻土和滑坡等特殊地区(段)的公路，其排水设计应结合该工程的其他处治措施综合进行。

二、公路地表排水

(一)路界地表排水的一般规定

(1)地表排水设施的布设应充分利用地形和天然水系，形成完善的排水系统，并做好进出口位置的选择和处理，使水流顺畅，不出现堵塞、溢流、渗漏、淤积、冲刷、冻结等现象，以免对路基、路面和毗邻地带造成危害。

(2)各项地表排水设施的设计流量、各种沟管和泄水口的泄水能力应按规范计算确定，其断面形状和尺寸应满足排泄设计流量的要求，沟管内水流的最大流速和最小流速应控制在允许流速范围内。

(3)各种排水构造物所用材料的强度应满足规范要求。

(4)路界地表排水设施不应兼作其他流水用途。对于二级以下的公路，如受条件限制而需兼用，应限制在较小的范围和规模内，且符合公路排水设计原则，并应进行个别设计。

(5)地表排水设计应与坡面防护工程综合考虑，采取有效措施防止坡面岩土遭受冲刷和失稳。

(6)地表排水沟管排放的水流不得直接排入饮用水的水源，也不宜直接排入养殖池、农田等。

(二)路面表面排水

降落在路面上的雨水，应通过路面横向坡度向两侧排流，避免行车道路面范围内出现积水。无中间带或采用分离式路基的公路，在未设超高公路段上，行车道路面应沿路中心线设置向两侧倾斜的双向横坡；在设超高公路段上，应设置向曲线内侧倾斜的单向横坡。设中间带的公路，各个行车方向的行车道路面应分别设置单向横坡，当单向车道数超过 3 条时，也分别设置双向横坡。

在路线纵坡平缓、汇水量不大、路堤较低且边坡坡面不会受到冲刷的情况下，应采用在路堤边坡上横向漫流的方式扫除路面表面水。在路堤较高、边坡坡面未做防护而易遭受路面表面水流冲刷，或者坡面虽已采取防护措施但仍有可能受到冲刷时，应沿路肩外侧边缘设置拦水带，汇集路面表面水，然后通过泄水口和急流槽将水排离路堤。

设置拦水带汇集路面表面水时，拦水带过水断面内的水面，在高速公路及一级公路上不得漫过右侧车道边缘，在二级及二级以下公路不得漫过右侧车道中心线。拦水带可由沥青混凝土现场浇筑，或者由水泥混凝土预制块铺砌而成，拦水带的横断面尺寸可参考图 6-3 所示的要求。拦水带的顶面应略高于过水断面的设计水面高(水深)。设计水深应遵照规定通过计算确定。在低路堤布设防撞栏的路段上，拦水带的外露高度不宜超过 10 cm，其迎车面的坡度不宜大于 1∶2。拦水带的泄水口可设置成开口(喇叭)式。设在纵坡段上的泄水口，宜做成不对称的喇叭的形式，并在硬路肩边缘的外侧设置逐渐变宽的低洼区，如图 6-4 所示，低洼区的铺面类型与路肩相同。设在平坡或缓坡坡段上时，泄水口可做成对称式。在道路交叉口、匝道口、桥梁等构造物连接处、超高路段和一般路段的横坡转换处，应设置泄水口以避免路面表面水横向流过行车道或结构物，泄水口的设置间距以 20～50 m 为宜。

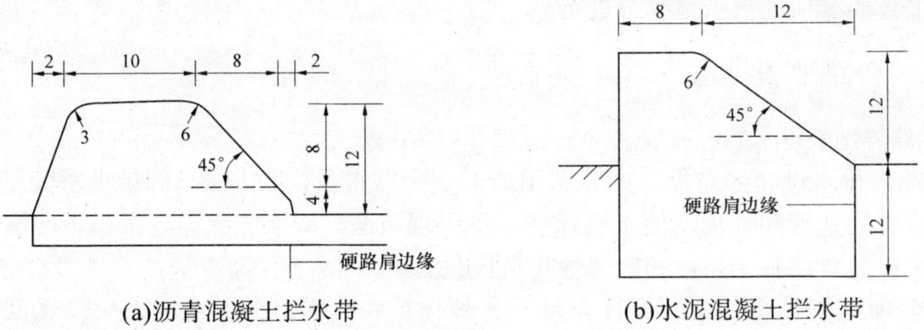

图 6-3　拦水带横断面参考尺寸　(单位：cm)

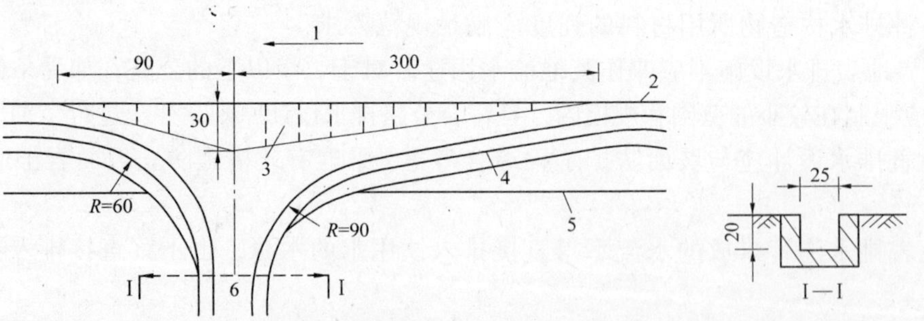

图 6-4　纵坡坡段上拦水带设泄水口的平面布置示意　(单位：cm)

1—水流流向；2—硬路肩边缘；3—低洼区；4—拦水带顶；5—路堤边坡坡顶；6—急流槽

(三)中央分隔带排水

分隔带宽度小于 3 m 且表面采用铺面封闭时，在不设超高路段上分隔铺面应采用向两侧外倾的横坡，其坡度与路面的横坡坡度相同；在超高路段上，可在分隔带上侧边缘处设置缘石和泄水口，或者在分隔带设置缝隙式圆形集水管或碟形混凝土浅沟和泄水口，如图 6-5 所示，以拦截和排泄上侧半幅路面的表面水。

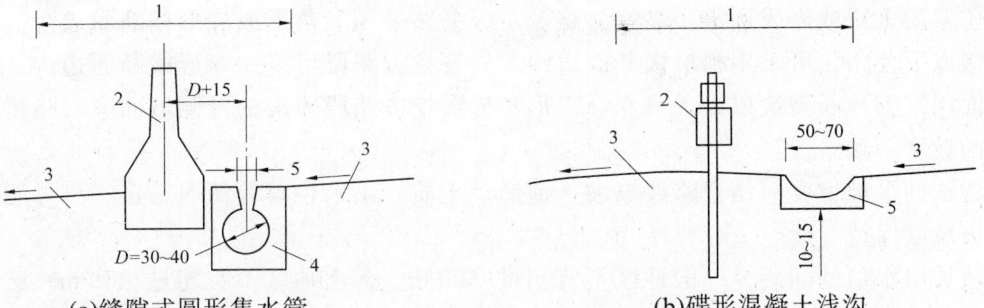

图 6-5　超高路段上设置缝隙式圆形集水管或碟形混凝土浅沟　(单位：cm)

1—中央分隔带；2—护栏；3—铺面；4—缝隙式圆形集水管；5—碟形混凝土浅沟

缘石过水断面的泄水口可采用开口式、格栅式或组合式，碟形混凝土浅沟的泄水口采用格栅式。

分隔带宽度大于 3 m 且表面未采用铺面封闭时，应通过内倾的横向坡度使表面水流向分隔带中央低洼处，并通过纵坡排流到泄水口或横穿路界的排水道中。分隔带的横向坡度不得陡于 1∶6。

在中央分隔带内的水流流量过大或流速超过允许范围处，或者在分隔带低洼区的流水汇集处应设置格栅式泄水口，并通过排水管引排到桥涵或路界外。格栅可以与周围地面齐平，也可适当减低。格栅的周围一定宽度范围内应做成低洼区(见图 6-6)，以增加泄水能力。

多雨地区表面无铺面且未采用表面排水设施的中央分隔带，为排除渗入分隔带内的表面水，可设置纵向排水渗沟(见图 6-7)，并每隔一定间距通过横向排水管将渗沟内的水排引出路界。

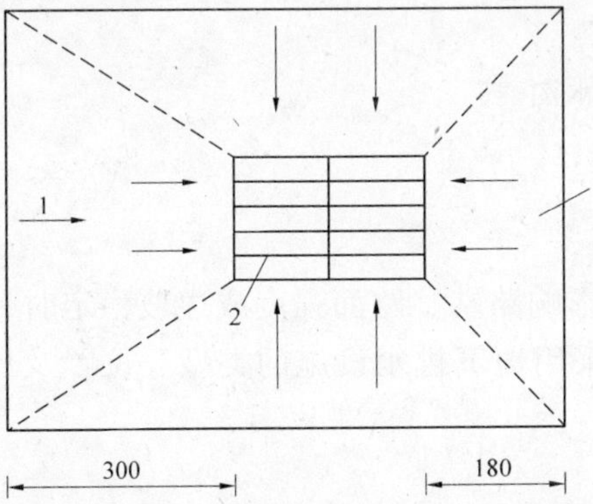

图 6-6　中央分隔带格栅式泄水口布置

(单位：cm)

1—上游；2—格栅；3—低洼区

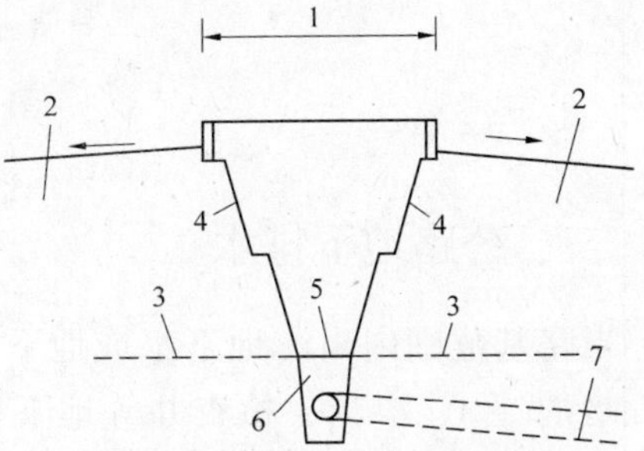

图 6-7　中央分隔带下设排水渗沟示意

(单位：cm)

1—中央分隔带；2—路面；3—路床顶面；4—隔渗层；5—反滤织物；6—纵向排水渗沟；7—横向排水管

(四)坡面排水

挖方路段及填土高度小于边沟深度的填方路段，应在挖方边坡或填方边坡坡脚外设置边沟，以汇集和排泄降落在坡面和路面上的表面水。

边沟可采用三角形、碟形、梯形或矩形横断面，按公路等级、所需排泄的设计流量、设置位置的土质或岩质选定。高速公路及一级公路采用三角形或碟形横断面边沟；二级及二级以下公路，可采用梯形横断面边沟。岩石挖方路段可采用矩形横断面边沟，其内侧坡面用浆砌片石砌筑以保证直立。矩形和梯形挖方路段边沟的外侧坡面应与路堑下部坡面的坡度一致。

边沟的纵坡坡度应结合路线纵坡、地形、土质、出水位置等情况选定，尽可能与路线纵坡坡度保持一致。

边坡出水口的间距，一般地区不宜超过 500 m，多雨地区不宜超过 300 m，三角形和碟形横断面边沟不宜超过 200 m。边沟出水口的水应结合地形、地质条件以及桥涵位置，排放到路基范围外，使之不冲刷路堤坡脚。

当路堑或路堤边坡上流入路界的地表径流量大时，应设置拦截水沟。在坡面汇流长度大的山坡上，应酌情设置一道以上大致平行的截水沟。在坡体稳定性较差或有可能形成滑坡的路段，应在滑坡体的外围设置截水沟。截水沟应设在距路堑坡顶 5 m 或路堤坡脚 2 m 以外，如图 6-8 所示。如土质良好、路堑边坡不高或沟壁进行铺砌，截水沟也可设在距路堑坡顶不小于 2 m 处。截水沟应结合地形和地质条件沿等高线布置，将拦截的水顺畅地排向自然沟或水道。截水沟长度以 200 ~ 500 m 为宜，超过 500 m 时，可在中间适当位置处增设泄水口，由急流槽或急流管分流排引。

截水沟一般采用梯形横断面，沟坡坡度为 1：1.0 ~ 1：1.5，沟底宽度和沟的深度不宜小于 0.5 m。地质或者土质条件差有可能产生渗漏或变形时，应采取相应防护措施。

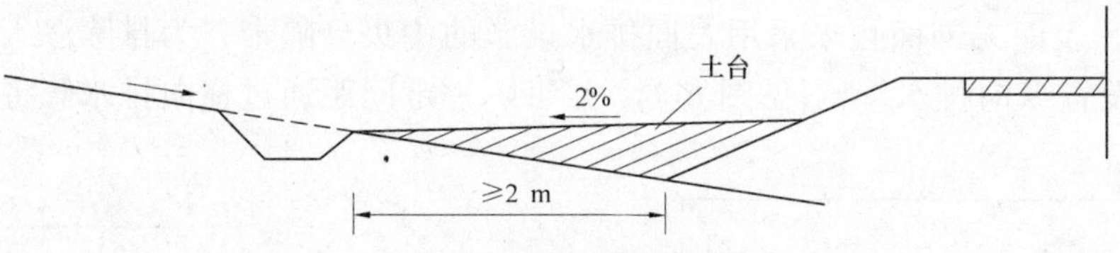

图 6-8 路堤截水沟

三、公路地下排水

当路基范围内出露地下水或地下水位较高，影响路基、路面强度或边坡稳定时，应设置暗沟(管)、渗沟、检查井等地下排水设施。采用地下排水设施的类型、位置及尺寸应根据地质和水文地质条件决定。

(一)暗沟(管)

为排出泉水或地下水集中水流，可采用暗沟(管)设施。暗沟横断面一般为矩形，用浆砌片石或水泥混凝土预制块砌筑，沟顶设置盖板，其各部位的尺寸大小应根据排出水量及地形、地质条件确定。

暗沟的纵坡坡度不宜小于 1%，出水口应高出地表排水沟常水位 0.2 m。寒冷地区的暗沟，应做防冻保温处理或将暗沟设在冻结深度以下。

(二)渗沟

为降低地下水位或拦截地下水，可在地面以下设置渗沟。渗沟可分为填石渗沟、管式渗沟和洞式渗沟三类。当水量较大时，渗沟底部可增设排水管(孔)。

渗沟各部位的尺寸应根据埋设位置及排水需要等情况确定。渗沟的平面布置，当用做降低地下水位时，应尽量靠近路基；当用做拦截地下水时，应尽量与地下水流方向垂直。渗沟宽不宜小于 0.6 m。渗沟顶部和底部应设置封闭层，可采用 M5 浆砌片石或现浇水泥混凝土。

填石渗沟的最小纵坡坡度不宜小于 1%，管式及洞式渗沟的最小纵坡坡度不宜小于 0.5%。渗沟的设置长度可根据实际需要确定，一般每隔 100 ~ 300 m 就需设横向排水管。

渗沟应设置反滤层。反滤层可设置在迎水面一侧，且在背水面一侧设置隔渗层，或者在两侧沟壁均设置反滤层。反滤层应选用颗粒大小均匀的砂石材料分层填筑，相邻层颗粒直径不宜小于 1∶4，层厚度不宜小于 15 cm，粒径小于 0.15 mm 的颗粒含量应小于 5%，填料的粒径应为含水层粒料最大粒径的 8 ~ 10 倍。也可采用渗水土工织物作反滤层。

管式渗沟的排水管可采用带槽孔的塑料管或水泥混凝土渗水管。水泥混凝土管(圆管)的最小直径不小于 20 cm。带孔塑料渗水管直径宜为 8 ~ 15 cm，渗水孔径宜为 1.5 ~ 2.0 cm，管壁可采用渗水土工织物形成反滤层。除此之外，还可采用带有钢圈、滤布和加强合成纤维组成的加劲软式透水管，直径为 8 ~ 30 cm。设于边沟下的管式渗沟如图 6-9 所示。在盛产石料的地区，也可以采用洞式渗沟在路基范围外拦截地下水。洞式渗沟可在渗沟底部以浆砌片石作矩形排水槽，上盖水泥混凝土条形盖板形成排水洞，如图 6-10 所示。

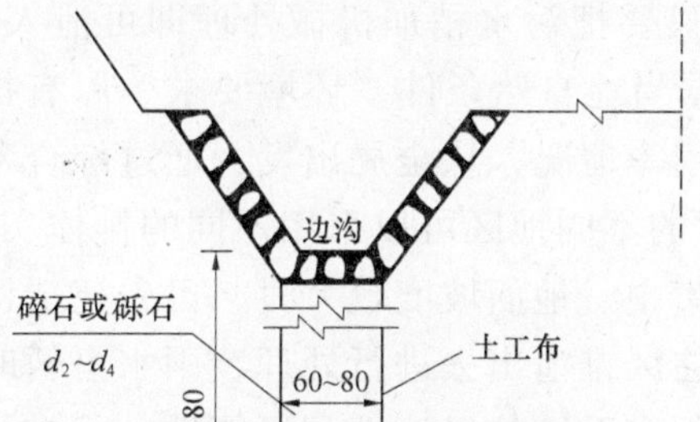

图 6-9　管式渗沟　(单位：cm)

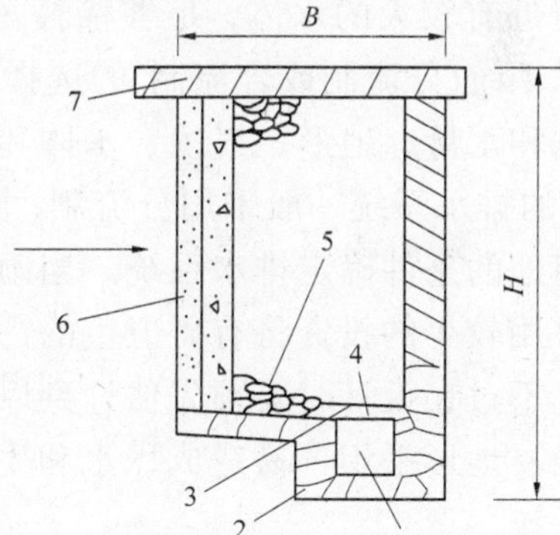

图 6-10　洞式渗沟

1—排水洞；2—浆砌片石；3—混凝土盖板；
4—透水土工织物；5—透水回填料；6—反滤层；
7—封闭层

深而长的渗沟，应设置检查井。检查井应在直线段每隔 30 ~ 50 m 或在渗沟的转弯、变坡处设置。检查井直径不宜小于 1 m，井壁应设渗水孔和反滤层。井壁处的排水管应高出井底 0.3 ~ 0.4 m。检查井应设检查梯，井口顶部应高出附近地面 0.3 ~ 0.5 m 并设井盖。

第三节 城市道路排水设计

一、排水系统设计

城市道路排水系统可分为分流制和合流制两种。

(一)分流制排水系统

用两个或两个以上的管道来分别汇集生活污水、工业废水和雨水的排水系统称为分流制排水系统。其中，汇集和治理生活污水或工业废水的系统称为污水排除系统，排泄雨水的系统称为雨水排除系统。分流制排水系统又可分为两种情况：一种情况是分别设置污水和雨水管道系统；另一种情况是只有污水管道系统，处理雨水时布设雨水暗管，让雨水沿着地面、街道边沟和明渠泄入天然水体。

采用分流制排水系统有利于对环境的保护和污水的综合利用，便于从废水中回收有用物质，可以做到清浊分流，从而减少需要治理的废水量。

(二)合流制排水系统

将污水和雨水用同一管道排除的系统称为合流制排水系统。过去我国很多城市大都采用合流制排水系统，即污水不经过处理与雨水直接排入水体，这是由历史原因造成的。随着工业的高速发展，生活污水量和工业废水量急剧增加，这样的合流制排水系统，对环境卫生往往会造成严重的危害。设置排水系统时，对原有的合流制排水系统应加以利用，并应尽可能减少污水对环境的污染。采用合流制排水系统的必要条件是城市附近有较大的水体，足够稀释污水，即只要把污水稍加机械处理即可泄入水体。

排水系统(分流制或合流制)的选择，应根据当地自然条件、环境要求、原有排水设施、水质和水量、地形、气候、水体和污水利用等情况，从全局出发，通过综合考虑确定。新建的排水系统一般采用分流制，同一城镇的不同地区可以采用不同的排体实施时，可根据当地的条件确定排水系统。当雨量少而集中、地面坡度较大时，可先建造污水管道系统，用较少的投资将有碍卫生的污水从居住区排泄出去进行处理，雨水可暂时用明沟排泄，不过在设计时要预先估计到以后添建雨水系统的经济性和可能性。而在雨量多且雨期长、地形平坦、易造成积水和生活上不便时，就需要同时建成污水管道系统和雨水管道系统。

(三)雨水管的布置

城市道路的雨水管线是平行于道路中心线或规划红线的直线，雨水管一般沿道路铺设在人行道或隔离带下面。当道路规划红线宽度大于 60 m 时，一般应布置两条雨水管；当道路规划红线宽度小于 24 m 时，一般布置一条雨水管；当道路规划红线宽度在 24～60 m 时，经过技术经济比较，可考虑布置一条或两条雨水管(见图 6-11)。

由于管道施工和检修对交通运输影响较大，所以在交通量大的干道上，雨水管也可埋设在街道的绿化带下和较宽的人行道下，但不可埋设在种植树木的绿化带下和灯杆线及侧石线下。

(a)单条雨水管布置　　　　(b)两条雨水管布置

图 6-11　雨水管布置形式

雨水管线应尽可能避免或减少与河流、铁路以及其他城市地下管线的交叉，否则将使施工复杂以致增加造价。在不能避免相交处应垂直交叉，并保证相互之间有一定的竖向间隙。排水管道离开房屋及其他管道的最小净距见表 6-1。

表 6-1　排水管道与其他管线(构筑物)的最小净距

名称		水平净距(m)	垂直净距(m)
建筑物		2.5 (5.0) 或 3①	—
给水管		1.5 或 3②	0.15
排水管		1.50	0.15
煤气管	低压	1.00	—
	中压	1.50	—
	高压	2.00	0.15
	特高压	5.00	—
热力管沟		1.50	0.15
电力电缆		1.0	0.50
通信电缆		1.00	直埋 0.50，穿管 0.15
乔木		1.5 (2.0)③	—
地上柱杆(中心)		1.50	—
道路侧石边缘		1.50	—
铁路		5④	轧底 1.20
电车路轨		2.00	1.00
架空管架基础		2.00	—
油管		1.50	0.25
压缩空气管		1.50	0.15
氧气管		1.50	0.25
乙炔管		1.50	0.25
电车电缆		—	0.55
明渠渠底		—	0.50
涵洞基础底		—	0.15

注：1.表列数字除注明外，水平净距均指外壁净距，垂直净距指下面管道的顶与上面管道基础底间净距。

2.采取充分措施(如结构措施)后，表列数字可以减少。

①与建筑物基础水平净距：管道埋深浅于建筑物基础时，一般不小于 2.5 m(压力管不小于 5.0 m)；管道埋深深于建筑物基础时，按计算确定，但不小于 3.0 m。

②与给水管水平净距：给水管管径小于或等于 200 mm 时，不小于 1.5 m；给水管管径大于 200 mm 时，不小于 3 m。与生活给水管道交叉时，污水管道、合流管道在生活给水管道下面的垂直净距不小于 0.4 m。当不能避免在生活给水管道上面穿越时，必须予以加固，加固长度不应小于生活给水管道外径加 4 m。

③与乔木中心距离不小于 1.5 m；如遇高大乔木，则不小于 2.0 m。

④穿越铁路时应尽量垂直通过。沿单行铁路敷设时距路堤坡脚或路面坡顶应不小于 5 m。

(四)雨水口及检查井的布置

1.雨水口的布置

雨水口(进水口)是道路上的雨(雪)水进入雨水管的孔口。雨水口一般设在街道区内、广场上、街道交叉口和街道边沟的一定距离处，以防止雨水漫过道路或造成道路及低洼地区积水、妨碍交通。

布置雨水口时，首先应根据道路纵断面设计，把街沟纵断面上低洼汇水处和交叉口上必须设置雨水口的地点确定下来，然后根据街沟纵坡坡度大小、街道的宽度、路面种类以及两旁街坊院落排水情况，确定雨水口的间距和位置。此外，布置雨水口时还应考虑当地暴雨强度、雨水口的排水能力和汇水面积等因素。道路上雨水口的间距一般为30 ~ 80 m。道路纵坡坡度直接影响着雨水口的间距。通常道路纵坡坡度较大时，水的流速太大，不能充分进入雨水口即行越过；而道路纵坡坡度过小时，水的流速过缓，往往形成积水。因此，纵坡坡度过大或过小时，雨水口的间距均需减少，即增加雨水口数量。

雨水口应避免设在沿街道的建筑物门口、停车站、分水点及其他地下管道顶上。遇建筑物门口、停车站时，均应在上游设雨水口截水。

2.检查井的布置

为了对管网作定期检查和清理疏通，管道上必须设置检查井。相邻两个检查井之间的管道应在一条直线上，以便检查或疏通管道。在管道方向改变处、坡度改变处、高程改变处、断面改变处、交会处以及直线管道每隔一定距离都应布置检查井。检查井在直线管道段上的最大间距与管径有关，具体数值可参照表 6-2。

表 6-2　直线管道段上管道检查井的最大间距

管径或暗渠净高(mm)	最大间距(m)
小于或等于 600	50
700 ~ 1 600	65 ~ 90
大于或等于 1 800	120

(五)锯齿形街沟设计

由于我国有不少城市处在较平坦的地区，城市道路的纵坡坡度很小，甚至是水平的，这样对车辆行驶虽然有利，但对排水却不利。在考虑道路地面排水时，尽管道路路面可设置路拱横坡，以排除路面雨、雪水，但由于纵坡坡度很小，积留的雨、雪水就很难沿道路的纵方向排除，尤其在暴雨或多雨季节，常使路面局部积水，甚至成片积水，这样既影响路基路面的稳定性又妨碍交通。根据以往经验，当路中心线纵坡坡度小于 0.3%时，就需要设置锯齿形街沟来保证路面排水。在城市道路上，一般都利用露出路面部分的侧石路面边缘(或平石)作为排除地面水的沟道，简称街沟。锯齿形街沟设计的方法是在保证侧石顶面线与路中心线的纵坡设计线平行的条件下，交替地改变侧石顶面线与平石(或路面)之间的高度，即交替地改变侧石高度，在最低处设置雨水进水口，并使进水口处的路面横坡坡度放大，在两进水口之间的分水点处的横坡坡度减小，使行车道两旁平石的纵坡坡度随着进水口和分水标高的变动而变动。这样，街沟纵坡(或平石纵坡)就由升坡到降坡再到升坡，如此连续交替进行，其街沟的纵坡成锯齿形状，故称为锯齿形街沟设计。

在进行锯齿形街沟设计时，侧石高度不宜过低，否则将不能容纳应排泄的最大地面水流量，以致雨、雪水溢过侧石流到人行道上影响行人交通。但侧石也不宜过高，过高不便于行人跨越。一般侧石高度为 0.08 ~ 0.18 m，通常采用 0.15 m，在进水口与分水点处的侧石高度之差，宜控制在 0.06 ~ 0.10 m。

在设计锯齿形街沟时，需要确定街沟纵坡转折点间的距离，以便布置雨水进水口。

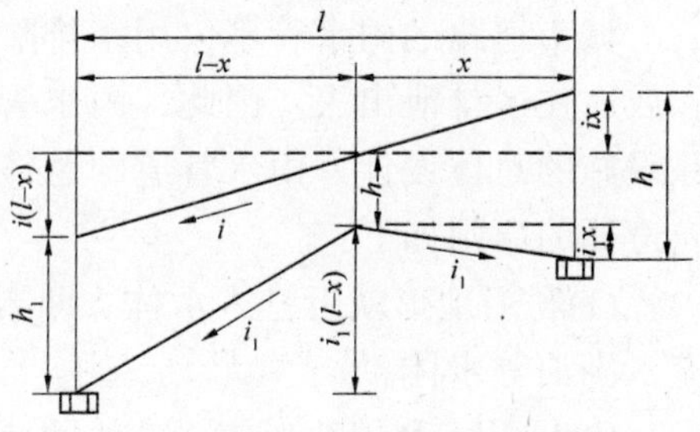

图 6-12　锯齿形街沟计算

如图 6-12 所示，设雨水进水口处的侧石高度为 h_1，在分水点处的侧石高度为 h，两进水口之间的间距为 l，路中线纵坡坡度为 i，街沟的纵坡坡度为 i_1，分水点距两边进水口的距离分别为 x 和 $l–x$，则图 6-12 中左端和右端分别可列出方程如下：

左端　$[i_1\ (l-x)+h]-i(l-x)=h_1$

右端　$ix+h+i_1x=h_1$

因为两式相等，经移项整理，即得

$$x=\frac{l(i_1-i)}{2i_1}$$

或

$$x=\frac{h_1-h}{i_1+i}$$

则

$$l=\frac{(h_1-h)2i_1}{i_1^2-i^2}$$

如果路中心线纵坡是水平的，那么 $i=0$，$x=\dfrac{l}{2}$，则

$$l=\frac{2(h_1-h)}{i_1}$$

【例 6-1】　如图 6-12 所示锯齿形街沟，已知雨水口间距为 35 m，$i=0$，$h_1=0.18$ m，$h=0.10$ m，试求锯齿形街沟纵坡坡度 i_1 及分水点距离 x。

解：$i_1=\dfrac{2(h_1-h)}{l}=\dfrac{2\times(0.18\,\text{m}-0.10\,\text{m})}{35\,\text{m}}=0.004\ 6=0.46\%$

$x=\dfrac{h_1-h}{i_1+i}=\dfrac{0.18\,\text{m}-0.10\,\text{m}}{0.004\ 6}=17.4\ \text{m}$

【例 6-2】　如图 6-12 所示锯齿形街沟，已知 $h_1=0.20$ m，$h=0.14$ m，$i=0.15\%$，$i_1=0.4\%$，试求 l 和 x。

解：$l=\dfrac{(h_1-h)2i_1}{i_1^2-i^2}=\dfrac{(0.20\ \text{m}-0.14\ \text{m})\times2\times0.004}{0.004^2-0.001\ 5^2}=34.91\ \text{m}$

$x=\dfrac{l(i_1-i)}{2i_1}=\dfrac{34.91\ \text{m}\times(0.004-0.001\ 5)}{2\times0.004}=10.91\ \text{m}$

由于锯齿形街沟施工标高控制麻烦，而且对路面长远的拓宽改建不利，很多城市还

是采用调整设计标高的方法来解决排水所需的最小纵坡坡度。

二、排水设施设计

(一)雨水管

1.雨水管设计原则

城市道路的雨水管不仅用来排除道路地面水，还应使雨雪水能顺利地从建筑物、工厂或居住区排泄出去。因此，雨水管道设计是指整个城市或城市某一区域范围内雨水排除设施的总体设计。雨水管道的总体布置主要根据城市的地形和道路规划来确定，设计应遵循的原则如下：

(1)利用地形就近排入水体，即要求雨水管能用最短路程把雨雪水就近排入池塘、河流、湖泊等水体。

(2)尽量能利用地形使雨雪水靠重力排入水体，以避免设置泵站。

(3)出水口布置应尽可能合理。

2.雨水管设计的步骤和方法

进行一个地区的雨水管道设计，应完成以下工作：

(1)调查研究收集资料。首先应做调查研究，收集整理各种原始资料，根据当地情况确定一些设计基本数据。

(2)划分流水区域。根据前述管道设计原则，在比例尺为 1：5 000 ~ 1：2 000 的设计地区的地形图上划分排水流域，规划雨水管道路线，确定水流方向。

(3)划分设计管段并标定检查井的位置。两个检查井之间管径没有变化的管段为设计管段，所以设计管段的起讫点就是检查井(窨井)的位置，计算时可以把两检查井之间的间距作为一段计算管段的长度，但这样工作量较大。为了简化计算，可以把估计采用同样管径和坡度的连续段合并为一个设计管段。

(4)划分设计管段的汇水面积。每条管道都有它所服务的汇水面积，各条管线和各个设计管段的汇水面积的区界，是根据当地的地形和地物决定的。如图 6-13 所示，街区 A_1 的雨水在集水点 1 处集中流入管段 1 ~ 2，街区 A_2 的雨水在集水点 2 处集中会同街区 A_1 流来的雨水流入管段 2 ~ 3，街区 A_3 的雨水在集水点 3 处集中，同前面汇水街区的雨水一起流入管段 3 ~ 4，各段管道长度和相应计算汇水面积应填写在图中进行计算。

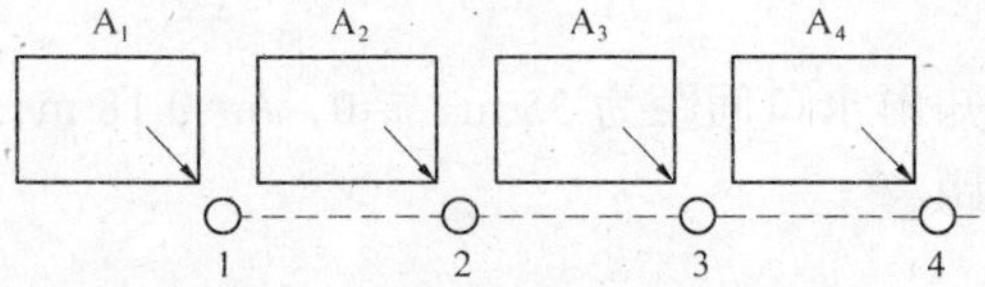

图 6-13　设计管段汇水面积

(5)确定控制点标高。根据地形图上等高线(或经测量所得)确定各设计管段起讫点(即检查井处)的地面标高；确定干管上的控制点(如支管交汇处、最低处、出口、与其他地下构造物交叉处等)的高程，准备水力计算。

(6)确定径流系数。根据汇水面积内的不同地面种类，按加权平均计算确定径流系数。

(7)确定地面集水时间。地面集水时间是指雨水从集水面积的最远点到集水点所需要的时间。地面集水时间一般不通过计算确定，而是根据街坊面积的大小、地面种类、坡度、覆盖情况以及街坊内部排水系统等因素取 5 ~ 15 min。

(8)根据区域的性质、地形及漫溢后的损失大小等因素确定设计重现期。设计重现期是指在一个很长的记录年限中，在同一降雨历时的情况下，等于或大于某一降雨强度的暴雨出现一次需要的平均年数。

(9)根据调查研究资料确定暴雨强度公式，并绘制单位径流量和集流时间关系曲线。

(10)进行雨水管道水力计算，即根据各设计管段的设计流量列表计算确定管道的直径、坡度、管底标高、覆土及埋设深度。

(二)雨水口

1.雨水口的形式及适用地点

雨水口的构造形式很多，从其使用情况看，一般可分为边沟式、平箅式和联合式三种。雨水口的每一种形式均可采用单箅或多箅，其适用地点如下：

(1)边沟式雨水口适用于有立道牙的路段，且在该路段一般应无杂物堵塞雨水口井箅的情况。

(2)平箅式雨水口适用于无立道牙的路段、广场及地面低洼聚水处，如图 6-14 所示。

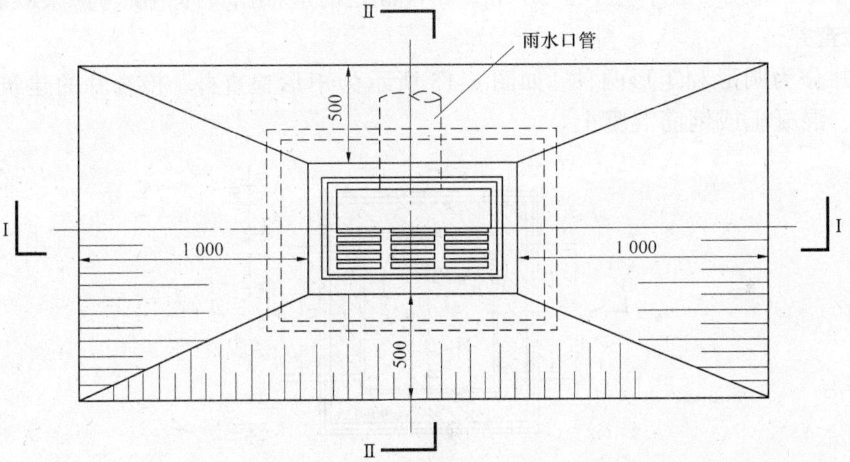

(a)平面图

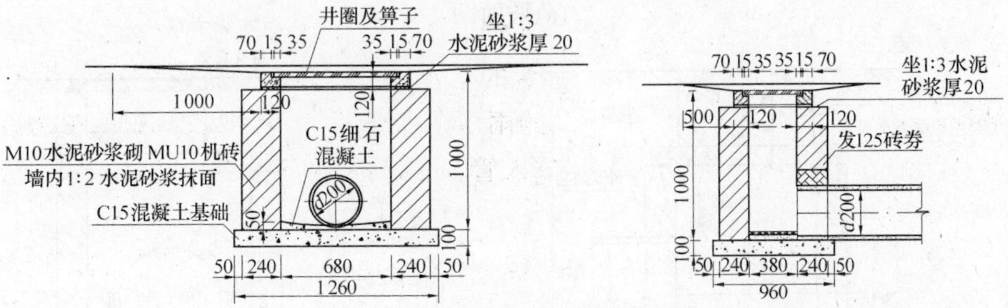

(b) Ⅰ—Ⅰ剖面图　　(c) Ⅱ—Ⅱ剖面图

图 6-14　平箅式单雨水口　(单位：mm)

(3)联合式雨水口适用于有立道牙的路段、径流量较大的路段或可能有杂物堵塞雨水井箅的情况。

(4)多箅式雨水口适用于径流量大而集中的积水区、道路纵断凹折或广场最低点。在宽街道单箅雨水口间距过近、支管过多时也可采用多箅式雨水口。

2.雨水口的设置要求

(1)设置在道路边沟里的雨水口,应使边沟纵坡坡向雨水口,并使雨水口低于沟底 2 ~ 3 cm。

(2)设置在有立道牙路段上的雨水口，应使边沟路面纵坡在前后 1 m、横向 0.5 m 范围内坡向雨水口，并使雨水口圈低于两侧路面 2 ~ 3 cm。

(3)设置平箅式雨水口时，应使其四面的地面坡向雨水口，并应自雨水口圈向四周护砌。

(4)雨水口砌置深度应根据支管位置(通过行车道或人行道)、水文地质、道路交叉等情况决定，一般砌置深度以 0.5 ~ 1.0 m 为宜。

(5)雨水口井边可用机砖砌筑或预制装配，井底应填抹平滑、设置流槽。

(6)雨水口支管坡度一般不应小于 1%，最大不得超过 20%，超过时需进行特殊处理。雨水口支管覆土深度一般不应小于 50 cm，不能满足时应根据具体情况考虑采取加固措施。

(三)检查井

检查井分为圆形和矩形两种。如图 6-15 所示为矩形检查井。检查井的建筑材料可采用砖、石、混凝土或钢筋混凝土。

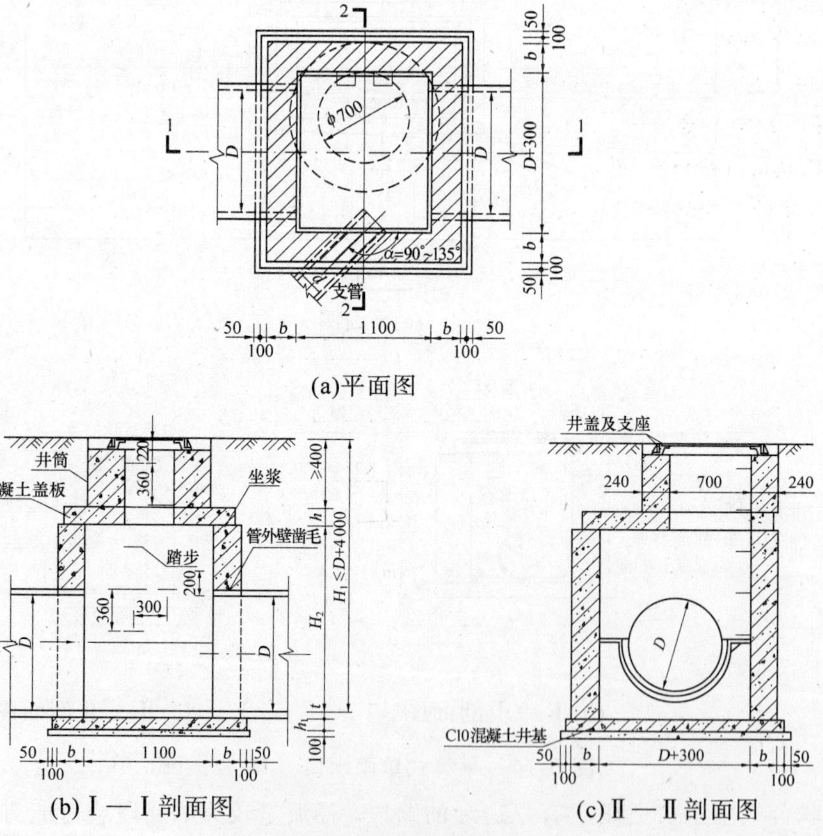

(a)平面图

(b) Ⅰ—Ⅰ剖面图

(c) Ⅱ—Ⅱ剖面图

图 6-15 矩形检查井

为了对管道进行检查疏通，管道系统上必须设置检查井；同时，检查井还起连接沟管的作用。在管道改变方向处、改变高程处、改变断面处和交会处，都需要设置检查井，在过长的直线管道上，亦需要设置检查井。检查井在直线管段上的最大间距按表 6-2 采用。

复习思考题

6-1　简述公路排水系统的作用及其组成。

6-2　公路坡面排水有哪些设施？简述这些排水设施设计的要点。

6-3　城市道路排水系统由哪些部分组成？综述分流制、合流制排水系统的特点及适用条件。

6-4　城市道路排水设施有哪些？简述设置雨水口及检查井的作用。

6-5　综述锯齿形街沟的设计要点。

习　题

6-1　名词解释

(1)地下排水　(2)管式渗沟　(3)分流制排水系统

(4)雨水口　　(5)检查井　　(6)拦水带　　(7)截水沟

6-2　已知某路段中线设计纵坡坡度 i=+2%，在桩号 K2+200 处，设计标高 H=10.0 m，行车道宽度为 14.0 m，路拱平均坡度为 2%，试合理设计锯齿形街沟，并分别算出分水点和雨水口处的标高(要求至少布置三个雨水口)。设 h_1=18 cm，h=12 cm，如图 6-16 所示。

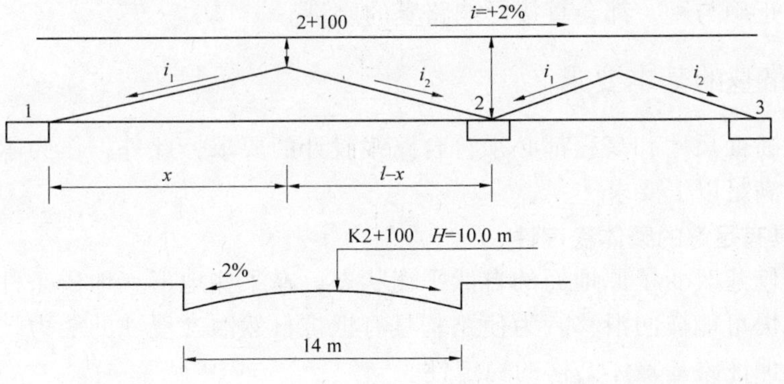

图 6-16

第七章　路基工程概论

重点提示

本章主要介绍路基的变形、破坏及其原因与防治，公路的自然区划，路基土的分类及路基土的工程性质，土的干湿类型及路基的强度与稳定性，路基典型横断面及其设计要点，路基的附属设施，路基的防护与加固，挡土墙的构造特点、布置要求和方法。

第一节　道路工程概述

一、概念

路基是公路最基本的组成部分之一。保证公路沿线具有坚实而稳定的路基，是路基设计的中心任务。路基是支承路面的一种土工建筑物，路基和路面构成了公路建筑的主体。

实践证明，没有坚固的路基，就没有稳固的路面。保证路基的强度与稳定性是保证路面强度和稳定性的先决条件，提高路基的强度和稳定性，还可以适量地减薄路面的结构厚度，从而降低工程造价。

影响路基稳定的因素很多，在自然因素影响方面，有地质、气候、水文和水文地质等，其中影响路基强度和稳定性的关键因素是水。路基水毁、塌方、沉陷、翻浆、涎流水等病害的发生均与地表水和地下水的活动有关。在人为因素影响方面，设计、施工和养护工作的正确与否，都会直接影响路基的质量。

二、路基的基本要求

路基的断面尺寸和高程都必须符合路线设计的要求，此外，作为承受行车荷载的构造物，还应满足以下要求。

(一)应具有足够的整体稳定性

路基的修建改变了原地面的自然平衡状态，在某些地形、地质条件下，路堑边坡可能坍塌，路堤可能横向滑移。为使路基具有抵抗自然因素侵蚀的能力，必须采取一定的技术措施来保证路基整体结构的稳定性。

(二)应具有足够的强度

路基要承受由路面传递下来的行车荷载，还要承受路面和路基的自重，势必对路基土产生一定的应力。只有路基具有足够的强度，才能抵抗应力的作用而不致产生超过允许范围的变形。

(三)应具有足够的水温稳定性

根据土力学的理论，土质路基的强度受其含水量的影响十分显著，在大气温度作用下，土在冻结过程中水分发生迁移和积聚，这就是土的水温状况。在季节性冰冻地区，由于水温状况的变化，路基将发生冻融循环，而在春融期间其强度急剧下降。因此，保证路基在最不利的水温状况下仍具有足够的强度，即要求路基具有一定的水温稳定性，是十分重要的。

三、路基设计的基本内容

路基设计的任务是根据公路的性质、等级和技术标准，结合当地自然条件，综合考虑与路线、路面和桥涵的关系后，拟定正确的路基设计方案，作为施工的依据。路基设计的内容一般包括以下几点：

(1)路基的主体工程。路基主体设计包括选择路基横断面形式，确定路基宽度、路基高度、路基边坡坡度等。

(2)路基工程的附属设施。它包括取土坑和弃土堆、护坡道和碎落台、堆料坪和错车道等的布置与计算。

(3)路基排水。根据沿线地表水流及地下水埋藏情况，进行沿线排水系统的总体布置，以及地面排水设施和地下排水设施的设计。

(4)路基防护与加固。防护与加固设计有坡面防护、冲刷防护及支挡结构物的布置、构造设计与计算等。

第二节　路基变形破坏及其原因与防治

路基在工作过程中，承受着土体的自重、行车荷载和各种自然因素的作用，若设计和施工不当，必然产生各种病害，严重时会危及到路基的整体性和稳定性。

一、路基变形、破坏的主要形式

(一)路基沉陷

路基沉陷是指路基表面在垂直方向产生的不均匀的竖向变形，如图 7-1 所示。

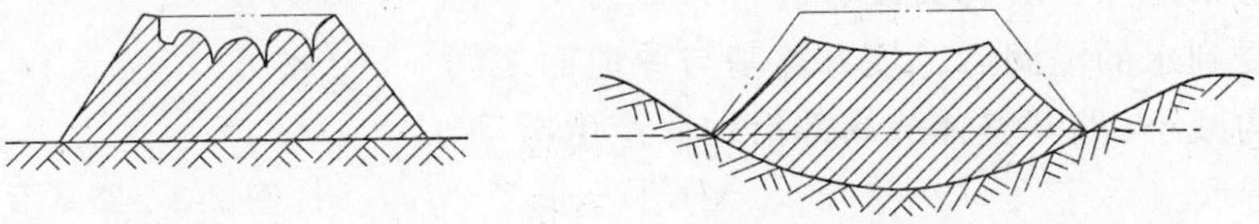

(a)堤身下陷　　(b)地基下陷

图 7-1　路基的沉陷

路基沉陷有两种可能：一是路基本身的压缩沉陷，一般是填料选择不当，填筑方法不合理，压实不到位，在荷载和水、温度综合作用下引起的，如图 7-1(a)所示；二是由于路基下部天然地面承载能力不足，在路基自重的作用下发生沉陷，如图 7-1(b)所示，产生原因一般是原地面为软弱土层，如泥沼、流沙或有机质堆积等，填筑前未经换土或压实处理，造成承载力不足，从而引起路堤下陷。

(二)路基边坡塌方

路基边坡因坡度过陡，或受水冲刷，或岩土风化，或地震造成边坡土体坍塌的现象叫塌方。按其破坏规模与原因的不同，路基边坡的塌方可分为剥落、碎落、滑塌、崩塌等，如图 7-2 所示。

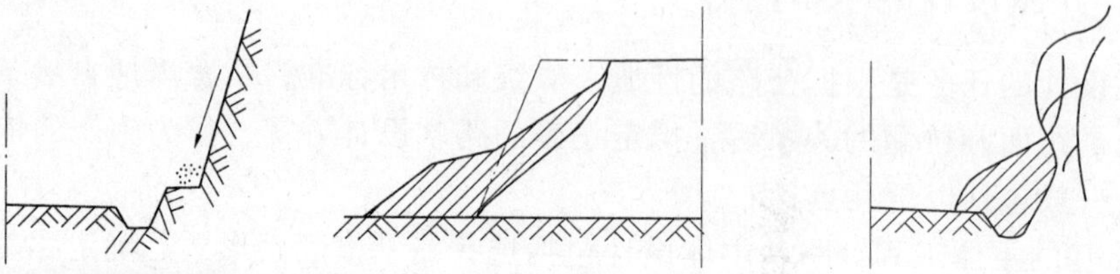

(a)剥(碎)落　　(b)滑塌　　(c)崩塌

图 7-2　路基边坡塌方

剥落是指边坡土层或风化岩表面在大气的干湿或冷热的循环作用下，表面不断风化，使表层土或岩石成片状或带状从坡面上剥落下来的现象，而且老的脱落后，新的又不断产生。

碎落是坡面岩体风化、破碎比较严重时的一种碎落现象。

滑塌是指路基边坡土体或岩石沿着一定的滑动面整体向下滑动，其规模与危害程度较碎落更为严重，有时滑动体可达数百米以上。

崩塌是岩体或土体脱离母体而沿边坡倾落下来的现象。

塌塌主要是由于土体(或土石混杂的堆积物)遇水软化，而边坡又在 45°～60°，且边坡无支撑产生的。

路基边坡塌方的主要原因有挖方边坡过陡、覆盖土体比较松散、顺向坡、填筑路堤方法不当、土体过于潮湿、坡脚被水冲刷、岩石破碎和风化严重等。

(三)路基沿山坡滑动

在较陡的山坡上填筑路基，如果原有地面较光滑，未做必要的处理，如未进行凿毛或人工开挖台阶，或植被未清除，坡脚又没有进行必要的支撑，特别是在受到水的浸润后，填方路基与原地面之间的摩擦阻力减小，路基整体或局部沿地面产生滑动，如图 7-3 所示。

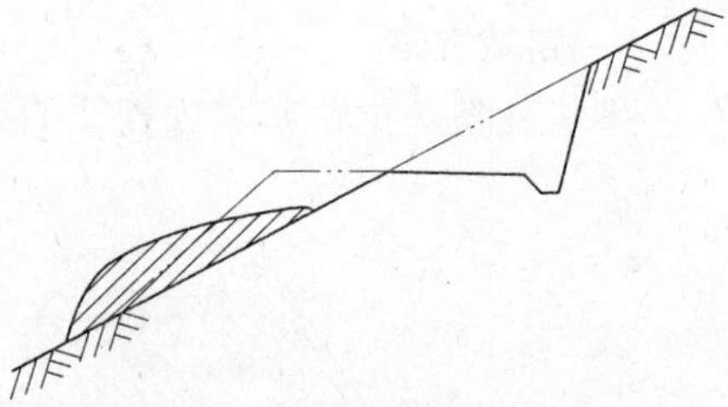

图 7-3　路基沿山坡滑动

(四)不良的地质水文条件造成的路基破坏

公路通过不良地质水文地区，或遭受较大的自然灾害作用，如巨型滑坡、泥石流、地震及特大暴雨等，均能导致路基的大规模破坏。综上所述，路基发生变形、破坏的主要原因有以下几个方面：

(1)不良的工程地质与水文地质条件。

(2)不利的水文与气候因素。

(3)设计不合理。

(4)施工不符合设计图样和施工规范规定要求。

上述原因中，地质和水文条件是影响路基工程质量和产生病害的主要因素。为此，必须强调设计前应详细地进行地质与水文的勘察工作，针对具体条件及各种因素的综合作用，采取正确的设计方案和施工方法，消除或尽可能减少路基病害，确保路基工程达到规定的质量要求。

二、保证路基强度和稳定性的措施

路基因大面积裸露于大气之中，其强度和稳定性很大程度上受到当地地形、地质、气候等自然条件的影响。此外，设计施工质量的好坏也影响到路基强度和稳定性。因此，为保证路基的强度和稳定性，必须进行深入调查研究，仔细分析各种自然因素与路基的关系，抓住主要问题，采取正确的措施。一般有以下几种：

(1)合理选择路基横断面形式，选择正确的边坡坡率。

(2)选择工程性质良好的土填筑路基。

(3)严格执行施工规范、规程，选择正确的施工方法。

(4)充分压实土基，提高土基的强度和水稳定性。

(5)正确地进行地面和地下的排水设计。

(6)合理地选用边坡加固与防护措施，以及修筑支挡结构物；对存在稳定性隐患的边坡，应进行稳定性分析，采取加固、防护措施。

(7)特殊地质环境地段的路基，必须与该特殊工程整治措施相结合，进行综合设计。

第三节　公路自然区划

我国因地域辽阔，各种气候、地形、地貌、水文地质等自然条件相差很大，为区分不同地理区域自然条件对公路工程影响的差异，在路基、路面的设计、施工和养护中采取适当的技术措施和采用合适的设计参数，以保证路基、路面的强度和稳定性，特制定公路自然区划。

为使自然区划便于在实践中应用，结合我国地理、气候特点，将全国的公路自然区划分为三个等级。一、二级区划的具体位置与界限，详见《公路自然区划标准》(JTJ 003—1986)所附“中华人民共和国公路自然区划图”。

一、一级区划

根据不同的地理、气候、构造、地貌界限的交错和重叠，将我国分为 7 个一级自然区：Ⅰ北部多年冻土区，Ⅱ东部温润季冻区，Ⅲ黄土高原干湿过渡区，Ⅳ东南湿热区，Ⅴ西南潮湿区，Ⅵ西北干旱区，Ⅶ青藏高寒区。

二、二级区划

二级区划仍以气候和地形为主导因素，但具体标志与一级区划有显著差别。一级自然区有其共同标志，即气候因素是潮湿系数 K 值(即年降水量与年蒸发量之比)，地形因素是独立的地形单元。二级区划的划分则需因区而异，将上述标志具体化或加以补充，其标志是以潮湿系数 K 为主的一个标志体系。

根据二级区划的主导因素与标志，在全国 7 个一级自然区又分为 33 个二级区和 19 个副区(亚区)，共有 52 个二级自然区。它们的名称见表 7-1，各二级区的区界、自然条件对工程的影响详见有关标准及其附录。

表 7-1　公路自然区划名称

Ⅰ北部多年冻土区
- Ⅰ$_1$连续多年冻土区
- Ⅰ$_2$岛状多年冻土区

Ⅱ东部温润季冻区
- Ⅱ$_1$东北东部山地润湿冻区
  - Ⅱ$_{1a}$三江平原副区
- Ⅱ$_2$东北中部山前平原重冻区
  - Ⅱ$_{2a}$辽河平原冻融交替副区
- Ⅱ$_3$东北西部润干冻区
- Ⅱ$_4$海滦中冻区
  - Ⅱ$_{4a}$冀热山地副区
  - Ⅱ$_{4b}$旅大丘陵副区
- Ⅱ$_5$鲁豫轻冻区
  - Ⅱ$_{5a}$山东丘陵副区

Ⅲ黄土高原干湿过渡区
- Ⅲ$_1$山西山地、盆地中冻区
  - Ⅲ$_{1a}$雁北张宣副区
- Ⅲ$_2$陕北典型黄土高原中冻区
  - Ⅲ$_{2a}$榆林副区
- Ⅲ$_3$甘东黄土地区
- Ⅲ$_4$黄渭间山地、盆地轻冻区

Ⅳ东南湿热区
- Ⅳ$_1$长江下游平原润湿区
  - Ⅳ$_{1a}$ 盐城副区
- Ⅳ$_2$　江淮丘陵、山地润湿区
- Ⅳ$_3$ 长江中游平原中湿区
- Ⅳ$_4$浙闽沿海山地中湿区
- Ⅳ$_5$ 江南丘陵过湿区
- Ⅳ$_6$ 武夷南岭山地过湿区
  - Ⅳ$_{6a}$ 武夷副区
- Ⅳ$_7$华南沿海台风区
  - Ⅳ$_{7a}$台湾山地区
  - Ⅳ$_{7b}$海南岛西部润干副区
  - Ⅳ$_{7c}$南海诸岛副区

Ⅴ西南潮湿区
- Ⅴ$_1$秦巴山地润湿区
- Ⅴ$_2$四川盆地中湿区
  - Ⅴ$_{2a}$雅安、乐山过湿区
- Ⅴ$_3$三西、贵州山地过湿区
  - Ⅴ$_{3a}$滇南、桂西润湿副区
- Ⅴ$_4$川、滇、黔高原干湿交替区
- Ⅴ$_5$滇西横断山地区
  - Ⅴ$_{5a}$大理副区

Ⅵ 西北干旱区
- Ⅵ$_1$内蒙古草原中干区
  - Ⅵ$_{1a}$河套副区
- Ⅵ$_2$ 绿洲—荒漠区
- Ⅵ$_3$阿尔泰山地冻土区
- Ⅵ$_4$天山—界山山地区
  - Ⅵ$_{4a}$塔城副区
  - Ⅵ$_{4b}$伊犁河谷副区

Ⅶ青藏高寒区
- Ⅶ$_1$祁连—昆仑山地区
- Ⅶ$_2$柴达木荒漠区
- Ⅶ$_3$河源山草原甸区
- Ⅶ$_4$羌塘高原冻土区
- Ⅶ$_5$川藏高山峡谷区
- Ⅶ$_6$ 藏南高山台地区
  - Ⅶ$_{6a}$ 拉萨副区

三、三级区划

三级区划是二级区划的进一步划分。三级区划的划分方法有两种：一种是按照地貌、水文和土质类型将二级自然区进一步划分为若干类型单元；另一种是继续以水热、地理和地貌等为标志将二级自然区划细分为若干区域。各地可根据当地的具体情况选用。

第四节　路基土的分类及工程性质

一、路基土的分类

理论和实践证明，路基土的性质对路基的强度和稳定性有极大的影响。按照《公路土工试验规程》（JTG E40—2007）中土的粒度成分进行分类，分为巨粒土、粗粒土、细粒土和特殊土，见表 7-2。

表 7-2　粒组划分表

<table>
<tr><td>200</td><td>60</td><td>20</td><td>5</td><td>2</td><td>0.5</td><td>0.25</td><td>0.074</td><td>0.002(mm)</td><td></td></tr>
<tr><td colspan="2">巨粒组</td><td colspan="6">粗粒组</td><td colspan="2">细粒组</td></tr>
<tr><td rowspan="2">漂石
(块石)</td><td rowspan="2">卵石
(小块石)</td><td colspan="3">砾(角砾)</td><td colspan="3">砂</td><td rowspan="2">粉粒</td><td rowspan="2">黏粒</td></tr>
<tr><td>粗</td><td>中</td><td>细</td><td>粗</td><td>中</td><td>细</td></tr>
</table>

二、各类土的工程性质

(一)巨粒组

属于巨粒土的漂石(块石)和卵石(小块石)具有很高的强度与稳定性，是填筑路基很好的材料。漂石还可以用于砌筑边坡。

(二)粗粒组

砾类土由于粒径较大，内摩擦力大，强度和稳定性都能满足要求，也是填筑路基的好材料。

砂和含细粒砂具有良好的透水性，毛细上升高度很小，仅 0.2 ~ 0.3 m，具有较大的摩擦系数，强度和稳定性均较好。但由于黏性小，易于松散，压实困难，为了克服这一缺点，可添加一定黏性大的土以改善其使用质量。

砂性土是最好的填筑材料。因含有一定数量的粗颗粒，使路基有足够的强度和水稳定性，同时又含有一定数量的细颗粒，使其具有一定的黏性，不致过分的松散。亚砂土的粒径组成接近最佳级配。

(三)细粒土

粉质土是最差的填筑材料，因含有较多的粉土粒，平时稍有黏性，灰尘大，但易压碎，浸水时很快被湿透，易成流体状态。粉质土的毛细作用强烈，上升速度快，毛细上升高度一般达 0.9~5 m，在季节性冰冻地区，水分积集现象严重，造成严重的冬季冻胀，春季融化期间出现翻浆。对黏性土如加以充分的压实，并采取有效的排水措施，也能筑成稳定的路基。

(四)特殊土

特殊土是一些含有特殊性质或含有有害物质的土类。如泥炭、硅藻土、腐殖土或含有石膏等溶盐类的土等，不宜用于填筑路基，如用则必须采取相应的技术措施。

第五节　路基土的干湿类型及其强度与稳定性

一、路基土的干湿类型

路基的强度与稳定性和路基的干湿状况有极其重要的关系。为此，在进行路基设计时应严格区分其干湿类型。

路基中的水分主要来源于大气、地面水、地下水和凝结水等。各种水源作用致使路基可能处于不同干湿状态。不同干湿状态的路基其强度不同，从而导致不同的路面结构和厚度。

路基按其干湿状态可分为干燥、中湿、潮湿和过湿四类。为了保证路基路面结构的稳定性，一般要求路基处于干燥或中湿状态。过湿状态的路基必须处理后方可铺筑路面。

(一)根据平均稠度划分

我国现行沥青路面设计规范中规定，路基干湿类型根据实测不利季节路槽底面以下80 m深度内的平均稠度 w_c 查表7-3和表7-4确定。干燥、中湿、潮湿和过湿四类干湿类型以稠度 w_{c1}、w_{c2} 和 w_{c3} 来划分。土的平均稠度 w_c 定义为土的平均含水量 w 与土的液限 w_L 的差与土的塑限 w_P 与液限 w_L 差的比值。

$$w_c=(w_L-w)/(w_L-w_P)$$

式中　w_c——土的平均稠度；

w_L——土的液限；

w——土的平均含水量；

w_P——土的塑限。

表 7-3　各自然区划路基干湿分界稠度

土组 自然区划	土质砂				黏质土				粉质土			
	分界稠度											
	w_{c0}	w_{c1}	w_{c2}	w_{c3}	w_{c0}	w_{c1}	w_{c2}	w_{c3}	w_{c0}	w_{c1}	w_{c2}	w_{c3}
Ⅱ$_1$、Ⅱ$_2$、Ⅱ$_3$ Ⅱ$_{1a}$ Ⅱ$_{2a}$	1.87	1.19	1.05	0.91	1.29/ 1.20	1.20/ 1.12	1.03/ 0.94	0.86/ 0.77	1.12	1.04/ 0.96	0.96/ 0.89	0.81/ 0.73
注：黏质土，分母适用于Ⅱ$_{1、2}$区，粉质土，分母适用于Ⅱ$_{2a}$区												
Ⅱ$_4$、Ⅱ$_5$	1.87	1.05	0.91	0.78	1.29	1.20	1.03	0.86	1.12	1.04	0.89	0.73
Ⅲ	2.00	1.19	0.97	0.78					1.12	1.12/1.04	0.96/0.89	0.81/0.73
注：分子适用于粉土地区；分母适用于粉质亚黏土地区												
Ⅳ	1.73	2.32	1.05	0.91	1.20	1.03	0.94	0.77	1.04	0.96	0.89	0.73
Ⅴ					1.20	1.08	0.86	0.77	1.04	0.96	0.81	0.73
Ⅵ	2.00	1.19	0.97	0.78	1.29	1.12	0.98	0.86	1.20	1.04	0.89	0.73
Ⅶ	2.00	1.32	1.10	0.91	1.29	1.12	0.98	0.86	1.20	1.04	0.89	0.73

注： w_{c0} 为干燥状态路基常见下限稠度，w_{c1}、w_{c2}、w_{c3} 分别为干燥和中、潮湿和过湿状态的分界稠度。

土的稠度较正确地表示了土地各种形态与湿度的关系，稠度指标综合了土的塑性特性，包含了液限与塑限，全面直观地反映了土的软硬程度，物理概念明确。

(1)w_c=1.0，即 $w=w_P$，为半固体与硬塑状的分界值。

(2)w_c=0，即 $w=w_L$，为流塑与流动状的分界值。

(3)1.0>w_c>0，即 $w_L>w>w_P$，土处于可塑状态。

表 7-4　路基的干湿类型

路基的干湿类型	路基的平均稠度 w_c 与分界相对稠度的关系	一般的特性
干燥	$w_c \geqslant w_{c1}$	路基干燥稳定，路面强度和稳定性不受地下水和地表积水影响，路基的高度 $H>H_1$
中湿	$w_{c1}>w_c \geqslant w_{c2}$	路基上部土层处于地下水或地表积水影响过渡带区内，路基高度 $H_2<H \leqslant H_1$
潮湿	$w_{c2}>w_c \geqslant w_{c3}$	路基上部土层处于地下水和地表积水毛细影响区内，路基高度 $H_3<H \leqslant H_2$
过湿	$w_c<w_{c3}$	路基极不稳定，冰冻区春融翻浆，非冰冻区弹簧，路基经过处理后方可铺筑，路基高度 $H<H_3$

以稠度作为路基干湿类型的划分标准是合理的，路面设计应根据路基土的分界稠度确定路基的干湿类型。土基干湿状态的稠密度建议值详见表 7-3。

在新建公路勘测设计中，确定路基的干湿类型需要在现场进行勘察，根据当地稳定的平均天然含水量、液限、塑限计算平均稠度，并考虑填土高度、有无地下水、地表积水的影响，论证地确定路基土的干湿类型。对于原有公路，按不利季节路槽底面以下 80 cm 深度内土的平均稠度确定。路槽底面以下 80 cm 内，每 10 cm 取土样测定其天然含水量、塑限含水量和液限含水量，以下式求算：

$$w_{ci}=(w_{Li}-w_i)/(w_{Li}-w_{Pi})$$

$$w_c=\sum w_{ci}/8$$

式中　w_i——路槽底面以下 80 cm 内，每 10 cm 为一层，第 i 层上的天然含水量；

w_{Li}——同层土的液限含水量(76 g 平衡锥)；

w_{Pi}——同层土的塑限含水量；

w_{ci}——第 i 层土的稠度；

w_c——路槽底面以下 80 cm 内的算术平均稠度。

根据 w 判别路基的干湿类型，要按照道路所在自然区划和路基土的类型，查表 7-3 与分界稠度作比较，并按表 7-4 所列区划界限确定道路所属的路基干湿类型。

(二)根据临界高度划分

对新建道路，路基尚未建成，无法按上述方法现场勘察路基的湿度状况，可以用路基临界高度作为判别标准。在路基的地下水或地表水水位一定的情况下，路基的湿度由下而上逐渐减小，如图 7-4 所示。与分界稠度相对应的路基距地下水位或地表积水水位的高度称为路基临界高度 H，即 H 相对应于 w_{c1}，为干燥和中湿状态的分界标准；H 相对于 w_{c2}，为中湿与潮湿状态的分界标准；H 相对于 w_{c3}，为潮湿和过湿状态的分界标准。

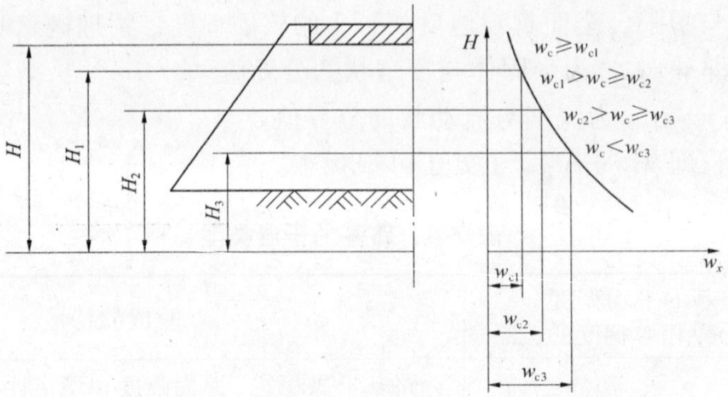

图 7-4 路基临界高度与路基干湿类型

在设计新建道路时，如能确定路基临界高度值，则可以以此作为判别标准，与路基设计高度作比较，由此确定路基的干湿类型，见表 7-4。

为了保证路基的强度和稳定性不受地下水或地表积水的影响，在设计路基时，要求路基保持干燥或中湿状态，路槽底距地下水或地表积水的距离，要大于或等于干燥、中湿状态所对应的临界高度。不同土质和自然区划的路基临界高度见表 7-5。

二、路基的强度及其指标

(一)路基的变形特性

路基是路面的基础，车轮荷载通过路面传至路基，并达一定深度。路面结构的损坏，除路面自身因素外，主要是土基变形过大引起的。因此，研究路基的变形特性，并在设计和施工中切实保证路基具有足够的强度和刚度是必要的。

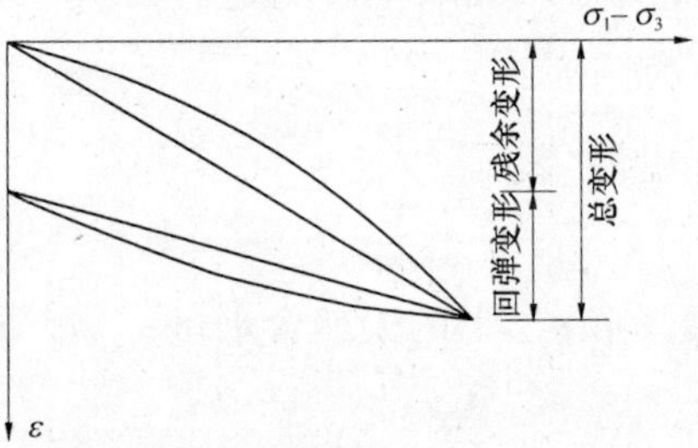

图 7-5 土基应力—应变关系图

如图 7-5 所示为土基应力—应变关系图，从图中可以看出，土基的变形包括弹性变形(回弹变形)和塑性变形(残余变形)两部分，过大的塑性变形是路面产生变形、不平整和疲劳开裂的原因。

除产生塑性变形外，土基还表现出应力—应变关系的非线性特性，由于应力与应变之间的关系并不是线性关系，因此土路基的模量也不是一个常数。

考虑到汽车荷载的瞬时性(一般为 0.01~0.1 s)，路基的工作状态接近弹性工作状态，因此对于各种以半空间弹性体模型来表征土基特性的设计方案，都以回弹模量作为土基的强度或刚度指标。

(二)路基的强度指标

表征路基强度的指标主要有回弹模量、地基反应模量、加州承载比 CBR 值和土基抗剪强度。

1.回弹模量

回弹模量是反映土基在瞬时荷载作用下可恢复变形性质的重要强度指标。

为了模拟车辆荷载的作用，通常采用圆形刚性承载板向土基加载来模拟，刚性承载板在荷载作用下变形可表达为：

表 7-5　路基临界高度参考值

自然区别	砂性土									黏性土									粉性土								
	地下水			地表长期积水			地表临时积水			地下水			地表长期积水			地表临时积水			地下水			地表长期积水			地表临时积水		
	H_1	H_2	H_3	H_1	H_2	H_3	H_1	H_2	H_3	H_1	H_2	H_3	H_1	H_2	H_3	H_1	H_2	H_3	H_1	H_2	H_3	H_1	H_2	H_3	H_1	H_2	H_3
Ⅱ$_1$										2.9	2.2								3.8	3.0	2.2						
Ⅱ$_2$										2.7	2.0								3.4	2.6	1.9						
Ⅱ$_3$	1.9~2.2	1.3~1.6								2.5	1.8								3.0	2.2	1.6						
Ⅱ$_4$										2.4~2.6	1.9~2.1	1.2~1.4							2.6~2.8	2.1~2.3	1.4~1.6						
Ⅱ$_5$	1.1~1.3	0.7~1.1								2.1~2.5	1.6~2.0								2.4~2.9	1.8~2.3							
Ⅲ$_1$																			2.4~3.0	1.7~2.4							
Ⅲ$_2$	1.3~1.6	1.1~1.3	0.9~1.1	1.1~1.3	0.9~1.1	0.6~0.9	0.9~1.1	0.6~0.9	0.4~0.6	2.2~2.75	1.7~2.2	1.3~1.7	1.75~2.2	1.3~1.7	0.9~1.3	1.3~1.75	0.9~1.3	0.45~0.9	2.4~2.85	1.9~2.4	1.4~1.9	1.9~2.4	1.0~1.9	1.0~1.4	1.4~1.9	1.0~1.4	0.5~1.0
Ⅲ$_3$	1.3~1.6	1.1~1.3	0.9~1.1	1.1~1.3	0.9~1.1	0.6~0.9	0.9~1.1	0.6~0.9	0.4~0.6	2.1~2.5	1.6~2.1	1.2~1.6	1.6~2.1	1.2~1.6	0.9~1.2	1.2~1.6	0.9~1.2	0.55~0.9	2.3~2.75	1.8~2.3	1.4~1.8	1.8~2.3	1.4~1.8	1.0~1.4	1.4~1.8	1.0~1.4	0.55~1.0
Ⅲ$_4$																			2.4~3.0	1.7~2.4							

续表 7-5

自然区别	砂性土									黏性土									粉性土								
	地下水			地表长期积水			地表临时积水			地下水			地表长期积水			地表临时积水			地下水			地表长期积水			地表临时积水		
	H_1	H_2	H_3	H_1	H_2	H_3	H_1	H_2	H_3	H_1	H_2	H_3	H_1	H_2	H_3	H_1	H_2	H_3	H_1	H_2	H_3	H_1	H_2	H_3	H_1	H_2	H_3
Ⅲ$_{1a}$																			2.4~3.0	1.7~2.4							
Ⅲ$_{2a}$	1.4~1.7	1.0~1.3																	2.4~3.0	1.7~2.4							
Ⅳ$_1$、Ⅳ$_{1a}$										1.7~1.9	1.2~1.3	0.8~0.9							1.9~2.1	1.3~1.4	0.9~1.0						
Ⅳ$_2$										1.6~1.7	1.1~1.2	0.8~0.9							1.7~1.9	1.2~1.3	0.8~0.9						
Ⅳ$_3$										1.5~1.7	1.1~1.2	0.8~0.9	0.8~0.9	0.5~0.6	0.3~0.4				1.7~1.9	1.2~1.3	0.8~0.9	0.9~1.0	0.6~0.7	0.3~0.4			
Ⅳ$_4$	1.0~1.4	0.7~0.8								1.7~1.8	1.0~1.2	0.8~1.0															
Ⅳ$_5$										1.7~1.9	1.3~1.4	0.9~1.0	1.0~1.1	0.6~0.7	0.3~0.4				1.79~2.1	1.3~1.5	0.9~1.1						
Ⅳ$_6$	1.0~1.1	0.7~0.8								1.8~2.0	1.3~1.5	1.0~1.2	0.9~1.0	0.5~0.6	0.3~0.4				2.0~2.2	1.5~1.6	1.0~1.1						

续表 7-5

自然区别	砂性土									黏性土									粉性土								
	地下水			地表长期积水			地表临时积水			地下水			地表长期积水			地表临时积水			地下水			地表长期积水			地表临时积水		
	H_1	H_2	H_3	H_1	H_2	H_3	H_1	H_2	H_3	H_1	H_2	H_3	H_1	H_2	H_3	H_1	H_2	H_3	H_1	H_2	H_3	H_1	H_2	H_3	H_1	H_2	H_3
Ⅳ$_{6a}$										1.6~1.7	1.1~1.2	0.7~0.8							1.8~2.0	1.3~1.4	0.9~1.1						
Ⅳ$_7$				0.9~1.0	0.7~0.8	0.6~0.7				1.7~1.8	1.4~1.5	1.1~1.2	1.0~1.1	0.7~0.8	0.4~0.5												
Ⅴ$_1$	1.3~1.6	1.1~1.3	0.9~1.1	1.1~1.3	0.9~1.1	0.6~0.9	0.9~1.1	0.6~0.9	0.4~0.6	2.0~2.4	1.6~2.0	1.2~1.6	1.6~2.0	1.2~1.6	0.8~1.2	1.2~1.6	0.8~1.2	0.45~0.8	2.2~2.65	1.7~2.2	1.3~1.7	1.7~2.2	1.3~1.7	0.9~1.3	1.3~1.7	0.9~1.3	0.55~0.9
Ⅴ$_2$、Ⅴ$_{2a}$(黄色土) Ⅴ$_2$、Ⅴ$_{2aa}$(紫色土)										2.0~2.2	0.9~1.1	0.4~0.6							2.3~2.5	1.4~1.6	0.5~0.7						
Ⅴ$_3$										1.7~1.9	0.8~1.0	0.4~0.6							1.9~2.1	1.3~1.5	0.5~0.7						
Ⅴ$_2$、Ⅴ$_{2a}$(黄壤土、现代冲积土)										1.7~1.9	0.7~0.9	0.3~0.5							2.3~2.5	1.4~1.6	0.5~0.7						
Ⅴ$_4$、Ⅴ$_5$、Ⅴ$_{5a}$										1.7~1.9	0.9~1.1	0.4~0.6							2.2~2.5	1.4~1.6	0.5~0.7						
Ⅵ$_1$	(2.1)	(1.7)	(1.3)	(1.8)	(1.4)	(1.0)	0.7	0.3		(2.3)	(1.9)	(1.6)	(2.1)	(1.7)	(1.3)	0.9	0.5		(2.5)	(2.0)	(1.6)	(2.3)	(1.8)	(1.3)	(1.2)	0.7	0.4

续表 7-5

自然区别	砂性土									黏性土									粉性土								
	地下水			地表长期积水			地表临时积水			地下水			地表长期积水			地表临时积水			地下水			地表长期积水			地表临时积水		
	H_1	H_2	H_3	H_1	H_2	H_3	H_1	H_2	H_3	H_1	H_2	H_3	H_1	H_2	H_3	H_1	H_2	H_3	H_1	H_2	H_3	H_1	H_2	H_3	H_1	H_2	H_3
Ⅵ$_{1a}$	(2.0)	(1.6)	(1.2)	(1.7)	(1.3)	(1.0)	(1.0)	(0.5)		(2.2)	(1.9)	(1.5)	(2.0)	(1.6)	(1.2)	(0.9)	(0.5)		(2.5)	(2.0)	(1.5)	(2.2)	(1.7)	(1.2)	0.6		
Ⅵ$_2$	1.4~1.7	1.1~1.4	0.9~1.1	1.1~1.4	0.9~1.1	0.6~0.9	0.9~1.1	0.76~0.90	0.4~0.6	2.2~2.75	1.6~2.2	1.2~1.65	1.65~2.2	1.2~0.65	0.75~1.2	1.2~1.65	0.75~1.2	0.45~0.75	2.3~2.15	1.85~2.3	1.40~1.85	1.85~2.3	1.4~1.85	0.9~1.4	1.4~1.85	0.9~1.4	0.5~0.9
Ⅵ$_3$	(2.1)	(1.7)	(1.3)	(1.9)	(1.5)	(1.1)				(2.4)	(2.0)	(1.6)	(2.1)	(1.7)	(1.4)	(0.8)	(0.6)		(2.6)	(2.1)	(1.6)	(2.4)	(1.8)	(1.4)	(1.3)	(0.7)	
Ⅵ$_4$	(2.2)	(1.8)	(1.4)	(1.9)	(1.5)	(1.2)	0.8			2.4	2.0	1.6	(2.2)	(1.7)	(1.3)	1.0	0.6		(2.6)	(2.2)	1.7	2.4	1.9	1.4	1.3	0.8	
Ⅵ$_{4a}$	(1.9)	(1.5)	(1.1)	(1.6)	(1.2)	(0.9)	(0.5)			(2.2)	(1.7)	(1.4)	(1.9)	(1.4)	(1.1)	0.7			(2.4)	(1.9)	1.4	2.1	1.6	1.1	1.0	0.5	
Ⅵ$_{4b}$	(2.0)	(1.6)	(1.2)	(1.7)	(1.3)	(1.0)				(2.3)	(1.8)	(1.4)	(2.0)	(1.6)	(1.2)	(0.8)			(2.5)	1.9	1.4	(2.2)	(1.7)	(1.2)	1.0	0.5	
Ⅶ$_1$	(2.0)	(1.9)	(1.6)	(2.1)	(1.6)	(1.3)	(0.8)	(0.4)		2.2	(1.9)	(1.5)	(2.1)	(1.6)	(1.2)	(0.9)	(0.5)		(2.5)	(2.0)	(1.5)	(2.4)	1.8	1.3	1.1	0.6	
Ⅶ$_2$										(2.3)	(1.9)	(1.6)	1.8	1.4	1.1	0.8	0.4		(2.5)	(2.1)	(1.6)	(2.2)	(1.6)	(1.1)	0.9	0.4	
Ⅶ$_3$	1.5~1.8	1.2~1.5	0.9~1.2	1.2~1.5	0.9~1.2	0.6~0.9	0.9~1.2	0.7~0.9	0.4~0.6	2.3~2.85	1.75~2.3	1.3~1.75	1.75~2.3	1.3~1.75	0.75~1.3	1.3~1.75	0.75~1.3	0.45~0.75	2.4~3.1	2.0~2.4	1.6~2.0	(2.0~2.4)	(1.6~2.0)	(1.0~1.6)	(1.6~2.0)	1.0~1.6	0.55~1.0
Ⅶ$_4$	(2.1)	(1.6)	(1.3)	(1.8)	(1.4)	1.0	(0.9)			(2.1)	(1.6)	(1.3)	(1.8)	(1.4)	(1.1)	(0.7)			(2.3)	(1.8)	(1.3)	(2.1)	(1.6)	(1.1)			
Ⅶ$_5$	(3.0)	(2.4)	1.9	(2.4)	(2.0)	1.6	(1.5)	(1.1)	(0.5)	(3.3)	(2.6)	(2.1)	(2.4)	(2.0)	(1.6)	(1.5)	(1.1)	(0.5)	(3.8)	(2.2)	(1.6)	(2.9)	(2.2)	(1.5)		(1.3)	(0.5)
Ⅶ$_{6a}$										(2.8)	2.4	1.9	2.5	2.0	1.6	1.4	(0.8)		(2.9)	(2.5)	1.8	(2.7)	2.1	1.5	1.6	1.1	

注：1. 表中 H_1 为路基干燥状态临界高度；H_2 为路基中湿状态临界高度；H_3 为路基潮湿状态临界高度；路槽底至水位高度小于 H_3 时为过湿路基，须经过处治后方能铺筑路面。

2. Ⅵ、Ⅶ区有横线者，表示实测资料较少，有括号者表示没有实测资料，其数据为根据规律推算得出的。

3. 新增Ⅲ$_2$、Ⅲ$_3$、Ⅵ$_1$、Ⅵ$_2$、Ⅶ$_3$资料系甘肃省 1984 年所提建议值，其他地区供参考。

4. 缺少资料的二级区可暂先论证地参考相邻二级区数值，并应积极调研积累本地区的资料。

$$l = \frac{PD}{E_0}(1-\mu_0^2)\frac{\pi}{4}$$

式中　l——相对于土的回弹变形，cm；

P——承载板下平均压力，MPa；

D——承载板的直径，cm；

μ_0——土基泊松比，取 0.35；

E_0——土基的回弹模量值，MPa；

实测时常用以下公式计算回弹模量：

$$E_0 = \frac{\pi D}{4}(1-\mu_0^2)\frac{\sum p_i}{\sum l_i}$$

式中　p_i——各级荷载，MPa；

l_i——各级荷载下变形，cm。

现行柔性路面设计方法采用回弹模量作为土基的强度指标。土基回弹模量值见表 7-6。

表 7-6　土基回弹模量值(E_0)　　(单位：MPa)

公路自然区划	土组	B_m											
		0.70	0.80	0.90	1.00	1.05	1.10	1.15	1.20	1.30	1.40	1.70	2.00
Ⅱ$_1$	黏质土	15.9	18.7	21.7	24.7	26.2	27.7	29.3	30.8				
	粉质土	14.9	18.6	22.5	26.8	29.2	31.3	33.6					
Ⅱ$_2$	黏质土	16.0	19.2	22.5	26.0	27.8	29.6	31.4	33.3				
	黏质土	16.2	20.1	24.4	29.0	31.3	33.9	36.5					
Ⅱ$_{2a}$	粉质土	16.0	19.1	22.4	25.8	27.5	29.3	31.1					
Ⅱ$_3$	土质砂		20.6	23.3	26.0	27.4	28.8	30.1	31.5	34.2	37.0	45.3	
	黏质土	19.2	23.2	27.4	31.8	34.1	36.4	38.8	41.2				
	粉质土	18.3	22.5	27.0	31.9	34.4	37.0	39.6					
Ⅱ$_4$	黏质土	18.4	23.5	29.1	35.3	38.6	42.0	45.5	49.2	56.9	65.1		
	粉质土	18.7	24.5	31.2	38.6	42.7	46.9	51.3	56.0	65.9	49.1	59.0	68.9
Ⅱ$_5$	土质砂		28.8	32.2	35.6	37.3	39.0	40.7	42.4	45.7			
	黏质土	20.8	26.1	31.8	38.1	41.3	44.7	48.2	51.8				
	粉质土	20.7	27.0	34.2	42.2	46.5	51.0	55.8					
Ⅱ$_{5a}$	粉质土	28.8	33.2	37.6	42.1	44.3	46.5	48.8					
Ⅲ$_1$	粉质土	19.1	26.9	36.4	47.7	54.0	60.9	68.2	76.1				
Ⅲ$_2$	土质砂	31.2	34.6	37.9	41.1	42.6	44.2	45.7	47.3	50.3	53.2	61.7	70.0
	黏质土	22.3	26.8	31.4	36.3	38.8	41.3	43.9	46.5	51.9	57.4		
	粉质土	21.7	26.9	32.5	38.5	41.6	44.8	48.1	51.5	58.6			

注：$B_m=(w_l-w_m)/(w_l-w_P)$，B_m为土的平均稠度，w_l为土的液限含水量，w_P为土的塑限含水量，w_m为土的平均含水量。

续表 7-6

公路自然区划	土组	B_m											
		0.70	0.80	0.90	1.00	1.05	1.10	1.15	1.20	1.30	1.40	1.70	2.00
Ⅲ$_{2a}$	粉质土	33.3	36.6	39.8	42.9	44.4	45.9	47.4	48.4	51.7	54.5	62.5	70.1
Ⅲ$_3$	土质砂	32.2	35.6	38.9	42.1	43.7	45.2	46.7	48.2	51.2	54.1	62.6	70.6
	黏质土	22.0	25.9	30.6	34.2	36.4	38.5	40.7	43.0	47.5	52.0		
	粉质土	21.7	26.5	31.6	37.0	39.8	42.7	45.6	48.6	54.8			
Ⅲ$_4$	粉质土	17.2	24.7	33.9	45.0	51.4	58.2	65.7	73.7				
Ⅳ$_1$	黏质土	17.0	21.1	25.4	30.0	32.5	35.0	37.5	40.2				
Ⅳ$_{1a}$	粉质土	17.1	21.6	26.5	31.8	34.6	37.6	40.5					
Ⅳ$_2$	黏质土		19.1	22.7	28.6	30.7	32.8	35.0					
	粉质土	25.3	30.6	36.2	45.1	48.2	51.4						
Ⅳ$_3$	黏质土	19.6	23.7	28.0	32.4	34.7	37.1	39.5	41.9				
	粉质土	18.8	23.9	29.5	35.6	38.8	42.2	45.6					
Ⅳ$_4$	土质砂	21.6	27.6	30.5	33.4	34.8	36.3	37.7	39.1	41.9	44.6	52.7	60.6
	黏质土	20.9	25.0	29.3	33.8	36.1	38.4	40.8	43.2				
	粉质土	18.5	23.0	27.9	33.2	36.0	38.8	41.8					
Ⅳ$_5$	土质砂	21.8	23.8	25.8	27.7	28.7	29.6	30.5	31.4	33.2	34.9	39.8	44.1
	黏质土	17.3	21.9	26.9	32.4	35.2	38.2	41.3	44.5				
	黏质土	23.5	28.5	33.8	39.3	42.2	45.1	48.1	51.1				
	粉质土	21.0	25.8	30.8	36.1	38.9	41.7	44.6					
Ⅳ$_6$	土质砂	29.4	33.2	37.0	40.7	42.6	44.4	46.3	48.1	51.7	55.4	66.1	76.7
	黏质土	22.7	27.5	32.6	38.0	40.8	43.6	46.5	49.4				
	粉质土	21.5	26.2	31.1	36.3	39.0	41.8	44.6					
Ⅳ$_{6a}$	土质砂	27.5	31.1	34.6	38.1	39.8	41.6	43.3	45.0	48.5	51.9	61.9	71.9
	黏质土	21.6	26.0	30.6	35.5	38.0	40.5	43.1	45.8				
	粉质土	22.2	27.9	34.1	40.9	44.4	48.1	51.9					
Ⅳ$_7$	土质砂	30.9	34.9	39.0	43.0	44.9	46.9	48.9	50.8	54.8	58.7	70.2	81.6
	黏质土	19.9	24.3	29.1	34.2	36.8	39.5	42.2	45.1				
	粉质土	21.4	27.1	33.2	39.9	43.4	47.1	50.9					
Ⅴ$_1$	土质砂	23.3	27.2	31.1	35.2	37.2	39.2	41.3	43.4	47.6	51.8	64.8	78.1
	黏质土	21.9	26.6	31.6	36.8	39.5	42.3	45.1	48.0	53.9	60.0		
	粉质土	22.9	28.2	33.7	39.7	42.8	45.9	49.2	52.5	59.4			
Ⅴ$_1$	黏质土	18.6	22.2	25.9	29.7	31.6	33.6	35.6	37.6				
Ⅴ$_2$	粉质土	17.5	22.2	27.5	33.3	36.4	39.6	42.9					
Ⅴ$_{2a}$	黏质土	20.9	24.8	28.8	33.2	35.2	37.3	39.5	41.8				
	粉质土	19.0	24.4	30.5	37.3	40.9	44.7	48.6					
Ⅴ$_3$	黏质土	20.9	24.8	28.8	33.0	35.2	37.3	39.5	41.8				
	粉质土	19.0	24.4	30.5	37.3	40.9	44.7	48.6					
Ⅴ$_4$	黏质土	21.6	26.6	32.0	37.7	40.7	43.7	46.9	50.1				
	粉质土	17.1	21.7	26.7	32.2	35.1	38.1	41.2					

2.地基反应模量 K

刚性路面设计中采用文克勒地基模型时用地基反应模量表征地基强度。文克勒地基模型假定，土基顶面任一点的沉降 L，只同作用于该点的压力大小 P 成正比，而与相邻点处的压力无关。公式为：

$$K=\frac{P}{L}$$

地基反应模量 K (N/cm^3)值，采用规定直径为 76 cm 的圆形刚性承载板试验确定。

土基强度指标除上述两种指标外，还有加州承载比 CBR 值、土基抗剪强度，限于篇幅，此处不再赘述，可参阅有关路面工程和土力学专著。

第六节　路基的典型横断面及其构造

一、公路路基典型横断面形式

根据路基填挖情况的不同，其典型横断面形式可归纳为路堤、路堑和半填半挖路基三种类型。

(一)路堤

高于原路面的填方路基称路堤，全部用岩土填筑而成。路床以下的路堤分上、下两层，路面底面以下 80~150 cm 范围内的填方部分为上路堤，上路堤以下的填方部分为下路堤。图 7-6 为填方路基横断面的基本形式。按其填土高度划分：填土高度低于 1~1.5 m 的属矮路堤；填土高度在 1.5~18 m 范围内的路堤为一般路堤；填土高度超过 18 m(土质)或 20 m(石质)的路堤属于高路堤，应进行个别设计。沿河路堤浸水部分，其边坡应按规定放缓和加固，同时还可以考虑设置宽度等于或大于 1.0 m 的平台，称为护坡道，以保证边坡稳定。地面横坡较陡时，填方有可能沿山坡向下滑动，或者填方数量太大占地太宽，为防止滑动或收缩坡脚，减少占地宽度，可以设置石砌护脚。这种路基形式优点是易于排水、通风，路堤为人工填筑。

填方路基的填料选择、压实度和原地基表面处理等技术措施应符合《公路路基设计规范》(JTG D30—2004)(简称路基设计规范)的要求。

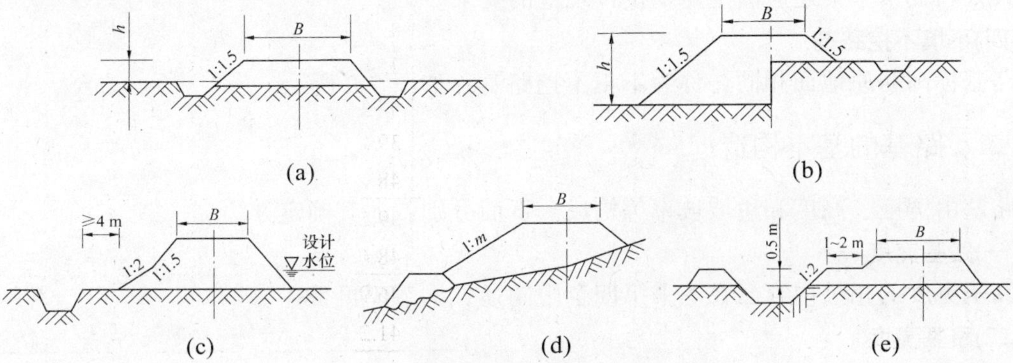

图 7-6　填方路基横断面的基本形式

(二)路堑

低于原地面的挖方路基称为路堑。图 7-7 是挖方路基的基本形式。路堑开挖后，在一定范围内改变了原地层的自然平衡状况，其质量关键取决于地质与水文条件，以及开挖深度，而且集中表现在边坡的稳定程度上。路堑的边坡坡度，主要取决于地质与水文条件，亦因挖方深度而异。深路堑的边坡，因地质条件变化可采用折线形；陡峭山坡上的路堑，可挖成台口式或半山洞式的断面。挖方路基必须设置截水沟，必要时还应设置边坡上方的截水沟。对于三、四级公路在整体坚硬的岩坡面上，为减少石方工程，有时可采用半山洞路基，但要确保安全可靠，不得滥用。

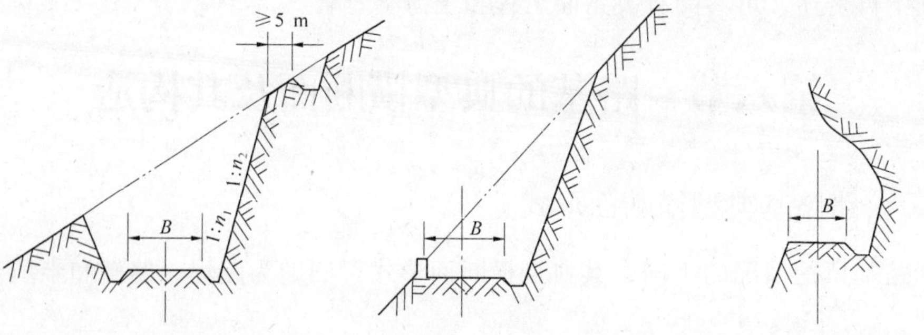

(a)路堑　(b)台口式路基　(c)半山洞式路基

图 7-7　挖方路基横断面的基本形式

(三)半填半挖路基

在一个断面内，部分为路堤，部分为路堑的路基称为半填半挖路基。如图 7-8 所示为填挖结合的路基典型断面。填挖结合路基主要设置在比较陡峻的山坡上。陡坡上的半填半挖路基，可根据地形、地质条件，采用护肩、砌石或挡土墙；当山坡高陡或稳定性差，不宜多挖时，可采用桥梁或悬出路台等构造物。这种类型的路基工程量最小，是路基横断面设计时应当首先考虑的一种断面形式。若处理得当，路基稳定可靠，这种形式是比较经济的，但由于开挖部分路基为原状土，而填方部分为扰动土，往往这两部分密实程度不相同。另外，填方部分与山坡结合不够稳定，若处理不当，路基会在填挖交界面处出现纵向裂缝、填方沿基底滑动等病害。因此，应加强填挖交界面结合处的处理；同时其处理技术方案还应满足路基设计规范的要求。

(四)不填不挖路基

路基标高与原地面相同，称为不填不挖路基，如图 7-9 所示。

二、路基的基本构造

路基由宽度、高度和边坡坡率等构成。下面分别叙述其确定方法。

(一)路基宽度

路基宽度的相关内容已在本书第四章中阐述，本节不再赘述。

(二)路基高度

路基高度有关路基强度和稳定性，也与工程量的大小密切相关。所以，它既是路线纵断面设计的重点，也是路基设计的重点。

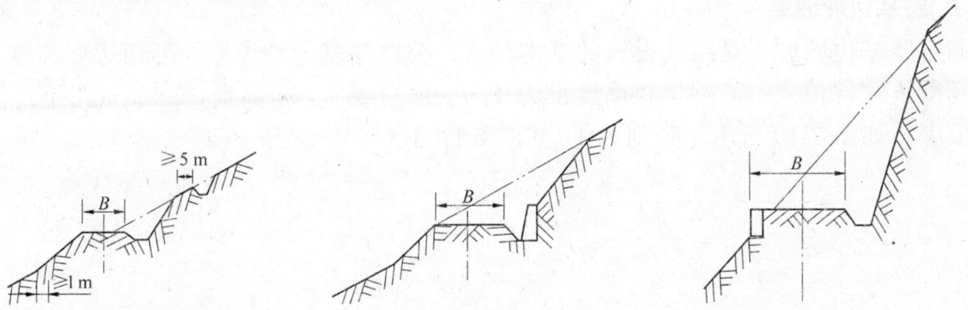

(a)一般半填半挖路基　(b)短挡墙路基　(c)护肩路基

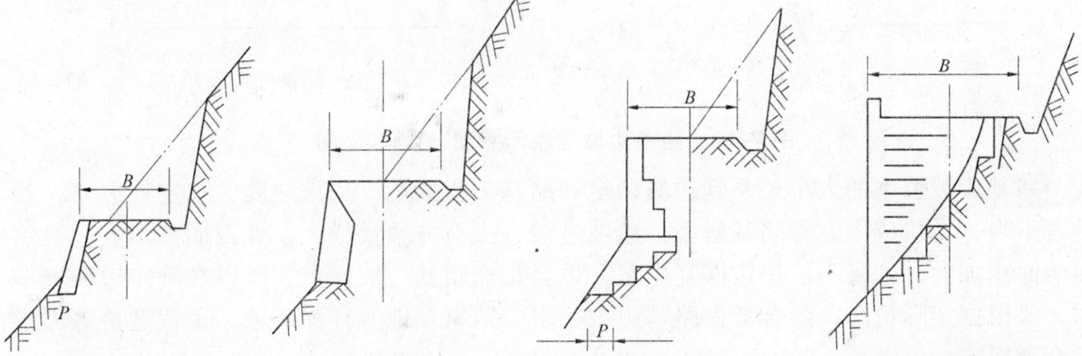

(d)砌石路基　(e)护墙路基　(f)挡土墙路基　(g)半山桥

图 7-8　填挖结合路基横断面的基本形式

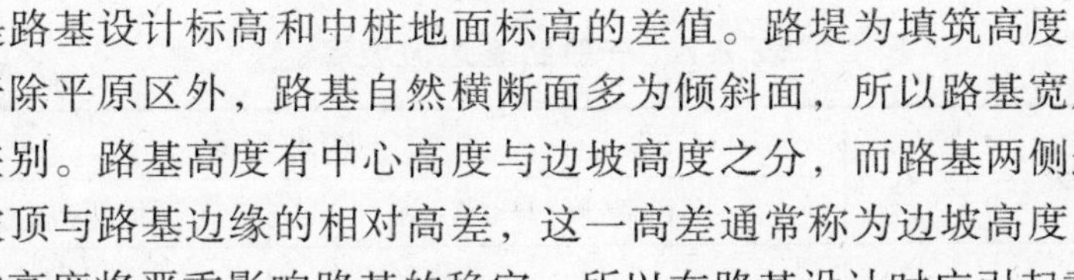

图 7-9　不填不挖横断面的基本形式

路基高度是路基设计标高和中桩地面标高的差值。路堤为填筑高度，路堑为开挖深度。此外，由于除平原区外，路基自然横断面多为倾斜面，所以路基宽度范围内，两侧的高差有较大差别。路基高度有中心高度与边坡高度之分，而路基两侧边坡高度是指填方坡脚或挖方坡顶与路基边缘的相对高差，这一高差通常称为边坡高度。当地面横坡度较大时，该边坡高度将严重影响路基的稳定，所以在路基设计时应引起重视。

路基高度的确定，应在路线纵断面设计时，综合考虑路线纵坡要求、路基稳定性和工程经济等因素后确定。从路基的强度和稳定性要求出发，路基上部土层应处于干燥或中湿状态，并满足最小填土高度的要求。在满足上述条件的情况下，尽量满足“浅挖、低填、缓边坡”的要求。对于高路堤和深路堑，由于土石方数量大，占地多，施工困难，边坡稳定性差，行车不利，应尽量避免使用。矮路堤和浸水路堤，还要考虑排水和设计洪水频率要求。

(三)路基边坡坡率

确定路基边坡坡率是路基设计的基本任务。公路路基边坡坡率，可用边坡高度 H 和边坡宽度 b 之比值表示。习惯将高度设为 1，一般写成 1∶m(路堤)或 1∶n(路堑)，称为边坡坡率。如图 7-10 所示，分别为 1∶0.5 及 1∶1.5。

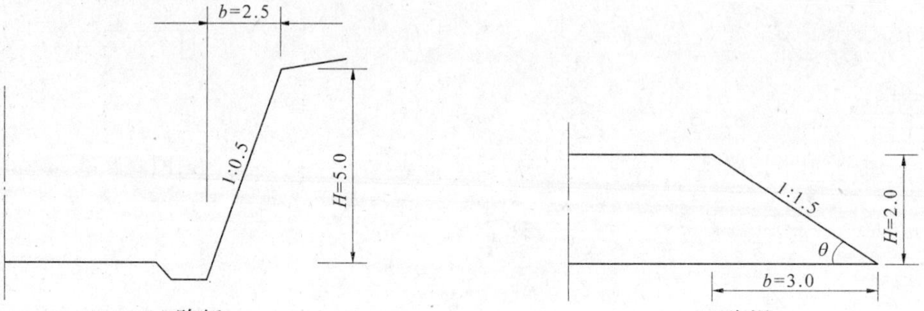

图 7-10　路基边坡坡率示意图　(单位：m)

路基边坡坡率的大小关系到边坡稳定和路基工程数量。边坡愈陡，稳定性愈差，若处理不当，易造成塌方等路基病害；边坡过缓，土石方数量增大，裸露面积增大，自然影响面积加大，如果不能快速恢复生态，也会影响路基边坡稳定，所以在确定边坡坡率时，要根据实际情况，综合考虑路基边坡稳定、国家及地方环保政策、工程造价等因素后合理确定。

路基边坡坡率的大小，主要取决于地质、土壤与水文等自然因素。影响路基边坡稳定的因素是多方面的，除上述因素外，边坡的高度也是一个重要方面。在陡坡或填挖数较大的路段，边坡稳定不仅影响到土石方工程量的大小，也涉及工程施工的难易，是路基整体稳定的关键。一般路基的边坡坡度可根据多年工程实践经验和设计规范中推荐的数值选择采用。

1.路堤边坡

一般路堤边坡，当地质条件良好，边坡高度不大于 20 m 时，其边坡坡率不宜大于表 7-7 的规定。

表 7-7　一般路基边坡坡率

填料种类	边坡坡率	
	上部高度(H≤8 m)	下部高度(H≤12 m)
细粒土	1∶1.5	1∶1.75
粗粒土	1∶1.5	1∶1.75
巨粒土	1∶1.3	1∶1.5

注：采用台阶式边坡时，下部边坡可采用与上部边坡一致的坡度。

沿河路堤边坡坡度，要求在设计水位以下部分视填料情况，可采用 1∶1.75～1∶2.0；常水位以下部分可采用 1∶2.0～1∶3.0。当公路沿线有大量天然石料或路堑开挖的废石方时，可用于填筑路堤。填石路堤坡面应用不易风化的较大石块(大于 25 cm)砌筑，边坡坡度可用 1∶1。

当沿着比较陡峻的山坡填筑路堤时，填方边坡接近平行于山坡，以致填方量过大或占地太宽，甚至无法填筑。此时，可以利用当地石料，分别采用砌筑护肩、护脚、边坡砌石及挡土墙等路基断面形式。

对于边坡高度超过 20 m 的路堤或地面斜坡坡率陡于 1∶2.5 的路堤，以及不良地质等特殊地段的路堤，应进行个别勘察设计，对重要的路堤应进行稳定性监控。

2.路堑边坡

路堑边坡根据路堑开挖的岩土性质可分为土质和石质两大类，其边坡形式也因高度和岩性的不同而有所区别，常见形式如图 7-11 所示。

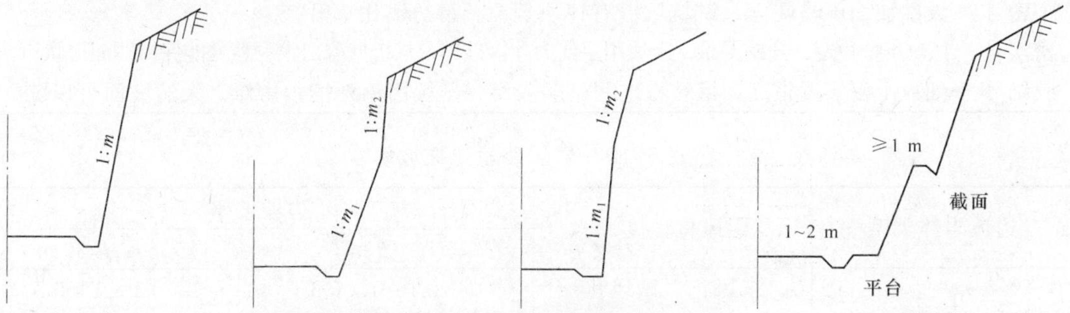

图 7-11　路堑边坡形式

在进行路堑边坡设计时，首先应从地貌和地质结构上判断其整体稳定性。遇到工程地质或水文地质条件不良的地层时，应尽量使路线绕避；而对于稳定的地层，则应考虑开挖后，上部岩体是否会由于失去了支撑，坡面风化加剧而引起失稳的因素。

影响路堑边坡稳定的因素非常复杂，路堑开挖深度、地质结构、岩性、岩石风化破碎程度、地下和地表的影响、土体结合的密实程度、土壤的性质、当地的自然气候、施工方法等因素都会影响路堑边坡的稳定性，所以在进行路堑边坡设计时必须综合考虑。

凡具有一定黏性的土质路堑，边坡高度小于 20 m，其挖方边坡坡率可以参照表 7-8 所列数值范围，结合当地已建公路的实践经验来选择采用。

表 7-8　土质路堑边坡坡率

土的类别		边坡坡率
黏土、粉质黏土、塑性指数大于 3 的黏土		1∶1
中密以上的中砂、粗砂、砂砾		1∶1.5
卵石土、碎石土、圆砾土、角砾土	胶结和密实	1∶0.75
	中密	1∶1

表 7-9 中的密实程度应通过挖坑试验判别，其划分标准如表 7-9 所示。黄土、红黏土、高液限黏土、膨胀土等特殊土质的挖方边坡形式及坡率应按《路基设计规范》相关章节规定确定。

在确定岩石路堑边坡时，除考虑上述影响路堑边坡稳定性的因素外，由于存在地区自然差异，所以还要不断积累当地的实践经验，结合施工方法进行综合分析。根据长期的设计经验和部分地区的调整资料，岩石路堑边坡值可参照表 7-10，结合当地的工程地质和水文条件，参考当地相应类型稳定的成型边坡坡率，加以对比选用。同时，还要根据环保要求修正边坡值。对于定性比较困难的地段，必要时还要进行个别设计与验算，并结合采取排水、防护与加固等技术措施。

表 7-9　土的密实程度划分

分级	试坑开挖情况
较松	铁锹很容易铲入土中，试坑坑壁很容易坍塌
中密	天然坡面不易陡立，试坑坑壁有掉块现象，部分需用镐开挖
密实	试坑坑壁稳定，开挖困难，土块用手使力才能破碎，从坑壁取出大颗粒处能保持凹面形状
胶结	细粒土密实度很高，粗颗粒之间呈弱胶结，试坑用镐开挖很困难，天然坡面可以陡立

表 7-10　岩质路堑边坡坡率

边坡岩体类型	风化程度	边坡坡率	
		H<15 m	15 m≤H<30 m
Ⅰ类	未风化、微风化	1：0.1～1：0.3	1：0.1～1：0.3
	弱风化	1：0.1～1：0.3	1：0.3～1：0.5
Ⅱ类	未风化、微风化	1：0.1～1：0.3	1：0.3～1：0.5
	弱风化	1：0.3～1：0.5	1：0.5～1：0.75
Ⅲ类	未风化、微风化	1：0.3～1：0.5	
	弱风化	1：0.5～1：0.75	
Ⅳ类	弱风化	1：0.5～1：1	
	强风化	1：0.75～1：1	

岩石风化破碎程度是地质动力作用与长期风化共同作用的结果。表 7-11 为岩石风化破碎程度外观特征分级。

表 7-11　岩石风化破碎程度外观特征分级

分级	外观特征				
	颜色	矿物成分	结构构造	破碎程度	强度
轻度	较新鲜	无变化	无变化	节理不多，基本上是整体，节理基本不张开	基本上降低，用锤敲很容易回弹
中等	造岩矿物失去光泽，色变暗	基本不变	无显著变化	开裂成 20～50 cm 块状，大多数节理开张较小	有减低，用锤敲声音仍较清晰
严重	显著改变	有次生矿物产生	不清晰	开裂成 5～20 cm，有时节理开张较多	有显著降低，用锤敲声音低沉
极重	变化极重	大部分已改变	只具外形，矿物间已失去结晶联系	节理极多，爆破以后多呈破碎土状，有时细粒部分具有塑性	极低，用锤敲时不易回弹

土质挖方边坡高度超过 20 m，岩质挖方边坡高度超过 30 m 以及不良地质、特殊岩土地段的挖方边坡，应进行个别勘察设计。

第七节　路基的附属设施

为保证路基稳定和行车的安全畅通，除应认真搞好路基结构及必要的排水、加固与防护等主体工程外，根据《标准》“路基设计应重视排水设施与防护设施的设计，取土、弃土应进行专门设计，防止水土流失，堵塞河道和诱发路基病害”的要求，还应同时合理地设置取土坑、弃土堆、碎落台、护坡道和堆料坪、错车道等。这些附属设施也影响到公路的使用品质，是路基工程不可缺少的组成部分。

一、取土坑与弃土堆

在进行路基土石方调配时，不可避免地会出现填缺或挖余的问题，遇填缺就需借土，自然挖余又需弃土，为了路基的稳定和保护自然环境，对此应作专门设计。在公路沿线挖取土方填筑路基或用于养护所留下的整齐土坑称为取土坑。将开挖路基所废弃的土堆放于公路沿线一定距离的整齐土堆称为弃土堆。

(一)取土坑

取土坑(见图 7-12)的设计应遵循如下规定：

(1)路线外集中取土坑应尽量设在荒山、高坡上，并应与当地政府联系协商，规划好取土范围和深度，兼顾农田水利、鱼池建设和环境保护等综合考虑进行设计。

(2)路侧取土坑或扩大边沟的取土坑的设置应经设计计算和统一规划，使之具有规则的形状及平整的底部。取土坑坑底须设有纵、横向坡度，以利排水。取土坑边坡坡度的确定，视土质情况而定，一般不宜陡于 1∶1.0，平原区不宜陡于 1∶1.5。

(3)当地面横坡陡于 1∶1.0 时，路侧取土坑应设在路基上侧。

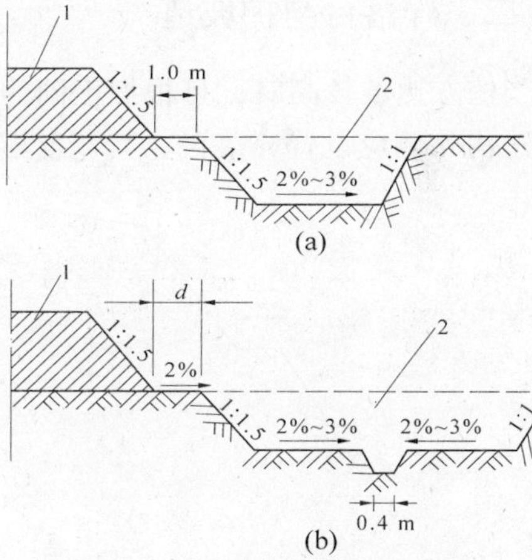

图 7-12　路旁取土坑示意图

1—路堤；2—取土坑

(4)填方路基附近设置取土坑时，路堤坡脚与取土坑坡顶之间应设置护坡道，护坡道的宽度一般为 1 m。当路基边缘与路侧取土坑坑底的高差大于 6 m 时，护坡道宽度应不小于 2 m。

(5)在桥头两侧不宜设置取土坑，特殊情况下可在下游一侧设置取土坑，但应留有宽度不小于 4.0 m 的护坡道。

(6)农业或养路需要利用取土坑做蓄水池时，取土坑的设置应不影响路基稳定。

(二)弃土堆

弃土堆(见图 7-13)的设计应遵循如下规定：

(1)路基弃土堆应堆放规则，不得任意倾倒，并采取必要的排水和绿化措施。山坡弃土应注意避免破坏或掩埋路基下侧林木、农田及其他工程设施。沿河弃土应注意避免堵塞河道或引起水流冲毁农田、房屋等。

(2)路基弃土应注意与当地农田建设和自然环境相互结合，并宜利用弃土改地造田。

路侧弃土堆一般可设在附近低地或路堑的下坡一侧，当地面横坡缓于 1∶5 时，可设在路堑两侧。弃土堆内侧坡脚到堑顶之间的距离应随土质条件和边坡高度而定，一般不少于 5 m，路堑边坡较高，土质条件差时应大于 5 m。

(3)弃土堆一般可堆成梯形断面，边坡不应陡于 1∶1.5，高度不宜大于 3.0 m。

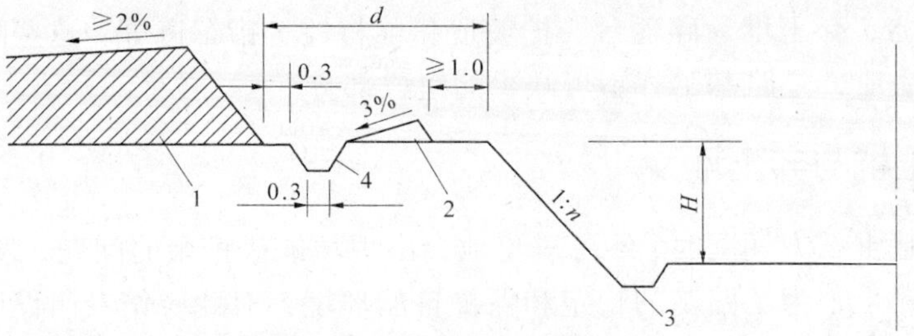

图 7-13　弃土堆横断面

1—弃土堆；2—三角平台；3—边沟；4—截水沟；
d—弃土堆内侧坡脚与路堑坡顶的距离；H—路堑高度

二、碎落台与护坡道

当挖方边坡较高时，可根据不同的土、岩石性质和稳定要求开挖成折线或台阶式边坡，边沟外侧应设置碎落台，其宽度不宜小于 1.0 m；台阶式边坡中部应设置边坡平台，边坡平台的宽度不宜小于 2.0 m。

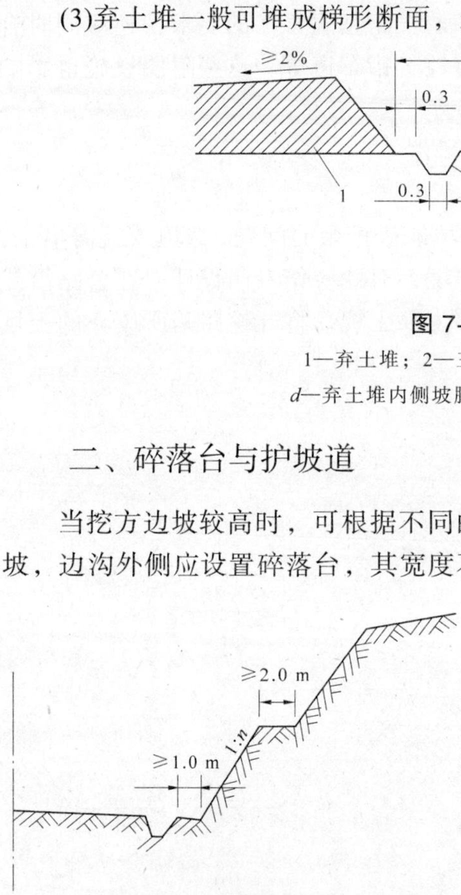

图 7-14　碎落台示意图

设置护坡道是保证路基边坡稳定的一项措施。一般设置在路堤坡脚，如取土坑与坡脚之间、高路堤边坡中部的变坡处等，护坡道是沿原地面或边坡坡面纵向做成的有一定宽度的平台。设置的目的是加宽边坡横向距离，减少边坡平均坡度，增加边坡整体稳定性。护坡道愈宽，愈有利于边坡稳定，但工程量也随之增加。当路基边缘与取土坑底部的高差小于 2 m 时，取土坑内侧边坡应做成填方路堤的边坡；大于 2 m 时，应根据填土高度预留护坡道，其宽度按表 7-12 采用。当采取其他有效措施足以保证路基稳定时，可减窄或不设护坡道。

表 7-12　护坡道最小宽度

填土高度(m)	护坡道最小宽度(m)
≤3	1
3~6	2
6~12	2~4

三、堆料坪与错车道

二级以下公路，路面养护所用集料，可以就近选择路旁合适地点堆置备用。也可以在路肩外侧设置堆料坪，其面积可结合地形与材料数量而定，一般每隔 50~100 m 设置一个，其长为 5.0~8.0 m，宽 2.0 m 左右，如图 7-15 所示。

《标准》规定，四级公路采用 4.5 m 路基时，应设置错车道。设置错车道的道路的路基宽度不得小于 6.5 m，通常应每隔 200~500 m 设置错车道一处。按规定，错车道长度不得短于 30 m，两端各有长为 10 m 的出入过渡段，中间 10 m 的出入过渡段，中间 10 m 供停车用，如图 7-16 所示。错车道是单车道路基的一个组成部分，应与路基同时设计与施工。

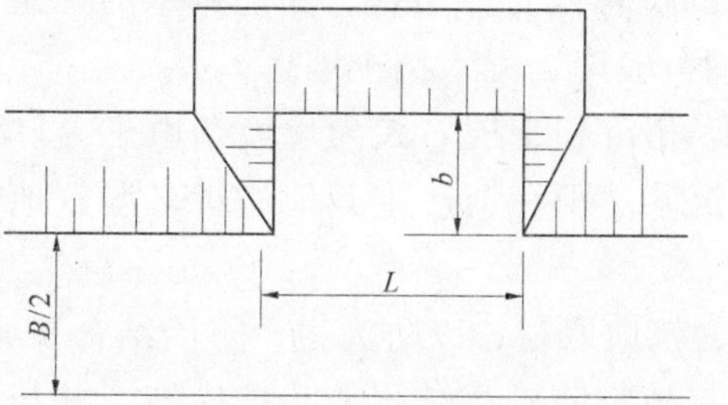

图 7-15　堆料坪示意图

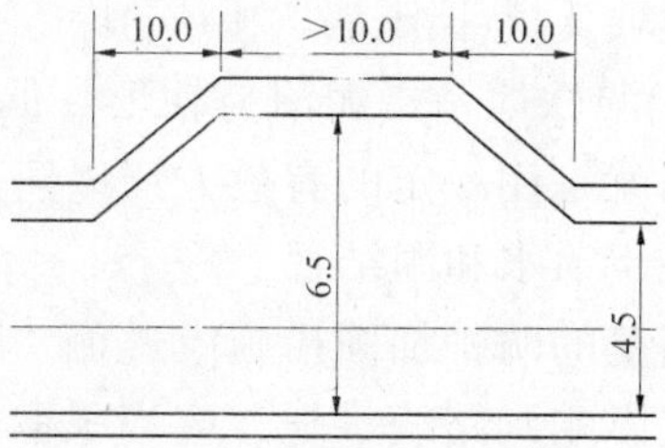

图 7-16　错车道　（单位：m）

第八节　路基防护与加固

一、路基防护与加固的概念

在各种复杂的自然因素、长期行车的作用下，路基的强度与稳定性不仅与路基位置、横断面尺寸、岩土组成等方面有关，而且与路基的防护及加固工程等重要工程技术措施密切相关。随着公路等级的提高，交通量的急剧增长，防护工程对保证公路使用品质、提高经济效益更具有重要的意义。特别是在强调公路应与自然环境、人文环境和谐统一的今天，更加显得重要，所以应引起重视。在进行路基设计时，应以人为本综合考虑，坚持可持续科学发展观，牢固树立安全、环保、舒适、和谐的设计理念。

路基的防护与加固设施，主要有边坡坡面防护、沿河路堤河岸冲刷防护与加固以及湿软地基的加固处治。

二、防护与加固类型

路基防护与加固工程中，一般把防止风化和冲刷，主要起隔离、封闭作用的措施称为路基防护工程；把防止路基或坡体因自重而坍塌，地基承载力不足而沉陷，主要起支撑、加固作用的结构物称为加固工程。其主要内容为路基边坡防护和湿软地基加固，并可按作用的不同分为边坡坡面防护、沿河路堤的冲刷防护、支挡建筑以及湿软地基的加固处治四大类。

(1)坡面防护不仅可以保护易受自然因素影响而稳定性被破坏的路基边坡，还可以达到美化路容的目的。坡面防护设施仅起到将坡面封闭隔离的作用，不承受外力作用，所以要求被防护的边坡本身是稳定的。

常用的坡面防护方法有植物防护、砌石防护和坡面处治。前者可视为有“生命”防护，以土质边坡为主；后者属“无机”防护，以石质边坡为主。一般的，“生命”防护优于“无机”防护。

(2)冲刷防护主要用于防止水流对路基(如沿河路堤、河滩路堤、水泽区路堤、桥头引道等)的冲刷，避免造成路基强度降低，坡脚淘空以致崩塌。冲刷防护包括直接防护和间接防护两种。

(3)支挡建筑是用来防止路基变形、山体的位移或支撑路基，保证路基的稳定。包括路基边坡支撑(挡土墙、土(石)垛等)和堤岸支撑(驳岸、浸水挡土墙)。

(4)湿软地基指泥沼与软土、低洼的湖(海)相沉积土层、人为垃圾杂填土等。湿软地基加固就是用一定的有效方法以防湿软路基沉陷、滑移或产生其他病害。湿软地基加固关键在于治水和固结。

路基的防护加固措施应遵循“因地制宜，就地取材，以防为主，防治结合”的方针。它直接影响到路线景观，应当采取工程防护与植物防护相结合的防护措施，并与路线景观相协调。

(一)直接防护

1.植物防护

植物防护适用于比较平缓的稳定土质边坡，可美化路容，起到固结和稳定边坡的作用。不同的植被还可起到交通诱导、防眩、吸尘和隔音的作用。在沙漠和积雪地区路基的两侧植树，可起到防砂栅或防雪栅的作用。植物防护方法有植被防护、三维植被网防护、湿法喷播、客土喷播及骨架植物防护等措施。本节重点讲述植被防护，其余内容详见《路基设计规范》中路基防护的相关内容。

1)种草

对于土质适宜种草，种草边坡坡度不宜陡于 1∶1，不浸水或短期浸水但地面径流速度不超过 0.6 m/s 的路基边坡可以选择种草防护。草籽的品种应适应当地土壤和气候条件，同时还应考虑施工季节，通常用易生长、根系发达、茎叶低矮或有葡萄茎的多年生长的草种，也可几种草籽混种。种草时应将草籽加土拌和，均匀播撒在翻松的坡面上，且入土深度应不少于 5 cm，播完后要拍实松土，并注意后期养护。对不宜种草的边坡，可以先铺 5~10 cm 厚的种植土层，土层与原坡面结合稳定。有特殊要求时，也可采用固定草种布或网格固定撒种。固定草种布(也可称植生带)是在制作土工织物时将草种固定于土工织物中，然后到现场铺筑、养生，以促使草皮生长的方法。网格固定撒种是先将土工网格固定在需防护的边坡上，然后撒播草种，养生形成草皮的方法。拉伸网草皮是在土工网或土工垫等土工合成材料上铺设 3~5 cm 的种植土层，经过撒种、养护后形成人工草皮。

2)铺草皮

铺草皮适用于需要快速绿化，且坡率缓于 1∶1 的土质边坡和严重风化的软质岩石边坡。草皮应选择根系发达、茎矮叶茂、耐寒的草种，不宜采用喜水草种，严禁采用生长在沼泽地的草皮。草皮铺砌形式可根据边坡坡率与水流流速等，选用平铺、水平叠铺、垂直叠铺、倾斜叠铺和网格式等方式，如图 7-17 所示。

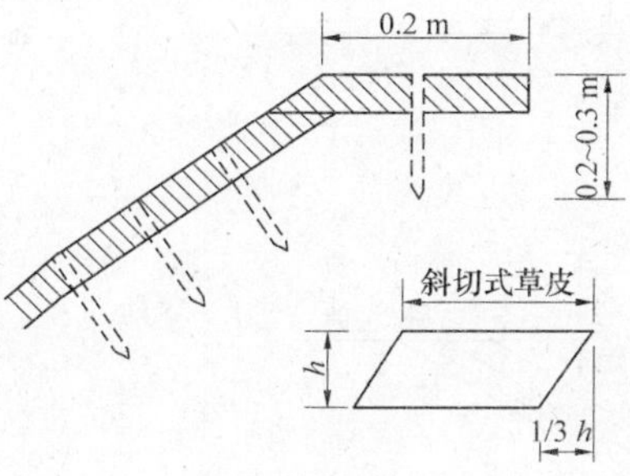

(a)平铺草皮

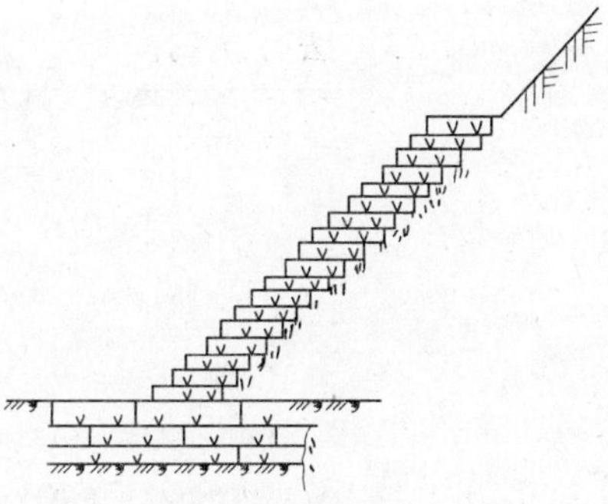

(b)水平叠铺草皮

(c)方格式草皮

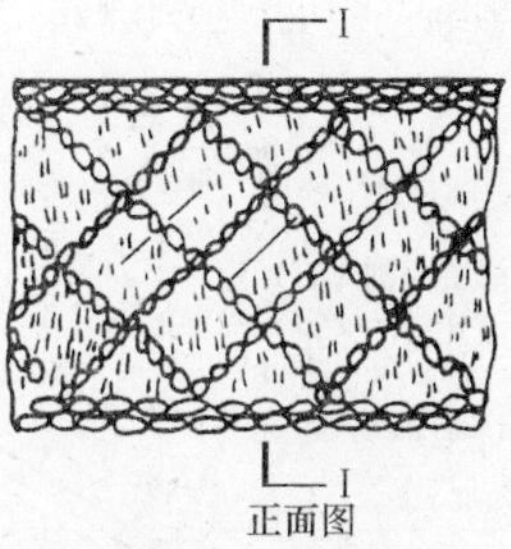

(d)卵石方格草皮

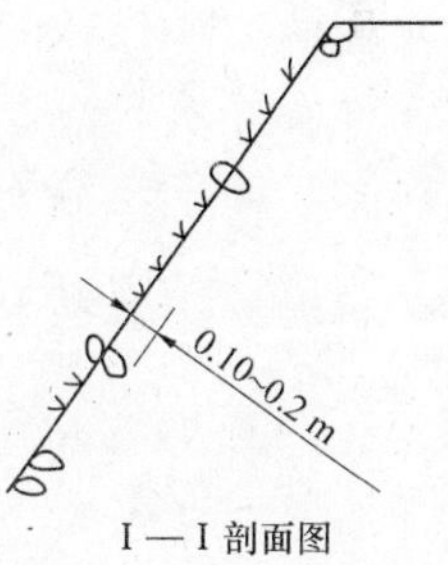

(e)

图 7-17　草皮防护示意图

3)植树

植树适用于坡率缓于 1∶1.5 的边坡或在边坡以外的河岸及漫滩处，可用来加固路基和防护河岸，也可与种草、铺草皮结合使用，在坡面形成很好的防护。在堤岸边的河滩上，植树可以降低流速，促使泥沙淤积，防止水直接冲刷路堤。把树栽种成多行并与水流方向斜交，还可起挑水、促进泥沙淤积作用。树种以根系发达、枝叶茂盛、生长迅速的为主。如防冲刷时宜选用杨树、柳树或不怕水淹的灌木。城市或风景区的植物防护应与有关部门协调配合。公路弯道内侧边坡严禁栽植高大树木。

2.砌石防护

为防止雨、雪水或河水冲刷、侵蚀，公路填方边坡、沿河路堤边坡可用砌石防护。砌石防护可分为干砌和浆砌两种(见图 7-18)。

易遭受雨、雪、水流冲刷的较缓土质边坡，风化较重的软质岩石坡，受水流冲刷较轻的河岸和路基，均可采用干砌片石护坡。这些边坡应符合路基边坡的稳定要求，坡率一般为 1∶1.5～1∶2。干砌片石防护一般有单层铺砌、双层铺砌和网格内铺石几种，流速较大时宜采用网格内铺石的防护。单层铺砌厚度为 0.25～0.35 m，双层的上层为 0.25～0.35 m，下层为 0.15～0.25 m。

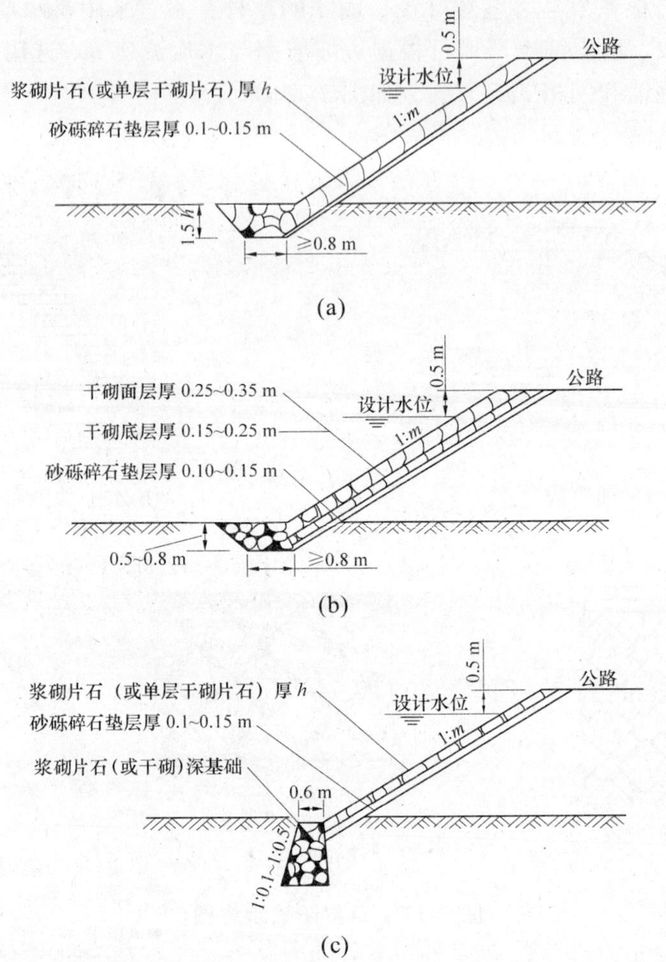

注：m 值应缓于或等于 1∶1.5 h，h 值干砌为 0.25 ~ 0.35 m，浆砌为 0.25 ~ 0.4 m。

图 7-18　砌石防护示意图

砌石防护应先在片石下面设置 0.1 ~ 0.15 m 厚的碎(砾)石或砂砾混合物垫层，以起到整平、反滤的作用，并可增加抗冲击能力；然后由下而上平整铺砌片石，要错缝嵌紧，并用砂浆勾缝，以防渗水。石砌护坡坡脚处应设置墁石基础。在无河水冲刷时，基础埋置深度一般为护坡厚度的 1.5 倍。当受水流冲刷时，基础埋置在冲刷线以下 0.5 ~ 1.0 m 处，或采用石砌深基础。

当不适宜采用干砌片石护坡或效果不好时，或水流流速较大，波浪作用强没有漂浮物等冲击时，可采用浆砌片石护坡。

3.坡面处治

当不宜采用植物防护或考虑就地取材时，可采用碎(砾)石、砂、水泥、石灰、工业废渣等无机物或沥青类有机材料进行坡面处治，将边坡上的岩石裂隙、缝穴、风化层及坡面予以堵塞或封闭，以防止进一步风化或地表水下渗。常用方法有圬工防护及抹面、捶面等形式。

圬工防护包括喷护、锚杆挂网喷浆、(混凝土)护坡、护面墙等。

1)抹面与捶面

抹面适用于易风化而表面平整、尚未剥落的岩石边坡，如页岩、泥岩、泥灰岩、千枚岩等软质岩层。对易受冲刷的土质边坡和易风化岩石边坡可用捶面。一般选用三合土、四合土或水泥砂浆等复合材料。抹面与捶面的周边与未防护坡面衔接处应严格封闭。必要时坡顶设截水沟，并用相同材料对沟底、沟壁抹面。面积较大时，每隔 5 ~ 10 m 设置缝宽 2 cm 的伸缩缝一道，用沥青麻筋或毛毡填塞紧密。高速公路路基边坡不宜采用捶面防护。

2)喷护、锚杆挂网喷浆

对边坡坡率缓于 1∶0.5，易风化但未遭强风化的岩石边坡可用喷护形式防护。喷护防护可在边坡表面形成保护层，达到阻止面层风化，防止剥落与碎落的目的。厚度一般为 5 ~ 10 cm。砂浆可以用水泥浆或水泥砂浆，甚至水泥石灰砂浆。其质量配合比为水泥∶石灰∶河砂∶水=1∶1∶6∶3。喷护前应将坡面整平，去除已经风化的表层，洒水湿润，一次喷成。对较陡或易风化的坡面为了防止脱落或剥落，可先在清挖出的坡面上钻孔、安装锚杆，然后挂上纤维网柱或钢丝钢柱，最后用高压泵射喷水泥砂浆。喷护坡面应设置排水孔，排除岩石内渗水。喷护砂浆强度不低于 M10，混凝土强度不低于 C15。对坡面为碎裂结构的硬质岩石或层状结构的不连续地层，以及坡面岩石不与基岩分开并有可能下滑的挖方边坡采用锚杆挂网喷浆防护的形式防护，其实施方案应在规范范围内结合现场情况分析确定。

3)护面墙、护坡

如图 7-19 所示，护面墙是指为覆盖各种软质岩层和较破碎岩石的挖方边坡，以免其受自然因素影响，防止雨水渗入而修的墙。护面墙应紧贴边坡坡面修建，只承受自重，不承受墙背土侧压力。故要求挖方边坡必须符合稳定性要求。护面墙厚度尺寸的设定可参照表 7-13。墙基要求设置在可靠的地基上，在底面做成内斜的反坡。冰冻地区墙基应埋置在冰冻线以下 0.25 m。

护面墙较高时，应分级修建，每级 6 ~ 10 m，每一级设不小于 1 m 的平台，墙背每 4 ~ 6 m 高设耳墙，耳墙一般宽 0.5 ~ 1.0 m。沿墙长每 10 m 设一条伸缩缝，宽 2 cm，填以沥青麻筋。

墙身应预留 6 cm × 6 cm 或 10 cm × 10 cm 的泄水孔，并在其后做反滤层。若坡面开挖后形成凹陷，应以石砌圬工填塞平整，称为支补墙。

对缓于 1∶1.25 或 1∶1 的路堑边坡也可采用干砌片石或浆砌片石的形式防护。

(二)间接防护

间接防护主要指设置导治结构物，如丁坝、顺坝、防洪堤、拦水坝等各种坝体，必要时进行疏浚河床、改变河道，以改变流水方向，消除或减缓水流对路基边坡的直接冲刷。如图 7-20 所示为某河流导治构造物布置图例。导治结构物是桥涵和路基的重要附属工程，由于涉及水流改向，影响范围较大，工程费用亦较高，应多方进行技术经济比较后使用。

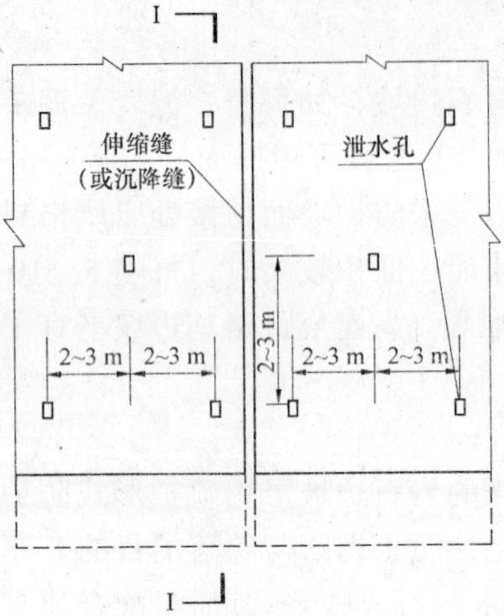

(a)立面图

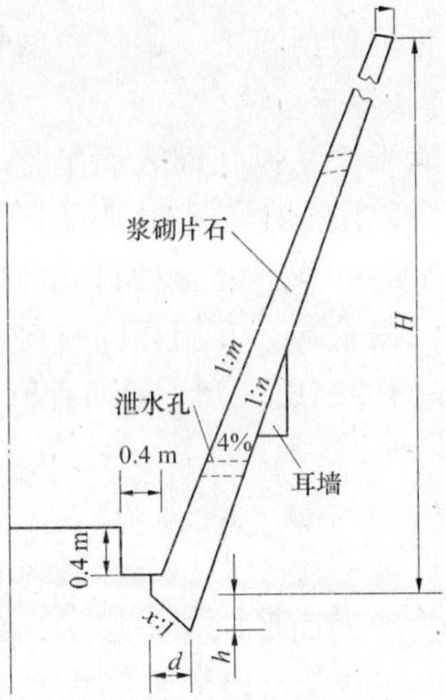

(b)剖面图

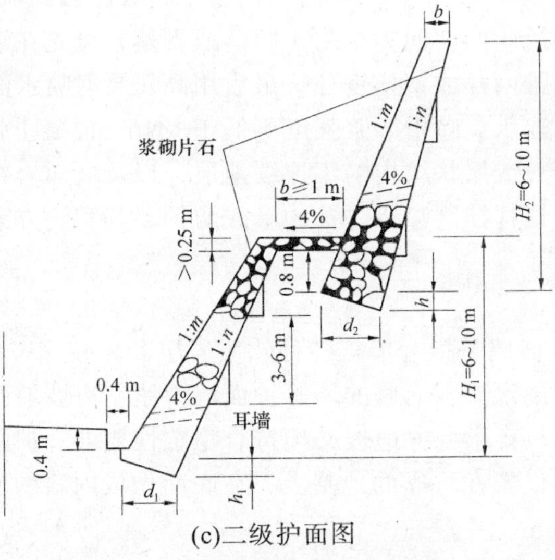

(c)二级护面图

图 7-19　护面墙示意图　（单位：m）

表 7-13　护面墙厚度参考

护面墙高 H(m)	路堑边坡	护面墙厚度(m)	
		顶宽 b	底宽 d
≤2	1：0.5	0.40	0.40
≤6	>1：0.5	0.40	0.40+H/10
6<H≤10	1：0.5～1：0.75	0.40	0.40+H/20
10<H≤16	1：0.75～1：1	0.60	0.60+H/20

丁坝轴线与导治线垂直或斜交，起到将水流挑离堤岸的作用，又称挑水坝。丁坝由坝头、坝身、坝根三部分组成，断面形状为梯形。丁坝往往多个成群设置。顺坝是坝轴线与导治线平行，主要起导流、调整水流曲线作用，又称导流坝。当顺坝为漫溢式时，应在其后与堤岸间设置格坝。格坝在平面上成网格状，防止高水位时水流溢入冲刷坝内边坡和堤岸，并促进泥沙淤积。

改移河道工程，一般限于小型工程，如裁弯取直、挖滩改道、清除孤石等，可在小河的局部段落上进行。

导治结构物的构造与要求，以及具体设计计算方法，可查有关《路基设计手册》等文献。

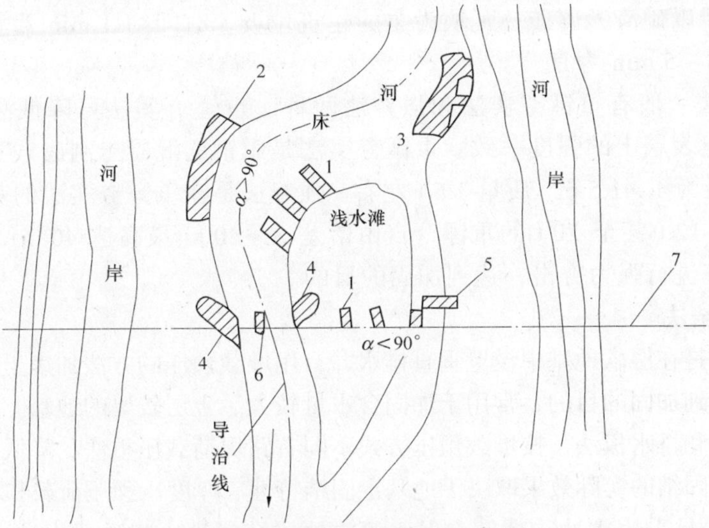

图 7-20　河流导治构造物布置

1—丁坝；2—顺坝；3—格坝；4—导流坝；
5—拦水坝；6—桥墩；7—路中线

三、湿软地基加固

湿软地基泛指天然含水量过大、孔隙率大、胀缩性高、承载能力低的土质地基。路基自身荷载较大，要求地基应具有足够的承载力，保证路基不致产生相应的病害。在路基通过湿软地基时，应调查收集沿线的地形、地段、工程地质、水文地质、气象等资料，按照《公路工程地质勘察规范》(JTJ 064—1998)的有关规定，采用适宜的勘探方法进行综合勘探试验和现场原位测试，并进行统计与分析，为设计提供可靠的软土物理力学性质指标，并进行认真的观察分析计算。最后采取必要的可靠的措施将这些地基予以加固处理。其相应指标详见《路基设计规范》。

(一)换填土层法

换填土层法就是将影响路基范围内的湿软土层挖除，换填上强度较高，稳定性好的砂、碎(砾)石、灰土或素土等土类，并分层压实的方法(见图 7-21)。换填的方法有开挖换填、抛石挤密、爆破换填等方法。若湿软土层较薄(小于 3 m)，可全部换填；若较厚，可只部分换填。

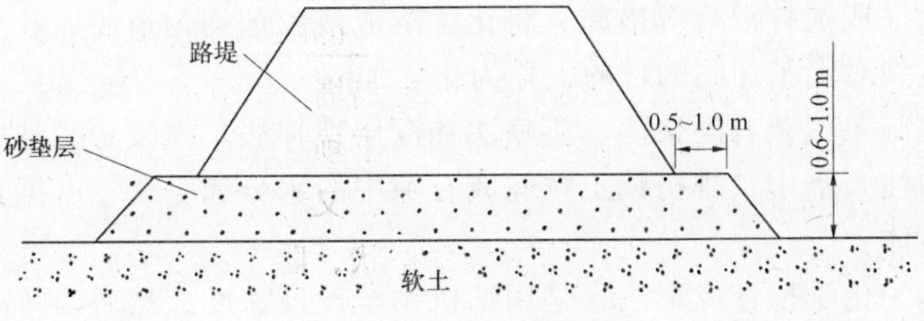

图 7-21　砂垫层断面

(二)碾压夯实法

对于非黏性土、松散杂填土及地表松散土，振动压实法效果良好，夯击式次之。振动压实法效果，因土质和振动时间而异，一般是振动时间越长，效果越好，但时间过长就会无效。对于以矿渣、碎砖、瓦块为主的建筑垃圾，时间约 1 min 为宜；对细颗粒填土，振动时间 3 ~ 5 min 为宜。

碾压夯实法一般有重锤夯实法和强夯法两种。重锤夯实法可降低湿陷性黄土湿陷性，可使杂填土表层土的强度一致。重锤夯实法是用钢筋混凝土制成截头圆锥体，锤底部垫钢板，直径为 1 ~ 1.5 m，质量 1.5 t 左右。强夯法是在重锤夯实法的基础上发展而来的，它是以 8 ~ 12 t(甚至 20 t)的重锤，自由落差 8 ~ 20 m(最高达 40 m)，利用冲击波和动应力，对地基进行强力夯击，达到加固的目的。

(三)排水固结法

排水固结法是在湿软地基中设置垂直排水井，用堆载预压的方法加速土中水的排出，加快土的固结，达到加固的目的，常用于加固含水量较大、土层较厚的地基。排水固结法按排水不同有砂井法和排水板法，按堆载预压方式不同有路堤荷载压重法、降低水位压重法及真空预压法。排水固结的实际效果取决于地基土固结特性、厚度、预压荷载和预压时间。

砂井排水法是采用震冲、螺钻、射水等方法成孔，灌入粗砂或中砂，用荷载预压，加速湿软地基排水固结的方法。排水板法是用纸板、塑料板代替砂井的砂做成排水板。原理和方法同砂井排水法。

(四)挤密法

土基中成孔后，在孔中灌以砂、石、土、灰土等材料，捣实而成直径较大的桩体，利用桩体间的横向挤压作用，使地基土粒彼此靠紧，孔隙减少，形成复合地基，达到加固地基的目的。

砂桩与砂井相比，虽然形式相近，成孔方法相同，但本质是不同的。砂井的作用是排水固结，砂桩的主要作用是挤密。

(五)土工织物法

在湿软地基之间铺设土工织物，可起到扩大基础、分散荷载的作用，使地基沉降均匀，增强地基和填土的强度。土工织物对路堤的沉降量无太大的影响，但能明显改善路堤的稳定性及保持沉降均匀，并起到排水、反滤、分隔、加固的作用。

土工织物具有质地轻、强度高、弹性好、耐磨、耐酸碱、不易腐烂和虫蛀、吸湿性好等优点，缺点是抗老化能力差。

(六)化学加固

采取压力灌注或搅拌混合等措施，将化学溶液或胶剂均匀地注入软土层中，使土颗粒胶结起来，达到对土基加固的目的，称为化学加固。

化学加固的施工工艺有灌浆法、旋喷法和深层搅拌法。灌浆法是利用外力将浆液通过注入管，均匀注入土中，排挤掉土粒间或石隙中的水分和空气，占据其位置，然后使原土层固结成整体。

旋喷法又称为化学搅拌成形法，是用钻机钻至设计深度，然后旋转高压射流使土体与化学浆液混合，胶结硬化后形成圆柱形的地下桩体。

第九节　挡土墙

一、挡土墙的用途

挡土墙是用来支撑天然边坡或人工填土边坡以保持土体稳定的建筑物。在公路工程中，它广泛应用于支撑路堤或路堑边坡、隧道洞口、桥梁两端及河流岸壁等。

路基在遇到下列情况时可考虑修建挡土墙：

(1)路基位于陡坡地段或岩石风化的路堑边缘地段。

(2)为避免大量挖方及降低边坡高度的路堑地段。

(3)可能产生塌方、滑坡的不良地质路段。

(4)水流冲刷严重或长期受水浸泡的沿河路基地段。

(5)为节约用地、减少拆迁或少占农田的地段。

(6)为保护重要建筑物、生态环境或其他特殊需要的地段。

按照墙的设置位置，挡土墙可分为路肩挡土墙、路堤挡土墙、路堑挡土墙和山坡挡土墙等类型(见图 7-22)。

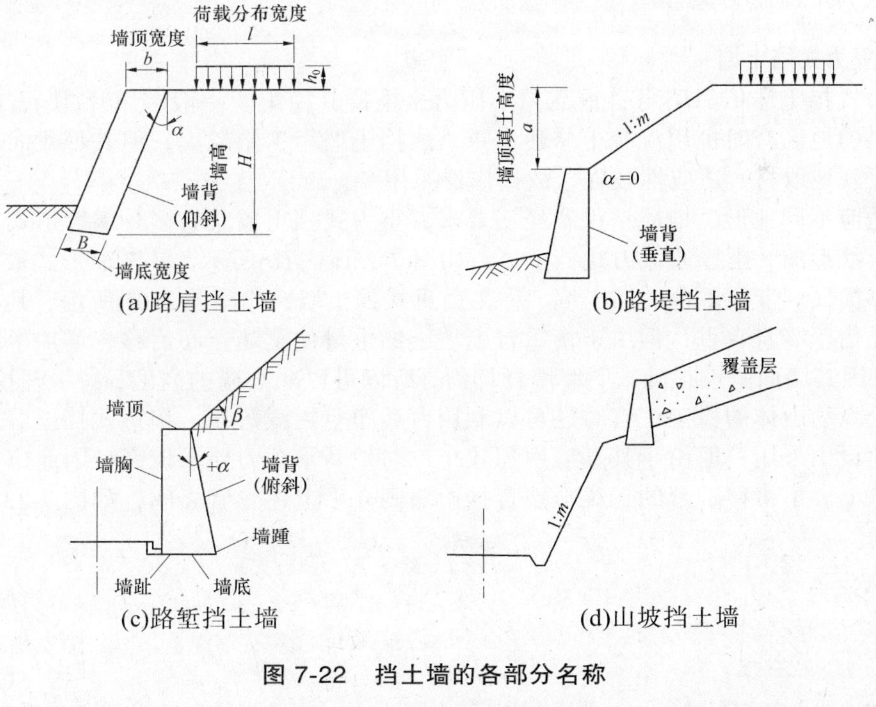

图 7-22　挡土墙的各部分名称

路肩挡土墙或路堤挡土墙设置在高填路堤或陡坡路堤的下方，可以防止路基边坡或基底滑动，确保路基稳定，同时可收缩填土坡脚，减少填方数量，减少拆迁和占地面积，以及保护临近线路的既有重要建筑物。滨河及水库路堤，在傍水一侧设置挡土墙，可防止水流对路基的冲刷和侵蚀，也是减少压缩河床或少占库容的有效措施。

路堑挡土墙设置在堑坡底部，主要用于支撑开挖后不能自行稳定的边坡，同时可减少挖方数量，降低边坡高度。山坡挡土墙设在堑坡上部，用于支挡山坡上可能塌滑的覆盖层，有的也兼有拦石作用。

此外，设置在隧道口或明洞口的挡土墙，可缩短隧道或明洞长度，降低工程造价。设置在桥梁两端的挡土墙，作为翼墙或桥台，起着护台及连接路堤的作用。而抗滑挡土墙则用于防治滑坡。

挡土墙各部分名称如图 7-22(c)所示。靠填土(或山体)一侧为墙背，外露一侧为墙面(也称墙胸)，墙面与墙底的交线为墙趾，墙背与墙底的交线为墙踵，墙背与铅垂线的交角为墙背倾角α。

墙背的倾角方向，比照面向外侧站立的人的俯仰情况，分俯斜、仰斜和垂直三种。墙背向外侧倾斜时，为俯斜墙背(见图 7-22(c))，α为正；墙背向填土一侧倾斜时，为仰斜墙背(见图 7-22(a))，α为负；墙背铅垂时，为垂直墙背(见图 7-22(b))，α为零。如果墙背具有单一坡度，称为直线形墙背；若多于一个坡度，则称为折线形墙背。

选择挡土墙设计方案时，应与其他方案进行技术经济比较。例如，采用路堑或山坡挡土墙，常须与隧道、明洞或缓边坡的方案作比较；采用路堤或路肩挡土墙，有时须与栈桥或陡坡填方等相比较，以求工程经济合理。

二、挡土墙的类型

(一)重力式挡土墙

重力式挡土墙依靠墙身自重支撑土压力来维持其稳定。一般多用片(块)石砌筑，在缺乏石料的地区有时也用混凝土修建。重力式挡土墙圬工量较大，但其型式简单，施工方便，可就地取材，适应性较强，故被广泛采用。

为适应不同地形、地质条件及经济要求，重力式挡土墙具有多种墙背形式。其中，墙背为直线形的，是普通重力式挡土墙，如图 7-23(a)、(b)所示，其断面形式最简单，土压力计算简便。带衡重台的挡土墙，称为衡重式挡土墙，如图 7-23(d)所示，其主要稳定条件仍凭借于墙身自重，但由于衡重台上填土的重量使全墙重心后移，增加了墙身的稳定性，且因其墙面胸坡很陡，下墙墙背仰斜，所以可以减小墙的高度，减少开挖工作量，避免过分牵动山体的稳定，有时还可以利用台后净空拦截落石。衡重式挡土墙适于在山区公路建设中采用，但由于其基底面积较小，对地基承载力要求较高，因此应设置在坚实的地基上。不带衡重台的折线形墙背挡土墙则介乎上述二者之间，如图 7-23(c)所示。

(a) 普通重力式挡土墙一　(b) 普通重力式挡土墙二　(c) 不带衡重台的折线形墙背挡土墙　(d) 衡重式挡土墙

图 7-23　重力式挡土墙

(二)锚定式挡土墙

锚定式挡土墙通常包括锚杆式和锚定板式两种。

锚杆式挡土墙是一种轻型挡土墙(见图 7-24)，主要由预制的钢筋混凝土立柱、挡土板构成墙面，与水平或倾斜的钢锚杆联合组成。锚杆的一端与立柱连接，另一端被锚固在山坡深处的稳定岩层或土层中。墙后侧压力由挡土板传给立柱，由锚杆与岩体之间的锚固力，即锚杆的抗拔力，使墙获得稳定。它适用于墙高较大、石料缺乏或挖基困难的地区，具有锚固条件的路基挡土墙，一般多用于路堑挡土墙。

锚定板式挡土墙的结构形式与锚杆式挡土墙基本相同，只是锚杆的锚固端改用锚定板，埋入墙后填料内部的稳定层中，依靠锚定板产生的抗拔力抵抗侧压力，保持墙的稳定(见图 7-25)。它主要适用于缺乏石料的地区，同时它不适用于路堑挡土墙。

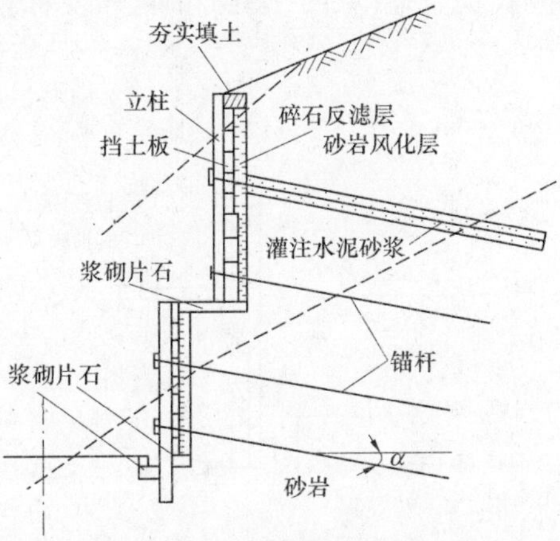

图 7-24　锚杆式挡土墙

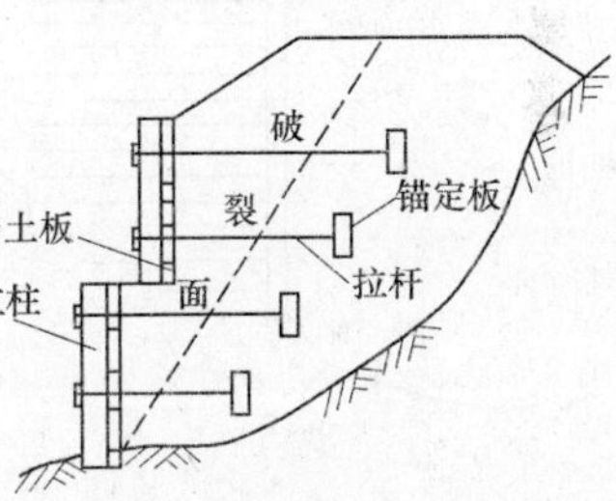

图 7-25　锚定板式挡土墙

锚定式挡土墙的特点在于构件断面小，工程量省，不受地基承载力的限制，构件可预制，有利于实现结构轻型化和施工机械化。

(三)薄壁式挡土墙

薄壁式挡土墙是钢筋混凝土结构，包括悬臂式和扶壁式两种主要形式。

悬臂式挡土墙如图 7-26 所示，它由立壁和底板组成，具有三个悬臂，即立壁、趾板和踵板。当墙身较高时，沿墙长每隔一定距离筑肋板(扶壁)连接墙面板及踵板，称为扶壁式挡土墙，如图 7-27 所示。它们的共同特点是墙身断面较小，结构的稳定性不是依靠本身的重量，而主要依靠踵板上的填土重量来保证。它们自重轻，圬工省，适用于墙高较大的情况，但需使用一定数量的钢材，经济效果较好。

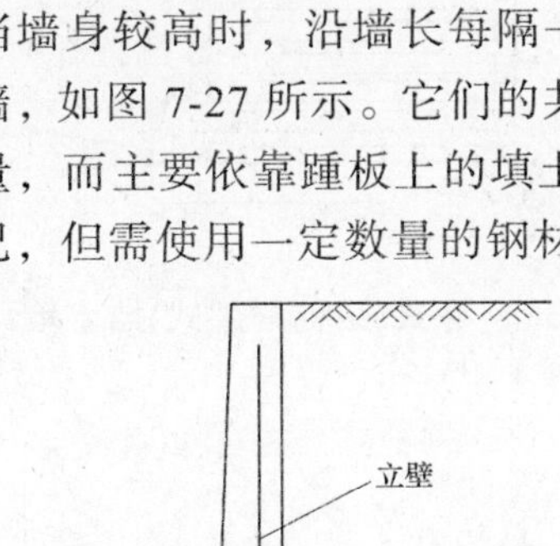

图 7-26　悬壁式挡土墙

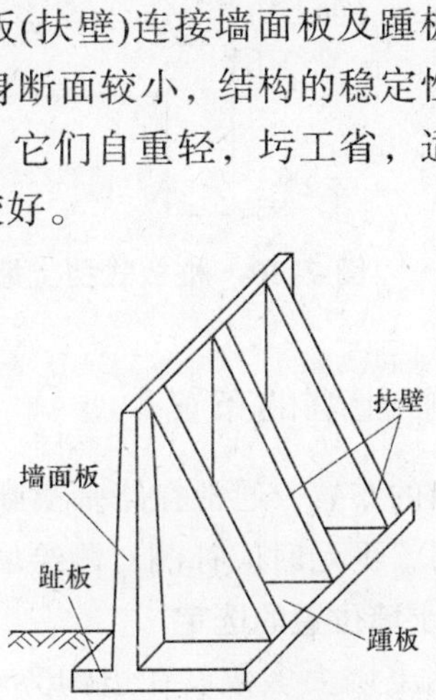

图 7-27　扶壁式挡土墙

(四)加筋土挡土墙

加筋土挡土墙由填土、填土中布置的拉筋条以及墙面板三部分组成(见图 7-28)。在垂直于墙面的方向，按一定间隔和高度水平地放置拉筋材料，然后填土压实，通过填土与拉筋间的摩擦作用，把土的侧压力传给拉筋，从而稳定土体。

拉筋材料通常为镀锌薄钢带、铝合金、高强塑料及合成纤维等。墙面板一般用混凝土预制，也可采用半圆形铝板。加筋土挡土墙属柔性结构，对地基变形适应性大，建筑高度大，适用于填土路基。它结构简单，圬工量少，与其他类型的挡土墙相比，可节省投资 30%～70%，经济效益大。

此外，尚有柱板式挡土墙(见图 7-29)、桩板式挡土墙(见图 7-30)和垛式(又称框架式)挡土墙(见图 7-31)等。

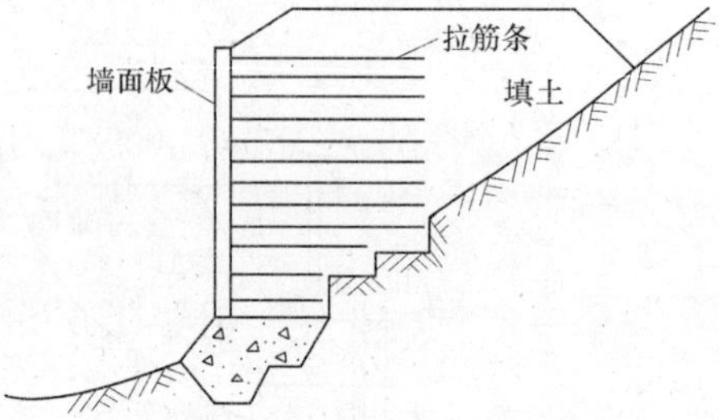

图 7-28　加筋土挡土墙

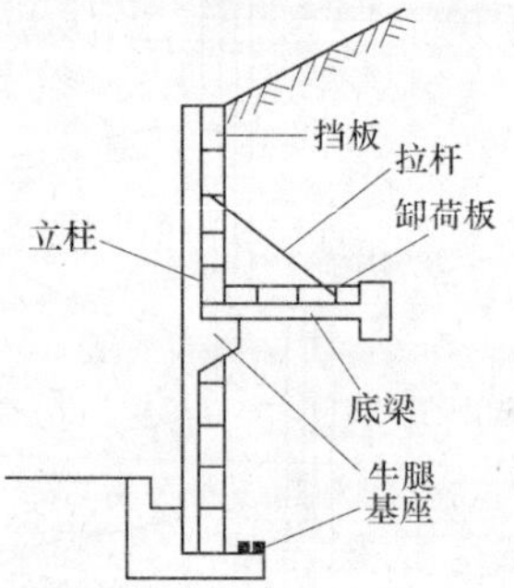

图 7-29　柱板式挡土墙

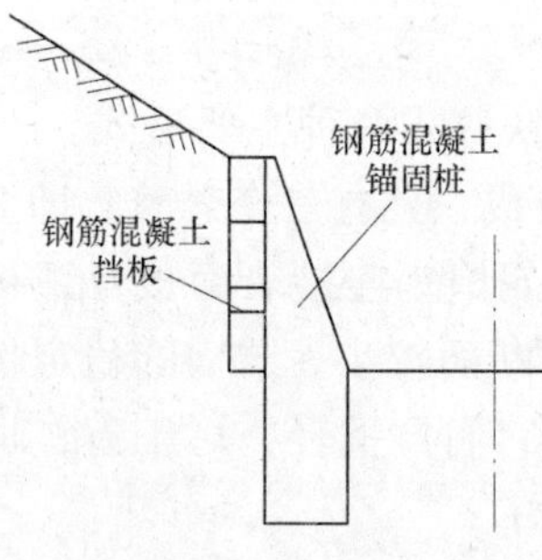

图 7-30　桩板式挡土墙

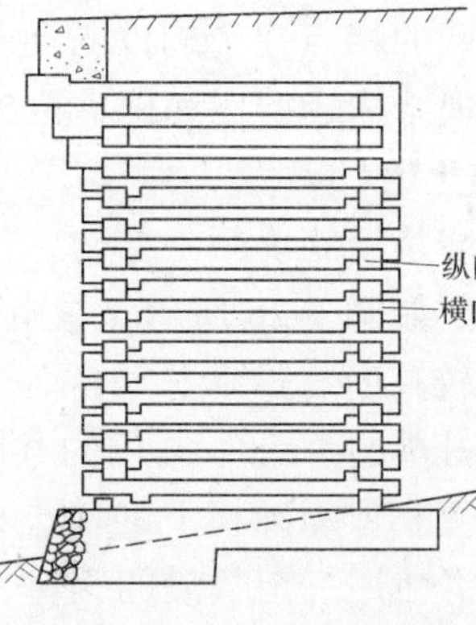

图 7-31　垛式(又称框架式)挡土墙

三、挡土墙的布置

挡土墙的布置，通常在路基横断面图和墙趾纵断面图上进行。布置前，应现场核对路基横断面图，不足时应补测；测绘墙趾处的纵断面图，收集墙趾处的地质和水文等资料。

(一)挡土墙位置的选定

路堑挡土墙大多数设在边沟旁。山坡挡土墙应考虑设在基础可靠处，墙的高度应保证墙后墙顶以上边坡的稳定。

当路肩挡土墙与路堤挡土墙的墙高或截面圬工数量相近、基础情况相似时，应优先选用路肩挡土墙，按路基宽布置挡土墙位置，因为路肩挡土墙可充分收缩坡脚，大量减少填方和占地。若路堤挡土墙的高度或圬工数量比路肩墙显著降低，而且基础可靠时，宜选用路堤挡土墙，并作经济比较后确定墙的位置。

沿河路堤设置挡土墙时，应结合河流情况来布置，注意设墙后仍保持水流顺畅，不致挤压河道而引起局部冲刷。

(二)挡土墙的纵向布置

挡土墙的纵向布置在墙趾纵断面图上进行，布置后绘成挡土墙正面图。

布置的内容有：

(1)确定挡土墙的起讫点和墙长，选择挡土墙与路基或其他结构物的衔接方式。

路肩挡土墙端部可嵌入石质路堑中，或采用锥坡与路堤衔接，与桥台连接时，为了防止墙后回填土从桥台尾端与挡土墙连接处的空隙中溜出，需在台尾与挡土墙之间设置隔墙及接头墙。

路堑挡土墙在隧道洞口应结合隧道洞门、翼墙的设置做到平顺衔接；与路堑边坡衔接时，一般将墙高逐渐降低至 2 m 以下，使边坡坡脚不致伸入边沟内，有时也可与横向端墙连接。

(2)按地基及地形情况进行分段，确定伸缩缝与沉降缝的位置。

(3)布置各段挡土墙的基础。墙趾地面有纵坡时，挡土墙的基底宜做成不大于 5%的纵坡。但地基为岩石时，为减少开挖，可沿纵向做成台阶。台阶尺寸视纵坡大小而定，但其高宽比不宜大于 1∶2。

(4)布置泄水孔的位置，包括数量、间隔和尺寸等。

在布置图上注明各特征点的桩号，以及墙顶、基础顶面、基底、冲刷线、冰冻线、常水位线或设计洪水位的标高等。

(三)挡土墙的横向布置

横向布置，选择在墙高最大、墙身断面或基础形式有变异处，以及其他必需桩号处的横断面图上进行。根据墙型、墙高及地基与填料的物理力学指标等设计资料，进行挡土墙设计或套用标准图，确定墙身断面、基础形式和埋置深度，布置排水设施等，并绘制挡土墙横断面图。

(四)平面布置

对于个别复杂的挡土墙，如高、长的沿河曲线挡土墙，应作平面布置，绘制平面图，标明挡土墙与路线的平面位置及附近地貌与地物等情况，特别是对挡土墙有干扰的建筑物的情况。沿河挡土墙还应绘出河道及水流方向，防护与加固工程等。

在以上设计图纸上，可标写简要说明。必要时可另编设计说明书，说明选用挡土墙方案的理由、选用挡土墙结构类型和设计参数的依据、对材料和施工的要求、注意事项以及主要工程数量等，如采用标准图，应注明其编号。

四、挡土墙的构造

挡土墙的构造必须满足强度和稳定性的要求，同时考虑就地取材、结构合理、断面经济、施工养护方便与安全。

常用的重力式挡土墙一般由墙身、基础、排水设施、伸缩缝与沉降缝等部分组成。

(一)墙身构造

1.墙背

重力式挡土墙的墙背，可做成仰斜、垂直、俯斜、凸形折线和衡重式等形式(见图 7-32)。

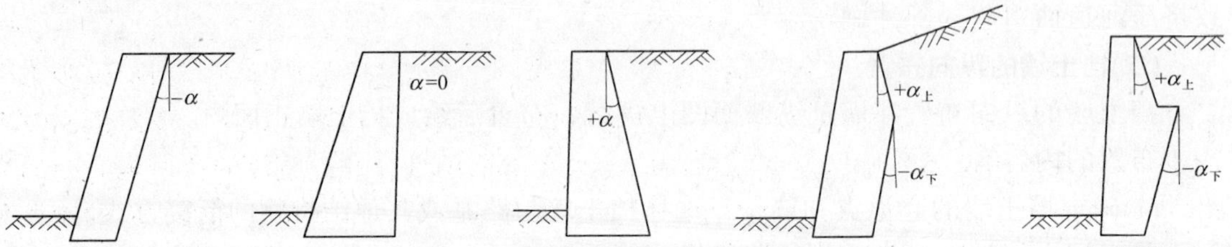

图 7-32　重力式挡土墙的断面形式

仰斜墙背所受的土压力小，故墙身断面较经济。用于路堑挡土墙时，墙身与开挖面边坡较贴合，故开挖量与回填量均较小。但当墙趾处地面横坡较陡时，会使墙身增高，断面增大。故仰斜墙背适用于路堑挡土墙及墙趾处地面平坦的路肩挡土墙或路堤挡土墙。仰斜墙背的坡度不宜缓于 1∶0.3，以免施工困难。

俯斜墙背所受的土压力较大。在地面横坡陡峻时，俯斜式挡土墙可采用陡直的墙面，借以减小墙高。俯斜墙背也可做成台阶形，以增加墙背与填料间的摩擦力。

垂直墙背的特点介于仰斜墙背和俯斜墙背之间。

凸形折线墙背系将仰斜式挡土墙的上部墙背改为俯斜，以减小上部断面尺寸，多用于路堑墙，也可用于路肩墙。

衡重式墙在上下墙之间设衡重台，并采用陡直的墙面。适用于山区地形陡峻处的路肩墙和路堤墙，也可用于路堑墙。上墙俯斜墙背的坡度为 1∶0.25～1∶0.45，下墙仰斜墙背在 1∶0.25 左右，上下墙的墙高比一般采用 2∶3。

2.墙面

墙面一般为平面，其坡度应与墙背坡度相协调。墙面坡度直接影响挡土墙的高度。因此，在地面横坡较陡时，墙面坡度一般为 1∶0.05～1∶0.20，矮墙可采用陡直墙面；地面平缓时，采用 1∶0.20～1∶0.35 较为经济。

3.墙顶

墙顶最小宽度，浆砌挡土墙不小于 50 cm，干砌不小于 60 cm。浆砌路肩墙墙顶宜采用粗石料或混凝土做成顶帽，厚 40 cm。如不做顶帽，对路堤挡土墙和路堑挡土墙，墙顶应以大块石砌筑，并用砂浆勾缝，或用 5 号砂浆抹平顶面，砂浆厚 2 cm。干砌挡土墙墙顶 50 cm 高度内，应用 25 号砂浆砌筑，以增加墙身稳定。干砌挡土墙的高度一般不宜大于 6 m。

4.护栏

为保证交通安全，在地形险峻地段，或过高过长的路肩墙的墙顶应设置护栏。为保持路肩最小宽度，护栏内侧边缘距路面边缘的距离，二、三级路不小于 0.75 m，四级路不小于 0.5 m。

(二)基础

地基不良和基础处理不当，往往会引起挡土墙的破坏，因此必须重视挡土墙的基础设计，事先应对地基的地质条件做详细调查，必要时须先做挖探或钻探，然后再来确定基础类型与埋置深度。

1.基础类型

绝大多数挡土墙都直接修筑在天然地基上。

当地基承载力不足、地形平坦而墙身较高时，为了减小基底压应力和增加抗倾覆稳定性，常常采用扩大基础(见图 7-33(a))，将墙趾或墙踵部分加宽成台阶，或两侧同时加宽，以加大承压面积。加宽宽度视基底应力需要减少的程度和加宽后的合力偏心距的大小而定，一般不小于 20 cm。台阶高度按加宽部分的抗剪、抗弯拉和基础材料的刚性角的要求确定(刚性角：浆砌片石为 35°，混凝土为 45°)。

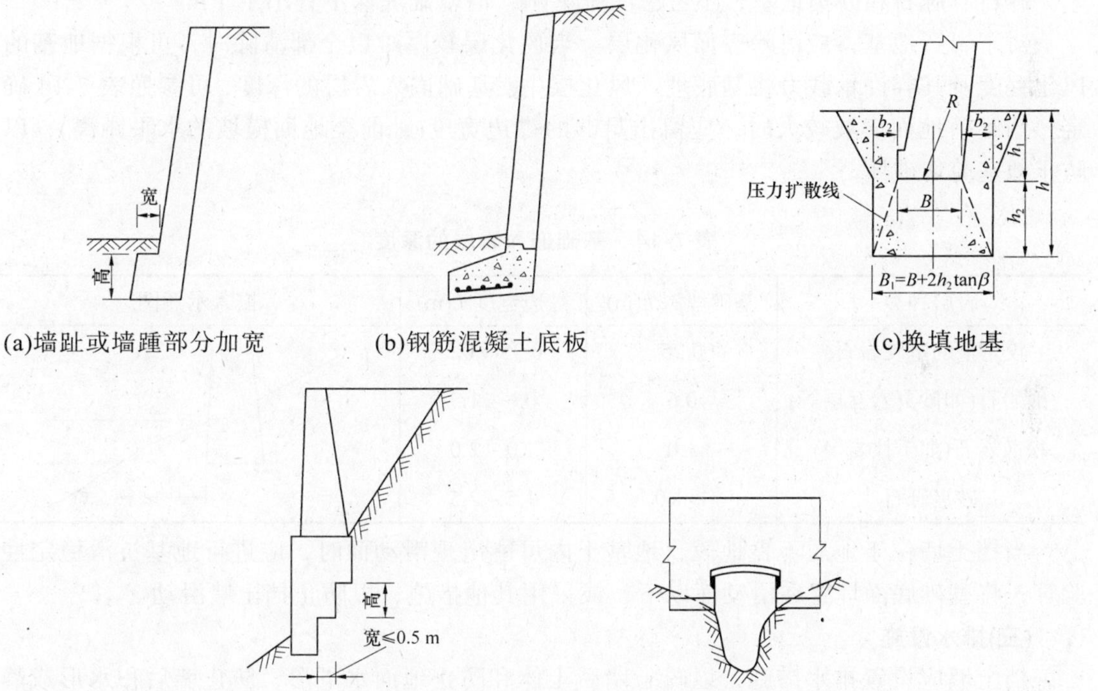

图 7-33　重力式挡土墙的基础类型

当地基压应力超过地基承载力过多时，需要的加宽值较大，为避免加宽部分的台阶过高，可采用钢筋混凝土底板(见图 7-33(b))，其厚度由剪力和主拉应力控制。

当地基为软弱土层(如淤泥、软黏土等)时，可采用砂砾、碎石、矿渣或灰土等材料予以换填，以扩散基底压应力，使之均匀地传递到下卧软弱土层中，如图 7-33(c)所示。一般换填深度 h_2 与基础埋置深度 h_1 之和不宜超过 5 m，对淤泥和泥炭等应更浅些。

当挡土墙修筑在陡坡上，而地基又为完整、稳固、对基础不产生侧压力的坚硬岩石时，可按图 7-33(d)设计，设置台阶基础，以减少基坑开挖和节省圬工。分台高 1 m 左右，台宽视地形和地质情况而定，不宜小于 0.2 m，高宽比可以采用 3:2 或 2:1。最下一个台阶的底宽应满足偏心距的有关规定，不宜小于 1.5 ~ 2.0 m。

如地基有短段缺口(如深沟等)或挖基困难(如需水下施工等)，可采用拱形基础，以石砌拱圈跨过，再在其上砌筑墙身(见图 7-33(e))，但应注意土压力不宜过大，以免横向推力导致拱圈开裂。设计时，对拱圈应予验算。

2.基础埋置深度

对于土质地基，基础埋置深度应符合下列要求：

(1)无冲刷时，应在天然地面以下至少 1 m。

(2)有冲刷时，应在冲刷线以下至少 1 m。

(3)受冻胀影响时，应在冻结线以下不少于 0.25 m。当冻深超过 1 m 时，采用 1.25 m，但基底应夯填一定厚度的砂砾或碎石垫层，垫层底面亦应位于冻结线以下不少于 0.25 m。

碎石、砾石和砂类地基，不考虑冻胀影响，但基础埋深不宜小于 1 m。

对于岩石地基，应清除表面风化层。当风化层较厚难以全部清除时，可根据地基的风化程度及其容许承载力将基底埋入风化层中。基础嵌入岩层的深度，可参照表 7-14 确定。墙趾前地面横坡较大时，应留出足够的襟边宽度(趾前至地面横坡的水平距离)，以防止地基剪切破坏。

表 7-14　基础嵌入岩层的深度

岩层种类	基础埋深 h(m)	襟边宽度 L(m)	嵌入示意图
较完整的坚硬岩石	0.25	0.25 ~ 0.5	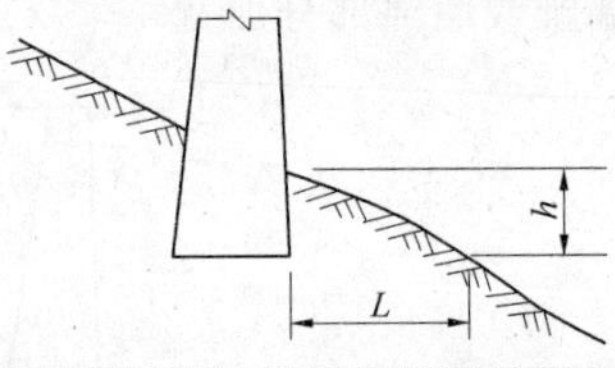
一般岩石(如砂页岩互层等)	0.6	0.6 ~ 1.5	
松散岩石(如千枚岩等)	1.0	1.0 ~ 2.0	
砂夹砾石	≥1.0	1.5 ~ 2.5	

当挡土墙位于地质不良地段，地基土内可能出现滑动面时，应进行地基抗滑稳定性验算，将基础底面埋置在滑动面以下，或采用其他措施，以防止挡土墙滑动。

(三)排水设施

挡土墙应设置排水措施，以疏干墙后土体和防止地面水下渗，防止墙后积水形成静水压力，减少寒冷地区回填土的冻胀压力，消除黏性土填料浸水后的膨胀压力。

排水措施主要包括：设置地面排水沟，引排地面水；夯实回填土顶面和地面松土，防止雨水及地面水下渗，必要时可加设铺砌；对路堑挡土墙墙趾前的边沟应予以铺砌加固，以防边沟水渗入基础；设置墙身泄水孔，排除墙后水。

浆砌块(片)石墙身应在墙前地面以上设一排泄水孔(见图 7-34)。墙高时，可在墙上部加设一排汇水孔。汇水孔的尺寸一般为 5 cm × 10 cm、10 cm × 10 cm、15 cm × 20 cm 的方孔或直径为 5 ~ 10 cm 的圆孔。孔眼间距一般为 2 ~ 3 m，对于浸水挡土墙，孔眼间距一般为 1.0 ~ 1.5 m，干旱地区可适当加大，孔眼上下错开布置。下排排水孔的出口应高出墙前地面 0.3 m；若为路堑挡土墙，应高出边沟水位 0.3 m；若为浸水挡土墙，应高出常水位 0.3 m。为防止水分渗入地基，下排泄水孔进水口的底部应铺设 30 cm 厚的黏土隔水层。泄水孔的进水口部分应设置粗粒料反滤层，以免孔道阻塞。当墙背填土透水性不良或可能发生冻胀时，应在最低一排泄水孔至墙顶以下 0.5 m 的范围内铺设厚度不小于 0.3 m 的砂卵石排水层(见图 7-34(c))。

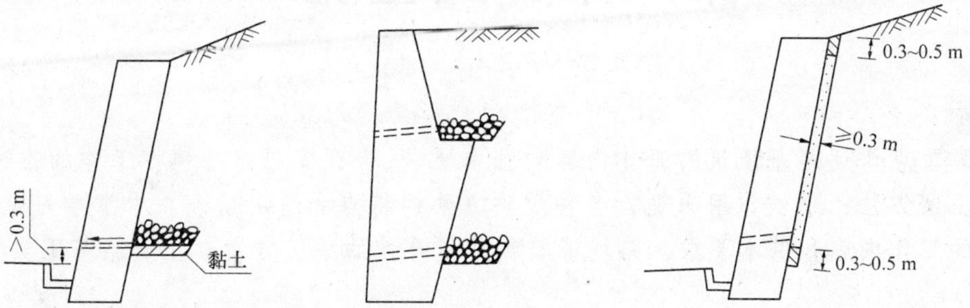

(a) (b) (c)

图 7-34　泄水孔及排水层

干砌挡土墙因墙身透水，可不设泄水孔。

(四)沉降缝与伸缩缝

为避免因地基不均匀沉陷而引起墙身开裂，需根据地质条件的变异和墙高、墙身断面的变化情况设置沉降缝。为了防止圬工砌体因收缩硬化和温度变化而产生裂缝，应设置伸缩缝。设计时，一般将沉降缝与伸缩缝合并设置，沿路线方向每隔 10 ~ 15 m 设置一道，兼起二者的作用，缝宽 2 ~ 3 cm，缝内一般可用胶泥填塞，但在渗水量大、填料容易流失或冻害严重地区，则宜用沥青麻筋或涂以沥青的木板等具有弹性的材料，沿内、外、顶三方填塞，填深不宜小于 0.15 m，当墙后为岩石路堑或填石路堤时，可设置空缝。

干砌挡土墙，缝的两侧应选用平整石料砌筑，使成垂直通缝。

复习思考题

7-1　路基变形、破坏形式主要有哪几种？各有何特点？

7-2　路基横断面设计应该怎么进行？

7-3　路基防护有哪几种类型？各有何特点？

7-4　湿软地基加固有哪几种方法？各种方法的适用范围是什么？

7-5　简述挡土墙的不同类型、各自构造特点和使用场合。

7-6　简述挡土墙布置的基本要求。

第八章　路基施工

重点提示

本章重点讲述路基填筑的工作内容和基本要求；合理安排路基填挖工作的推进顺序；路基的压实方法；爆破作用原理，各种爆破方法的特点和适用场合。本章学习重点为路基填筑的工作内容和基本要求，路堤填筑和路堑开挖的施工方案，土质路基压实方法。

第一节　概　述

一、路基施工的重要性

路基施工就是按照设计图纸和规范要求，以最经济的方式及时建成符合质量标准的路基结构物。理想的设计必须通过施工来实现，施工和检验是非常重要的。路基工程，涉及范围广，影响因素多，灵活性亦较大，尤其是岩土内部结构复杂多变，设计阶段难以尽善尽美，施工过程中必须进一步完善。“精心设计，精心施工”是一个完整的过程，就耗费人力、资源和财力，以及快速、高效与安全的要求而言，施工比设计更为重要，更为复杂。

路基土石方工程量大、分布不均匀，不仅与路基工程相关的设施如路基排水、防护与加固等相互制约，而且同公路工程的其他工程项目如桥涵、隧道、路面及附属设施相互交错。因此，路基施工，在质量标准、技术操作、施工管理等方面具有特殊性，必须予以研究和不断改进，就整个公路工程的施工而言，路基施工往往是施工组织管理的关键。

公路施工是野外操作，边远山区自然条件差，运输不便，设备与施工队伍的供应与调度难；路基工地分散，工作面狭窄，遇有特殊地质不良现象时，使一般的技术问题变得复杂化，而复杂的技术问题，更是难以用常规的方法去解决。城市道路路基施工条件一般比公路好，尤其在物质供应、生活条件及通信运输等方面，比较容易安排，但城市路基施工亦有不利的方面，集中表现在：地面拆迁多、地下管线多、配套工程多、施工干扰多。此外，路基施工中还存在场地布置难、临时排水难、用土处置难、土基压实难等不利的因素。路基的隐蔽工程较多，质量不合标准会给路面及自身留下隐患，一旦产生病害，不仅损坏道路使用品质，导致妨碍交通及产生经济损失，而且往往后患无穷，难以根治。因此，为确保工程质量，实现快速、高效、安全施工，必须科学安排施工计划，积极采用先进技术，认真进行施工准备，严格遵守操作规程，切实加强施工管理，建立和健全施工技术操作规程与质量检查验收制度，采用现代化的施工管理方法，切实做到“精心施工”。

二、路基施工的基本方法

路基施工的基本方法，按其技术特点大致可分为人工及简易机械化、综合机械化、水力机械化和爆破方法等。人力施工是传统方法，使用手工工具，劳动强度大、工效低、进度慢、工程质量亦难以保证，但限于具体条件，短期内还必然存在并适用于地方道路和某些辅助性工作。为了加快施工进度，提高劳动生产率，实现高标准、高质量施工，对于劳动强度大和技术要求高的工序，应配以数量充足、配套齐全的施工机械。机械化施工和综合机械化施工，是保证高等级公路施工质量和施工进度的重要条件，对于路基土石方工程来说，更具有迫切性。实践证明，单机作业的效率，比人力及简易机械施工要高得多，但需要大量的人力与之配合。由于机械和人力的效率悬殊过大，难以协调配合，单机效率受到限制，势必造成停机待料，机械的生产率很低。如果对主机配以辅机，相互协调，共同形成主要工序的综合机械化作业，工效就会大大提高。以挖掘机开挖土路堑为例，如果没有足够的汽车配合运输土方，或者汽车运土填筑路基，没有相应的摊平和压实机械配合，或者不考虑相应的辅助机械为挖掘机松土和创造合适的施工面，整个施工进度就无法协调，难以紧凑作业，工效亦势必达不到应有的要求。因此，实现综合机械化，科学严密地组织施工，是路基施工现代化的重要途径。

水力机械化施工，亦是机械化施工的方法之一，它是运用水泵、水枪等水力机械，喷射强力水流，冲散土层并运至指定地点沉积，例如采集砂料或地基加固等。水力机械适用于电源和水源充足，挖掘比较松散的土质及地下钻孔等。对于砂砾填筑路堤或基坑回填，还可起到密实作用(称为水夯法)。

爆破法是石质路基开挖的基本方法，如果采用钻岩机钻孔与机械清理，亦是岩石路基机械化施工的必备条件。除石质路堑开挖外，爆破法还可用于冻土、泥沼等特殊路基施工，以及清除路面、开石取料与石料加工等。

上述施工方法的选择，应根据工程性质、施工期限、现有条件等因素而定，而且应因地制宜和各种方法综合使用。

高速公路、一级公路以及在特殊地区或采用新技术、新工艺、新材料进行路基施工时，应采用不同的施工方案做试验路段，从中选出路基施工的最佳方案指导全线施工。试验路段位置应选择在地质条件、断面形式均具有代表性的地段，路段长不宜小于100 m。

三、路基施工的一般程序和内容

路基施工的主要内容，大致可归纳为施工前的准备工作和基本工作两大部分。

(一)施工前的准备工作

施工单位通过投标获得工程任务后，即可着手进行施工前的准备工作。要保证正常施工，施工前的准备工作极为重要，它是组织施工的第一步，无准备的施工或准备不充分的施工，均使路基施工的基本工作难以顺利进行。

施工前的准备工作内容较多，大致可归纳为组织准备、技术准备和物质准备三个方面。

1.组织准备工作

组织准备工作主要是建立和健全施工队伍和管理机构，明确施工任务，制定必要的规章制度，确立施工所应达到的目标等。组织准备亦是做好一切准备工作的前提。

2.技术准备工作

路基开工前，施工单位应在全面熟悉设计文件和设计交底的基础上进行施工现场的勘察，核对设计文件，发现问题应及时根据有关程序提出修改意见并报请变更设计，编制施工组织计划，恢复路线，施工放样与清除施工场地，搞好临时工程等各项工作。

现场勘察与核对设计文件，目的是熟悉和掌握施工对象特点、要求和内容。

施工组织计划是具有全局性的大事，其中包括选择施工方案，确定施工方法，布置施工现场(施工总平面布置)，编制施工进度计划，拟定关键工程的技术措施等，它是整个工程施工的指导性文件，亦是其他各项工作的依据。

临时工程，包括施工现场的供电、给水，修建便道、便桥，架设临时通信设施，设置施工用房(生活和生产所必需)等，这些均为展开基本工作的必备条件。

路基恢复定线、清除路基用地范围内一切障碍物等，是施工前的技术准备工作，也是基本工作的一个组成部分，宜协调进行。

路基开工前应做好施工测量工作，其内容包括导线、中线、水准点复测，横断面检查与补测，增设水准点等。施工人员还应对路基工程范围内的地质、水文情况详细调查，通过取样、试验确定其性质和范围，并了解附近既有建筑物对特殊土的处理方法。

3.物质准备工作

物质准备工作包括各种材料与机具设备的购置、采集、加工、调运与储存，以及生活后勤供应等。为使供应工作能适应基本工作的需要，物质准备工作必须制定具体计划，其中有的计划内容，如劳动力调配、机具配置及主要材料供应计划，必须服从于保证上述施工组织计划顺利实施，而且亦常被列为施工组织计划的一个组成部分。

以上所述的准备工作，主要对整个工程的施工而言，对于某一单项工程，如土质路基、石质路基、路基排水或防护加固，或路基工程以外的桥涵与路面等，准备工作的具体内容与要求，虽有差别，但基本项目不可缺少。

(二)修建小型人工构造物

小型人工构造物包括小桥、涵洞、挡土墙、盲沟等，这项工程通常与路基施工同时进行，但一般要求构造物先行完工，以利于路基施工不受干扰地全线展开，并避免路基填筑之后再来开挖修建涵洞、盲沟等构造物。

(三)路基土石方工程

该项工程是路基的主体工程，主要包括路堤填筑、路堑开挖、路基压实、路基表面整平、边坡修整、修建排水设施和防护加固工程等内容。

(四)路基工程的竣工检查与验收

为加强工程质量管理以确保工程质量，在施工过程中应根据施工标准和技术规范的要求进行检查与验收。路基工程检查与验收的项目主要包括路基及有关工程的位置、标高、断面尺寸、压实度和砌筑质量等，要求其应满足容许误差的范围，凡不符合要求的工程应分析原因，并采取相应的措施予以纠正，必要时返工重建。

需要指出的是，除竣工检查与验收外，在施工过程中每当某项工程完成时，特别是隐蔽工程，应按设计图纸、设计文件和技术规范的要求进行检查与验收。其目的在于检查分部工程质量，及时发现存在问题，采取补救措施，利于下一步工序顺利进行。

全部工程完工后，还应由施工单位会同设计、使用和养护单位进行交工验收。

第二节　土质路基施工要点

土质路基包括路堤与路堑，基本操作是挖、运、填，工序比较简单，但条件比较复杂，因而施工方法多样化，简单的工序中常常遇到极为复杂的技术和管理方面的难题。

一、基本要求

土质路基的挖填，首先必须搞好施工排水，包括开挖地面临时排水沟槽及设法降低地下水位，以便始终保持施工场地的干燥。这不仅因为土在干燥状态下易于操作，而且控制土的湿度是确保路堤填筑质量的关键。从有效控制土的含水量需要出发，土质路基的施工作业面不宜太大，以有利于组织快速施工，随挖随运，及时填筑压实成型。一般条件下土的天然含水量接近最佳含水量，应减少施工过程中的日晒、雨淋，尽量保持土的天然湿度，避免过干或过湿。必要时，应考虑人工洒水或晾干措施。过湿填土，碾压后形成弹簧现象，必须挖除重填，必要时可采取其他相应的加固措施。雨季施工，尤应按照施工技术操作规程的有关规定，加强临时排水，确保路基质量。

路基挖填范围内的地表障碍物，事先应予以拆除，其中包括原有房屋的拆迁，树木和丛林茎根的清除，以及表层种植土、过湿土与设计文件或规程所规定之杂物等的清除，一般要求清除换填表层腐殖土不小于 30 cm。在此前提下，必要时按设计要求对路堤上层进行加固。

路基取土与填筑，必须有计划、有步骤地进行操作，这不仅是文明施工的需要，而且是选土和合理利用填土的保证。不同性质的路基用土，除按规定予以废弃和适当处治外，一般不允许任意混填。

路堑开挖，应在全横断面进行，自上而下一次成型，注意按设计要求准确放样，不断检查校正，边坡表面削齐拍平。路堑底面，如土质坚实，应尽量不扰动，予以整平压实。如果土质较差、水文条件不良，应根据路面强度设计要求，采取加深边沟、设置地下盲沟以及挖松表层一定深度原土层，重新分层填筑与压实或必要时予以换土和加固，以确保路堑底层土基的强度与稳定性，达到规定标准，这对于修筑沥青类路面尤为重要。

土质路堤，应视路基高度及设计要求，先着手清理或加固地基。潮湿地基尽量疏干预压，如果地下水位较高，因工期紧或其他原因无法疏干，第一层填土适当加厚或填以砂性土后再予以压实。一般情况下，路堤填土应在全宽范围内，分层填平，充分压实，每日施工结束时，表层填土应压实完毕，防止间隔期中雨淋或暴晒。分层厚度视压实工具而定，一般压实厚度为 20 ~ 25 cm。路堤加宽或新旧土层搭接处，原土层挖成台阶，逐层填新土，不允许将薄层新填土层贴在原路基的表面。

土路堤分层填平压实，是确保施工质量的关键，任何填土和任何施工方法均应按此要求组织施工。有关土基压实原理、方法及操作要求，详见本章第三节所述。

路基原定设计要求及施工操作规程，是路基施工的依据及质量检验的标准，必须严格执行。遇有特殊情况，无法按原设计和规程实施，需按基建程序中规定的手续，会同有关单位协商解决。路基填方材料，应有一定的强度。经野外取土试验，符合表 8-1 的规定时才能使用。

表 8-1　路基填料最小强度要求

填挖类型		路面底面以下深度(m)	填料最小强度(*CBR*)(%)		
			高速公路、一级公路	二级公路	三、四级公路
填方路基	上路床	0～0.30	8	6	5
	下路床	0.30～0.80	5	4	3
	上路堤	0.80～1.50	4	3	3
	下路堤	1.50 以下	3	2	2
零填及挖方路基		0～0.30	8	6	5
		0.30～0.80	5	4	3

注：①当路基填料的 *CBR* 值达不到表列要求时，可掺石灰或其他稳定材料处理。
②当三、四级公路铺筑沥青混凝土和水泥混凝土路面时，应采用二级公路的规定。

二、填挖方案

(一)路堤填筑

土质路堤(包括石质土)，按填土顺序可分为分层平铺和竖向填筑两种方案。分层平铺是基本的方案，如符合分层填平和压实的要求，则效果较好，且质量有保证，有条件时应尽量采用。竖向填筑是无法自下向上填筑的深谷、陡坡、断岩等路堤从路基一端或两端同时按横断面全部高度逐步推进填筑的方法。

分层平铺有利于压实，可以保证强度不同用土按规定层次填筑。分层填筑法又可分为水平分层填筑法和纵向分层填筑法两种。

水平分层填筑法是将路堤划分为若干水平层次，从最低层开始逐层向上填筑，每填一层，经压实达到压实度要求后，再进行下一层填筑。如图 8-1 所示。

纵向分层填筑法是将填土依纵坡方向分层，逐层向上填筑，如图 8-2 所示。此法较适于利用推土机从路堑取土填筑距离较短的路堤，填方侧可按要求开挖土质台阶，以提高路堤稳定性。

图 8-1　水平分层填筑法示意图

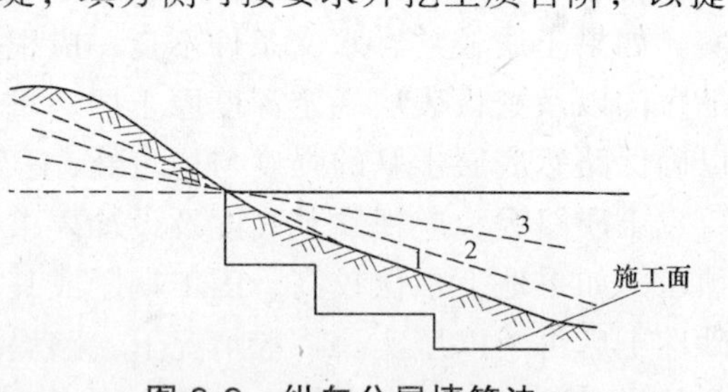

图 8-2　纵向分层填筑法

图 8-3 所示为不同用土的组合方案，其中正确方案的要点是：不同用土水平分层，以保证强度均匀；透水性差的用土，如黏性土等，一般宜填于下层，表面成双向横坡，有利于排除积水，防止水害；同一层次有不同用土时，接搭处成斜面，以保证在该层厚度范围内强度比较均匀，防止产生明显变形。不正确的方案主要是指未水平分层、有反坡积水、夹有冻土块和粗大石块以及有陡坡斜面等，其主要问题在于强度不均匀和排水

不利。此外，还应注意用土不含有害杂质(草木、有机物等)及未经处治的劣土(细粉土、膨胀土、盐渍土与腐殖土等)。桥涵、挡土墙等结构物的回填土，以砂性土为宜，防止不均匀沉降，并按有关操作规程回填和夯实。

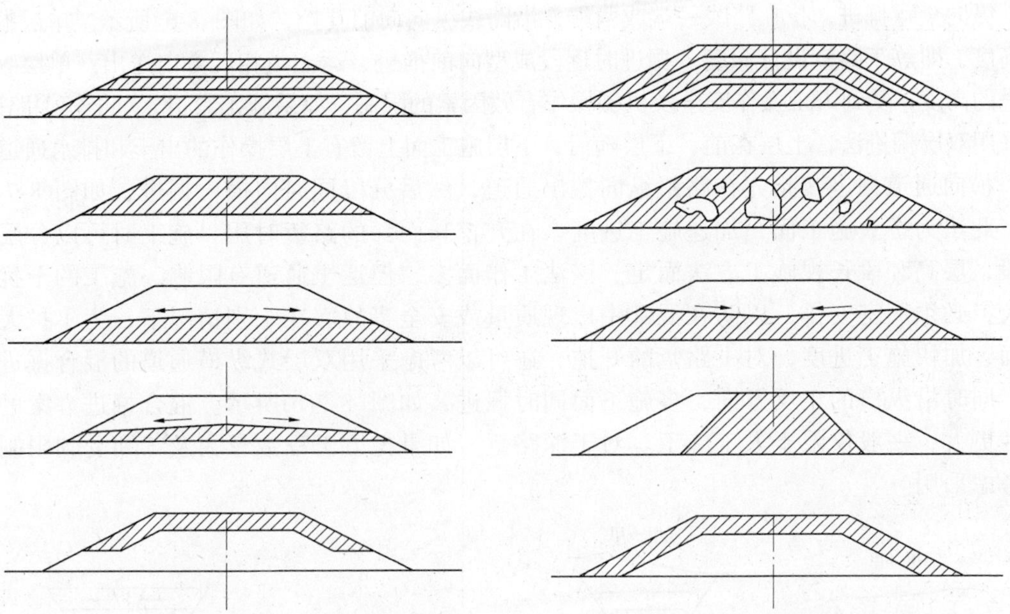

图 8-3　土路堤填筑方案示意图

竖向填筑，指沿路中心线方向逐步向前深填，如图 8-4 所示。路线跨越深谷或池塘时，地面高差大，填土面积小，难以水平分层卸土，以及陡坡地段上半挖半填路基，局部路段横坡较陡或难以分层填筑等，可采用竖向填筑方案。竖向填筑的质量在于密实程度，为此宜采取必要的技术措施。如选用振动式或锤式夯击机，选用沉陷量较小及粒径较均匀的砂石填料；路堤全宽一次成型；暂不修建较高级的路面，容许短期内自然沉落。此外，尽量采用混合填筑方案，即下层竖向填筑、上层水平分层，必要时可考虑参照地基加固的注入、扩孔或强夯等措施，以保证填土具有足够的密实度。

另外还有联合填筑法，指下层用竖向填筑法，上层用水平分层填筑法。在地形受限，堤身较高，自始至终使用竖向或水平分层填筑困难时使用，如图 8-5 所示。

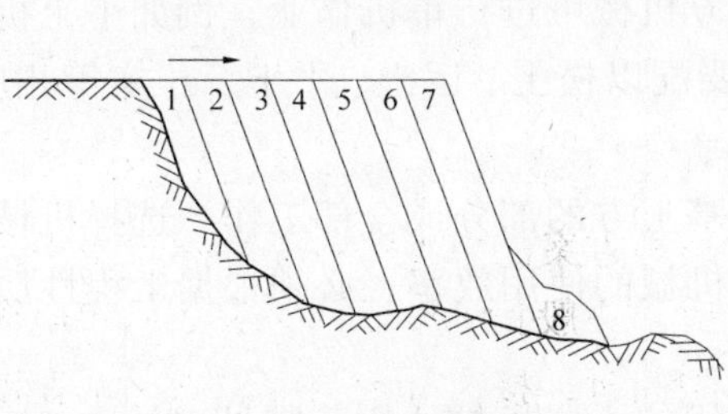

图 8-4　竖向填筑方案示意图

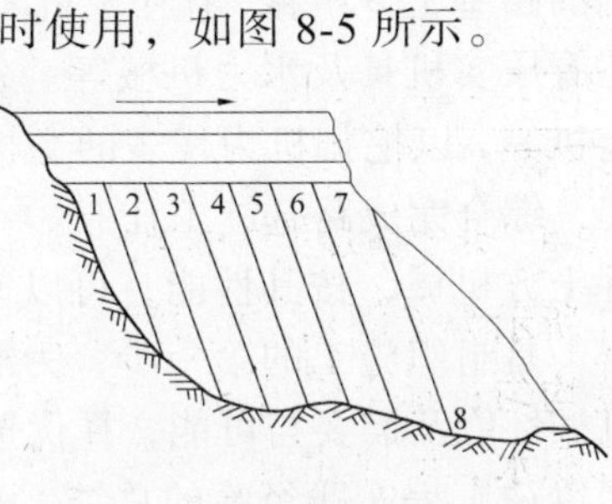

图 8-5　联合填筑法示意图

(二)路堑开挖

土质路堑开挖，根据挖方数量大小及施工方法的不同，按掘进方向可分为纵向全宽掘进和横向通道掘进两种，同时又可在高度上分单层或双层和纵横掘进混合等(以上掘进方向，依路线纵横方向命名)。

纵向全宽掘进，指在路线一端或两端，沿路线纵向向前开挖，如图 8-6 所示。单层掘进的高度，即等于路堑设计深度。掘进时逐段成型向前推进，运土由相反方向送出。单层纵向掘进的高度，受到人工操作安全及机械操作有效因素的限制，如果施工紧迫，对于较深路堑，可采用双层掘进法，上层在前，下层随后，下层施工面上留有上层操作的出土和排水通道。

横向通道掘进，指先在路堑纵向挖出通道，然后分段同时向横向掘进，如图 8-7 所示。此法为扩大施工面，加速施工进度，在开挖长而深的路堑时用。施工时可以分层和分段，层高和段长视施工方法而定。该法工作面多，但运土通道有限制，施工的干扰性增大，必须周密安排，以防在混乱中出现质量或安全事故。在个别情况下，为了扩大施工面，加快施工进度，对土路堑的开挖，还可以考虑采用双层式纵横通道的混合掘进方案，同时沿纵横的正反方向，多施工面同时掘进，如图 8-7(b)所示。混合掘进方案的干扰性更大，一般仅限于人工施工。对于深路堑，如果挖方工程数量大及工期受到限制时可考虑采用。

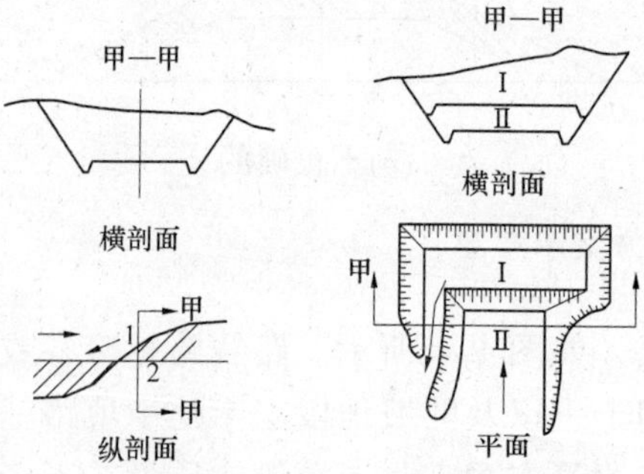

(a)单层　　(b)双层

图 8-6　纵向全宽掘进示意图

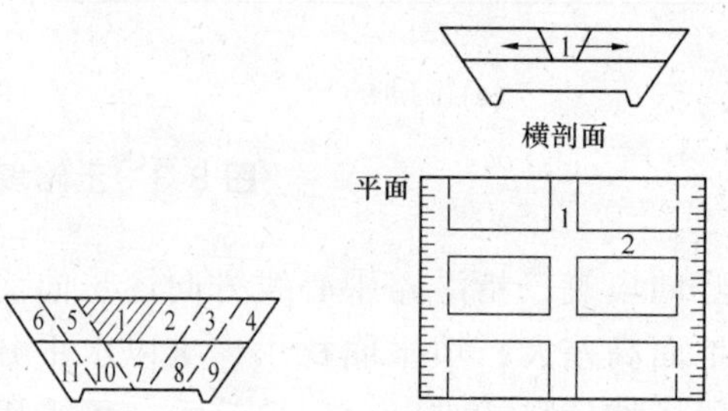

(a)双层横向　　(b)双层混合

图 8-7　横向和混合掘进示意图

三、机械化施工

常用的路基土方机械，有松土机、平土机、推土机、铲运机和挖掘机(配以汽车运土)，此外，还有压实机具及水力机械等。各种土方机械可进行单机作业，例如平土机、推土机及铲运机等；以挖掘机为代表的主机，需要配以松土、运土、平土及压实等相应机具，相互配套，综合完成路基施工任务。

各种土方机械，按其性能，可以完成路基土方的部分或全部工作。选择机械种类和操作方案，是组织施工的第一步，为能发挥机械的使用效率，必须根据工程性质、施工条件、机械性能及需要与可能，择优选用。

根据以往工程实践经验的总结，几种常用的土方机械适用范围见表 8-2；按施工条件选择土方机械时，则可参考表 8-3。

表 8-2 常用土方机械适用范围

机械名称	适用的作业项目		
	施工准备工作	基本土方作业	施工辅助作业
推土机	1.修筑临时道路； 2.推倒树木，拔除树根； 3.铲草皮，除积雪及建筑碎屑； 4.推缓陡坡地形，整平场地； 5.翻挖回填井、坑、陷穴、坟	1.高度 3 m 以内的路堤和路堑土方； 2.运距 100 m 以内土的挖、填与压实； 3.傍山坡挖填结合路基土方	1.路基缺口土方的回填； 2.路基粗平，取弃土方的整平； 3.填土压实，斜坡上挖台阶； 4.配合挖掘机与铲运机松土、运土
铲运机	1.铲运草皮 2.移运孤石	运距 600 ~ 700 m 以内的挖土、运土、铺平与压实(高度不限)	1.路基粗平； 2.借土坑与弃土堆整平
自动平地机	除草、除雪、松土	修筑高 0.75 m 以内路堤与深 0.6 m 以内路堑，以及填挖结合路基的挖、运、填土	开挖排水沟，平整路基，修整边坡
松土机	翻松旧路面、清除树根与废土层、翻松硬土		1.Ⅲ ~ Ⅳ类土的翻松； 2.破碎 0.5 m 内的冻土层
挖掘机		1.半径 7 m 以内的挖土与卸土； 2.装土供汽车远运	1.挖沟槽与基坑； 2.水下捞土(反向铲土等)

表 8-3 选择土方机械的施工条件

路基形式及施工方法	填挖高度(m)	土方移运水平直距(m)	主要施工机械名称	辅助机械	机械施工运距(m)	最小工作地段长度(m)
(一)路堤						
路侧取土	<0.75	<15	自动平土机			300 ~ 500
路侧取土	<3.00	<40	80 马力推土机		10 ~ 40	—
路侧取土	<3.00	<60	100 ~ 140 马力推土机	80马力推土机	10 ~ 60	—
路侧取土	<6.00	20 ~ 100	6 m^3 拖式铲运机		80 ~ 250	50 ~ 80
路侧取土	>6.00	50 ~ 200	6 m^3 拖式铲运机		250 ~ 500	80 ~ 100
远运取土	不限	<500	6 m^3 拖式铲运机		<700	>50 ~ 80
远运取土	不限	500 ~ 700	9 ~ 12 m^3 拖式铲运机		<1 000	>50 ~ 80
远运取土	不限	>500	9 m^3 自动铲运机		>500	>50 ~ 80
远运取土	不限	>500	自卸汽车运土		>500	(5 000 m^3)
(二)路堑						
路侧弃土	<0.60	<15	自动平土机			300 ~ 500
路侧弃土	<3.00	<40	80 马力推土机		10 ~ 40	—
路侧下坡弃土	<4.00	<70	100 ~ 140 马力推土机	80马力推土机	10 ~ 70	—
路侧弃土	<6.00	30 ~ 100	6 m^3 拖式铲运机		100 ~ 300	50 ~ 80
路侧弃土	<15.0	50 ~ 200	6 m^3 拖式铲运机		300 ~ 600	>100
路侧弃土	>15.0	>100	9 ~ 12 m^3 拖式铲运机		<1 000	>200
纵向利用	不限	20 ~ 70	80 马力推土机		20 ~ 70	—
纵向利用	不限	<100	100 ~ 140 马力推土机		<100	—
纵向利用	不限	40 ~ 600	6 m^3 拖式铲运机		80 ~ 700	>100
纵向利用	不限	<800	9 ~ 12 m^3 拖式铲运机		<1 000	>100
纵向利用	不限	>500	9 m^3 自动铲运机		>500	>100
纵向利用	不限	>500	自卸汽车运土		>500	(5 000 m^3)
(三)半填半挖横向利用	不限	<60	80 ~ 140 马力斜角推土机	1	10 ~ 60	—

注：①表中均指Ⅰ~Ⅱ类土，土质坚硬时应先用松土机将土疏松；②1 马力=735.499 W。

各种机具设备，均有其独特性能和操作技巧，应配有专职人员使用与保养，严格执行操作规程。从整个施工组织管理以及指挥调度方面而言，组织机械化施工，应注意以下几点：

(1)建立健全施工管理体制与相应组织机构。一般宜成立专业化的机械施工队伍，以便统一经营管理，独立经济核算。

(2)对每项路基工程，应有严密的施工组织计划，并合理选择施工方案，在服从总的调度计划安排下，各作业班组或主机，均编制具体计划。在综合机械化施工中，尤其是要加强作业计划工作。

(3)在机具设备有限制的条件下，要善于抓重点，兼顾一般。所谓重点，是指工程重点，在网络计划管理中，重点就是关键线路；在综合机械化作业中，重点就是主机的生产效率。

(4)加强技术培训，坚持技术考核，开展劳动竞赛，鼓励技术革新，实行安全生产、文明施工，把提高劳动生产率、节省能源、减少开支等指标具体化、制度化。

以上几点，对非机械化施工、整个路基工程及公路施工均具有普遍指导意义，综合机械化作业具有更重要的指导意义。

第三节　路基压实

一、路基压实的意义与机制

路基施工破坏土体的天然状态，致使结构松散，颗粒重新组合。为使路基具有足够的强度与稳定性，必须予以压实，以提高其密实程度。所以路基的压实工作，是路基施工过程中的一个重要工序，亦是提高路基强度与稳定性的根本技术措施之一。

土是三相体，土粒为骨架，颗粒之间的孔隙为水分和气体所占据。压实的目的在于使土粒重新组合，彼此挤紧，孔隙缩小，土的单位重量提高，形成密实整体，最终使强度增加，稳定性提高。这一点已为无数试验与实践反复证明。

路基压实的意义：

(1)提高密实度(孔隙减小，增大内摩力和黏聚力)。

(2)降低土体透水性。

(3)减少毛细水上升高度以防止水分积聚导致土基软化或因冻胀引起的不均匀变形。

(4)大量试验和工程实践还证明，土基压实后，路基的塑性变形、渗透系数、隔温性能等均有明显改善。

二、影响压实效果的主要因素

土的压实过程和压实的效果受多种因素的影响，弄清这些影响因素，对深入了解压实的原理和指导压实工作具有重要意义。

对于具有塑性的土，影响压实效果的因素有内因和外因两方面，内因主要是指含水量和土的性质，外因是指压实功能、压实机具和压实方法等。

(一)含水量对压实的影响

通过击实试验可以得到土的含水量与密实度关系曲线，如图 8-8 所示。以干密度作为表征土密实度的指标，在同等压实功作用下，一定含水量之前土的干密度随含水量增加而提高，这主要是因为水在土颗粒之间起润滑作用，土粒间阻力减小，压实时土粒易于移动挤紧，孔隙减小，干密度得以提高。干密度达到最大值后，含水量再继续增大，土中孔隙被过多的水所占据，含水量愈大，占的体积愈多，压实时水不能压缩，更不易被挤出，而水的密度较土颗粒低，因此土的干密度随含水量的增加而降低。通常某种土在一定压实功条件下干密度的最大值称为最大干密度，相应的含水量称为最佳含水量。压实时如控制土的含水量为最佳含水量，则压实效果最好，耗费的压实功最经济。

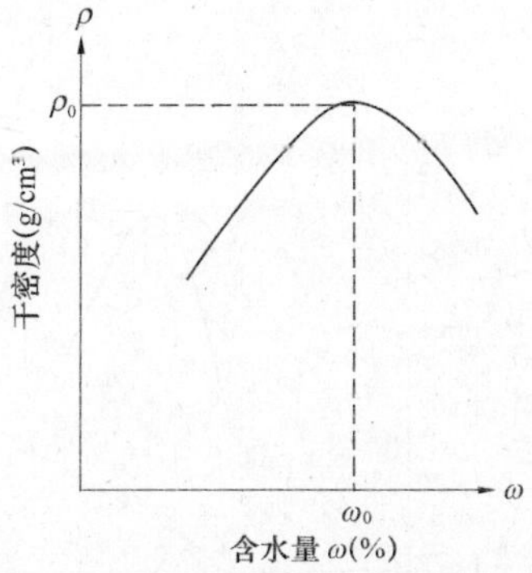

图 8-8　土的含水量与干密度关系曲线

试验结果说明，只有在最佳含水量时压实到最大干密度的土体，在遇水饱和后其密实度和强度下降的幅度最小，因此其水稳定性最好。这是由于在最佳含水量时压实到最大干密度的土体其剩余孔隙最小，当受水浸时其吸水量最小，密实度下降也最少。

现行路面设计方法中是以弹性模量(回弹模量)作为土基的强度指标，但在土基压实时不用强度指标来控制压实，而采用干密度来控制土基的压实工作，主要是因为低于最佳含水量时土的强度指标可能达到较高值，但一旦浸水，强度就随之有所降低。

综上所述，含水量是影响压实效果的决定性因素，在最佳含水量时，最容易获得最佳的压实效果；在最佳含水量条件下压实到最大干密度的土体，强度相对最高，水稳定性最好；土的最佳含水量由规定的击实试验确定。

(二)土质对压实的影响

不同土质对压实效果影响亦大，一般说来，不同的土类有不同的最佳含水量及最大干密度，如图 8-9 所示。分散性(液限、黏性)较高的土，其最佳含水量值较高，而最大干密度值较低。这是因为土颗粒愈细，比表面积愈大，颗粒表面的水膜愈多，另外，还由于黏土中含有亲水性较高的胶体物质。对于砂土，因其颗粒粗呈松散状态，水分易散失，所以最佳含水量的概念对它没有多大的实际意义。

(三)压实功能对压实的影响

压实功能是指压实作用力的大小，如压实机具的重量、碾压次数、锤或夯板的重量和落差、锤击次数等。压实功能对压实效果的影响是除含水量以外的另一重要因素。由试验可得在不同压实功能下土的含水量与干密度关系曲线如图 8-10 所示。图中的曲线表明，同一种土，压实功能越大，土的最大干密度越大，而对应的土的最佳含水量则越小。在相同含水量条件下，压实功能越高，土的密实度越大。施工中用增加压实功(增加碾压遍数)以提高土基密实度的办法，其作用有一定的限度，即当压实功增加到一定程度后，土的密实度并不随压实功的增加而有显著提高，且不经济，甚至功能过大，破坏土基结构，效果适得其反。因此，在施工现场应严格要求，使土的含水量尽可能接近最佳含水量，以便更经济地达到要求的压实密度。

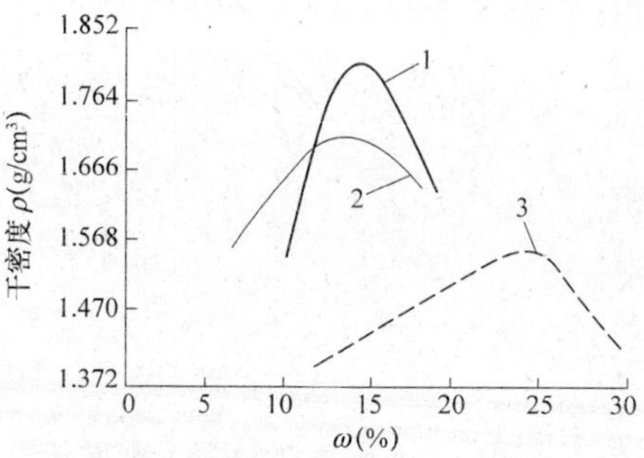

图 8-9　几种土质的压实曲线图

1—亚砂土；2—亚黏土；3—黏土

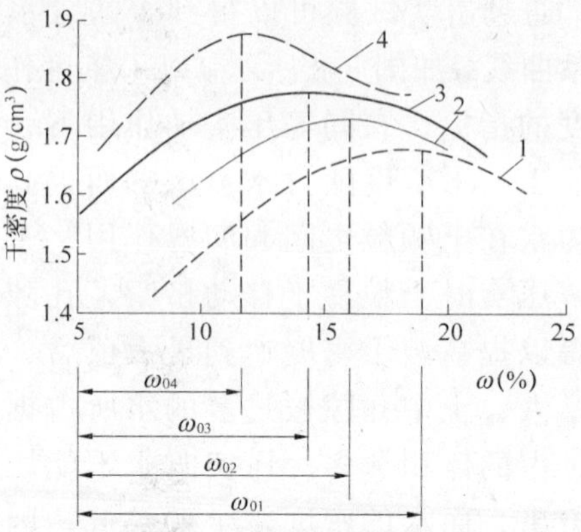

图 8-10　不同压实功的压实曲线

图中 1、2、3、4 曲线的压实功分别为 600、1 150、2 300、3 400 kN · m

(四)压实工具和压实方法对压实的影响

压实工具不同，压力传布的作用深度也不同。夯击式机具作用深度最大，振动式次之，静力碾压式最浅。压实后土体表层密实度最高，随深度增加密实度递减。因此，随压实工具的不同，分层压实时的土层厚度亦不同。

压实时荷载作用时间越长，土的密实度越高，但密实度的增长速度随时间增加而减小。因此，压实机具应低速行驶，以获得较好的压实效果。

(五)压实厚度对压实的影响

压实厚度对压实效果具有明显影响。相同压实条件下(土质、湿度与压实功不变)，实测土层不同深度的密实度(γ或压实度)得知，密实度随深度递减，表层 5 cm 最高。不同压实工具的有效压实深度有所不同，根据压实工具类型、土质及土基压实的基本要求，路基分层压实的厚度有具体数值规定。一般情况下，夯实不宜超过 20 cm，12 ~ 15 t 光面压路机不宜超过 25 cm，振动压路机或夯击机宜以 50 cm 为限。实际施工时的压实厚度应通过现场试验确定合适的摊铺厚度。

三、土基压实标准

压实的目的既然是使土体呈密实状态，因此密实度应该是土基压实的重要指标。

土基野外施工，受各种条件限制，不能达到室内标准击实试验所得的最大干容重γ_0，因此干容重应予适当降低。令工地实测干容重为γ，它与γ_0值之比的相对值称为压实度 K，已知γ_0值，规定压实度 K，则工地实测干容重γ值应符合下列要求：

$$\gamma = K \cdot \gamma_0 \tag{8-1}$$

压实度 K 就是现行规范规定的路基压实标准。正确选定 K 值，关系到土路基受力状态、路基路面设计要求、施工条件，必须兼顾需要与可能，讲究实效与经济。

路基表层承受行车作用力最大，由顶部向下受力急剧减小，在一般汽车荷载情况下，其影响深度 Z=1.0 ~ 2.0 m，Z 更大时路基主要承受路基本身重量。因此，路基填土的压实度应是由下而上逐渐提高标准。路面等级越高，对路基强度要求相应增大；自然条件越差，对路基的强度与稳定性越不利；路基挖填不同，对于路基的强度与稳定性亦有关系。基于上述分析，现行《公路路基设计规范》(JTG D30—2004)中规定的路基压实度 K 见表 8-4。

表 8-4　土质路基压实度标准

填挖类型		路面底面以下深度(m)	压实度(%)		
			高速公路、一级公路	二级公路	三、四级公路
填方路基	上路床	0 ~ 0.30	≥96	≥95	≥94
	下路床	0.30 ~ 0.80	≥96	≥95	≥94
	上路堤	0.80 ~ 1.50	≥94	≥94	≥93
	下路堤	1.50 以下	≥93	≥92	≥90
零填及挖方路基		0 ~ 0.30	≥96	≥95	≥94
		0.30 ~ 0.80	≥96	≥95	—

注：①表列压实度系按《公路土工试验规程》(JTJ 051)中重型击实试验法求得的最大干密度的压实度。
②当三、四级公路铺筑沥青混凝土和水泥混凝土路面时，应采用二级公路的规定值。
③路堤采用特殊填料或处于特殊气候地区时，压实度标准可根据试验路的状况在保证路基强度要求的前提下适当降低。

土质路基的压实度试验方法可采用灌砂法、环刀法、灌水法(水袋法)或核子密度湿度仪法。采用核子密度湿度仪法时，应先进行校正和对比试验。

四、机具选择与操作

压实机具的选择，以及合理的操作，亦是影响土基压实效果的另一些综合因素。

土基压实机具的类型较多，大致分为碾压式、夯击式和振动式三大类型。碾压式(又称静力碾压式)，包括光面碾(普通的两轮和三轮压路机)、羊足碾和气胎碾等几种。夯击式中除人工使用的石硪、木夯外，机动设备中有夯锤、夯板、风动夯及蛙式夯机等。振动式中有振动器、振动压路机等。此外，运土工具中的汽车、拖拉机以及土方机械等，亦可用于路基压实。

不同压实机具，适用于不同土质及不同土层厚度等条件，这亦是选择压实机具的主要依据，表 8-5 所列是几种常用机具的一般技术特性。正常条件下，对于砂性土的压实效果，振动式较好，夯击式次之，碾压式较差；对于黏性土，则宜选用碾压式或夯击式，振动式较差甚至无效。不同压实机具，在最佳含水量条件下，适应于一定的最佳压实厚度以及通常的压实遍数。表 8-6 是各种土质适宜的碾压机械的建议。

压实机具对土施加的外力应有所控制，以防压实功太大而导致压实过度，并防失效、浪费或有害。一般认为，压实时的单位压力不应超过土的强度极限。不同土的强度极限，与压实机具的重量、相互接触面积、施荷速度及作用时间(遍数)等因素有关。

表 8-5　压实机具的技术性能

机具名称	最大有效压实厚度(实厚)(m)	碾压行程次数				适宜的土类
		黏性土	亚黏土	粉砂土	砂黏土	
人工夯实	0.10	3 ~ 4	3 ~ 4	2 ~ 3	2 ~ 3	黏性土与砂性土
牵引式光面碾	0.15	—	—	7	5	黏性土与砂性土
羊足碾(2 个)	0.20	10	8	6	—	黏性土
自动式光面碾 5 t	0.15	12	10	7	—	黏性土与砂性土
自动式光面碾 10 t	0.25	10	8	6	—	黏性土与砂性土
气胎路碾 25 t	0.45	5 ~ 6	4 ~ 5	3 ~ 4	2 ~ 3	黏性土与砂性土
气胎路碾 50 t	0.70	5 ~ 6	4 ~ 5	3 ~ 4	2 ~ 3	黏性土与砂性土
夯击机 0.5 t	0.40	4	3	2	1	砂性土
夯击机 1.0 t	0.60	5	4	3	2	砂性土
夯板 1.5 t(落高 2 m)	0.65	6	5	2	1	砂性土
履带式	0.25	6 ~ 8		6 ~ 8		黏性土与砂性土
振动式	0.40	—		2 ~ 3		砂性土

表 8-6　各种土质适宜的碾压机械

机械名称	土的分类				备注
	细粒土	砂类土	砾石土	巨粒土	
6 ~ 8 t 两轮光轮压路机	A	A	A	A	用于预压整平
12 ~ 18 t 两轮光轮压路机	A	A	A	B	最常使用
25 ~ 50 t 轮胎压路机	A	A	A	A	最常使用
羊足碾	A	C 或 B	C	C	粉黏土质砂可用
振动压路机	B	A	A	A	最常使用
凸块式振动压路机	A	A	A	A	最宜使用含水量较高的细粒土
手扶式振动压路机	B	A	A	C	用于狭窄地点
振动平板夯	B	A	A	B 或 C	用于狭窄地点机械质量 800 kN 的可用于巨粒土
夯锤(板)	A	A	A	B	用于狭窄地点
推土机，铲运机	A	A	A	A	仅用于摊平土层和预压

注：①表中符号：A 代表适用，B 代表无适当机械时可用，C 代表不适用。

②土的类别按《公路土工试验规程》（JTG E40—2007）的规定划分。

③对特殊土和黄土(CLY)、膨胀土(CHE)、盐渍土等的压实机械选择可按细粒土考虑。

④自行式压路机宜用于一般路堤路堑基底的换填等的压实，宜采用直线式进退运行。

⑤羊足碾(包括凸块碾、条式碾)应有光轮压路机配合使用。

实践经验证明，土基压实时，在机具类型、土层厚度及行程遍数已经选定的条件下，压实操作时宜先轻后重、先慢后快、先边缘后中间(超高路段时，则宜先低后高)。压实时，相邻两次的轮迹应重叠轮宽的三分之一，保持压实均匀，不漏压，对于压不到的边角，应辅以人力或小型机具夯实。在压实全过程中，经常检查含水量和密实度，以达到符合规定压实度的要求。

五、公路桥头跳车的防治措施

公路桥头跳车是指公路桥头处出现了不同高低的台阶。一般来说，台阶是指桥(含)

台和路堤连接处沉降高差达到了 1 cm 以上，已经使行车产生了明显的颠簸不适。这些台阶，轻者使车辆通过时产生跳动和冲击，从而对桥梁和路面造成附加的冲击荷载，并使司乘人员感到颠簸不适；重者则使通过的车辆大幅度减速，有的甚至造成行车事故，从而影响公路的正常运营。因此，对桥头跳车产生的原因进行分析，进而提出防治措施是很有必要的。

(一)桥头跳车台阶产生的主要原因

(1)地基强度不同。桥涵、通道与路基大都是同年平行进行施工的，桥涵是刚性体，其地基强度一般都有较高的要求，并进行加固处理，沉降较小或不沉降(岩石地基)。而台后填方段地基未进行加固处理，从而使桥台和台后填方之间产生差异沉降变形，以致形成台阶。

(2)设计不当。设计人员有时对施工过程中如何便于碾压考虑不周，对填料的要求不严格，台背排水考虑欠佳。

(3)台后填料不当。施工时对桥台台后的回填土未能慎重考虑，施工人员用料不当、控制不严，未能达到设计要求。特别需要指出的是，施工不良比材料不良更易造成构造物台后填土的下沉。

(4)台后压实不足。铺筑层超厚，不能很好地控制台背填土的压实度，致使填料压实度不满足设计和规范要求，使填方体产生竖向固结变形，形成较大的工后沉降，在台背与路基连接部造成沉陷形成台阶。

(5)填土范围控制不当，台背填土与路基衔接面太陡。

(6)地基浸水软化。软土地基、湿陷性黄土地基浸水等造成路基沉降。

(二)预防措施

(1)为消除桥台和台后填方段的差异沉降变形，可对地基进行加固，尤其是特殊地基。根据具体的地层情况设计地基加固方案，使台后填方路段的地基沉降变形与桥台地基沉降变形保持一致。

(2)台背回填前基底应严格按规范要求夯实，配合小型机具对压路机碾压不到位的死角、与构筑物的结合部进行夯实。台背回填应根据施工作业面窄小的特点，选择小型振动压路机或其他适宜的压实机具。分层填筑，控制最佳含水量和铺筑层厚，确保压实度符合标准要求。

(3)填料优先选用砂类土或透水性土，当采用非透水性土时应适当增加石灰、水泥等稳定剂，改善处理。填料的施工层厚度，以压实后小于 20 cm 为宜。

(4)按规范要求确定台后填土范围，避免台背填土与路基衔接面陡峭。

(5)中小桥宜采用先填筑路基，后施工挡土构筑物的工艺。

(6)采取有效措施，确保边坡稳定。

(7)对于高填方台背，路基填筑完毕，可在其顶部进行强夯追密。

(8)考虑用土工格栅在土中分层铺筑并与台背混凝土锚固。

(9)在路堤和桥涵结构物的连接段上设置一定长度的过渡段。可考虑在桥涵两端陆地的施工时在一定长度范围内设过渡性路面(该长度可与陆地高度成正比)，待路堤沉降基本完成后改铺原设计的路面，该措施对水泥混凝土路面比较合适；或者设置搭板使柔性结构路段产生的较大沉降通过搭板逐渐过渡至桥涵构造物上，长度从 3 m 至 8 m 不等。还可在搭板的端部设置宽 0.4 m、深 1 m 的水泥稳定砂砾枕梁，这样使用效果更好。

第四节　石方爆破

在山区或某些丘陵地区修筑路基时，常需挖掘岩石。岩石的开挖，除用机械或人工直接开挖的软石和强风化岩石外，均应采用爆破方法。路基石方爆破作业包括以下步骤：

(1)对预定要开挖的路基断面，提出爆破方案，确定爆破方法，选择药包位置，并清除覆盖土及松散石层，对爆破器材进行检查与试验。

(2)钻炮孔或挖导洞和药室。

(3)在炮孔或药室内装填炸药和安置起爆材料，并加以堵塞，敷设起爆网路。

(4)设置警戒，撤离人员，用点火或通电等使炸药爆炸(起爆)。

(5)处理瞎炮，解除警戒，用各种机具清除岩石碎块(清方)，测定爆破效果。

(6)反复施行爆炸，直到形成整个路基。

一、爆炸材料

炸药的种类繁多，爆破工程中常用的可分为以下两类。

(一)起爆炸药

起爆炸药是一种爆炸速度极高的烈性炸药，爆速可达 2 000 ~ 8 000 m/s，用以制造雷管。起爆炸药又可分为正起炸药和副起炸药。正起炸药对热能和机械冲击能均具有强烈的敏感性，如雷汞、叠氮铅、黑索金、泰安等；副起炸药须由正起炸药起爆，其爆速甚高，可加强雷管的起爆能量，如三硝基甲硝胺、四硝化戊四醇等。

(二)主要炸药

用以对岩石或其他介质进行爆炸的炸药称为主要炸药，它的敏感性较低，要在起爆炸药强力的冲击下才能爆炸。道路工程中常用的主要炸药的成分和性能如下：

(1)黑色炸药。它是由硝酸钾(或硝酸钠)、硫磺及木炭所组成的混合物，其配合比以 75：10：15 为最佳。好的黑色炸药为深灰色的颗粒，不沾污手。并且，对火星和碰击极敏感，易燃烧爆炸，怕潮湿，威力低，适用于开采石料。

(2)梯恩梯(三硝基甲苯)。它呈结晶粉末状，淡黄色，压制后呈黄色，熔铸块呈褐色，不吸湿，爆炸威力大。但本身含氧不足，爆炸时产生有毒的一氧化碳(CO)气体，不宜用于地下作业。

(3)胶质炸药。它是由硝化甘油和硝酸铵(有时用硝酸钾或硝酸钠)的混合物，另加入一些木屑和稳定剂制成的。它可分为耐冻、非耐冻两种。工业上常用的是硝化甘油及二硝化乙二醇含量各为 62%和 35%的耐冻胶质炸药。它对冲击、摩擦和火星都很敏感，如果湿度较高或储存时间过久，容易分解、渗油和挥发。此时对外界的作用更敏感，受冻后尤其危险，它是一种危险性较大的炸药。但胶质炸药威力大，不吸湿，有较大密度和可塑性，适合于水下和坚石中使用。

(4)硝铵炸药。它是硝酸铵、梯恩梯和少量木粉的混合物。道路工程中常用的 2 号岩石硝铵炸药其配合比例为 85 : 11 : 4，具有中等威力和一定的敏感性，在 8 号雷管的作用下可以充分起爆，是安全的炸药。但是它有吸湿性与结块性，受潮后敏感性和威力显著降低，同时产生毒气。规程中规定，用于地下爆破时其含水率应小于 0.5%，露天应小于 1.5%，若含水率超过 3%，则可能拒爆。

(5)铵油炸药。它是硝酸铵(NH_4NO_3)和柴油(或加木粉)的混合物，通常二者的比例为 94.5 : 5.5，当加木粉时，其比例为 92 : 4 : 4。这是一种廉价、安全、制造简单、威力比硝铵炸药略低、敏感性低的炸药。它具有结块性和吸湿性，使用时不能直接以 8 号雷管起爆，须同时用 10%的硝铵炸药作起爆体，才能使其充分起爆。工地就地拌制的铵油炸药，单价较便宜，目前在爆破中应用较多。

(6)浆状炸药。它是以硝酸铵、梯恩梯(或铝、镁粉)和水为主混合而成的一种浆糊状炸药，它的威力大，抗水性强，适用于深孔爆破，但需烈性炸药起爆。

(7)乳化油炸药。它是以硝酸铵、硝酸钠、高氯酸钠等水溶液，石蜡、柴油和失水山梨醇单油酸脂的乳化剂，以及含有微小气泡的物质如空心玻璃微球或膨胀珍珠岩等，混合而成的一种乳胶状抗水炸药，具有中等威力，8 号雷管可以直接起爆。

二、起爆材料及其起爆方法

(一)雷管及电力起爆方法

雷管是常用的起爆材料，按照引爆方式分为火雷管和电雷管两种。电雷管又分为即发、延期及毫秒雷管。雷管外壳有纸、铜、铁等几种。工业上依雷管内起爆药量多少，分成 10 种号码，通常使用 6 号和 8 号两种。6 号雷管相当于 1 g 雷汞的装药量，8 号雷管相当于 2 g 雷汞的装药量。

雷管由雷管壳、正副装药、加强帽三部分组成。

火雷管与电雷管的不同之处，是在管壳开口的一端，火雷管留出 15 mm 左右的空隙端，以备导火索插入之用；而电雷管则有一个电气点火装置，并以防潮涂料密封端口。延期和毫秒电雷管的特殊点是在点火装置和正装药之间加了一段缓燃剂。

电气点火装置的构造，是在脚线(纱包绝缘铜线)的端部焊接一段高电阻的金属丝(一般为康铜丝，也有铬镍合金或铂铱合金丝)，称为电桥丝。电桥上滴上一滴引燃剂，通电时灼热的电桥就能点燃引燃剂，使电雷管的正副起爆药发火起爆。

(二)导火索及火花起爆法

导火索是点燃火雷管的配置材料，外形为圆形索线，索芯内有黑火药，中间有纱导线，芯外紧缠着一层纱包线或防潮剂。导火索的要求是燃烧完全，燃速恒定。根据使用的要求导火索的正常燃速为 100 ~ 120 m/s，缓燃导火索燃速为 180 ~ 210 m/s。

导火索在使用之前必须进行外观检查，不得有表层破损、折断、曲折、沾有油脂及涂料不均匀等情况，并应做燃速试验。

火花起爆法是利用导火索燃烧引爆雷管，从而使药包爆炸的一种起爆方法。

(三)传爆线及传爆线起爆方法

传爆线又称导爆线，其索芯用高级烈性炸药制成，内有双层棉织物，一层为防潮层，一层为缠绕着的纱线。为与导火索区别，表面涂成红色或红黄相间等色。我国制造的传爆线是用黑索金或泰安为索芯的，爆速为 6 800 ~ 7 200 m/s。

传爆线着火较困难，使用时须在药室外的一段传爆线上捆扎一个 8 号雷管来起爆，传爆网路与药包的联结方式有并联、串联、簇联等。

由于传爆线的爆速快，故在大量爆破的药室中，使用传爆线起爆可以提高爆破效果。但必须严格遵守安全规定。

(四)塑料导爆管非电起爆方法

塑料导爆管由高压聚乙烯制成内、外径分别约为 1.4 mm 和 3 mm 的软管，内涂有以奥克托金(Homocyclonite)或黑索金为主的混合炸药，药量为 14 ~ 16 mg/m。国产导爆管爆速为 1 600 ~ 2 000 m/s，可用雷管、导爆索、火帽、引火头等能产生冲击波的器材激发，很安全，可作为非危险品运输。一个 8 号雷管可激发 30 ~ 50 根导爆管。起爆网路与药包的联结方式有并联、串联、簇联和复式联结法等。该起爆方法具有抗杂电、操作简单、使用安全可靠、成本较低等优点，有逐渐替代导火索和导爆索起爆法的趋势。

三、药包计算原理

(一)药包的爆破作用

药包的爆破作用圈如图 8-11 所示，有药包、压缩圈、抛掷圈、松动圈和振动圈。

药包埋置深度大于松动圈半径时，爆破后地表没有破坏迹象，称为内部爆破；当药包埋置深度小于松动圈半径但大于抛掷圈半径时，爆破后地表的岩石只破碎和松动，称为松动爆破；当药包埋置深度小于抛掷圈半径时，爆破后部分碎块会被抛出，称为抛掷爆破。

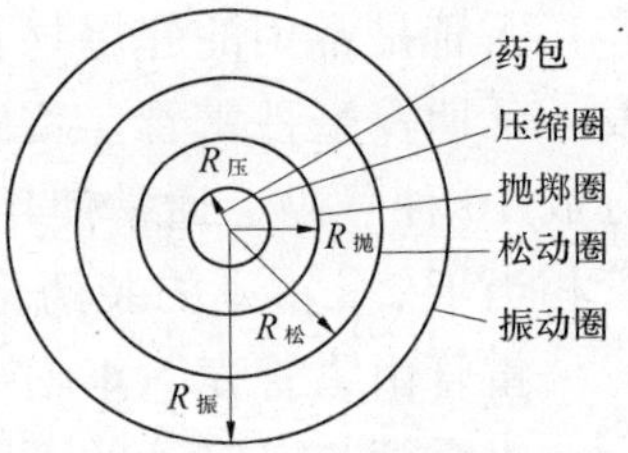

图 8-11　爆破作用圈示意图

(二)药包各参数的计算方法

药包装药量按下式计算：

$$Q=qV \tag{8-2}$$

式中　Q——药包装药量，kg；

V——该药包所需爆破的岩土体积，m^3；

q——比例系数，即爆破单位体积岩土所消耗的炸药数量，简称单位耗药量，kg/m^3。

(1)在标准抛掷爆破中，爆破漏斗可看成倒置的正圆锥体，此时 $r=W$，则爆破漏斗体积为：

$$V=\pi r^2 W / 3 \approx W^3 \tag{8-3}$$

故得：

$$Q=q_0 W^3=eKW^3 \tag{8-4}$$

式中　q_0——形成标准抛掷漏斗时的单位耗药量，可通过工地试爆确定；

K——标准炸药的 q_0 值，一般工程爆破时可参照表 8-7 选用；

e——炸药换算系数，取决于炸药的威力，一般可按表 8-8 取用。

r——漏斗口半径；

W——最小抵抗线(药包中心到临空面的最短距离)。

表 8-7　标准炸药的 q_0 值

土石类别	松土	普通土	硬土、软石	次坚石	坚石
K (kg/m^3)	1.0~1.1	1.1~1.2	1.2~1.4	1.4~1.7	1.7~2.1

表 8-8　炸药换算系数

炸药名称	2 号岩石铵梯	铵油	62%耐冻胶质	黑火药	梯恩梯
e	1.0	1.05~1.10	0.88	1.7	0.86

(2)对于非标准抛掷爆破，公式中要引入药包性质指数 F：

$$Q=eKW^3F$$

$$F=f(n)=0.4+0.6n^3 \tag{8-5}$$

式中　n——爆破作用指数，$n=r/W$；

其他符号意义同前。

(三)影响爆破效果的因素

地形、地质条件、炸药性能和施工情况等对爆破效果都有影响，其中以地形和地质条件的影响最大。

四、综合爆破方法

综合爆破是根据石方的集中程度，地质、地形条件，公路路基断面的形状，结合各种爆破方法的最佳使用特性，因地制宜，综合配套使用的一种比较先进的爆破方法。其一般包括小炮和洞室炮两大类。小炮主要包括钢钎炮、深孔爆破等钻孔爆破、药壶炮和猫洞炮；洞室炮则随药包性质、断面形状和微地形的变化而不同。用药量 1 t 以上为大炮，1 t 以下为中小炮。现将各种爆破方法在综合爆破中的作用与特性分述如下。

(一)钢钎炮(眼炮)

在路基工程中，钢钎炮通常指眼炮直径和深度分别小于 7 cm 和 5 m 的爆破方法。一般情况下，单独使用钢钎炮爆破石方是不大经济的，其原因是：炮眼浅，用药少，每次爆破的方数不多，并全靠人工清除，所以工效较低；不利于爆破能量的利用。由于眼浅，爆破时爆炸气体很容易冲出，变成不做功的声波，以致响声大而炸下的石方不多，个别石块飞得很远。因此，在公路工程中，应尽可能少用这种炮型。但是，由于它比较灵活，因而它又是一种不可缺少的炮型，在地形艰险及爆破量较小地段(如打水沟、开挖便道、基坑等)仍属必需，在综合爆破中是一种改造地形，为其他炮型服务的辅助炮型。

(二)深孔爆破

深孔爆破就是孔径大于 75 mm、深度 5 m 以上、采用延长药包的一种爆破方法。炮孔需用大型的潜孔凿岩机或穿孔机钻孔，如用挖运机械清方可以实现石方施工全面机械化，是大量石方(万方以上)快速施工的发展方向之一。其优点是劳动生产率高，一次爆破的方量多，施工进度快，爆破时对路基边坡的影响比大炮小。若配合预裂或光面爆破，则边坡平整稳定，爆破效果容易控制，爆破时比较安全。但由于需要用大型机械，故转移工地、开辟场地、修筑便道等准备工作都较复杂，且爆破后仍有 10%～25%的大石块需经第二次爆破改小。

进行深孔爆破，要求先将地面修成台阶，称为梯段。梯段的倾角最好为 60° ~ 75°，高度应在 5 ~ 15 m。炮孔分垂直孔和斜孔两种，如图 8-12 及图 8-13 所示，炮孔直径 D 一般为 80 ~ 300 mm，公路工程中以用 100 ~ 150 mm 为宜。超钻长度 h 大致是梯段高度的 10% ~ 15%。岩石坚硬者取大值。因此，

$$\left.\begin{aligned}&\text{垂直孔的深度} \quad l=H+h\\&\text{斜孔的深度} \quad l=H'+h\end{aligned}\right\} \tag{8-6}$$

$$\text{炮孔间距} \quad a=mW \tag{8-7}$$

$$\text{底板抵抗线} \quad W=D\sqrt{\frac{7.85\rho\tau l}{K'mH}} \tag{8-8}$$

式中 m——系数，0.6 ~ 1.4，通常取 0.7 ~ 0.85；

D——钻孔直径，m；

ρ——炸药密度，kg/m^3；

K'——单位耗药量，kg/m^3，$K'=\frac{1}{3}K$；

τ——深孔装药系数，当 $H<10$ m，$\tau=0.6$，$H=10 \sim 15$ m，$\tau=0.5$，$H=15 \sim 20$ m，$\tau=0.4$。

W 值确定后可按下式估算 L 值：

$$L=W-H\cot\alpha \tag{8-9}$$

式中 L——炮孔与梯段顶边缘的距离，为确保凿岩机作业的安全，此值应大于 2 ~ 3 m，否则需调整 W 值。

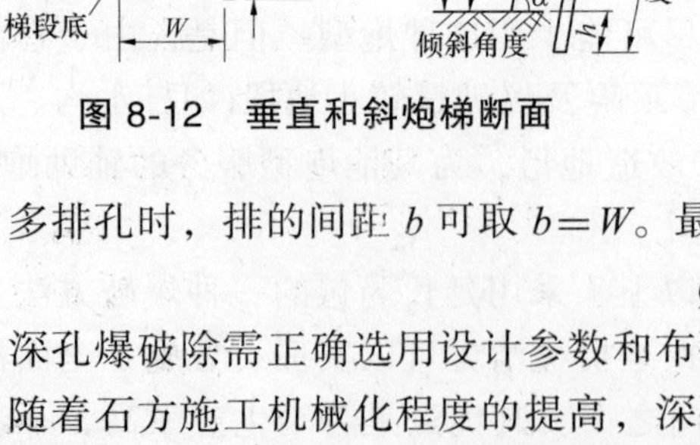

图 8-12　垂直和斜炮梯断面

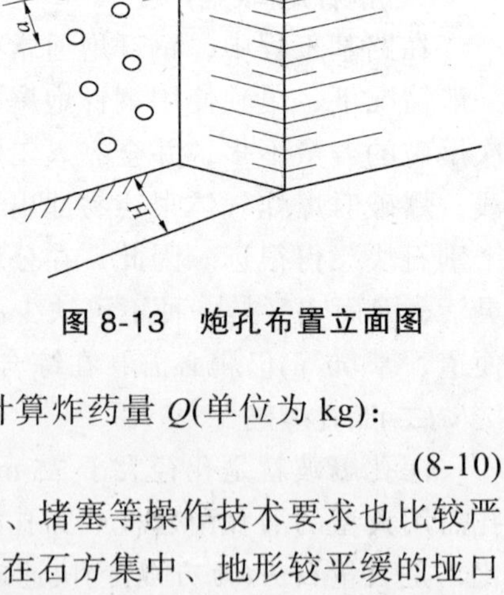

图 8-13　炮孔布置立面图

多排孔时，排的间距 b 可取 $b=W$。最后，按下式计算炸药量 Q(单位为 kg)：

$$Q=eK'WHa \tag{8-10}$$

深孔爆破除需正确选用设计参数和布孔外，对装药、堵塞等操作技术要求也比较严格。随着石方施工机械化程度的提高，深孔爆破已开始在石方集中、地形较平缓的垭口或深路堑中使用，并获得较好的效果。单位耗药量为 0.45 ~ 0.75 kg，平均每米钻孔爆落岩石 11 ~ 20 m^3。因此，在有条件时应尽可能采用这种爆破方法。

(三)微差爆破

两相邻药包或前后排药包以毫秒的时间间隔(一般为 15 ~ 75 ms)依次起爆，称为微差

爆破，亦称毫秒爆破。多发一次爆破最好采用毫秒雷管。当装药量相等时其优点是：可减震 1/3 ~ 2/3；前发药包为后发药包开创了临空面，从而加强了岩石的破碎效果；降低多排孔一次爆破的堆积高度，有利于挖掘机作业；由于逐发或逐排依次爆破，减少了岩石夹制力，可节省炸药 20%，并可增大孔距，提高每米钻孔的炸落方量。炮孔排列和起爆顺序，根据断面形状和岩性，有图 8-14 所示几种。多排孔微差爆破是浅孔深孔爆破发展的方向。

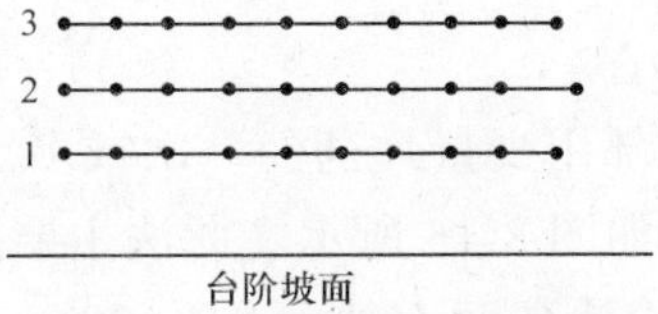

(a)直排依次顺序起爆法

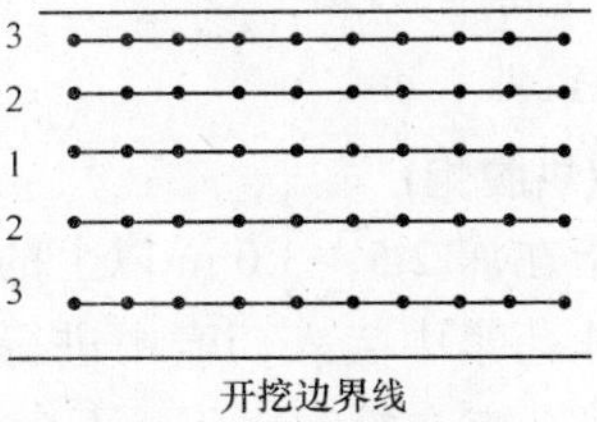

(b)直排中心掏槽起爆法

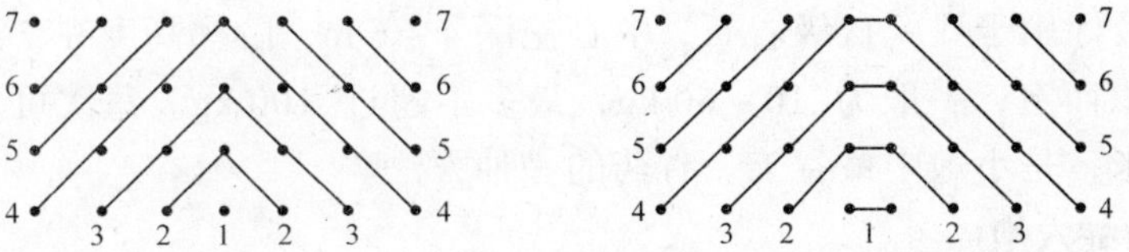

(c)V 形起爆网路

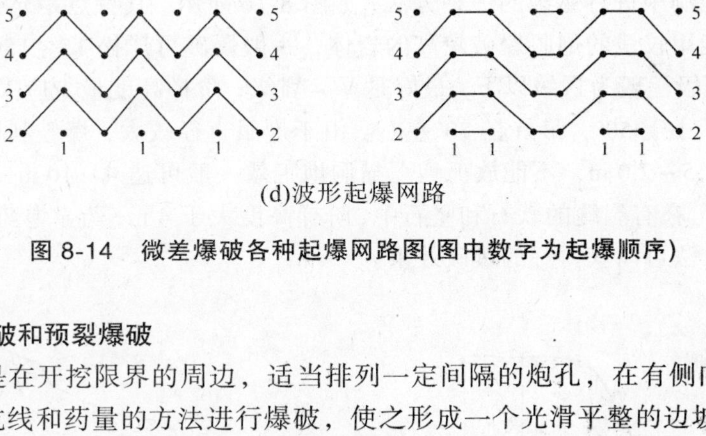

(d)波形起爆网路

图 8-14　微差爆破各种起爆网路图(图中数字为起爆顺序)

(四)光面爆破和预裂爆破

光面爆破是在开挖限界的周边，适当排列一定间隔的炮孔，在有侧向临空面的情况下，用控制抵抗线和药量的方法进行爆破，使之形成一个光滑平整的边坡。

预裂爆破是在开挖限界处按适当间隔排列炮孔，在没有侧向临空面和最小抵抗线的情况下，用控制药量的方法，预先炸出一条裂缝，使拟爆体与山体分开，作为隔震减震带，起保护和减弱开挖限界以外山体或建筑物的地震破坏作用。光面与预裂爆破后，在边坡壁上通常均留下半个炮孔的痕迹。

进行光面爆破或预裂爆破时，应严格保持炮孔在同一平面内，炮孔间距 a 和抵抗线 W 之比应小于 0.8。装药量应控制适当，并采用合理的药包结构，通常使炮孔直径大于药卷直径的 1 ~ 2 倍，或采用间隔药包、间隔钻孔装药。预裂炮的起爆时间在主炮之前，光面炮在主炮之后，其间隔时间可取 25 ~ 50 ms。同一排孔必须同时起爆，最好用传爆线起爆，否则会影响爆破质量。光面爆破和预裂爆破的主要设计参数归纳如下：

光面炮眼间距　　$a_1=16d$　　(8-11)

预裂炮眼间距　　$a_2=(8\sim12)d$　　(8-12)

光面炮眼抵抗线　　$W=1.33a_1=21.5d$　　(8-13)

装药密度　　$q'=9d^2$　　(8-14)

式中　d——钻孔直径，cm；

q'——每米钻孔装药量，kg；

a——炮孔间距，cm；

W——抵抗线，cm。

(五)药壶炮(烘膛炮)

药壶炮是指在深 2.5 ~ 3.0 m 以上的炮眼底部用少量炸药经一次或多次烘膛，使眼底成葫芦形，将炸药集中装入药壶中进行爆破，如图 8-15 所示。此法主要用于露天爆破，使用条件是：岩石应在Ⅺ级以下，不含水分，阶梯高度 H 小于 10 ~ 20 m，自然地面坡度在 70°左右。如果自然地面坡度较缓，一般先用钢钎炮切脚，炸出台阶后再使用。经验证明，药壶炮最好用于Ⅶ ~ Ⅸ级岩石，中心挖深 4 ~ 6 m，阶梯高度在 7 m 以下。装药量可根据药壶体积而定，一般为 10 ~ 60 kg，最多不超过 100 kg。每次可炸岩石数十立方米至数百立方米，是小炮中最省工、省药的一种方法。

(六)猫洞炮(蛇穴炮)

猫洞炮是指炮洞直径为 0.2 ~ 0.5 m，洞穴成水平或略有倾斜(台眼)，深度小于 5 m，用集中药包在炮洞中进行爆破的一种方法，如图 8-16 所示。其特点是充分利用岩体本身的崩塌作用，能用较浅的炮眼爆破较高的岩体，一般爆破可炸松 15 ~ 150 m^3。最佳使用条件是：岩石等级一般为Ⅸ级以下，最好是Ⅴ ~ Ⅶ级；阶梯高度最少应大于眼深的两倍，自然地面坡度不小于 50°，最好在 70°左右。由于炮眼直径较大，爆破利用率甚差，故炮眼深度应大于 1.5 ~ 2.0 m，不能放孤炮。猫洞炮工效一般可达 4 ~ 10 m^3，单位耗药量为 0.13 ~ 0.3 kg/m^3。在有裂缝的软石和坚石中，阶梯高度大于 4 m，药壶炮药壶不易形成时，采用这种爆破方法可以获得好的爆破效果。

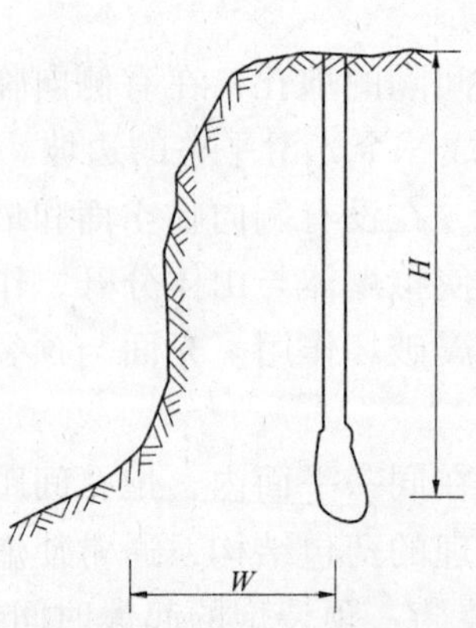

图 8-15　药壶炮

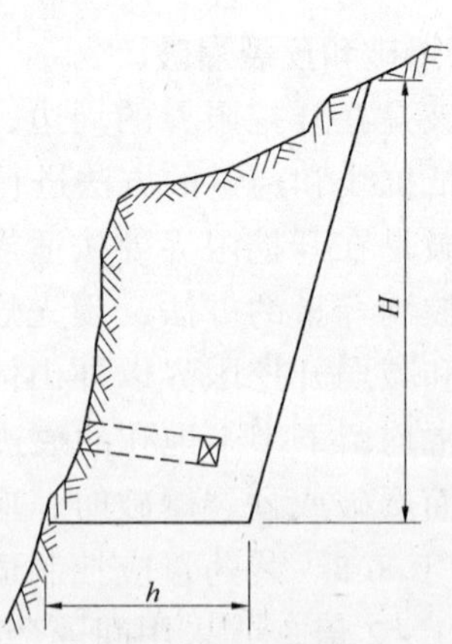

图 8-16　猫洞炮

(七)洞室炮

为使爆破设计断面内的岩体大量抛掷(抛坍)出路基，减少爆破后的清方工作量，保证路基的稳定性，可根据地形和路基断面形式，采用以下不同性质的洞室炮爆破法。

1.抛掷爆破

(1)平坦地形的抛掷爆破(亦称扬弃爆破)。自然地脉内坡角$\alpha<15°$，路基设计断面为拉沟路堑，石质大多是软石时，为使石方大量扬弃到路基两侧，通常采用稳定的加强抛掷爆破。抛掷率为55%~98%(n=1.5~2.2),一般在80%左右。根据经验，当n=2时(E=83%)，抛掷1 m^3岩石的耗药量为1.4~2.2 kg。炸药费用一般占总工程造价的80%左右，且爆后对路堑边坡的稳定性影响很大，故在公路工程中很少采用。

(2)斜坡地形路堑的抛掷爆破。自然地面坡角α在15°~50°，岩石也较松软时，可采用抛掷爆破。抛掷率一般设计在60%左右，根据地面坡度的不同，爆破作用指数在1~1.5，单位耗药量大于1 kg，炸药费用占整个工程造价的60%以上，对路堑边坡的稳定性有较大的影响。

2.斜坡地形半路堑的抛坍爆破

自然地面坡度大于 30°，地形地质条件均较复杂，临空面大时，宜采用这种爆破方法。在陡坡地段，岩石只要充分被破碎，就可以利用岩石本身的自重坍滑出路基，提高爆破效果。

抛坍爆破的抛坍率一般为45%~85%，单位耗药量为0.1~0.42 kg。炸药费用不到总造价的40%，而工效可达6~15 m^3/工日，比小炮工效高2~4倍，总的路基工程造价可降低16%以上，爆后路堑边坡稳定。

3.多面临空地形爆破

路线通过波浪起伏的峡谷或鸡爪地形地段，横切山包或山嘴时，临空面较多，有利于爆破。由于山包或山嘴的石质一般较周围岩体坚固完整，因此爆破后可获得较陡的稳定边坡。多面临空地形的爆破抛掷率(抛坍率)为60%~80%，单位耗药量为0.2~0.8 kg，工效为10~20 m^3/工日，最高可达70 m^3/工日，比小炮高6~15倍或更多，但工程造价只比小炮减少约5%。

4.定向爆破

这是利用爆破能将大量土石方按照指定的方向，搬移到一定的位置并堆积成路堤的一种爆破施工方法。它减少了挖、装、运、夯等工序，生产率极高。在公路工程中用于以借为填或移挖作填地段，特别是在深挖高填相间、工程量大的鸡爪形地区，采用定向爆破一次可形成百米甚至数百米路基。

5.松动爆破

大型松动爆破主要用于不宜采用抛掷爆破的次坚石、软石路基，或配合机械化清方的地段。在坚石中，宜采用深孔炮。

大型洞室爆破威力大、效率高，可以缩短工期，节约劳力，技术安全可靠性也大，但使用不当，则可能破坏山体平衡，造成路基后遗病害。使用时必须进行现场调查，摸清当地的工程地质条件及周围环境，通过技术经济比较来确定。

不宜进行大爆破的工程地质条件是：

(1)岩堆、滑坡体，坡顶上部堆积的覆盖层较厚而倾向路基的不良地区。

(2)断层破碎带，侵入体与围岩的接触带，节理破碎带，以及具有引起塌方的地质软弱面的地段。

(3)当软弱面通过路基的后方或下方时，爆破不易形成路基的地段。

(4)层理面、错动面以及其他构造软弱面，倾向路基，而其倾角大于临界倾角 B_0，并小于 50°，层面胶结不良的地段。

(5)山脊较薄，山后有良好临空面，不逸出半径可使整个山头破坏、引起塌方的地段。

(6)多组软弱面，形成塌方体的地段。

此外，对周围环境亦需考虑，如有良田、果树、重要建筑物等，在无法确保其安全时，不宜采用大爆破。

五、安全工作

进行路基石方爆破时需做好下列安全工作：

(1)进行爆破作业的有关人员，必须通过专业培训，持证上岗，操作时按规定穿戴防护用品。

(2)选择炮位时，炮孔口应避开正对的电缆线、路口和结构物。

(3)钻孔时，应清理现场的障碍物和坡面上的浮岩危石。

(4)炸药和雷管等爆炸材料应安全运送、专门加工、妥善储存、严格取用。

(5)轰膛扩孔时，孔口的碎石、杂物必须清除干净。

(6)装药前，应对炮孔或导洞和药室进行验收和清理。

(7)爆破工作必须有专人指挥。

(8)采用火花起爆时，必须待现场人员全部撤离、机具设备妥善安置后，方可点火起爆。

复习思考题

8-1　在路基施工前，应进行哪些准备工作？

8-2　简述用不同土质填筑路基的基本要求。

8-3　解释路基压实时土的最佳施工含水量与要求干密度的关系。

8-4　解释不同压实机具对于不同土质及不同土层厚度的适用条件。

8-5　比较各种爆破方法的特点、适用场合、爆破效果、用药量和药包布置要求。

第九章　路面工程概论

重点提示

本章主要内容为路面的基本要求，路面结构及其层次划分，路面的等级及分类，行车荷载、自然因素对路面的影响。

第一节　公路路面发展概况

中国是一个有 5 000 多年文明史的国家。在这历史的长河中，我国勤劳、智慧的各族人民，在道路、桥梁的修建和车辆制造以及交通管理方面，都取得过辉煌的成就，是我国古代灿烂文化的一部分。道路交通对于繁荣经济和交流文化，维护民族团结和国家统一，都做出了巨大的贡献。中国古代道路和桥梁建筑，在世界上一度处于领先地位，在世界道路交通史上留下了光辉的篇章。

尽管中国曾经创造了领先于世的古代道路文化，但是由于长期的封建制度和近百年帝国主义列强的侵略和掠夺，束缚了生产力的发展，中国公路的兴建迟至 20 世纪初才开始，并且在新中国成立前发展十分缓慢。

新中国成立后，随着道路交通事业的蓬勃发展，尤其是近年来高速公路的大量修建，我国广大道路工程科技工作者，从我国道路工程建设实际出发，引入国外先进技术，刻苦钻研、反复实践，在路面工程建设和科学研究方面，取得了众多突破性的成果。

一、沥青路面结构

20 世纪 60 年代初，随着我国石油资源的大规模开发，揭开了用国产沥青筑路的序幕。早期的沥青路面主要是铺设在现有中级路面上的薄层表面处治层，以改善其行车条件。70 年代末，逐步形成了以贯入式路面为主的沥青路面承重结构。80 年代末，开始兴建高速公路，沥青路面作为一种主要形式，大量采用总厚度超过 70 cm 的重型沥青路面结构。通过长期的科学研究形成了适合我国实际的沥青路面整套技术，包括沥青材料的生产工艺、装备，沥青材料的技术指标与标准、试验设备及方法，沥青混合料的技术指标与标准、混合料设计技术、混合料性能检测设备及方法，沥青路面现代化施工整套设备、施工技术与施工管理等。

二、水泥混凝土路面结构

20 世纪 70 年代中期，交通运输发展加快，部分干线公路、城市道路及厂矿道路为提高承重能力，相继采用水泥混凝土路面结构。随后，针对水泥混凝土路面各方面存在的问题，开展了系统而具有相当规模的科学研究，从而在我国形成了关于水泥混凝土路面结构的整套技术，包括道路水泥的性能、指标、标准以及生产工艺；水泥混凝土路面基层的作用，水泥混凝土路面结构性能与设计方法；接缝构造、工作原理以及接缝设计方法；水泥混凝土路面小规模施工和大规模现代化施工成套装备及施工方法、施工组织管理等。

三、柔性路面设计理论与方法

半个世纪以来，中国道路科技工作者通过广泛的调查和理论探索，形成了符合中国实际的柔性路面设计理论与方法体系，它吸取了世界上各种流派的学术思想，以及各个国家设计方法的优点。在力学理论基础方面，建立了弹性力学多层结构承受多个圆形荷载的分析系统及相应的计算机程序；提出了能控制路面结构主要性能的设计指标体系，形成符合我国当前交通状况的荷载模式及交通分析方法；形成了完整的设计参数指标体系，具备了完整的设计参数指标、标准、测试仪器与方法；建立了切实可行的设计计算方法系统。近年来，在路面功能设计、可靠度设计等方面的研究取得了明显的进展，将不断地充实到现有的系统中去。

四、刚性路面设计理论与方法

20 世纪 70 年代起，我国道路科技工作者对刚性路面设计进行了较系统而具有相当规模的研究。在力学基础理论方面，运用解析法及有限元法建立了弹性力学层状结构、弹性地基板体结构模型，形成了整套分析计算方法与计算机程序；建立了以弹性力学为基础，以混凝土弯拉应力为设计控制指标，综合考虑荷载应力与温度应力作用的设计体系与方法；研究并建立了地基支承、疲劳效应、动力效应等一整套设计参数的取值与测试方法；对钢纤维混凝土路面、连续配筋混凝土路面、碾压混凝土路面、复合结构混凝土路面等新型路面结构开展系列研究并取得了一批实用性研究成果。

五、半刚性路面结构

利用石灰、水泥、工业废料等无机结合料修筑半刚性路面始于 20 世纪 60 年代初，40 多年间，对半刚性路面的强度发展规律、路面性质等进行了广泛的研究。由于这种路面结构具有很多优势，目前已广泛用于高等级公路与城市道路，成为一种主要的结构形式。目前，对它的长期使用性能和变形规律等问题正在进行深入的研究。此外，对于面层结构的半刚性技术途径也正在研究之中。

六、路面使用性能与表面特性

路面的平整度、破损程度、承载能力及抗滑性能是路面使用性能的重要方面。目前，我国已对这些性能对行车的影响，这些性能与路面结构设计、材料、施工的关系，量测手段与量测方法，评价的指标与标准，在车辆的反复作用下性能的衰减及恢复等方面开展了广泛的研究，有的已成功地应用于工程之中。

七、路面养护管理

将系统的理论与方法用于协调路面养护，形成路面管理系统是 20 世纪 80 年代后的新动向。20 多年来，我国在路面性能的非破损快速跟踪检测、路面性能预测模型的建立、路面管理网络系统的建立以及项目级和路网级优化管理决策方面取得了系列研究成果。

综上所述，路基路面工程作为一个学科分支，在我国随着交通运输的发展，正在以较快的速度接近国外同类学科的前沿。在21世纪，交通运输仍然是一个重要科技领域。

第二节　路面的基本要求

路面作为公路的主要组成部分，为了保证公路最大限度地满足车辆运行的要求，提高车速、增强安全性和舒适性，降低运输成本和延长道路使用年限，必须满足以下性能要求。

一、具有足够的强度和刚度

行驶在路面上的车辆通过车轮把垂直力和水平力传给路面，在水平力中又分为纵向和横向两种。此外，由于汽车发动机的机械振动和悬挂物与车身的相对运动，路面还会受到车辆的振动力和冲击力作用，在车身后面还会受到真空吸力作用。

在上述各种外力的综合作用下，路面会出现断裂、沉陷、波浪和磨损等破坏，从而会影响道路的使用品质，严重时还可能中断交通。因此，路面结构整体及其各组成部分必须具备足够的强度，以抵抗在行车作用下所产生的各种应力，避免破坏。

刚度是指路面抵抗变形的能力。路面结构整体或某一组成部分刚度不足，即使强度足够，在车轮荷载作用下也会产生严重过量的变形，而构成车辙、沉陷或波浪等破坏。因此，路面结构整体及其各组成部分必须具备足够的刚度，把路面结构的变形量控制在容许范围内。

二、具有足够的平整度

路面的平整度对行车的速度、安全和舒适有较大的影响，不平整的路面还会产生积水，加速路面的破坏。路面等级越高，对平整度的要求也越高。

三、具有足够的稳定性

路面的稳定性是指路面保持其本身结构强度的性能，也就是指在外界各种影响因素的作用下，路面强度的变化幅度。

大气降水使路面结构内部的湿度发生变化。水泥混凝土路面如果不能及时将水分排出结构层，会发生唧泥现象，冲刷基层，导致结构层提前破坏；沥青混凝土路面中水分的侵蚀，会引起沥青结构层剥落，结构松散；雨季时，沙石路面会因雨水渗入路面结构而强度下降，产生沉陷、松散等病害。因此，防水、排水是确保路面稳定的重要方面。

大气温度周期性的变化对路面结构的稳定性有重要影响。高温季节沥青路面软化，在车辆荷载作用下产生车辙和推挤，冬季低温时又可能因收缩或变脆而开裂；水泥混凝土路面在高温时会发生拱胀破坏，温度急剧变化时会因翘曲而产生破坏。

四、具有足够的耐久性

路面结构要承受车辆荷载的反复作用和大气、水、温度周期性的重复作用，路面材料的各项性能也可能老化衰变，路面使用性能将逐年下降，从而引起路面结构的损坏，缩短路面的使用年限。因此，必须精心设计、精心施工、精选材料，并且要把常年的养护、维修、恢复路用性能的工作放在重要的位置，提高路面的耐久性，保持其强度、刚度、几何形态经久不衰。

路面表面平整度是影响行车安全、行车舒适性及运输效益的主要使用性能。特别是高速公路，对路面的平整度要求更高。不平整的路表面会增大行车阻力，并使车辆产生附加的振动作用。这种振动作用会造成行车颠簸，影响行车的速度和安全、驾驶的平稳和乘客的舒适。同时，振动作用还会对路面施加冲击力，从而加剧路面和汽车机件的损坏和轮胎的磨损，并增大油料的消耗。而且，不平整的路面还会积水，加速路面的损坏。因此，为了减少振动冲击力，提高行车速度和增加行车舒适性、安全性，路面应保持一定的平整度。道路等级越高，设计车速越大，对路面平整度的要求也越高。

优良的路面平整度要依靠优良的施工装备、精细的施工工艺、严格的施工质量控制以及经常和及时的养护来保证。同时，路面的平整度还同整个路面结构和面层材料的强度以及抗变形能力有关。强度和抗变形能力差的路面结构及面层混合料，经不起车轮荷载的反复作用，极易出现沉陷、车辙和推挤等破坏，从而形成不平整的路面表面。

第三节　路面结构及层次划分

一、路面结构

为了保证路面上的雨水及时排出，防止雨水对路面的浸润和渗透而减弱路面结构强度，路面表面应做成直线形和抛物线形的路拱。等级高的路面，平整度和水稳定性较好，透水性也小，通常采用直线形路拱和较小的路拱横坡度。等级低的路面，为了有利于迅速排除积水，一般采用抛物线形路拱和较大的路拱横坡度。表 9-1 列出了各种类型路面的路拱平均横坡度。

表 9-1　不同类型路面的路拱平均横坡度

面层类型	路拱平均横坡度(%)
沥青混凝土、水泥混凝土	1~2
沥青碎石、沥青贯入、沥青表面处治	1.5~2.5
砂石路面	3~4

选择路拱横坡度，应充分考虑有利于行车平稳和有利于横向排水两方面的要求。在干旱和有积雪、浮冰的地区，应采用低值，多雨地区采用高值；当道路纵坡较大或路面较宽、行车速度较高、交通量和车辆载重较大，或常有拖挂汽车行驶时，应采用平均横坡度的低值，反之则应取用高值。

高速公路和一级公路设有中央分隔带，通常采用两种方式布置路拱横断面。若分隔带未设置排水设施，则做成中间高两侧低的路面。由于单向横坡向路肩方向排水，若分隔带设置排水设施，则两侧路面分别做成中间高两边低的路拱，向中间排水设施和路肩两个方向排水。

路肩横坡度一般较路面横坡度大 1%，但是当高速公路和一级公路的硬路肩采用与路面行车道相同的结构时，应采用与路面行车道相同的路面横坡度。

二、路面层次划分

行车荷载和自然因素对路面的影响随深度的增加而逐渐减弱，因此对路面材料的强度、抗变形能力和稳定性的要求也随深度的增加而逐渐降低。为了适应这一特点，路面结构通常是分层铺筑的，按照使用要求、受力状况、土基支承条件和自然因素影响程度的不同，分成若干层次。通常按照各个层位功能的不同，划分为三个层次，即面层、基层和垫层，如图 9-1 所示。

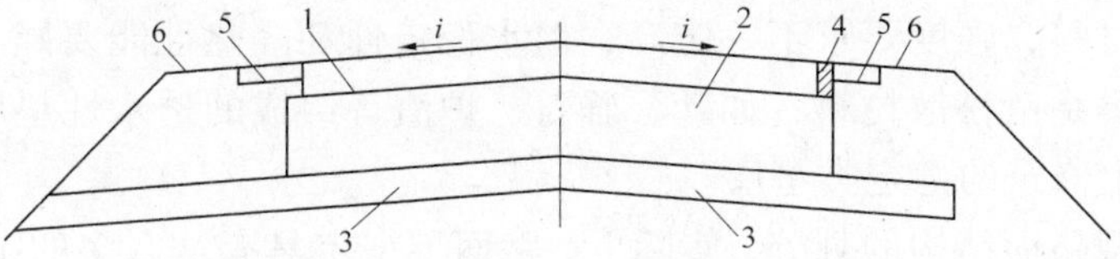

图 9-1　路面结构层次划分示意图

i—路拱横坡度；1—面层；2—基层(有时包括底基层)；
3—垫层；4—路缘石；5—加固路肩；6—土路肩

(一)面层

面层是直接同行车和大气接触的表面层次，它承受较大的行车荷载的垂直力、水平力和冲击力的作用，以及降水的侵蚀和气温变化的影响。因此，同其他层相比，面层应具有较高的结构强度、抗变形能力、较好的水稳定性和温度稳定性，而且应当耐磨、不透水，其表面还应有良好的抗滑性和平整度。

修建面层所用的材料主要有沥青混凝土、水泥混凝土、沥青碎石混合料、砂砾或碎石掺土或不掺土的混合料以及块料等。

面层可分为两层或三层铺筑，如高速公路沥青面层总厚度 18~20 cm，可分为上、中、下三层铺筑，并根据各分层的要求采用不同的级配等级。水泥混凝土路面也可分为上、下两层铺筑，分别采用不同等级的水泥混凝土材料。水泥混凝土路面上加铺 4 cm 厚的沥青混凝土，这样的复合式结构也是常见的。但是砂石路面上所铺的 2~3 cm 厚的磨耗层或 1 cm 厚的保护层，以及厚度不超过 1 cm 的简易沥青表面处治，不能作为一个独立的层次，应看做是面层的一部分。

(二)基层

基层主要承受由面层传来的车辆荷载的垂直力，并扩散到下面的垫层和土基中去，是路面结构中的承重层。因此，基层应具有足够的强度和刚度，并具有良好的扩散应力的能力。基层遭受大气因素的影响虽然比面层小，但是仍然有可能经受地下水和通过面层渗入雨水的浸湿，所以基层结构应具有足够的水稳定性。基层表面虽不直接供车辆行驶，但仍然要求有较好的平整度，这是保证面层平整性的基本条件。

修筑基层的材料主要有各种结合料(如石灰、水泥或沥青等)、稳定土或稳定碎(砾)石、贫水泥混凝土、天然砂砾、各种碎石和砾石、片石、块石或圆石、各种工业废渣(如煤渣、粉煤灰、矿渣、石灰渣等)和土、砂、石所组成的混合料等。

基层也可分为两层或三层铺筑，依次为基层(或上基层、基层)、底基层。对底基层材料质量的要求可低些，可使用当地材料来修筑。

(三)垫层

垫层介于地基与基层之间，它一方面的功能是改善土基的湿度和温度状况，以保证面层和基层的强度、刚度和稳定性不受土基水温状况变化所造成的影响。另一方面的功能是将基层传下的车辆荷载应力加以扩散，以减小土基产生的应力和变化；同时，也能阻止路基土挤入基层中，影响基层结构的性能。

修筑垫层的材料，强度要求不一定高，但水稳定性和隔热性能要好。常用的垫层材料分为两类，一类是由松散粒料，如砂、砾石、炉渣等组成的透水性垫层；另一类是用水泥或石灰稳定土修筑的稳定类垫层。

以上只是典型路面结构的划分，实际上，路面不一定具有这么多的结构层次。此外，路面各结构层次的划分也不是一成不变的。

第四节　路面的等级及分类

一、路面的等级

原《公路工程技术标准》(JTJ 001—1997)将路面分为四个等级，即高级、次高级、中级及低级，并与公路等级相对应。鉴于这些对应关系已不符合目前公路建设的实际情况，同时中级路面、低级路面与国际上的统计口径也不相同(国际上一般将沥青混凝土路面和水泥混凝土路面称为铺装路面，表面处治、沥青碎石贯入式路面等称为简易铺装路面，砂石路面等计入未铺装路面)。因此，现行的《公路工程技术标准》(JTG B01—2003)不再提及路面等级，只列出路面类型的适用范围(见表 9-2)，以逐步弱化路面等级的概念。

表 9-2　路面面层类型及适用范围

面层类型	适用范围
沥青混凝土	高速公路、一级、二级、三级、四级公路
水泥混凝土	高速公路、一级、二级、三级、四级公路
沥青贯入、沥青碎石、沥青表面处治	三级、四级公路
砂石路面	四级公路

注：砂石路面是以砂石等为骨料，以土、水、灰为结合料，通过一定的配比铺筑而成的路面的统称，包括级配碎(砾)石路面、泥结碎(砾)石路面、水结碎石路面、填隙碎石路面及其他粒料路面。

二、路面分类

路面类型可以从不同角度来划分，但是一般都按面层所用的材料区划，如水泥混凝土路面、沥青路面、砂石路面等。但是在工程设计中，主要从路面结构的力学特性和设计方法的相似性出发，将路面划分为柔性路面、刚性路面和半刚性路面三类。

(一)柔性路面

柔性路面的总体结构刚度较小，在车辆荷载作用下产生较大的弯沉变形，路面结构本身的抗弯拉强度低，它通过各结构层将车辆荷载传递给土基，使土基承受较大的单位压力。柔性路面主要包括各种未经处理的粒料基层和各类沥青面层所组成的路面结构。

(二)刚性路面

刚性路面主要指水泥混凝土作面层的路面结构。水泥混凝土的强度高，与其他筑路材料比较，它的抗弯拉强度高，并且有较高的弹性模量，故呈现出较大的刚性。在车辆荷载作用下，水泥混凝土结构层处于工作状态，竖向弯沉较小，路面结构主要靠水泥混凝土板的抗弯拉强度承受车辆荷载，通过板体的扩散分布作用，传递给基础上的单位压力较柔性路面小的多。

(三)半刚性路面

有水泥、石灰等无机结合料处治的土或碎(砾)石及含有水硬性结合料的工业废渣修筑的基础，在前期具有柔性路面的力学性质，后期的强度和刚度均有较大幅度的增长，但是最终的强度和刚度仍远小于水泥混凝土。由于这种材料的刚性处于柔性路面和刚性路面之间，因此把这种基层和铺筑在它上面的沥青面层统称为半刚性路面，这种基层称为半刚性基层。

刚性路面、柔性路面和半刚性路面，这种以力学特性为标准的分类方法主要是为了便于从功能原理和设计方法出发进行区分，并没有绝对的定量分界界限。近年来，材料科学的发展正在逐步改变这种属性，如水泥混凝土的增塑研究，正在使它的刚性降低而保留它的高强性质，沥青的改性研究使得沥青混凝土随气候而变化的力学性质趋于稳定，大幅度提高其刚度。

第五节　行车荷载对路面的影响

汽车是路基路面的服务对象，路面的主要功能是长期保证车辆快速、安全、平稳地通行。汽车荷载又是造成路面结构损伤的主要成因。因此，为了保证设计的路面结构达到预计的功能，具有良好的结构性能，首先应对行驶的汽车做分析，包括汽车轮重与轴重的大小与特性；不同车型车轴的布置；设计期限内，汽车轴向的分布以及车轴通行量逐年增长的规律；汽车静态荷载与动态荷载特性的比较等。

一、车辆的种类

道路上通行的汽车车辆主要分为客车与货车两大类。

客车分为小客车、中客车与大客车。小客车自身重量与满载总重都比较轻，但车速高，一般可达 120 km/h，有的高档小客车可达 200 km/h 以上的速度；中客车是指一般包括 6 个座位至 20 个座位的中型客车；大客车一般是指 20 个座位以上的大型客车(包括铰接车和双层客车)，主要用于长途客运与城市公共交通。

汽车的总重量通过车轴与车轮传递给路面，所以路面结构的设计主要以轴重作为荷载标准。

二、汽车的轴型

无论是客车还是货车，车身的全部重力都通过车轴上的轮子传给路面，因此对于路面结构设计而言，轴重的大小直接关系到路面结构的设计承载力与结构强度，为了统一设计标准和便于统一管理，各个国家对于轴重的最大限度均有明确的规定。据国际道路联合会 1989 年公布的统计数据，在 141 个成员国和地区中，轴限最大的为 140 kN，近 40%执行 140 kN 轴限，我国公路与城市道路路面设计规范中均以 100 kN 作为设计标准轴重，通常认为我国的道路车辆轴限为 100 kN。

通常整车形式的客、货车车轴分前轴和后轴。绝大部分车辆的前轴为两个单轮组成的单轴，轴载约为汽车总重量的 1/3。极少数汽车的前轴由双轴单轮组成，双前轴的载重约为汽车总重量的 1/2。汽车的后轴有单轴、双轴和三轴三种，大部分汽车后轴由双轮组成，只有少量轻型货车由单轮组成后轴。每一根后轴的轴载大约为前轴轴载的两倍。目前，在我国公路行驶的货车的后轴轴限，一般为 60~130 kN，大部分在 100 kN 以下。由于汽车货运向大型重载方向发展，货车的总重量有增加的趋势，为了满足各个国家对汽车轴线的规定，趋向于增加轴数以提高汽车总重量，因此出现了各种多轴的货车。有些运输专用设备的平板挂车，采用多轴多轮，以便减轻对路面的压力。各种不同轴型的货车如图 9-2 所示。

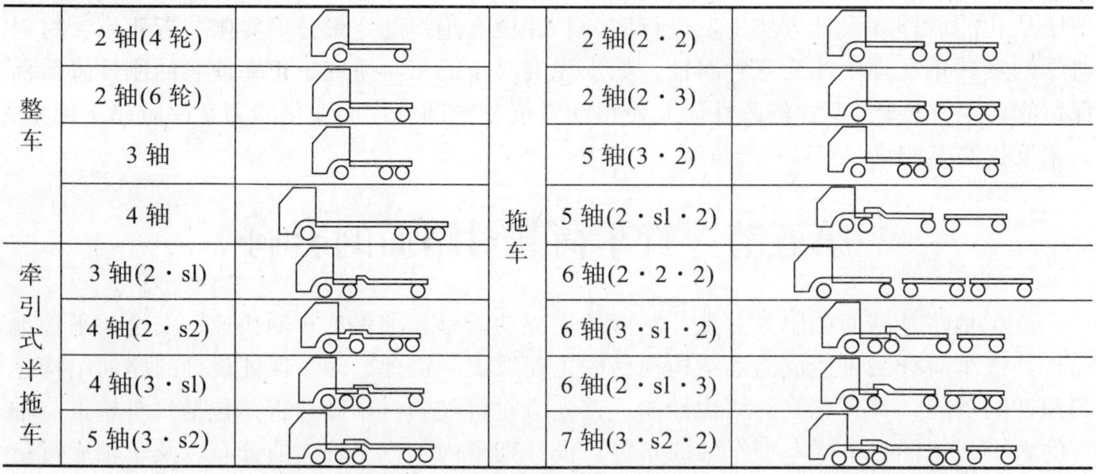

图 9-2　不同轴型的货车示意图

三、汽车对道路的静态压力

汽车对道路的作用可分为停驻状态和行驶状态。当汽车处于停驻状态下，对路面的作用力为静态压力，主要是由轮胎传给路面的垂直压力 P，它的大小受下述因素的影响：

(1)汽车轮胎的内压力 p_i。

(2)轮胎的刚度和轮胎与路面接触的形式。

(3)轮载的大小。

四、运行车辆对道路的动态影响

行驶状态的汽车除施加给路面垂直静压力外，还给路面施加水平力。

由汽车的行驶条件可知，水平力 Q 的最大值 $Q_{\max}$ 不能超过垂直力 P 与路面车轮间的附着系数 f 的乘积，具体公式如下：

$$Q_{\max} \leqslant Pf \tag{9-1}$$

设单位面积上的水平力为 q，相应地有：

$$q_{\max} \leqslant pf \tag{9-2}$$

式中　p——单位面积上的垂直力。

f 的最大值一般不超过 0.7～0.8。试验证明，汽车正常行驶时，$q_{\max}=(0.25\sim0.30)p$；一般加速或减速时，$q_{\max}=(0.50\sim0.60)p$；紧急制动或骤然加速时，$q_{\max}=(0.75\sim0.80)p$。

车轮作用于路面除上述两种力外，还对路面有冲击力和振动力的作用，目前只是在刚性路面设计中才考虑，即在车轮荷载上乘以一个大于 1 的系数作为设计荷载来表示。动荷系数值一般取为 1.15～1.20，它随轮重的增大而减小。

五、交通分析

道路上通行的车辆不仅具有不同的类型和不同的轴重，而且通行的车辆数目也是变化的。

路面结构设计中，要考虑设计年限内，车辆对路面的综合累计损伤作用，必须对现有的交通量、轴载组成以及增长规律进行调查和预估，并通过适当的方式将它们换算成当量标准轴载的累计作用次数。

(一)交通量

交通量是指一定时间间隔内各类车辆通过某一道路横断面的数量。可以通过现有的交通流量观测站的调查资料，得到该道路设计的初始年平均日交通量，也可以根据需要，临时设站进行观测。当然这种观测只是短期的，仅为若干小时。对此，可利用当地长期观测所得的时间分布规律，即月分布不均匀系数、日分布不均匀系数和小时分布换算系数，将临时观测结果按相应的换算系数换算成平均日交通量。

(二)轴载组成与等效换算

不同重力的轴载给路面结构带来的损伤是不同的。对于路面结构设计，除设计期限的累计交通量之外，另一个重要的交通因素便是各级轴载所占的比例，即轴载组成或轴载谱。

根据实测的通过轴载次数和相应的轴载，整理成图 9-3 那样的直方图，作为该道路通行的各级轴载的典型轴载谱。由交通调查得到某类车辆每日通行的轴载数，乘以相应的轴载谱百分率，即可推算出所有车辆各级轴载的作用次数。

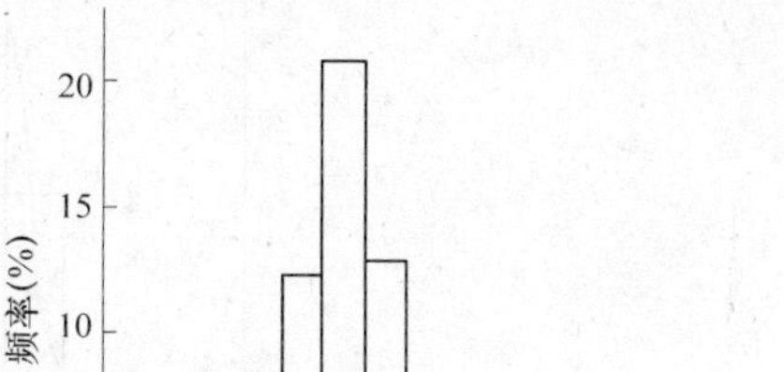

图 9-3　轴载谱

道路上行驶的汽车轴载与通行次数可以按照等效原则换算为某一标准轴载的当量

通行次数，我国水泥混凝土路面设计规范和沥青路面设计规范均选用双轮组单轴轴载 100 kN 作为标准轴载。

各种轴载的作用次数进行等效换算的原则是，同一种路面结构在不同轴载作用下达到相同的损伤程度。通过室内或道路现场的重复作用试验，可以建立荷载量级同达到相同程度损伤的作用次数之间的关系，依据这一关系，可以推算出不同轴载的作用次数等效换算成标准轴载当量作用次数的轴载换算系数公式：

$$\eta_i = \frac{N_s}{N_i} = \alpha\left(\frac{P_i}{P_s}\right)^n \tag{9-3}$$

式中 η_i——i 级轴载换算为标准轴载的换算系数；

P_s——标准轴载重，kN；

N_s——标准轴载作用次数；

P_i——i 级轴载重，kN；

N_i——i 级轴载作用次数；

α——反映轴型(单轴、双轴或三轴)和轮组轮胎数(单轮或双轮)影响的系数；

n——同路面结构特性有关的系数。

沥青路面、水泥混凝土路面和半刚性路面的结构特性不同，损伤的标准也不相同，因而系数α和 n 取值各不相同，具体数值在有关章节分别作介绍。

(三)轮迹横向分布

车辆在道路上行驶时，车轮的轨迹总是在横断面中心线附近一定范围内左右摆动，由于轮迹的宽度远小于车道的宽度，因而总的轴载通行次数既不会集中在横断面上某一定位置，也不可能平均分配到每一点上，而是按一定规律分布在车道横断面上，称为轮迹的横向分布。如图 9-4 所示为单向行驶时一个车道内的轮迹横向分布频率曲线，如图 9-5 所示为混合行驶的双车道内轮迹横向分布频率曲线。

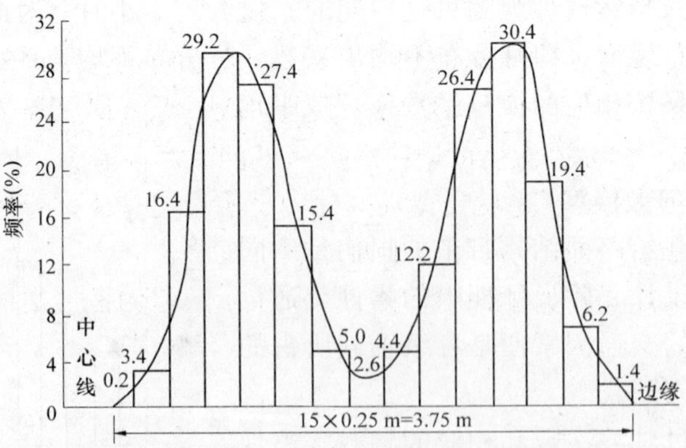

图 9-4　轮迹横向分布频率曲线(单向行驶一个车道)

轴载通行次数分布频率曲线中的直方图条带宽为 25 cm，大约接近轮迹宽度，以条带上受到的车轮作用次数除以车道上受到的作用次数作为该条带的频率。由图 9-4 可以看出，对于单向行车的一个车道，由于行车的渠化，频率曲线出现两个峰值，达到 30%左右，而车道边缘处频率很低。由图 9-5 可以看出，混合行驶的双车道，车辆集中在双车道中央，频率曲线出现一个峰值，为 30%左右，两侧边缘频率很低。

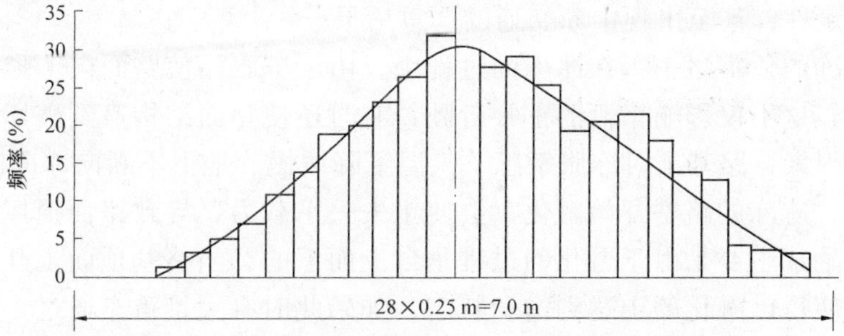

图 9-5　轮迹横向分布频率曲线(混合行驶双车道)

轮迹横向分布频率曲线图形随许多因素，如交通量、交通组成、车道宽度、交通管理规则等而变化，需分清各种不同情况，通过实地调查，才能确定。

在路面结构设计中，用横向分布系数η来反映轮迹横向分布频率的影响。通常取宽度为两个条带的宽度，即 50 cm，因为后轮组每个轮宽 20 cm，轮隙宽 10 cm。这时的两个条带频率之和称为轮迹横向分布系数。

第六节　自然因素对路面的影响

路面结构工作在自然环境中，除直接承受车轮作用的荷载外，还直接受水、温度、阳光和空气等自然因素的影响。它们既有促进路面成型、稳定等有利方面，也有促进路面软化、破坏和影响施工的不利方面，因此必须十分重视这些影响因素。

一、大气水分与路基的温度状况

路基湿度状况的变化是影响路面结构强度、刚度和稳定性的重要因素之一。大气降水和蒸发、地面水的渗透、地下水的影响、温差引起的温度变化等主要因素直接影响湿度的变化。上述诸因素对路基温度的影响程度因地因时而不同。

保持地基干燥的主要方法是设置良好的地面排水设施，经常养护保持畅通。地下水对路基湿度的影响随地下水位的高低与土的性质而异。

面层的透水性对路基湿度有很大影响。若采用不透水的面层结构，将减少降水和蒸发的影响。

二、气温周期性变化

大气温度在一年四季出现周期性的变化，每一年的昼夜气温也出现一定幅度的周期性变化。路面直接暴露在大气中，经受着这种变化，特别是面层材料所受影响最大。路面结构内不同深度的温度也随着大气温度产生周期性的变化，但是变化的幅度随着深度的增加而逐渐减小。

三、冰冻与融冻

在北方冰冻地区，若路基有充分的水源，则冰冻与融冻作用将严重影响路面结构的整体强度与稳定性，甚至出现中断交通的严重后果。

冻胀是冰冻的危害之一，在冰冻的过程中，由于冻胀而使路面向上隆起，最严重的高出几十厘米，这不仅影响车辆的正常行驶，有时还使路面结构遭到破坏。引起路基冻胀主要有三个因素：路基土对冻胀敏感、气温下降缓慢、地下不断向冰冻区供给水源。

春季来临，冰冻的路基开始融化，会使土失去承载力，导致路面损坏，这种现象称为春融翻浆。翻浆主要是由于融化的过程是自上而下的，当路基顶面土开始融化时，水分无法排除，使得已融化的土达到饱和状态。如果此时有大量重车通过，路面结构则会遭到破坏。等到路面冻土全部融化之后，水分便渗入路基深层，翻浆状态便可逐步消失。

复习思考题

9-1　路面工程具有哪些特点？

9-2　按照各个层位功能的不同，路面工程可划分为几个层次？各具有什么特点？

9-3　要求路面工程具有哪些功能？

9-4　影响路面结构稳定的主要因素有哪些？

9-5　从路面结构的力学特性和设计方法的相似性出发，可将路面划分为几类？各具有什么特点？

第十章　中低级路面及基层

重点提示

本章讲述了碎(砾)石路面基层的强度构成、类型、施工及质量控制，石灰土、水泥土、工业废渣基层的强度形成原理、施工及质量控制。基层施工程序、施工方法及质量控制是本章学习的重点。

基层是指设在面层以下的结构层。它主要承受由面层传递的车辆荷载，并将荷载分布到垫层或土基上。

基层(底基层)按力学性能可分为以下三类：

(1)柔性基层：碎(砾)石类基层、沥青碎石类基层。

(2)刚性基层：贫混凝土基层、碾压混凝土基层、水泥混凝土基层。

(3)半刚性基层：石灰稳定土基层、水泥稳定土基层、工业废渣类基层。

国内普遍采用无机稳定结合料类半刚性基层；沥青碎石类柔性基层和刚性基层在国外应用较普遍，但造价高，在国内应用较少。热拌沥青碎石宜用于中等交通及其以上的公路基层、底基层；贯入式沥青碎石宜用于中、重交通的公路基层或底基层。刚性基层适用于重交通、特重交通及运煤、矿石、建筑材料等的公路工程。

中低级路面主要指砂土、砂石路面。低级路面一般为砂砾、碎石、石渣等改善的路面。中级路面有级配砾石、级配碎石、泥结碎石等，属过渡式路面，因其组成材料与基层类似，故在本章中一起讲述。

第一节　碎(砾)石路面与基层

一、碎(砾)石路面的力学特性

(一)碎(砾)石路面的强度构成

碎（砾）石路面通常是指水结碎石路面、泥结碎石路面以及密级配的碎（砾）石路面等数种，属中低级路面，这类路面通常只能适应中低等交通量的公路。

碎(砾)石路面结构强度形成的特点是：矿料颗粒之间的联结强度，一般都要比矿料颗粒本身的强度小得多；在外力作用下，材料首先将在颗粒之间产生滑动和位移，使其失去承载能力而遭致破坏。因此，对于这种松散材料组成的路面结构强度，其中矿料颗粒本身强度固然重要，但是起决定作用的则是颗粒之间的联结强度。凡在强度特性上具有上述特点的材料，均属于松散介质的范畴。对于松散介质范畴的材料，其抗剪强度可用库仑公式表示。因此，由材料的黏结力和内摩阻角所表征的内摩擦力决定的颗粒之间的联结强度，即构成了路面材料的结构强度。下面就各类碎（砾）石材料的抗剪特性和影响因素分述如下。

1.纯碎石材料

纯碎石材料是按嵌挤原则产生强度，它的抗剪强度主要决定于剪切面上的法向应力和材料内摩阻角。由下列三项因素构成：

(1)粒料表面的相互滑动摩擦。

(2)因剪切时体积膨胀而需克服的阻力。

(3)因粒料重新排列而受到的阻力。

单一粒料在另一有粗糙面但表面平整的粒料上滑动，其摩阻角大多在30° 以下；许多粒料相互紧密接触，沿某一剪切面相互变位时，因体积膨胀和粒料重新排列而多消耗的功，可使摩阻角增至40°~50°。

纯碎石粒料摩阻角的大小主要取决于石料的强度、形状、尺寸、均匀性、表面粗糙度以及施工时的压实程度。当石料强度高、形状接近正立方体、有棱角、尺寸均匀、表面粗糙、压实度高时，则内摩阻力就大。

2.土—碎(砾)石混合料

这类材料含土少时，也是按嵌挤原则形成强度；当含土量较多时，则按密实原则形成强度。土—碎(砾)石混合料的强度和稳定性取决于内摩阻力和黏结力的大小。为得到最大强度和稳定性而设计的颗粒材料，应具有高内摩阻力来抵抗荷载作用下的变形。内摩阻力和由此而产生的抗剪力在很大程度上取决于密实度、颗粒形状及颗粒大小的分配。在这些因素中，以集料大小的分配，特别是粗细成分比例最为重要。

第一种：不含或含很少细料的混合料，它的强度和稳定性依靠颗粒之间的摩阻力获得。这类混合料密实度较低，但透水性好，不易冰冻。由于这种材料没有黏结性，施工时压实困难。

第二种：含有足够的细料来填充颗粒间空隙的混合料，它仍然能够从颗粒接触而获得强度，其抗剪强度、密实度有所提高，透水性低，施工时较第一种情况易压实。

第三种：含有大量细料而没有粗颗粒与粗颗粒的接触，集料仅仅是“浮”在细料之中。这类混合料施工时易压实，但其密实度较低，易冰冻，难于透水，强度和稳定性受含水量影响很大。

由上述可知，只有在已知粒径分配的情况下，密实度才可以作为衡量强度和稳定性的依据。

室内试验和工地实践都表明，集料为碎石时，会由于颗粒嵌挤作用的增强，其强度和稳定性较圆滑砾石集料为好，渗透系数亦高，更易排水。此外，细粒土的物理性质对混合料的强度和稳定性也有很大影响，特别是集料颗粒间的接触破坏时影响更大。对于细料含量多的混合料，必须限制细料的塑性指数。

(二)碎(砾)石材料的应力—应变特性

碎(砾)石材料的显著特点之一是应力—应变的非线性性质，回弹模量在很大程度上受竖向和侧向应力大小的影响。

颗粒材料的模量决定于材料的级配、形状、表面构造、密实度和含水量等。一般密实度愈高，模量值愈大；棱角多、表面粗糙者有较高模量；当细料含量不多时，含水量仅有很小影响。

二、碎石路面与基层

碎石路面是用加工轧制的碎石按嵌挤原理铺压而成的路面。碎石路面按施工方法及所用填充结合料的不同，分为水结碎石、泥结碎石、级配碎石和干压碎石等数种。碎石路面通常用砂、砾石、天然砂石或块石为基层，有时亦可直接铺在路基上。碎石路面的优点是投资不高，可以随交通量的增加分期改善；缺点是平整度差，易扬尘，泥结碎石路面雨天还易泥泞。

碎石路面的强度主要依靠石料的嵌挤作用以及填充结合料的黏结作用。嵌挤力的大小主要取决于石料的内摩阻角。黏结作用(用材料的黏结力表示)的大小主要取决于填充结合料本身的内聚力及其与矿料之间的黏附力大小。

碎石颗粒尺寸大致为 0 ~ 75 mm，通常按其尺寸大小划分为 6 类，如表 10-1 所示。

表 10-1　各种碎石尺寸与分类

编号	碎石名称	粒径范围(mm)	用途
1	粗碎石	75 ~ 50	集料
2	中碎石	50 ~ 35	
3	细碎石	35 ~ 25	
4	石渣	25 ~ 15	嵌缝料
5	石屑	15 ~ 5	
6	米石	0 ~ 5	封面料

(一)水结碎石路面

水结碎石路面是用大小不同的轧制碎石从大到小分层铺筑，经洒水碾压后而成的一种结构层。其强度是由碎石之间的嵌挤作用以及碾压时所产生的石粉与水形成的石粉浆的黏结作用而形成的。由于石灰岩和白云岩石粉的黏结力较强，是水结碎石的常选石料。水结碎石路面厚度一般为 10 ~ 16 cm。

水结碎石路面对材料的基本要求是：碎石应具有较高的强度(Ⅲ级以上)、韧性和抗磨耗能力；碎石应具有棱角且近于立方体，长条扁平的石料不超过 10%；此外，碎石应干净，不含泥土杂物。碎石的最大尺寸应根据石料品质及碎石层的厚度来确定，坚硬石料不得超过碎石层压实厚度的 0.8 倍。

(二)泥结碎石路面

泥结碎石路面是以碎石作为集料、泥土作为填充料和黏结料，经压实修筑成的一种结构。

泥结碎石路面厚度一般为 8 ~ 20 cm，当总厚度等于或超过 15 cm 时，一般分两层铺筑，上层厚度为 6 ~ 10 cm，下层厚度为 9 ~ 14 cm。泥结碎石路面的力学强度和稳定性不仅有赖于碎石的相互嵌挤作用，同时也有赖于土的黏结作用。泥结碎石路面虽用同一尺寸石料修筑，但在使用过程中由于行车荷载的反复作用，石料会被压碎而向密实级配转化。

泥结碎石层所用的石料，其等级不宜低于Ⅳ级，长条、扁平状颗粒不宜超过 20%。不产石料地区的次要道路，交通量少时，可采用礓石和碎砖等材料。碎砖粒径宜稍大，一般为路面厚度的 0.8 倍。泥结碎石层所用黏土应具有较高的黏性，塑性指数以 12 ~ 15 为宜。黏土内不得含腐殖质或其他杂物。黏土用量一般不超过混合料总重的 15% ~ 18%。

(三)泥灰结碎石路面

泥灰结碎石路面是以碎石为集料，用一定数量的石灰和土作黏结填缝料的碎石路面。因为掺入石灰，泥灰结碎石路面的水稳定性比泥结碎石为好。泥灰结碎石路面的黏土质量规格要求与泥结碎石相同；石灰质量不低于Ⅲ级。石灰与土的用量不应大于混合料总重的 20%，其中石灰剂量为土重的 8% ~ 12%。施工程序及质量要求与泥结碎石路面相同。采用拌和法时，应先将石灰与黏土拌和均匀，再撒在石料上拌和，摊铺均匀，边压边洒水，使石灰与土在碾压中成浆并充满空隙。

三、级配碎(砾)石路面

级配碎(砾)石路面，是由各种集料(砾石、碎石)和土，按最佳级配原理修筑而成的路面层或基层。由于级配碎(砾)石是用大小不同的材料按一定比例配合、逐渐填充空隙，并用黏土黏结，故经过压实后，能形成密实的结构。级配碎(砾)石路面的强度是由摩阻力和黏结力构成的，具有一定的水稳性和力学强度。

级配碎(砾)石路面厚度，一般为 8 ~ 16 cm，当厚度大于 16 cm 时应分两层铺筑，下层厚度为总厚度的 0.6 倍，上层为总厚度的 0.4 倍。如基层和面层为同样类型的结构，其总厚度在 16 cm 以下时，可分两层摊铺，一次碾压。

级配碎(砾)石路面所用材料，主要为天然砾石或较软的碎石。其形状以接近立方体或圆球形为佳，石料强度应不低于Ⅳ级。级配碎(砾)石基层应密实稳定，其粒径级配范围应按照规范 JTG E42—2005 选用。为防止冻胀和湿软，应注意控制粒径小于 0.5 mm 细料的含量和塑性指数。在中湿和潮湿路段，用做沥青路面的基层时，应在级配砾石中掺石灰，细料含量可适当增加，掺入的石灰剂量为细料含量的 8% ~ 12%。

在级配砾石中掺石灰修筑基层，主要是为了提高基层的强度和稳定性。

级配砾石有时用来作垫层叫做级配砂砾垫层，其级配砂砾要求颗粒尺寸在 5 ~ 40 mm 之间，其中 25 ~ 40 mm 含量不少于 50%。

四、优质级配碎石基层

无结合料处治粒料在国外是一种应用极为普遍的筑路材料，广泛用于柔性路面的基层和底基层，用于基层的常为较优质的碎石层。美国、澳大利亚及南非还把最佳级配的优质碎石用于半刚性基层与沥青面层之间，作为减少沥青路面反射裂缝的措施。我国也在多项大型工程中应用了这类材料和结构，取得了较好的效果。

优质级配碎石基层强度主要来源于碎石本身强度及碎石颗粒之间的嵌挤力。因此，对于碎石基层应保证高质量的碎石，获得高密度的良好级配和良好的施工压实手段。我国《公路工程集料试验规程》(JTJ 058)在总结国内外经验及国内使用情况的基础上，规定高速公路和一级公路路面级配碎石集料压碎值应不大于 26%。研究表明，集料中粒径小于 0.5 mm 含量及其塑性指数对级配碎石的力学性质有明显的影响。因此，从结构强度和结构层排水综合考虑，建议液限应小于 25%，同时规定粒径小于 0.5 mm 的细料应无塑性，如特殊情况下难以做到，则塑性指数应小于 4%。

级配是影响级配碎石强度与刚度的重要因素。一般来说，密实的级配易于获得高密度，从而使级配碎石获得高的 CBR 值和回弹模量。用于高等级公路基层或用于半刚性基层和沥青面层之间的最佳级配优质碎石，其级配应能获得最大密实的集料，并具有较好的透水性。

五、级配碎(砾)石路面与基层的施工

级配碎(砾)石路面与基(垫)层的施工，一般按下列工序进行：

(1)开挖路槽。开挖路槽可使用机械或人工，路槽开挖整修后，用重型压路机滚压数遍，使达到 95%以上密实度。

(2)备料运料。按施工路段长度(与拌和方法有关)分段运备材料。碎(砾)石可直接堆放在路槽内，砂及黏土可堆放在路肩上。

(3)铺料。先铺砾石，再铺黏土，最后铺砂。

(4)拌和和整形。可采用平地机或拖拉机牵引多铧犁进行。拌和时边拌边洒水，使混合料的湿度均匀，避免大小颗粒分离。混合料的最佳含水量为 5%～9%。混合料拌和均匀后按松厚(压实系数 1.3～1.4)摊平并整理成规定的路拱横坡度。

(5)碾压。先用轻型压路机压 2～3 遍，再用中型压路机碾压成型。碾压工作应注意在最佳含水量下进行，必要时可适当洒水，每层压实厚度不得超过 16 cm，超过时需分层铺筑碾压。

(6)铺封层。施工的最后工序是加铺磨耗层和保护层。

若施工方法采用拌和机集中拌制，则第(3)、(4)两道工序分别改为拌和与摊铺整型两道工序。

除上述材料外，也可采用天然砂砾修筑基(垫)层，它可以就地取材，且施工简易，造价低廉。

天然砂砾料含土少，水稳性好，宜作为路面的底基层或垫层。

天然砂砾基层所用的砂砾材料，虽无严格要求，但为了保证其干稳性及便于稳定成型，对于颗粒组成应予适当控制。综合各地初步使用经验，其颗粒组成中，粒径大于 20 mm 的粗集料要占 40%以上，最大粒径不宜大于压实厚度的 0.7 倍，且不得大于 100 mm，粒径小于 0.5 mm 的细料含量应小于 15%，细料塑性指数不得大于 4。

天然砂砾基层施工的关键在于洒水碾压。砂砾摊铺均匀后，先用轻型压路机稳压几遍，接着洒水用中型压路机碾压，边压边洒水，反复碾压至稳定成型。由于天然砂砾基层的颗粒组成不属最佳级配，且缺乏黏结料，故其整体性较差，强度不高。为了提高其整体性和强度，可根据交通量和公路线形(如弯道、陡坡)情况，在其表面嵌入碎石或铺碎石过渡层。

第二节 石灰稳定类基层

在粉碎的土和原状松散的土(包括各种粗、中、细粒土)中掺入适量的石灰和水，按

照一定技术要求，经拌和，在最佳含水量下摊铺、压实及养生，其抗压强度符合规定要求的路面基层称为石灰稳定类基层。用石灰稳定细粒土得到的混合料简称石灰土，所做成的基层称石灰土基层(底基层)。

石灰剂量是石灰质量占全部土颗粒干质量的百分率，即石灰剂量=石灰质量 / 干土质量。

石灰稳定类材料适用于各级公路路面的底基层，可用做二级和二级以下公路的基层，但石灰土不应用做高等级公路的基层。

一、影响强度的因素

(一)土质

各种成因的土都可以用石灰来稳定，但生产实践说明，黏性土较好，其稳定的效果显著，强度也高。当采用高液限黏土时施工不易粉碎；采用粉性土的石灰土早期强度较低，但后期强度也可满足行车要求；采用低液限土质时易拌和，但难以碾压成型，稳定的效果不显著。采用的土质既要考虑其强度，还要考虑到施工时易于粉碎便于碾压成型。一般采用塑性指数 12 ~ 18(100 g 平衡锥测液限，搓条法测塑限)的黏性土为好，塑性指数偏大的黏性土要加强粉碎，粉碎后土中 15 ~ 25 mm 的土块不宜超过 5%。经验证明，塑性指数小于 12 的土不宜用石灰稳定。对于硫酸盐类含量超过 0.8%或腐殖质含量超过 10%的土，对强度有显著影响，不宜直接采用。

(二)灰质

石灰应是消石灰粉或生石灰粉，对高速公路或一级公路宜用磨细生石灰粉。

石灰质量应符合Ⅲ级以上的技术指标，并要尽量缩短石灰的存放时间。在同等石灰剂量下，质量好的石灰稳定效果好。如采用质量差的石灰，为了满足石灰土的技术要求，就得适当增加石灰剂量。

(三)石灰剂量

石灰剂量对石灰土强度影响显著，石灰剂量较低(小于 3% ~ 4%)时，石灰主要起稳定作用，土的塑性、膨胀、吸水量减小，使土的密实度、强度得到改善。随着剂量的增加，强度和稳定性均提高，但剂量超过一定范围时，强度反而降低。生产实践中常用的最佳剂量范围，对于黏性土及粉土为 8% ~ 14%，对砂性土则为 9% ~ 16%。剂量的确定应根据结构层技术要求进行混合料组成设计。

(四)含水量

水是石灰土的重要组成部分，它促使石灰土发生物理化学变化，形成一定强度，便于土的粉碎、拌和与压实，并且有利于养生。不同土质的石灰土有不同的最佳含水量，需通过标准击实试验确定，并用以控制施工中的实际加水量。所用水应是干净可供饮用的水。

(五)密实度

石灰土的强度随密实度的增加而增长。实践证明，石灰土的密实度每增减 1%，强度增减 4%左右。而密实的石灰土，其抗冻性、水稳定性也好，缩裂现象也少。

(六)石灰土的龄期

石灰土强度具有随龄期增长的特点。一般石灰土初期强度低，前期(1 ~ 2 个月)增长速率较后期为快。

(七)养生条件

养生条件主要指温度与湿度。养生条件不同，其强度也有差异。当夏季高温时，物理化学反应、硬化、强度增长快，反之强度增长慢，在负温条件下甚至不增长。因此，要求施工期的最低温度应在 5 ℃以上，并在第一次重冰冻(–3 ~ –5 ℃)到来之前 1 个月至 1 个半月完成。

多年的施工经验证明，热季施工的灰土强度高，质量可以保证，一般在使用中很少损坏。

养生的湿度条件对石灰土的强度也有很大影响。实践证明，在一定潮湿条件下养生，强度的形成比在一般空气中养生要好。

二、石灰土基层的应用

石灰稳定土不但具有较高的抗压强度，而且也具有一定的抗弯强度，且强度随龄期逐渐增加。因此，石灰稳定土一般可以用于各类路面的基层或底基层。但石灰稳定土因其水稳定性较差不应做高速公路或一级公路的基层，必要时可以用做底基层。在冰冻地区的潮湿路段以及其他地区的过分潮湿路段，也不宜采用石灰土做基层。

三、石灰稳定土基层缩裂防治

石灰稳定土基层防治缩裂的措施有：

(1)控制压实含水量。石灰稳定土因含水量过多产生的干缩裂缝显著，因而压实时含水量一定不要大于最佳含水量，其含水量应略小于最佳含水量。

(2)严格控制压实标准。实践证明，压实度小时产生的干缩要比压实度大时严重，因此应尽可能达到最大压实度。

(3)温缩的最不利季节是材料处于最佳含水量左右，而且温度在 0 ~ –10 ℃时。因此，施工要在当地气温进入 0 ℃前一个月结束，以防在不利季节产生严重温缩。

(4)干缩的最不利情况是石灰稳定土成型初期，因此要重视初期养护，保证石灰土表面处于潮湿状况，谨防干晒。

(5)石灰稳定土施工结束后要及早铺筑面层，使石灰土基层含水量不发生大的变化，可减轻干缩裂隙。

(6)在石灰稳定土中掺加集料(砂砾、碎石等)，使其集料含量为 60% ~ 70%，使混合料满足最佳组成要求，不但提高强度和稳定性，而且具有较好的抗裂性。

(7)基层的缩裂会反射到面层，为了防止基层裂缝的反射，国内外常采取以下措施：①设置联结层。设置沥青碎石或沥青贯入式联结层，是防止反射裂缝的有效措施。②铺筑碎石隔离过渡层。在石灰土与沥青面层间铺筑厚 10 ~ 20 cm 的碎石层或玻璃纤维栅格，可减轻反射裂缝出现。

四、石灰土混合料设计

石灰稳定土是由土、石灰和水组成的。混合料的组成设计包括根据强度标准，通过试验选取合适的土，确定必需的或最佳的石灰剂量和混合料的最佳含水量。

石灰土的强度标准根据相应的公路等级和在路面结构中的层位而定。

混合料的设计步骤：

(1)制备同一种土样、不同石灰剂量的石灰土混合料，根据不同的层位，可参照下列石灰剂量进行配制。

做基层用：

砂砾土和碎石土：5%，6%，7%，8%，9%；

塑性指数小于12的黏性土：10%，12%，13%，14%，16%；

塑性指数大于12的黏性土：5%，7%，9%，11%，13%。

做底基层用：

塑性指数小于12的黏性土：8%，10%，11%，12%，14%；

塑性指数大于12的黏性土：5%，7%，8%，9%，11%。

(2)确定混合料的最佳含水量和最大干压实密度(用重型击实标准试验)，至少做三个不同石灰剂量混合料的击实试验，即最小剂量、中间剂量和最大剂量。

(3)按最佳含水量与工地预期达到的压实密度制备试件，进行强度试验时，做平行试验的试件数量应符合规定，计算试验结果的平均值和偏差系数(C_v)。

平均抗压强度 R 应满足下式要求：

$$R \geqslant R_d / (1-Z_a C_v)$$

式中　R_d——设计抗压强度，MPa；

C_v——试验结果的偏差系数，以小数计；

Z_a——标准正态分布表中随保证率而变的系数，高速公路和一级公路应取保证率95%，即 Z_a=1.645，其他公路应取保证率90%，即 Z_a=1.282。

工地实际采取的石灰剂量应较实验室内试验确定的剂量多0.5%～1.0%。

五、石灰土底基层的施工

(一)备料

1.*石灰*

进场的生石灰块应妥善保管，加棚盖或覆土储存，应尽量缩短生石灰的存放时间。

生石灰应在使用前7～10 d进行充分消解成熟石灰粉，并过10 mm筛。熟石灰粉应尽快使用，不宜存放过久。

2.*土*

石灰土混合料的用土应按照JTJ 051—93的规定试验，其塑性指数应为12～18(100 g平衡锥法)，塑性指数过高时粉碎困难。

粉碎土中 10～25 mm 团块的含量不得超过总重的 5%，土中硫酸盐含量应不大于0.8%，腐殖质含量应不超过10%。

(二)混合料配比

应按指定的配比，在石灰土层施工前10～15 d进行现场试配。按照JTJ 057—94的规定进行试验，养生湿度为95%，温度为（25±2）℃，养生6 d，第7天饱水，试件为5 cm×5 cm(高×直径)的圆柱体。

考虑到石灰在施工过程中的损耗，允许实际用灰量可比设计值高出 0.5% ~ 1%，现场石灰含量试验按 JTJ 057—94 的方法进行。

确定混合料的松铺系数(混合料的干压实密度与松铺干密度之比值)。

(三)路拌法施工要求

1.摊铺

(1)摊铺土料前，应先在土基上洒水湿润，但不应过分潮湿而造成泥泞。

(2)用平地机或其他合适的机具将土料均匀地摊铺在预定的宽度上，表面应力求平整，并有规定的路拱。

(3)摊铺过程中，应将土中超尺寸颗粒及其他杂物清除干净。

(4)检验松铺土料层的厚度，不符合要求时，应进行减料或补料。除了洒水车，严禁其他车辆在土料层上通行。

(5)如黏土过干，应事先洒水闷料，使它的含水量略小于最佳值(一般至少闷料一夜)。

(6)石灰应摊铺均匀，石灰摊铺完后，应量测石灰土的松铺厚度，并校核石灰用量是否合适。

2.拌和与洒水

(1)石灰土拌和应采用拌和机。

(2)拌和时应先将拌和深度调整好，由两侧向中心拌和，每次拌和应重叠 10 ~ 20 cm，防止漏拌。先干拌一遍，然后视混合料的含水情况，碾压时按最佳含水量的要求，考虑拌和后碾压前的蒸发，适当洒水(一般可比最佳含水量大 1%左右)，再进行补充拌和，以达到混合料颜色一致，没有灰条、灰团和花面。

(3)在路基上铺拌时应随时检查拌和深度，严禁在底部留有“素土”夹层，也应防止过多破坏土基表面，以免影响混合料的石灰剂量及底部压实。

(4)洒水要求用喷管式洒水车，并及时检查混合料含水量。洒水车起洒处和另一端调头处都应超出拌和段 2 m 以上。洒水车不应在当天进行拌和的以及当天计划拌和的路段上调头和停留，以防局部水量过大。

(5)在两工作段的搭接部分，应在前一段拌和后留 5 ~ 8 m 不进行碾压，待后一段施工时，将前段留下未压部分一起再进行拌和。

(6)拌和机械及其他机械不宜在已压成的石灰土层上调头，如必须在其上进行调头，应采取措施保护调头部分，使石灰土表层不受破坏。

(四)场拌(或集中场拌)法施工要求

1.拌和

(1)石灰稳定土应在中心站用强制式拌和机、双转轴桨叶式拌和机等稳定土拌和设备进行集中拌和。

(2)在正式拌制稳定土混合料之前，应先调试所用的拌和设备，使混合料的配比和含水量都达到规定要求。

(3)稳定土混合料正式拌制时，应将土块粉碎，必要时，筛除原土中粒径大于 15 mm 的土块；配料要准确，备料(石灰、土、加水量)可按重量配比，也可按体积配比；拌和要均匀；加水量要略大于最佳含水量的 1%左右，使混合料运至现场摊铺后碾压时的含水量能接近最佳含水量。

(4)成品料露天堆放时，应减少临空面(建议堆成圆锥体)，并注意防雨水冲刷。对屡遭日光暴晒或受雨淋的料堆表面层材料应在使用前清除。

(5)上路摊铺前，应检测混合料中有效 CaO+MgO 含量，如达不到要求，应在运料前加料(消石灰)重拌。成品料运达现场摊铺前应覆盖，以防水分蒸发。

2.摊铺

(1)可用稳定土摊铺机、沥青混凝土摊铺机或水泥混凝土摊铺机摊铺混合料，如没有上述摊铺机，也可用摊铺箱摊铺。如石灰土层分层摊铺，应先将下层顶面拉毛，再摊铺上层混合料。

(2)拌和机与摊铺机的生产能力应互相协调。如拌和机的生产能力较低，在用摊铺箱摊铺混合料时，应尽量采用最低速度摊铺，减少摊铺机停机待料的情况。

(3)石灰土混合料摊铺时的松铺系数应视摊铺机机械类型而异，必要时，通过试铺碾压求得。

(4)场拌混合料的摊铺段，应安排当天摊铺当天压实。

(五)整型

路拌混合料拌和均匀后或场拌混合料运到现场经摊铺达预定的松厚之时，即应进行初整型。在直线段，平地机由两侧向路中心进行刮平；在平曲线超高段，平地机由内侧向外侧刮平。

初整型的灰土可用履带拖拉机或轮胎压路机稳压 1 ~ 2 遍，再用平地机进行整型，并用上述压实机械再碾压一遍。对局部低洼处，应用齿耙将其表层 5 mm 以上耙松，并用新拌的灰土混合料找补平整，再用平地机整型一次。

在整型过程中，禁止任何车辆通行。

(六)碾压

混合料表面整型后应立即开始压实。混合料的压实含水量应在最佳含水量的 ± 1%范围内，如因整型工序导致表面水分不足，应适当洒水。压实度要达到要求。

用 12 ~ 15 t 三轮压路机碾压时，每层压实厚度不应超过 15 cm；用 18 ~ 20 t 三轮压路机或相应功能的振动压路机碾压时，每层压实厚度不应超过 20 cm。压实厚度超过上述规定时，应分层铺筑，每层的最小压实厚度为 10 cm。

直线段由两侧路肩向路中心碾压，超高段由内侧路肩向外侧路肩碾压，碾压时后轮应重叠 1/2 的轮宽，后轮必须超过两段的接缝处。后轮(压实轮)压完路面全宽时，即为一遍，一般需碾压 6 ~ 8 遍。压路机碾压速度，头两遍采用 1 挡(1.5 ~ 1.7 km / h)为宜，以后用 2 挡(2.0 ~ 2.5 km / h)。路面两侧应多压 2 ~ 3 遍。

严禁压路机在已完成的或正在碾压的路上调头和急刹车，以保证灰土表面不受破坏。如确有必要，应采取措施(如覆盖 10 cm 厚的砂或砂砾)保护调头部分的灰土表面。

碾压过程中，石灰土的表面应始终保持湿润，如表面水分蒸发太快，应及时补充洒水，以防表面开裂。

石灰土碾压中如出现“弹簧”、松散、起皮等现象，应及时翻开晾晒或换新混合料重新拌和碾压。

在碾压结束之前，用平地机再终平一次，使其纵向顺适，路拱和超高符合设计要求。终平时必须将局部高出部分刮除，并扫出路外。

一个作业段完成之后，应按 JTJ 057—94 第 3 章方法检查灰土的压实度。频率：开始阶段，每一作业段检查 6 次，然后用碾压遍数与检查相结合，每 1 000 m 为 6 ~ 10 次。如果在铺一层或工程验收之前被检验的石灰土材料没达到所需的压实度，则必须返工。

不管路拌或场拌，其拌压间隔时间不得多于 2 d。

(七)养生

刚压实成型的石灰土底基层，在铺筑基层之前，至少在保持潮湿状态下养生 7 d。养生方法可视具体情况采用洒水、覆盖砂等。养生期间石灰土表层不应忽干忽湿，每次洒水后应用两轮压路机将表层压实。

在养生期间未采取覆盖措施的石灰土底基层上，除洒水车外，应封闭交通；在采取覆盖措施的石灰土底基层上，不能封闭交通时，应当限制车速不得超过 30 km / h。

六、碎(砾)石灰土底基层

用石灰稳定碎(砾)石土，简称碎(砾)石灰土。将拌和均匀的碎(砾)石灰土经摊铺、整型、碾压、养生后成型的底基层，称碎(砾)石灰土底基层。

混合料的最佳组成应是碎(砾)石掺入量占混合料总重的 60% ~ 70%，而且要求碎(砾)石要有一定级配(级配标准可参照级配碎(砾)石基层)。按重型击实试验确定材料的最佳含水量和最大干密度。所制成的试件在规定温度下，经 6 d 保湿养生，1 d 浸水的无侧限抗压强度应满足规范规定的强度标准要求。

碎(砾)石灰土底基层的施工方法和程序，可参照石灰土施工方法进行。但应把碎(砾)石摊铺在路槽内，然后把先拌匀的石灰土均匀地铺在碎(砾)石层上再与碎(砾)石拌均匀(控制含水量为最佳含水量)，经整型、碾压、养生而成型。在具备机械拌和的条件下，也宜用中心站集中拌和法施工。

第三节　水泥稳定类基层

一、概述

在粉碎的或原状松散的土(包括各种粗、中、细粒土)中，掺入适当水泥和水，按照技术要求，经拌和摊铺，在最佳含水量时压实及养护成型，其抗压强度符合规定要求，以此修建的路面基层称水泥稳定类基层。当用水泥稳定细粒土(砂性土、粉性土或黏性土)时，简称水泥土。

水泥是水硬性结合料，绝大多数的土类(高塑性黏土和有机质较多的土除外)都可以用水泥来稳定，改善其物理力学性质，适应各种不同的气候条件与水文地质条件。水泥稳定类基层具有良好的整体性、足够的力学强度、抗水性和耐冻性。其初期强度较高，且随龄期增长而增长，所以应用范围很广。近年来，在我国一些路面工程中，水泥稳定土可用于路面结构的基层和底基层，在保证路面使用品质上取得了满意的效果。但水泥土禁止作为高速公路或一级公路路面的基层，只能用做底基层。在高等级公路的水泥混凝土路面板下，水泥土也不应做基层。

二、影响强度的因素

(一)土质

土的类别和性质是影响水泥稳定土强度的重要因素，各类砂砾土、砂土、粉土和黏土均可用水泥稳定，但稳定效果不同。试验和生产实践证明，用水泥稳定级配良好的碎(砾)石和砂砾，效果最好，不但强度高，而且水泥用量少；其次是砂性土；再次之是粉性土和黏性土。重黏土难于粉碎和拌和，不宜单独用水泥来稳定。因此，一般要求土的塑性指数不大于 17。

(二)水泥的成分和剂量

各种类型的水泥都可以用于稳定土。但试验研究证明，水泥的矿物成分和分散度对其稳定效果有明显影响。对于同一种土，通常情况下硅酸盐水泥的稳定效果好，而铝酸盐水泥较差。

在水泥硬化条件相似，矿物成分相同时，随着水泥分散度的增加，其活性程度和硬化能力也有所增大，从而水泥土的强度也大大提高。

水泥土的强度随水泥剂量的增加而增长，但过多的水泥用量虽获得强度的增加，在经济上却不一定合理，在效果上也不一定显著，且容易开裂。试验和研究证明，水泥剂量为 4%～8%较为合理。

(三)含水量

含水量对水泥稳定土强度影响很大，当含水量不足时，水泥不能在混合料中完全水化和水解，发挥不了水泥对土的稳定作用，影响强度形成。同时，含水量小，达不到最佳含水量，也影响水泥稳定土的压实度。因此，使含水量达到最佳含水量的同时，也要满足水泥完全水化和水解作用的需要为好。

水泥正常水化所需的水量约为水泥重的 20%，对于砂性土，完全水化达到最高强度的含水量较最佳密度的含水量为小，而对于黏性土则相反。

(四)施工工艺过程

水泥、土和水拌和得均匀，且在最佳含水量下充分压实，使之干密度最大，其强度和稳定性就高。水泥土从开始加水拌和到完成压实的延迟时间要尽可能最短，一般要在 6 h 以内。若时间过长，则水泥凝结，在碾压时，不但达不到压实度要求，而且也会破坏已结硬水泥的胶凝作用，反而使水泥稳定土强度下降。在水泥终凝时间达不到规定要求时，可以使用一定剂量的缓凝剂，但缓凝剂的品种和具体数量应根据试验确定。

水泥稳定土需湿法养生，以满足水泥水化形成强度的需要。养生温度愈高，强度增长的愈快，因此要保证水泥稳定土养生的温度和湿度条件。

三、材料要求及混合料组成设计

(一)材料要求

1.土

凡能被粉碎的土都可用水泥稳定。宜做水泥稳定类基层的材料有石渣、石屑、砂砾、碎石土、砾石土等。碎石或砾石的压碎值对于高速公路和一级公路应不大于30%，对于二级和二级以下公路应不大于35%。

对于二级公路以下的一般公路，当用水泥稳定土做底基层时，颗粒最大粒径不应超过40 mm(指圆孔筛)，对于高速公路和一级公路，颗粒最大粒径不应超过31.5 mm(指方孔筛)。土的颗粒组成应符合JTJ 051—93的规定，同时土的均匀系数(土的均匀系数为通过量60%的筛孔尺寸与通过量10%的筛孔尺寸的比值)应大于5，细粒土的塑性指数不应超过17。实际工作中，宜选用均匀系数大于10、塑性指数小于12的土。

2.水泥

普通硅酸盐水泥、矿渣硅酸盐水泥或火山灰质硅酸盐水泥都可以用于稳定土，但应选用终凝时间较长(宜在6 h以上)的水泥。早强、快硬及受潮变质的水泥不应使用，宜采用强度等级较低的水泥，如32.5级水泥。

3.水

饮用的水，均可以应用。

(二)混合料组成设计

水泥稳定土混合料组成设计与石灰稳定土基本相同。

1.强度和压实度标准

7 d无侧限抗压强度和压实度应根据公路等级和所在路面结构中的层位确定。

2.设计步骤

(1)制备同一种土样、不同水泥剂量的混合料，一般按下列水泥剂量配制。

做基层用时：

中粒土和粗粒土：3%，4%，5%，6%，7%；

塑性指数小于12的土：5%，7%，8%，9%，11%；

其他细粒土：8%，10%，12%，14%，16%。

做底基层时：

中粒土和粗粒土：2%，3%，4%，5%，6%；

塑性指数小于12的土：4%，5%，6%，7%，8%；

其他细粒土：6%，8%，9%，10%，12%。

(2)确定最佳含水量和最大干压实密度。

(3)按最佳含水量和计算得到的干压实密度制试件。根据强度标准选定合适的水泥剂量，此剂量试件室内试验结果的平均抗压强度 R 应符合公式要求。

工地实际采用的水泥剂量应比室内试验确定剂量多0.5%～1.0%。

四、水泥稳定粒料施工

(一)材料

1.水泥

普通硅酸盐水泥、矿渣硅酸盐水泥或火山灰质硅酸盐水泥都可以使用，但应选用终凝时间较长(宜在 6 h 以上)的水泥。不宜用快硬水泥、早强水泥，禁用已受潮变质的水泥，宜采用强度等级较低(如 32.5 级)的水泥。

2.集料

高速公路和一级公路集料的压碎值应不大于 30%，二级公路和二级以下公路集料的压碎值应不大于 35%。颗粒最大粒径，高速公路和一级公路不大于 31.5 mm(方孔筛)，二级公路和二级以下公路不大于 40 mm(圆孔筛)。同时，要求集料通过量为 60%的筛孔尺寸与通过量为 10%的筛孔尺寸的比值不大于 10。

(1)集料中粒径 0.6 mm 以下颗粒塑性指数应不大于 12。

(2)有机物含量超过 2%、硫酸盐含量超过 0.25%的集料不宜使用。

(二)混合料设计

应根据指定的配比(包括最佳含量和最大干密度)，在水泥稳定碎石层施工前 10 ~ 15 d 进行现场试配；按指定的水泥剂量为中档，另增上下浮动 1%的水泥剂量两个档次，采用同一种集料级配按《公路工程无机结合料稳定材料实验规程》(JTJ 057—94)规定的方法，对每种水泥剂量作为平行试验的试件数量应不少于 9 个。如该组试验结果的偏差系数大于 15%，则应重做试验，并找出原因，加以解释。

试件在规定温度下保湿养生 6 d、浸水 1 d 后，进行无侧限抗压强度试验，并计算试验结果的平均值和偏差系数 C_v。

平均抗压强度 R 应满足下式要求：

$$R \geqslant R_d / (1-1.645C_v) \qquad (C_v \text{以小数计})$$

工地实际采用的水泥剂量应较室内试验确定的剂量多 0.5% ~ 1.0%。

(三)施工要求

1.底基层准备

按底基层的有关检验标准进行复检，凡不合格的路段应进行整修，使其达到标准，底基层表面应平整、坚实、具有规定的路拱，没有任何松散和软弱地点。

2.一般规定

(1)水泥稳定碎石层施工期的最低气温在 5 ℃以上，并在第一次冰冻到来之前半个月到一个月完成。

(2)水泥稳定碎石混合料从拌和到碾压之间的延续时间宜控制在 3 ~ 4 h。

(3)确定每一作业段的合理长度时，必须综合考虑下列因素：①水泥的终凝时间；②施工季节和气候条件；③延缓时间对混合料密度和抗压强度的影响；④施工机械的效率和数量；⑤操作的熟练程度；⑥尽量减少接缝。

3.拌和方法和摊铺

(1)混合料应在中心拌和厂拌和，可采用间歇式或连续式拌和设备。

(2)所有拌和设备都应按比例(质量比或体积比)加料，配料要准确，其加料方法应便于监理工程师对每盘的配合比进行核实。

(3)拌和要均匀，含水量要略大于最佳值，使混合料运到现场摊铺碾压时的含水量不小于最佳值。运距远时，运送混合料的车厢应加覆盖，以防水分损失过多。

(4)用平地机或摊铺机按松铺厚度摊铺，但摊铺要均匀，如有粗细料离析现象，应以人工或机械补充拌匀。

4.整型

对二级以下公路所用混合料，在摊铺后立即用平地机初步刮平和整型。在直线段，平地机由两侧向路中心进行刮平；在平曲线段，平地机由内侧向外侧进行刮平。需要时再返回刮一遍。

5.碾压

(1)整型后，当混合料的含水量等于或大于最佳含水量时，立即用停振的振动压路机在全宽范围内先静压 1 ~ 2 遍，然后打开振动器均匀压实到规定的压实度。碾压时振动轮必须重叠。通常除路面的两侧应多压 2 ~ 3 遍外，其余各部分碾压到的次数尽量相同。

(2)严禁压路机在已完成的或正在碾压的路段上调头或急刹车。

(3)碾压过程中，水泥稳定碎石的表面应始终保持潮湿，如表层蒸发过快，应尽快洒少量的水。

(4)碾压过程中，如有“弹簧”、松散、起皮等现象，应及时翻开重新拌和(如加少量的水泥)或其他方法处理，使其达到质量要求。

(5)在碾压过程结束之前，用平地机再终平一次，使其纵向顺适，路拱和标高符合规定要求。终平时应仔细用路拱板校正，必须将高出部分刮除，并扫出路外。

6.接缝处理

当天两工作段的衔接处应搭接拌和，即先施工的前一段尾部留 5 ~ 8 m 不进行碾压，待第二段施工时，对前段留下未压部分要再加部分水泥重新拌和，并与第二段一起碾压。

应十分注意每天最后一段末端缝(即工作缝)的处理，工作缝应成直线，而且上下垂直。经过摊铺整型的水泥稳定碎石当天应全部压实，不留尾巴。第二天铺筑时为了使已压成型的稳定边缘不致遭受破坏，应用方木(厚度与其压实后厚度相同)保护，碾压前将方木提出，用混合料回填并整平。

7.养生及交通管制

(1)每一段碾压完成后应立即开始养生，不得延误。

(2)在整个养生期间都应使水泥稳定碎石层保持潮湿状态，养生结束后，必须将覆盖物清除干净。

(3)在养生期间未采取覆盖措施的水泥稳定碎石层上，除洒水车外，应封闭交通。在采取覆盖措施的水泥稳定碎石层上不能封闭交通时，应限制重车通行，其他车辆车速不得超过 30 km/h。

(4)水泥稳定碎石层上立即铺筑沥青面层时，不需太长的养生期，但应始终保持表面湿润，至少洒水养生 3 d。

8.其他

养生期满验收合格后立即浇透层油。

第四节　工业废渣稳定基层

一、概述

随着工业的发展，工业废渣逐渐增多，怎样综合利用工业废渣引起了国内外重视。近年来，我国利用工业废渣铺筑路面基层，取得显著成效，不但提高了路面使用品质，而且降低了工程造价，“变废为宝”，具有很大的经济意义。

公路上常用的工业废渣有火力发电厂的粉煤灰和煤渣、钢铁厂的高炉渣和钢渣、化肥厂的电石渣，以及煤矿的煤矸石等。粉煤灰和煤渣中含有较多的二氧化硅、氧化钙或氧化铝等活性物质。用石灰稳定工业废渣时，石灰在水的作用下形成饱和的 $Ca(OH)_2$ 溶液，废渣的活性氧化硅和氧化铝在 $Ca(OH)_2$ 溶液中产生火山灰反应，生成水化硅酸钙和铝酸钙凝胶，把颗粒胶凝在一起，随水化物不断产生而结晶硬化，具有水硬性。温度较高时，强度增长快，因此石灰稳定工业废渣最好在热季施工，并加强保湿养生。

工业废渣材料主要用石灰与之综合稳定。石灰工业废渣材料，主要有石灰粉煤灰类及石灰其他废渣类。

石灰稳定工业废渣基层具有水硬性、缓凝性、强度高、稳定性好，成板体且强度随龄期不断增加，抗水、抗冻、抗裂而且收缩性小，适应各种气候环境和水文地质条件等特点。所以，近几年来，修筑高等级公路常选用石灰稳定工业废渣做高级或次高级路面的基层或底基层。

二、对材料要求

(一)石灰

工业废渣基层所用的结合料是石灰或石灰下脚料，石灰的质量宜符合Ⅲ级以上技术指标。

(二)废渣材料

粉煤灰是火力发电厂燃烧煤粉产生的粉状灰渣，主要成分是二氧化硅(SiO_2)和三氧化二铝(Al_2O_3)，其总含量一般要求超过 70%。粉煤灰的烧失量一般要小于 20%，如达不到上述要求，应通过试验确定后，才能采用。干粉煤灰和湿粉煤灰都可以使用。干粉煤灰堆放时应洒水以防飞扬。湿粉煤灰堆放时，含水量不宜超过 35%。

(三)粒料(砾料)

高速公路和一级公路集料的压碎值应不大于 30%，二级公路和二级以下公路集料的压碎值应不大于 35%。颗粒最大粒径高速公路和一级公路不大于 31.5 mm(方孔筛)，二级公路和二级以下公路不大于 40 mm(圆孔筛)。

石灰工业废渣混合料中粒料质量宜占 80%以上，并有良好的级配；二灰砂砾混合料的级配范围应符合表 10-2 的规定，二灰碎石混合料的级配范围应符合表 10-3 的规定。

表 10-2　二灰砂砾混合料的级配范围

筛孔尺寸(mm)	37.5	31.5	19.0	9.50	4.75	2.36	1.18	0.6	0.075
通过百分率(%)(基层)		100	85 ~ 100	55 ~ 75	39 ~ 59	27 ~ 47	17 ~ 35	10 ~ 25	0 ~ 15
通过百分率(%)(底基层)	100	85 ~ 100	65 ~ 85	50 ~ 70	35 ~ 55	25 ~ 45	17 ~ 35	10 ~ 27	0 ~ 15

表 10-3　二灰碎石混合料的级配范围

筛孔尺寸(mm)	37.5	31.5	19.0	9.50	4.75	2.36	1.18	0.6	0.075
通过百分率(%)(基层)		100	81 ~ 98	52 ~ 70	30 ~ 50	18 ~ 38	10 ~ 27	6 ~ 20	0 ~ 7
通过百分率(%)(底基层)	100	90 ~ 100	72 ~ 90	48 ~ 68	30 ~ 50	18 ~ 38	10 ~ 27	6 ~ 20	0 ~ 7

三、混合料组成设计

石灰工业废渣混合料的组成设计内容包括：通过试验选取符合强度标准的稳定的土，确定石灰与粉煤灰或石灰与煤渣的比例，确定石灰粉煤灰或石灰煤渣与土的比例(均为质量比)，确定混合料的最佳含水量。

混合料的设计方法和步骤可参照石灰稳定土进行。

四、石灰煤渣类基层

石灰煤渣(简称二渣)基层是用石灰和煤渣按一定配合比，加水拌和、摊铺、碾压、养生而成型的基层。二渣中如掺入一定量的粗集料便称三渣；掺入一定量的土，便成为石灰煤渣土。混合料的配比应满足规定的强度标准。各地可根据当地气候、水文地质条件、公路等级及实践经验参照如下配比选用。

采用石灰煤渣做基层或底基层时，石灰与煤渣的比可以是 20：80 ~ 15：85。

采用石灰煤渣土做基层或底基层时(土为细粒土)，石灰与煤渣的比可用 1：2 ~ 1：3，但混合料的石灰不应小于 10%。

采用石灰煤渣粒料做基层或底基层时，石灰：煤渣：粒料可以是(7 ~ 9)：(26 ~ 33)：(67 ~ 58)。

为了提高石灰煤渣和石灰煤渣土的早期强度，可外加 1% ~ 2%的水泥。

石灰煤渣、石灰煤渣土和三渣皆具有水硬性，物理力学性质基本上与石灰土相似，但其强度与水稳定性都比石灰土好。石灰煤渣的 28 d 强度可达 1.5 ~ 3.0 MPa，并随龄期而增长。初期强度增长慢，尚有一定的塑性，但达到一定龄期后，处于弹性工作状态，成板体，具有刚性，当冷缩和干缩时，易产生裂缝。研究表明，当采用石灰煤渣粒料时，抗缩裂能力有所改善。

施工程序和方法基本上与石灰土基层相同。但要加强养生，重视提高初期强度，防止早期重交通量下出现早期破坏现象。

五、石灰粉煤灰类基层

(一)基本概念

石灰粉煤灰(简称二灰)基层是用石灰和粉煤灰按一定配比，加水拌和、摊铺、碾压及养生而成型的基层。在二灰中掺入一定量的土，经加水拌和、摊铺、碾压及养生成型的基层，称二灰土基层。混合料的配比组成，各地可根据当地的实践经验参照下面配比选用。

采用石灰粉煤灰土做基层或底基层时，石灰与粉煤灰的比常用 1∶2～1∶4(对于粉土，以 1∶2 为合适)。石灰粉煤灰与细粒土的比为 30∶70～50∶50。

采用石灰粉煤灰与级配的中粒土和粗粒土时，石灰与粉煤灰的比为 1∶2～1∶4，石灰粉煤灰与粒料的比常采用 20∶80～15∶85。

根据最近研究提出，为了防止裂缝，采用石灰与粉煤灰的配比为 1∶3～1∶4，集料含量以 80%～85%为最佳，既可抗干缩又可抗温缩。不少地区在修筑高级或次高级路面时选用这种基层和底基层，既减少了因基层反射裂缝而引起的面层开裂问题，还减少了沥青路面的车辙。

石灰粉煤灰类的基层施工同石灰稳定土基层的施工。施工时，应尽量安排在温暖高温季节，以利于形成早期强度而成型。

(二)施工

1.材料

1)石灰

石灰应符合规定。

2)粉煤灰

要求粉煤灰的 $SiO_2+Al_2O_3$ 含量大于 70%，CaO 含量为 2%～6%，烧失量不大于 20%，粒径变化在 0.001～0.3 mm 之间，其比表面积一般在 2 000～3 500 cm^2/g 之间。

干粉煤灰的堆放宜加水，以防飞扬；湿粉煤灰的含水量不宜超过 35%。

粉煤灰不应含有团块、腐殖质及有害杂质，使用时应将凝固的粉煤灰块打碎或过筛。

3)集料

不同规格的集料应分别堆放，严禁混堆。

集料的均匀系数应大于 10(通过量为 60%的筛孔尺寸与通过量为 10%的筛孔尺寸的比值)。

集料的级配组成及二灰的掺量应满足要求。

4)混合料设计

应按指定的配比(包括最佳含水量和最大干密度)，在二灰碎石层施工前 10～15 d 进行现场试配，按照 JTJ 057—94 的规定进行试验，养生湿度为 95%，温度为（25±2）℃，养生 6 d 后，第 7 天饱水。试件为 15 cm×15 cm(高×直径)的圆柱体。

建议把提供的二灰掺量作中挡值(例如 20%)，按 15%、20%、25%三挡二灰掺量(碎石掺量分别为 85%、80%、75%)试验制件，按 JTJ 057—94 的规定程序进行重型击实试验和强度试验。

每组试验结果的偏差系数(C_v)大于 10%时应重做试验。

经现场试验结果证明，提供的配比剂量和试验强度达不到规定要求(指第 7 天饱水后的无侧限抗压强度不小于 0.8 MPa)或施工工艺上有难度时，需经批准后方可予以调整，但二灰的掺量应大于 20%。

2.施工要求

(1)底基层准备。

(2)拌和。二灰碎石混合料应用拌和机械集中拌和，不得采用路拌。用摊铺机铺筑，防止水分蒸发和产生离析。碾压和整型的全部操作应在当天完成。

材料的拌和可用带旋转刀片的分批出料的拌和设备或是用转动鼓拌和机或连续拌和式设备。二灰和集料可按质量比控制，也可按体积比控制。

向各拌和设备内加水的比例可以按质量计量，也可按体积计量，要随时对每批材料或按连续式拌和的材料流速进行用水量检查，所加的水量必须考虑二灰及集料的原有含水量。

注意拌和机内是否有死角存在，如发现应及时纠正。

混合料应在拌和以后尽快摊铺。

各种成分的配比偏差应在下列范围之内：

集料	±2%，质量比
粉煤灰	±1.5%，质量比
石灰	±1.0%，质量比
水	±2%，按最佳含水量

(3)摊铺。当二灰碎石层的铺筑厚度超过碾压有效厚度时，应分两层铺筑，在第一铺筑层经压实并且压实度达到规定标准时，应立即铺筑第二层。

(4)压实。最好用振动压路机碾压，压实度应达到规定的要求。

通过在 100～200 m 间隔内随机钻孔来检查铺筑层的厚度，全部试验至少有 50%等于或超过要求的厚度，且不允许有两个相邻孔相差在±10%。

二灰碎石层表面的平整度容许偏差不超过 10 mm，标高的容许偏差为 0～10 mm，厚度的容许偏差为 0～+10 mm。

(5)养生与浇洒沥青透层。二灰碎石层碾压完成后的第二天或第三天开始养生，及时洒水，应始终保持表面湿润。养生期一般为 7 d。养生期结束，应立即浇洒透层油。

复习思考题

10-1　常见的基层类型有哪些？分别主要由什么材料组成？

10-2　碎(砾)石路面与基层的主要类型有哪些？

10-3　简述级配碎石路面与基层施工的工序。

10-4　简述石灰稳定土底基层的施工方法。

10-5　简述水泥稳定粒料的施工要点。

10-6　简述二灰基层的施工要点。

第十一章　沥青路面

重点提示

本章重点讲述沥青路面的分类，沥青路面材料的温度稳定性，对沥青路面的材料要求，沥青混合料的拌和、摊铺、碾压及施工质量控制等。沥青路面材料强度和稳定性要求，沥青混合料的拌和、摊铺、碾压及施工质量控制方法应作为本章的学习重点。

第一节　概　述

一、沥青路面的基本特性

沥青路面是用沥青材料做结合料黏结矿料修筑面层与各类基层和垫层所组成的路面结构。由于沥青面层使用沥青结合料，因而增强了矿料间的黏结力，提高了混合料的强度和稳定性，使路面的使用质量和耐久性都得到提高。与水泥混凝土路面相比，沥青路面具有表面平整、无接缝、行车舒适、耐磨、振动小、噪声低、施工期短、养护维修简便、适宜于分期修建等优点，因而获得越来越广泛的应用。我国的公路和城市道路 20 多年来使用沥青材料修筑了相当数量的沥青路面。沥青路面是我国高速公路的主要路面形式。随着国民经济和现代化道路交通运输的需要，沥青路面必将有更大的发展。

沥青路面属柔性路面，其强度与稳定性在很大程度上取决于土基和基层的特性。沥青路面的抗弯强度较低，因而要求路面的基础应具有足够的强度和稳定性。所以，在施工时必须掌握路基土的特性进行充分的碾压。对软弱土基或翻浆路段，必须预先加以处理。在低温时，沥青路面的抗变形能力很低，在寒冷地区为了防止土基不均匀冻胀而使沥青路面开裂，需设置防冻层。沥青面层修筑后，由于它的透水性小，从而使土基和基层内的水分难以排出，在潮湿路段易发生土基和基层变软，导致路面破坏。因此，必须提高基层的水稳性，尽可能采用结合料处治的整体性基层。对交通量较大的路段，为使沥青路面具有一定的抗弯拉和抗疲劳开裂的能力，宜在沥青面层下设置沥青混合料的联结层。采用较薄的沥青面层时，特别是在旧路面上加铺面层时，要采取措施加强面层与基层之间的黏结，以防止水平力作用而引起沥青面层的剥落、推挤、拥包等破坏。

二、沥青路面的分类

(一)按强度构成原理分类

按强度构成原理分类可将沥青路面分为密实类和嵌挤类两大类。

密实类沥青路面要求矿料的级配按最大密实原则设计，其强度和稳定性主要取决于混合料的黏聚力和内摩阻力。密实类沥青路面按其空隙率的大小可分为闭式和开式两种：闭式混合料中含有较多的粒径小于 0.5 mm 和 0.074 mm 的矿料颗粒，空隙率小于 6%，混合料致密而耐久，但热稳定性较差；开式混合料中粒径小于 0.5 mm 的矿料颗粒含量较少，空隙率大于 6%，其热稳定性较好。

嵌挤类沥青路面要求采用颗粒尺寸较为均一的矿料，路面的强度和稳定性主要依靠集料颗粒之间相互嵌挤所产生的内摩阻力，而黏聚力则起着次要的作用。按嵌挤原则修筑的沥青路面，其热稳定性较好，但因空隙率较大、易渗水，且耐久性较差。

(二)按施工工艺分类

按施工工艺的不同，沥青路面可分为层铺法、路拌法和厂拌法三类。

层铺法是用分层洒布沥青、分层铺撒矿料和碾压的方法修筑，其主要优点是工艺和设备简便、工效较高、施工进度快、造价较低；其缺点是路面成型期较长，需要经过炎热季节行车碾压之后路面方能成型。用这种方法修筑的沥青路面有沥青表面处治和沥青贯入式两种。

路拌法是在路上用机械将矿料和沥青材料就地拌和摊铺及碾压密实而成的沥青面层。此类面层所用的矿料为碎(砾)石者称为路拌沥青碎(砾)石，所用的矿料为土者则称为路拌沥青稳定土。路拌沥青面层通过就地拌和，沥青材料在矿料中分布比层铺法均匀，可以缩短路面的成型期。但因所用的矿料为冷料，需使用黏稠度较低的沥青材料，故混合料的强度较低。

厂拌法是由一定级配的矿料和沥青材料在工厂用专用设备加热拌和，然后送到工地摊铺碾压而成的沥青路面。矿料中细颗粒含量少，不含或含少量矿粉，混合料为开级配的(空隙率达 10%～15%)，称为厂拌沥青碎石(以 AM 表示，采用圆孔筛时用 LS 表示)，压实后剩余空隙率大于 15%的称为开级配沥青混合料；若矿料中含有矿粉，混合料是按最佳密实级配配制的(压实后剩余空隙率为 3%～6%)，称为密级配沥青混凝土(以 AC 表示，采用圆孔筛时用 LH 表示)，密级配沥青混凝土根据级配分为粗型(AC–C)和细型(AC–F)。厂拌法按混合料铺筑时温度的不同，又可分为热拌热铺和热拌冷铺两种。热拌热铺是混合料在专用设备加热拌和后立即趁热运到路上摊铺压实。如果混合料加热拌和后储存一段时间再在常温下运到路上摊铺压实，即为热拌冷铺。厂拌法使用较黏稠的沥青材料，且矿料经过精选，因而混合料质量高，使用寿命长，但修建费用也较高。目前，高等级沥青路面较多采用厂拌法。

(三)按沥青路面的技术特性分类

根据沥青路面的技术特性，沥青面层可分为沥青混凝土、热拌沥青碎石、乳化沥青碎石混合料、沥青贯入式、沥青表面处治五种类型。此外，沥青玛琋脂碎石(SMA)近年在许多国家也得到广泛应用。

沥青表面处治路面是指用沥青和集料按层铺法或拌和法铺筑而成的厚度不超过 3 cm 的沥青路面。沥青表面处治的厚度一般为 1.5～3.0 cm。层铺法可分为单层、双层、三层。单层表处厚度为 1.0～1.5 cm，双层表处厚度为 1.5～2.5 cm，三层表处厚度为 2.5～3.0 cm。沥青表面处治适用于三级、四级公路的面层，旧沥青面层上加铺罩面或抗滑层、磨耗层等。

沥青贯入式路面是指用沥青贯入碎(砾)石做面层的路面。沥青贯入式路面的厚度一般为 4～8 cm。当沥青贯入式的上部加铺拌和的沥青混合料时，也称为上拌下贯，此时拌和层的厚度宜为 3 ~ 4 cm，其总厚度为 7 ~ 10 cm。沥青贯入式碎石适用于做二级及二级以下公路的沥青面层。

沥青碎石路面是指用沥青碎石做面层的路面，沥青碎石的配合比设计应根据实践经验和马歇尔试验的结果，并通过施工前的试拌和试铺确定。沥青碎石有时也用做连接层。

沥青混凝土路面是指用沥青混凝土做面层的路面，其面层可由单层或双层或三层沥青混合料组成，各层混合料的组成设计应根据其层厚和层位、气温和降雨量等气候条件、交通量和交通组成等因素确定，以满足对沥青面层使用功能的要求。沥青混凝土常用做高等级公路的面层。

乳化沥青碎石混合料适用于做三级、四级公路的沥青面层，二级公路养护罩面以及各级公路的调平层。国外也用做柔性基层。

沥青玛琋脂碎石路面是指用沥青玛琋脂碎石混合料做面层或抗滑层的路面。沥青玛琋脂碎石混合料是以间断级配为骨架，用改性沥青、矿粉及木质纤维素组成的沥青玛琋脂为结合料，经拌和、摊铺、压实而形成的一种构造深度较大的抗滑面层。它具有抗滑耐磨、空隙率小、抗疲劳、高温抗车辙、低温抗开裂的优点，是一种全面提高密级配沥青混凝土使用质量的新材料，适用于高速公路、一级公路和其他重要公路的表面层。

三、沥青路面类型的选择

采用不同的施工工艺和材料可以修筑成不同类型的沥青路面。因此，必须根据路面的使用要求和施工的具体条件，按照技术经济原则来综合考虑，选定最适当的路面类型。

选择沥青路面的类型，一方面要根据任务要求(道路的等级、交通量、使用年限、修建费用等)和工程特点(施工季节、施工期限、基层状况等)，另一方面还应考虑材料供应情况、施工机具、劳力和施工技术条件等因素。可参照表 11-1 选定。

表 11-1　沥青路面类型的选择

公路等级	路面等级	面层类型	设计年限(年)	设计年限内累计标准轴次(万次/一车道)
高速公路、一级公路	高级路面	沥青混凝土 沥青玛琋脂碎石	15	>400
二级公路	高级路面	沥青混凝土	12	>200
	次高级路面	热拌沥青碎石混合料、沥青贯入式	10	100 ~ 200
三级公路	次高级路面	乳化沥青碎石混合料、沥青表面处治	8	10 ~ 100
四级公路	中级路面	水结碎石、泥结碎石、级配碎(砾)石、半整齐石块	5	≤10
	低级路面	粒料改善土	5	

从施工季节来讲，沥青类路面一般都要求在温暖干燥的气候条件下施工，所用沥青材料在施工时具有较大的流动性，便于路面摊铺和压实成型，并应在气温较高(不低于 15 ℃)的时期施工。热拌热铺类的沥青碎石或沥青混凝土面层，气候对其影响较小，

仅要求在晴朗天气和气温不低于 5 ℃时施工。若施工气温较低，则应选用热拌冷铺法施工。

沥青类路面一般不宜铺筑在纵坡大于6%的路段上。纵坡大于3%的路段，考虑抗滑的要求，宜采用粗粒式的沥青碎石或沥青表面处治。

第二节　沥青路面材料的强度与稳定性

一、沥青混合料的强度特性

表征沥青混合料力学强度的参数是抗压强度、抗剪强度和抗拉(包括抗弯拉)强度。一般沥青混合料均具有较高的抗压强度，而抗剪和抗拉强度则较低。因此，沥青路面的损坏，往往是由拉裂或滑移开始而逐渐扩展的。

(一)抗剪强度

沥青混合料的剪切破坏可按摩尔–库仑原理进行分析。材料在外力作用下如不产生剪切破坏，则应具备下列条件：

$$\tau_{max} < \sigma\tan\varphi + c \tag{11-1}$$

式中　τ_{max}——在外荷载作用下，某一点所产生的最大的剪应力，Pa；

σ——在外荷载作用下，同一剪切面上的正应力，Pa；

c——材料的黏结力，N；

φ——材料的内摩阻角，(°)。

沥青混合料的抗剪强度主要取决于沥青与矿料相互作用而产生的黏结力，以及矿料在沥青混合料中相互嵌挤而产生的内摩阻角(见表 11-2)。

表 11-2　沥青用量同黏结力和内摩阻角的关系

沥青混凝土中的沥青用量(%)	剩余空隙率(%)	内摩阻角(°)	黏结力(MPa)
5	3.3	30	0.190
6	2.5	30	0.155
7	0.7	19	0.060

沥青混合料的黏结力取决于许多因素，其中最主要的是沥青黏滞度、沥青含量与矿粉含量的比值，以及沥青与矿料相互作用的特性。沥青的黏滞度越高，黏结力就越大，因为高黏滞度的沥青能使沥青混合料的黏滞阻力增大，因而具有较高的抗剪强度。随着沥青含量增加，矿料颗粒间自由沥青增加，沥青混合料的黏结力随即下降。在沥青与矿料的相界面上，由于分子的吸附作用，越靠近矿料表面，沥青的黏滞度越高。因此，矿料的比面积和矿料周围沥青膜的厚度对沥青混合料的黏结力有很大的影响。矿料颗粒越小，比面积越大，包覆矿料颗粒的沥青膜越薄，黏结力就越大。沥青的表面活性越强，矿料对沥青的亲和性越好，吸附作用就越强烈，黏结力也越大。碱性的矿料与沥青黏结时，会发生化学吸附过程，在矿料与沥青接触面上形成新的化合物，因而黏结力较高。

酸性的矿料与沥青黏结时，不会形成化学吸附过程，黏结力就较低。

矿料的级配、颗粒的形状和表面特性，都对沥青混合料的内摩阻力产生影响。随着颗粒尺寸的增大，内摩阻力也就增大，颗粒表面粗糙、棱角尖锐的混合料，由于颗粒相互嵌紧，其内摩阻力要比圆滑颗粒的混合料大得多。此外，沥青混合料中沥青的存在总是会降低矿质混合料的内摩阻力。沥青含量过多时，不仅内摩阻力显著地降低，而且黏结力也下降。

(二)抗拉强度

在气候较寒冷地区，冬季气温下降，特别是急骤降温时，沥青混合料发生收缩，如果收缩受阻，就会产生拉应力，该应力超过沥青混合料的抗拉强度，路面就会产生开裂。

沥青混合料在低温下的抗拉强度同沥青的性质、沥青含量、矿质混合料的级配、测试时的温度等因素有关。试验表明，沥青的黏滞度大或沥青含量较大，沥青混合料具有较高的抗拉强度。密级配混合料的抗拉强度较开级配混合料高，在低温下沥青混合料的抗拉强度随温度降低而提高，形成一个峰值(脆化点)，低于脆化点后则强度下降。

沥青混合料的抗拉强度，可用直接拉伸试验或间接拉伸—劈裂试验测定。

我国现行的《公路沥青路面设计规范》(TJG D50—2006)中列出了沥青混合料和半刚性基层材料劈裂强度的常见值，见表 11-3 和表 11-4。

表 11-3　沥青混合料劈裂强度的常见值

材料名称		15 ℃劈裂强度(MPa)	备注
细粒式沥青混凝土	密级配	1.2 ~ 1.6	AC–10，AC–13
	开级配	0.6 ~ 1.0	OGFC
沥青玛琋脂碎石		1.4 ~ 1.9	SMA
中粒式沥青混凝土		0.8 ~ 1.2	AC–16，AC–20
密级配粗粒式沥青混凝土		0.6 ~ 1.0	AC–25
密级配沥青碎石基层		0.6 ~ 1.0	ATB–25，ATB–35

表 11-4　半刚性基层材料劈裂强度的常见值

材料名称	配合比或规格要求	劈裂强度(MPa)
二灰砂砾	7 : 13 : 80	0.6 ~ 0.8
二灰碎石	8 : 17 : 75	0.5 ~ 0.8
水泥砂砾	4% ~ 6%	0.4 ~ 0.6
水泥碎石	4% ~ 6%	0.4 ~ 0.6
水泥粉煤灰碎石	4 : 16 : 80	0.4 ~ 0.55
石灰水泥粉煤灰砂砾	6 : 3 : 16 : 75	0.4 ~ 0.55
石灰土碎石	粒料>60%	0.3 ~ 0.4
碎石灰土	粒料>40% ~ 50%	0.25 ~ 0.35
水泥石灰砂砾土	4 : 3 : 25 : 68	0.3 ~ 0.4
二灰土	10 : 30 : 60	0.2 ~ 0.3
石灰土	8% ~ 12%	0.2 ~ 0.25

(三)抗弯拉强度

沥青路面在行车重复荷载作用下，往往因路面弯曲而产生开裂破坏，因此必须验算沥青混合料的抗弯拉强度。

沥青混合料的抗弯拉强度在室内用梁式试件在简支受力情况下测定。梁式试件的高和宽应不小于矿料最大粒径的 4 倍，梁的跨径为高的 3 倍。常用的试件尺寸为粗粒式沥青混合料用 150 mm × 150 mm × 550 mm 的大梁，跨径为 450 mm；中粒式、细粒式沥青混合料用 100 mm × 100 mm × 400 mm 的中梁，跨径为 300 mm；砂质沥青混合料用 50 mm × 50 mm × 240 mm 的小梁，跨径为 150 mm。试验时用三分点法加荷，梁中间部分处于纯弯拉状态。我国《公路工程沥青及沥青混合料试验规程》(JTJ 052—2000)规定的试件尺寸是由轮碾成型后切制的长(250±2.0) mm、宽(30±2.0) mm、高(35±2.0) mm 的棱柱体小梁，其跨径为(200±0.5) mm，试验温度采用(15±0.5) ℃。当用于评价沥青混合料低温拉伸性能时，试验温度宜采用(−10±0.5) ℃。

沥青混合料的抗弯拉强度，取决于所用材料的性质(沥青的性质、沥青的用量、矿料的性质、混合料的均匀性)及结构破坏过程的加荷状况(重复次数、应力增长速度等)。此外，计算时期的温度状况对抗弯拉强度也有很大的影响。

沥青还应考虑应力—应变特性和疲劳特性。

沥青混合料是一种弹性—黏塑性材料，在应力—应变关系中呈现出不同的性质。有时仅呈现为弹性性质，有时则主要呈现为黏塑性性质。而大多数情况下，几乎同时综合呈现上述性质。沥青混合料在冬季低温时具有很高的黏滞度，因而应力松弛时间大大超过荷载作用时间。在此情况下，沥青混合料就呈现为弹性体，并且具有弹性体的变形特性。夏季高温时，沥青混合料的黏滞度迅速降低。因此，应力松弛时间也就大大缩短，与荷载作用时间接近或比它短得多，在临界状态下就产生塑性变形。沥青混合料的应力—应变特性，不仅同荷载大小和作用时间有关，而且与材料的温度有关。

如同其他路面材料一样，沥青混合料的变形和破坏，不仅与荷载应力的大小有关，而且同荷载作用次数有很大关系。路面材料在低于极限抗拉强度下经受重复拉应力或拉应变而最终导致破坏，称为疲劳破坏。导致路面材料最终破坏(即开始疲劳开裂)的荷载作用次数，称为疲劳寿命。影响沥青混合料疲劳特性的因素很多，除与材料的性质(种类、组成等)、环境因素(温度、湿度等)、加荷方式等因素有关外，还取决于沥青混合料的劲度。因此，任何影响劲度的因素如矿料级配、沥青种类和用量、混合料的压实程度和空隙率、试验的温度、加荷速度和应力级等对混合料的疲劳特性都有影响。沥青混合料的疲劳特性可用各种室内试验方法测定。通常采用的方法是在简支的小梁上做重复加荷弯挠试验，也可采用重复加荷抗拉试验(劈裂试验)测定。

二、沥青路面的温度稳定性

沥青混合料的强度随温度而变化，温度降低时强度提高，温度升高时强度降低。可见，温度是影响沥青路面力学特性的一个重要因素。

(一)沥青路面的高温稳定性

沥青混合料的特点是强度和抗变形能力随温度的升降而产生变化。温度升高时，沥青的黏滞度降低，矿料之间的黏结力削弱，导致强度降低。温度降低时恰好相反，沥青的黏滞度增高，因而强度增大。强度随温度而变化的幅度很大，相差几倍甚至几十倍。表 11-5 为沥青混凝土试件的抗压强度随温度变化而变化的情况。由于沥青混合料强度的这种变化，导致沥青路面稳定性和工作状况变坏，使用性能降低。

表 11-5　沥青混凝土试件的抗压强度随温度变化的变化

温度(℃)	平均抗压强度(MPa)
50	1.0 ~ 2.0
20	2.5 ~ 5.0
0	8.0 ~ 13.0
−10	10.0 ~ 17.0
−35	18.0 ~ 30.0

夏季高温时，在停车地点(平面交叉路口、停车站、停车场等)和行车变速的路段上，由于行车的启动与制动、加速与减速，路面可能受到很大的水平作用力(可达到 0.6 ~ 0.8 MPa)，大体上与垂直应力相当，并且在车辆的重复荷载作用下会发生变形累积。在这种情况下，若沥青混合料的高温稳定性不足，路面就会产生较大的剪切变形。因此，提高沥青混合料在高温下的抗剪切能力，就是提高其温度稳定性。

沥青路面在高温下产生的剪切变形大体上有下列两种情况：一种是面层很薄，或者面层与基层之间的黏结力很小时，面层将沿着基层顶面滑动；另一种是面层很厚，或者面层与基层之间的黏结力很大时，则整个面层内部发生推挤移动。

目前，对沥青混合料高温稳定性的分析，大都借助于试验的方法，较广泛应用的有马歇尔稳定度、无侧限抗压强度和车辙试验等试验方法。

影响沥青混合料高温稳定性的因素主要是沥青和矿料的性质及其相互作用的特性、矿料的级配组成等。为了提高沥青混合料的高温稳定性，可采用提高黏结力和内摩阻力的方法。在混合料中增加粗矿料含量或限制剩余空隙率，使粗矿料形成空间骨架结构，就能提高混合料的内摩阻力。适当地提高沥青材料的黏稠度，控制沥青与矿粉的比值，严格控制沥青用量，采用具有活性的矿粉，以改善沥青与矿粉的相互作用，就能提高混合料的黏结力。此外，在沥青混合料中使用掺入聚合物(如天然橡胶、合成橡胶、聚异丁烯、聚乙烯等)改性的沥青，也能取得比较满意的效果。

车辙是路面结构及土基在行车荷载作用下的补充压实，以及结构层中材料的侧向位移产生的累积永久变形。这种变形出现在行车轮带处，即形成路面的纵向带状凹陷。车辙是高级沥青路面的主要破坏形式。沥青混凝土的热稳定性主要表现在夏季路面是否在车辆荷载的作用下逐渐形成车辙。研究表明，采用动稳定度来表征沥青混合料的热稳定性是适宜的。

影响沥青混合料动稳定度的因素较多。一般密级配的动稳定度大于开级配，沥青用量过多，动稳定度下降，试验温度低则动稳定度高，试验荷载大则动稳定度低。采用改性沥青则可明显地提高动稳定度。综合考虑中国国情，我国《公路沥青路面施工技术规范》(JTG F40—2004)规定，对应气候分区的不同，普通沥青混合料的动稳定度应不小于 600 ~ 1 000 次/mm。在南方长期持续气温较高地区，应尽可能地提高沥青混合料的动稳定度指标。

(二)沥青路面的低温抗裂性

沥青路面在低温时强度虽然增大，但其变形能力却因刚性增大而降低。气温下降，特别是在急骤降温时，会在路面结构上产生温度梯度，路面面层遇降温而收缩的趋势会受到其下部层次的约束在面层产生拉应力，开始时由于沥青混合料的劲度相对较低，拉应力较小，但是随着进一步的降温，在低温状态下，沥青混合料的劲度增加，从而伴随着收缩趋势的进一步增强，导致拉应力超过沥青混凝土的强度，造成面层开裂。沥青路面的低温缩裂大致可分为两类：一类是温度下降而造成路面的开裂，它与沥青混合料的体积收缩有关，这种裂缝是由表面开始发裂而逐渐发展成为裂缝；另一类是属于路基或基层收缩与冰冻共同作用而产生的裂缝，这类裂缝是从基层开始逐渐反映到沥青面层开裂的。由于路面收缩的主轴是纵向的，因此低温产生的裂缝大多是横向的，裂缝的间距一般为 6 ~ 10 m。裂缝的出现，往往就是沥青路面损坏的开始。随着低温循环的影响，裂缝将会进一步扩展，随后雨水由裂缝渗入路面结构，逐渐导致路面工作状况恶化。

影响低温开裂的因素很多，其中主要的因素是路面所用沥青的性质、当地的气温状况、沥青老化程度、路基的种类和路面层次的厚度等。此外，路面面层与基层的黏着状况、基层所用材料的特性、行车的状况对开裂也有一定的影响。

使用稠度较低、温度敏感性低的沥青，可以减少或延缓路面的开裂。路面所在地区的气温愈低，开裂愈为严重。沥青材料的老化，对低温更为敏感，使路面产生开裂的可能性增大。增加沥青面层的厚度可以减少或者延缓路面的开裂。采用某些改性沥青也可减少沥青路面的开裂。

第三节　沥青路面的抗滑问题

路面表面应有足够的抗滑能力，以保证行车安全。若抗滑能力不足，汽车启动时，会发生空转打滑现象；汽车在弯道上行驶，就会产生横向滑移；当紧急制动刹车时，所需的制动距离就会增长，因而容易发生交通事故。经调查，交通事故约 80%以上与路面滑溜有关，即与路面摩擦系数较低有关。沥青路面所用沥青材料含蜡量高，热稳定性差，若施工不当，易使路表面光滑，抗滑能力大大降低。因此，对于沥青路面来说，抗滑性能是一项重要的质量评定指标。

一、沥青路面抗滑性能及其影响因素

路面具有一定的粗糙度是保证汽车在道路上安全行驶的必要条件。它通过车轮轮胎与路面相互作用产生的摩擦阻力而起制约作用。评定路面粗糙度的指标很多，但通常主要采用的是摩擦系数。路面的摩擦系数越大，粗糙度就越好。

影响轮胎与路面之间的摩擦系数的因素主要有下述几个方面。

(一)路面粗糙度对摩擦系数的影响

大量实测资料表明，摩擦系数的大小，首先取决于路面的粗糙度。路面的粗糙度则由路面的细纹理和粗纹理两方面构成。所谓细纹理，是指石料表面的纹理(即石料本身的

粗度)，而粗纹理则是由面层表面外露的石料之间凹凸不平所形成的纹理，因为它使轮胎同沥青层面表面保持有摩擦作用的接触。而当行车速度较高时，对于摩擦系数来说，则由粗纹理起主要作用，车速越高，为获得一定摩擦系数所需的粗纹理深度就越大。为保证低速时路表面的抗滑性能，关键在于选用表面粗糙而且坚硬耐磨的石料，如花岗岩、片麻岩、石英岩等。为克服此类酸性石料同沥青材料黏结不好的缺点，可采取掺石灰粉或用石灰水处理石料表面等方法予以改善。

(二)干湿状态、温度、车速对摩擦系数的影响

在干燥洁净的路面上，轮胎与路面之间的接触状态最好，具有最高的摩擦系数。在潮湿的路面上附着于石料表面的水膜或者连成一片的水层介于轮胎与路面之间，成为车辆滑溜的主要根源，表现为路面摩擦系数降低。当水膜或水层被路面的粗糙度或轮胎花纹的挤压而抵消时，其滑溜作用就大为减小，路面摩擦系数保持较高的数值。

沥青路面处于干燥状态时，光滑和粗糙的路面具有相近似的抗滑能力，其摩擦系数多在 0.7 左右，相差很小，一般能保证汽车安全行驶。但当路面处于潮湿状态时，光滑路面的摩擦系数就显著地降低，降低的幅度与路面的粗糙度和车速有关。在相同车速下，粗糙面比光滑面降低的幅度要小，随着车速的提高，摩擦系数将降低。温度对摩擦系数也有影响，一般随着路面温度的升高，摩擦系数相应减小。

(三)面层结合料、集料对摩擦系数的影响

结合料的品种对摩擦系数有很大的影响，根据试验和实践得知，就沥青路面的抗滑性而言，以煤沥青最好，混合沥青次之，黏稠石油沥青稍差，多蜡液体沥青(渣油)最差。而且不论何种结合料，其用量增加，摩擦系数均降低。集料的种类、性质、形状也明显影响着摩擦系数。碱性石料对沥青的吸附性好，但不耐磨耗，路面建成初期摩擦系数高，但经过行车作用后易磨损而变光滑。未风化的酸性岩石，大多强度高、耐磨，但与石油沥青的黏附性较差，所以要经过碱性处理为好。有棱角、表面粗糙、形状接近立方体的集料，其摩擦系数要比圆滑的集料大得多。此外，在集料的级配组成上，开级配的路面表面抗滑性能较好。

(四)路面上结冰、积雪及其他状态对摩擦系数的影响

路面上结冰与积雪，均会使摩擦系数降低，因为轮胎与路面正常的接触条件被隔断，而变成了轮胎与冰、雪的接触。由于冰和雪的摩擦系数很低，通常为 0.1 ~ 0.3，因此在结冰或积雪的路面上行车是非常危险的。路面上的脏物，如矿质粉末、污泥及松散砂粒、汽车滴下的油类、轮胎磨耗的胶粉也会对摩擦系数产生影响。

二、沥青路面抗滑标准及其测定

大量的试验与实践表明，由于雨水的润滑作用，引起路面摩擦系数的降低，使路面滑溜。路面的滑溜给行车带来的危险性主要表现在三个方面：汽车的制动距离增长、侧向危险增大、方向控制失灵。因此，为了减少公路交通事故数量，特别是雨天的交通事故数量，需要提高路面的抗滑能力。

影响路面抗滑性能的因素很多，但主要的是石料的抗滑性能，即石料的磨光值(PSV)，它既影响低速行车的路面抗滑能力，又影响高速行车的路面抗滑能力。在正常施工条件下，石料的抗滑性能对路面的抗滑性能的影响幅度为 30%～50%，因此应当选用抗滑性能好的集料(即强度高、耐磨耗、表面粗糙、有棱角、接近立方体等)做面层集料，并采用优质沥青或掺配添加剂(包括掺水泥或掺石灰处理酸性石料等)。路面的宏观构造是影响高速行车路面抗滑能力的又一个重要因素，影响幅度为 20%～30%。路面的宏观构造是指路面集料间形成的宏观粗糙度，相对于集料本身的粗糙度而言，亦称微观构造。宏观构造大，高速行车下的路表水能迅速排除，保证轮胎与石料的直接接触，路面的抗滑性能就好；反之，路面宏观构造小，表面易形成水膜，路面的抗滑性能就差。

根据国内的实际情况，并结合国外的抗滑标准，确定对沥青类路面采用摩擦系数、石料磨光值和路表宏观构造(即构造深度)三项指标作为抗滑标准。并规定摩擦系数用摆式仪测定，石料磨光值采用石料磨光机测定，构造深度采用砂补仪测定。其相应的标准见表 11-6。

表 11-6　沥青路面抗滑标准

公路等级	竣工验收值		
	摆值 F_b(BPN)	构造深度 *TC*(mm)	横向力系数 *SFC*
高速公路、一级公路	≥45	≥0.55	≥54

三、沥青路面的防滑措施

针对影响沥青路面抗滑性能的因素，可采取下面一些措施来提高沥青路面的抗滑性能。

(1)选择适宜的沥青标号与沥青用量，尽可能使用优质沥青，在满足耐久性的前提下尽量减少沥青用量。

(2)注意选择坚硬耐磨、有棱角、表面粗糙的集料，并注意集料的级配组成，一般开级配集料组成比密级配好。

(3)修筑抗滑表层。抗滑表层是指为汽车交通提供较好的抗滑能力，用抗滑表层混合料(以 AK 表示，采用圆孔筛时用 LK 表示)铺筑，符合规定的宏观粗糙度及摩擦系数要求的沥青面层的上面层，也称抗滑磨耗层。具体做法是在沥青混合料碾压即将完成之前，立即铺撒硬质矿料，并压入混合料表面内做成防滑封面层，可提高路面的抗滑性能；也可采用多孔的沥青混合料(空隙率为 21%～29%)铺成透水面层，加速路面表面排水，提高轮胎与路面之间的抗滑能力；亦可以在沥青路面上涂布黏结力强的人造树脂，如环氧树脂、聚氨甲酸脂等，然后铺撒硬质粒料，待树脂完全硬化后即可形成表面防滑层，但这种方法成本较高，只有在特殊路段才采用。

第四节　对沥青路面材料的要求

一、对原材料的要求

(一)沥青材料

沥青路面所用的沥青材料有石油沥青、煤沥青、液体石油沥青和沥青乳液等。各类沥青路面所用沥青材料的标号，应根据路面的类型、施工条件、地区气候条件、施工季节和矿料性质与尺寸等因素而定。煤沥青不宜做沥青面层用，一般仅作为透层沥青使用。选用乳化沥青时，对于酸性石料、潮湿的石料，以及低温季节施工宜选用阳离子乳化沥青，对于碱性石料或与掺入的水泥、石灰、粉煤灰共同使用时，宜选用阴离子乳化沥青。

对热拌热铺沥青路面，由于沥青材料和矿料均须加热拌和，并在热态下铺压，故可采用稠度较高的沥青材料。而热拌冷铺类沥青路面，所用沥青材料的稠度可较低。对浇贯类沥青路面，若采用的沥青材料过稠，难以贯入碎石中，过稀又易流入路面底部，因此这类路面宜采用中等稠度的沥青材料。当地气候寒冷、施工气温较低、矿料粒径偏细时，宜采用稠度较低的沥青材料。但炎热季节施工时，由于沥青材料的温度变化较慢，则可用稠度较高的沥青材料。对于路拌类沥青路面，一般仅采用稠度较低的沥青材料。适用于各类沥青路面的沥青材料标号见表 11-7。

表 11-7　各类沥青路面选用的沥青材料标号

气候分区	沥青种类	沥青路面类型			
		沥青表面处治	沥青贯入式及上拌下贯式	沥青碎石	沥青混凝土
寒冷地区	石油沥青	A–140 A–180	A–140 A–180	AH–90　AH–110 AH–130 A–100	AH–90　AH–110 A–100
温和地区	石油沥青	A–100 A–140 A–180	A–140 A–180	AH–90　AH–110 A–100	AH–70　AH–90 A–60　A–100
较热地区	石油沥青	A–60 A–100 A–140	A–60 A–100 A–140	AH–50　AH–70 AH–90 A–100　A–60	AH–50　AH–70 A–60　A–100

注：①寒冷地区指年度内最低月平均气温(℃)低于−10 ℃，年内月平均气温 25 ℃的日数(天)少于 215 d；温和地区指年度内最低月平均气温(℃)0 ~ −10 ℃，年内月平均气温 25 ℃的日数(天)215 ~ 270 d；较热地区指年度内最低月平均气温(℃)高于 0 ℃，年内月平均气温 25 ℃的日数(天)多于 270 d。

②A 为普通道路石油沥青，AH 为重交通量道路用石油沥青。

(二)粗集料

沥青路面所用的粗集料有碎石、筛选砾石、破碎砾石、矿渣等。

碎石是由各种坚硬岩石轧制而成的。沥青路面所用的碎石应具有足够的强度和耐磨性能，根据路面的类型和使用条件选定石料的等级。各种沥青路面对石料等级的要求列于表 11-8。

碎石应是匀质、洁净、坚硬、无风化的，且不含过量粒径小于 0.075 mm 的颗粒(小于 2%)，吸水率小于 2% ~ 3%。颗粒形状接近立方体并有多棱角，细长或扁平的颗粒(长边与短边或长边与厚度比大于 3)含量应小于 15%，压碎值应不大于 20% ~ 30%。

碎石与沥青材料的黏附性大小，对沥青混合料的强度和耐久性有极大影响，应优先选用同沥青材料有良好黏附性的碱性碎石，碎石与沥青材料的黏附性用水煮法测定时，一般公路不小于 3 级，高等级公路应不小于 4 级。

筛选砾石由天然砾石筛选而得。由于天然砾石是各种岩石经自然风化而形成不同尺寸的粒料，强度极不均匀，而且多是圆滑形状。因此，筛选砾石仅适用于交通量较小的路面面层下层、基层或联结层的沥青混合料，不宜用于防滑面层。在交通量大的沥青路面面层，若使用砾石拌制沥青混合料，则在砾石中至少应掺有 50%(按质量计算)粒径大于 5 mm 的碎石或经轧制的砾石。沥青贯入式路面用砾石时，主层矿料中亦应掺有 30%～40%以上的碎石或轧制砾石。

表 11-8 沥青面层粗集料质量技术要求

指标	高速公路，一级公路		其他等级公路
	表面层	其他层次	
石料压碎值，不大于(%)	26	26	30
洛杉矶磨耗损失，不大于(%)	28	30	35
表观相对密度，不小于(%)	2.60	2.50	2.45
吸水率，不大于(%)	2.0	3.0	3.0
坚固性，不大于(%)	12	12	—
针片状颗粒含量(混合料)，不大于(%)	15	18	20
其中粒径大于 9.5 mm，不大于(%)	12	15	—
其中粒径小于 9.5 mm，不大于(%)	18	20	—
水洗法小于 0.075 mm 颗粒含量，不大于(%)	1	1	1
软石含量，不大于(%)	3	5	5

轧制砾石是由天然砾石轧制并经筛选而得的，要求粒径大于 5 mm 颗粒中 40%(按质量计)以上至少有 1 个破碎面，用于沥青贯入式面层时，主层矿料中要有 30%～40%(按质量计)以上颗粒至少有 2 个破碎面。

路面抗滑表层粗集料应选用坚硬、耐磨、抗冲击性好的碎石，不得使用筛选砾石、矿渣及软质集料。用于高速公路、一级公路沥青路面表面层及各类抗滑表层的粗集料应符合规定的石料磨光值要求。为了保证石料与沥青之间有较好的黏结性能，经检验属于酸性岩石的石料，用于高速公路、一级公路和城市快速路、主干路时，宜使用针入度较小的沥青，必要时可在沥青中掺加抗剥离剂，或用干燥的磨细消石灰或生石灰粉、水泥作为填料的一部分，其用量宜为矿料总量的 1%～2%，将粗集料用石灰浆处理后使用也可以有效地提高石料与沥青之间的黏结力。

(三)细集料

粗、细集料通常以 2.36 mm 作为分界，沥青面层的细集料可采用天然砂、机制砂及石屑。表 11-9 是沥青面层用天然砂规格。细集料应洁净、干燥、无风化、无杂质，并由适当的颗粒组成。热拌沥青混合料的细集料宜采用优质的天然砂或机制砂，在缺砂地区也可以用石屑。但由于一般情况下石屑的含泥量高，强度不高，因此用于高速公路、一级公路沥青混凝土面层及抗滑表层的石屑用量不宜超过天然砂及机制砂的用量。细集料应与沥青有良好的黏结能力，与沥青黏结性能很差的天然砂及用花岗岩、石英岩等酸性石料破碎的机制砂或石屑不宜用于高速公路、一级公路沥青面层。必须使用时，应用抗剥落措施。

表 11-9 沥青面层用天然砂规格

方孔筛(mm)	圆孔筛(mm)	通过各筛孔的质量(g)		
		粗砂	中砂	细砂
9.5	10	100	100	100
4.75	5	90 ~ 100	90 ~ 100	90 ~ 100
2.36	2.5	65 ~ 95	75 ~ 100	85 ~ 100
1.18	1.2	35 ~ 65	50 ~ 90	75 ~ 100
0.6	0.6	15 ~ 30	30 ~ 60	60 ~ 84
0.3	0.3	5 ~ 20	8 ~ 30	15 ~ 45
0.15	0.15	0 ~ 10	0 ~ 10	0 ~ 10
0.075	0.075	0 ~ 5	0 ~ 5	0 ~ 5

(四)填料

沥青混合料的填料宜采用石灰岩或岩浆岩中的强基性岩石等憎水性石料经磨细得到的矿粉，原石料中的泥土杂质应除净。矿粉要求干燥、洁净，其质量应符合表 11-10 的技术要求。当采用水泥、石灰、粉煤灰做填料时，其用量不宜超过矿料总量的 2%。

表 11-10 沥青面层用矿粉质量技术要求

指标		高速公路、一级公路	其他等级公路
表观密度，不小于(t/m^3)		2.50	2.45
含水量，不大于(%)		1	1
粒度范围(%)	<0.6 mm	100	100
	<0.15 mm	90 ~ 100	90 ~ 100
	<0.075 mm	75 ~ 100	70 ~ 100
外观		无团粒结块	
亲水系数		<1	
塑性指数(%)		<4	

二、沥青混合料的组成设计

热拌沥青混合料的配合比设计包括目标配合比设计阶段、生产配合比设计阶段及生产配合比验证阶段。通过配合比设计决定沥青混合料的材料品种、矿料级配及沥青用量。沥青混合料的配合比设计采用马歇尔试验设计方法，并对设计的沥青混合料进行浸水马歇尔试验、水稳定性检验及车辙试验进行抗车辙能力检验。配合比设计各阶段都必须进行马歇尔试验，经配合比设计得到的沥青混合料应符合表 11-11 所规定的马歇尔试验设计技术标准，矿料级配应符合表 11-12 的要求。高速公路和一级公路的热拌沥青混合料的配合比设计应遵照上述三阶段设计步骤。

(1)目标配合比设计阶段，用工程实际使用的材料计算各种材料的用量比例配合成表 11-12 规定的矿料级配，进行马歇尔试验，确定最佳沥青用量。以此矿料级配及沥青用量作为目标配合比，供拌和机确定各冷料仓的供料比例、进料速度及试拌使用。

表 11-11　密级配沥青混凝土混合料马歇尔试验技术标准

试验指标		单位	高速公路，一级公路				其他等级公路	行人道路
			夏炎热区(1-1、1-2、1-3、1-4 区)		夏热区及夏凉区(2-1、2-2、2-3、2-4、3-2 区)			
			中轻交通	重载交通	中轻交通	重载交通		
击实次数(双面)		次	75				50	50
试件尺寸		mm	ϕ101.6 mm × 63.5 mm					
稳定度 *MS*，不小于		kN	8				5	3
流值 *FL*		mm	2 ~ 4	1.5 ~ 4	2 ~ 4.5	2 ~ 4	2 ~ 4.5	2 ~ 5
空隙率 *VV*	深约 90 mm 以内	%	3 ~ 5	4 ~ 6	2 ~ 4	3 ~ 5	3 ~ 6	2 ~ 4
	深约 90 mm 以下	%	3 ~ 6		2 ~ 4	3 ~ 6	3 ~ 6	—
矿料间隙率 *VMA*(%)，不小于	设计空隙率(%)	相应于以下公称最大粒径(mm)的最小 *VMA* 及 *VFA* 技术要求(%)						
		26.5		19	16	13.2	9.5	4.75
	2	10		11	11.5	12	13	15
	3	11		12	12.5	13	14	16
	4	12		13	13.5	14	15	17
	5	13		14	14.5	15	16	18
	6	14		15	15.5	16	17	19
沥青饱和度 *VFA*(%)		55 ~ 70		65 ~ 75				70 ~ 85

注：①对空隙率大于 5%的夏炎热区重载交通路段，施工时应至少提高压实度 1 个百分点。

②对改性沥青混合料，马歇尔试验的流值可适当放宽。

(2)生产配合比设计阶段，对间歇式拌和机，必须从二次筛分后进入各热料仓的材料取样进行筛分，以确定各热料仓的材料比例，供拌和机控制室使用。同时，反复调整冷料仓进料比例以达到供料均衡，并取目标配合比设计的最佳沥青用量、最佳沥青用量±0.3%等三个沥青用量进行马歇尔试验，确定生产配合比的最佳沥青用量。

(3)生产配合比验证阶段，拌和机采用生产配合比进行试拌、铺筑试验段，并用拌和的沥青混合料及路上钻取的芯样进行马歇尔试验检验，由此确定生产用的标准配合比。标准配合比应作为生产上控制的依据和质量检验的标准。标准配合比的矿料级配至少应包括 0.075 mm、2.36 mm、4.75 mm(圆孔筛 0.074 mm、2.5 mm、5 mm)，三挡的筛孔通过率接近要求级配的中值。经设计确定的标准配合比在施工过程中不得随意变更。生产过程中，当进场材料发生变化，沥青混合料的矿料级配、马歇尔试验技术指标不符合要求时，应及时调整配合比，使沥青混合料质量符合要求并保持相对稳定，必要时重新进行配合比设计。

沥青混合料的沥青最佳用量，通常以马歇尔稳定度试验来确定。其方法是首先从表 11-12 所列的或已有经验所选定的沥青用量范围内，以 0.5%间隔变化沥青用量拌制成混合料，分别制备不同沥青用量的马歇尔试验试件。然后用马歇尔试验仪测定其稳定度和流值，并测定其容重和计算其空隙率。根据试验和计算的结果分别绘出沥青用量与密度、沥青用量与稳定度、沥青用量与流值、沥青用量与空隙率的关系曲线图(见图 11-1)，并在后三个图内求出满足各项技术指标的沥青用量范围。其中，满足所有技术指标的沥青用量范围即为共同范围。通常采用共同范围的中间值作为最佳的沥青用量。有时，亦可根据本地区的具体情况，在共同用量范围内选用适当的沥青用量。例如，交通量较大和预计会产生较大车辙的路段，可在中间值与下限之间选择；交通量较小、多雨潮湿或寒冷的地区，则可在中间值与上限值之间选择。

表 11-12 沥青混合料矿料级配及沥青用量(方孔筛)

级配类型			通过下列筛孔(方孔筛，mm)的质量百分率(%)														
			53	37.5	31.5	26.5	19.0	16.0	13.2	9.5	4.75	2.36	1.18	0.6	0.3	0.15	0.075
密级配沥青混凝土	粗粒	AC–25			100	90~100	75~90	65~83	57~76	45~65	24~52	16~42	12~33	8~24	5~17	4~13	3~7
	中粒	AC–20				100	90~100	78~92	62~80	50~72	26~56	16~44	12~33	8~24	5~17	4~13	3~7
		AC–16					100	90~100	76~92	60~80	34~62	20~48	13~36	9~26	7~18	5~14	4~8
	细粒	AC–13						100	90~100	68~85	38~68	24~50	15~38	10~28	7~20	5~15	4~8
		AC–10							100	90~100	45~75	30~58	20~44	13~32	9~23	6~16	4~8
	砂粒	AC–5								100	90~100	55~75	35~55	20~40	12~28	7~18	5~10
密级配沥青碎石	特粗	ATB–40	100	90~100	75~92	65~85	49~71	43~63	37~57	30~50	20~40	15~32	10~25	8~18	5~14	3~10	2~6
		ATB–30		100	90~100	70~90	53~72	44~66	39~60	31~51	20~40	15~32	10~25	8~18	5~14	3~10	2~6
	粗粒	ATB–25			100	90~100	60~80	48~68	42~62	32~52	20~40	15~32	10~25	8~18	5~14	3~10	2~6
半开级配沥青碎石	中粒	AM–20				100	90~100	60~85	50~75	40~65	15~40	5~22	2~16	1~12	0~10	0~8	0~5
		AM–16					100	90~100	60~85	45~68	18~40	6~25	3~18	1~14	1~10	0~8	0~5
	细粒	AM–13						100	95~100	50~80	20~45	8~28	4~20	2~16	0~10	0~8	0~6
		AM–10							100	90~100	35~65	10~35	5~22	2~16	0~12	0~9	0~6
开级配沥青碎石	特粗	ATPB–40	100	70~100	65~90	55~85	43~75	32~70	20~65	12~50	0~3	0~3	0~3	0~3	0~3	0~3	0~3
		ATPB–30		100	80~100	70~95	53~85	36~80	26~75	14~60	0~3	0~3	0~3	0~3	0~3	0~3	0~3
	粗粒	ATPB–25			100	80~100	60~100	45~90	30~82	16~70	0~3	0~3	0~3	0~3	0~3	0~3	0~3
开级配排水式磨耗层	中粒	OGFC–16					100	90~100	70~90	45~70	12~30	10~22	6~18	4~15	3~12	3~8	2~6
		OGFC–13						100	90~100	60~80	12~30	10~22	6~18	4~15	3~12	3~8	2~6
	细粒	OGFC–10						100	90~100	50~70	10~22	6~18	16~28	4~15	3~12	3~8	2~6
沥青玛琋脂碎石	中粒	SMA–20				100	90~100	72~92	62~82	40~55	18~30	13~22	12~20	10~16	9~14	8~13	8~12
		SMA–16					100	90~100	65~85	45~65	20~32	15~24	14~22	12~18	10~15	9~14	8~12
	细粒	SMA–13						100	90~100	50~75	20~34	15~26	14~22	12~20	10~16	9~15	8~12
		SMA–10							100	90~100	28~60	20~32	14~26	12~22	10~18	9~16	8~13

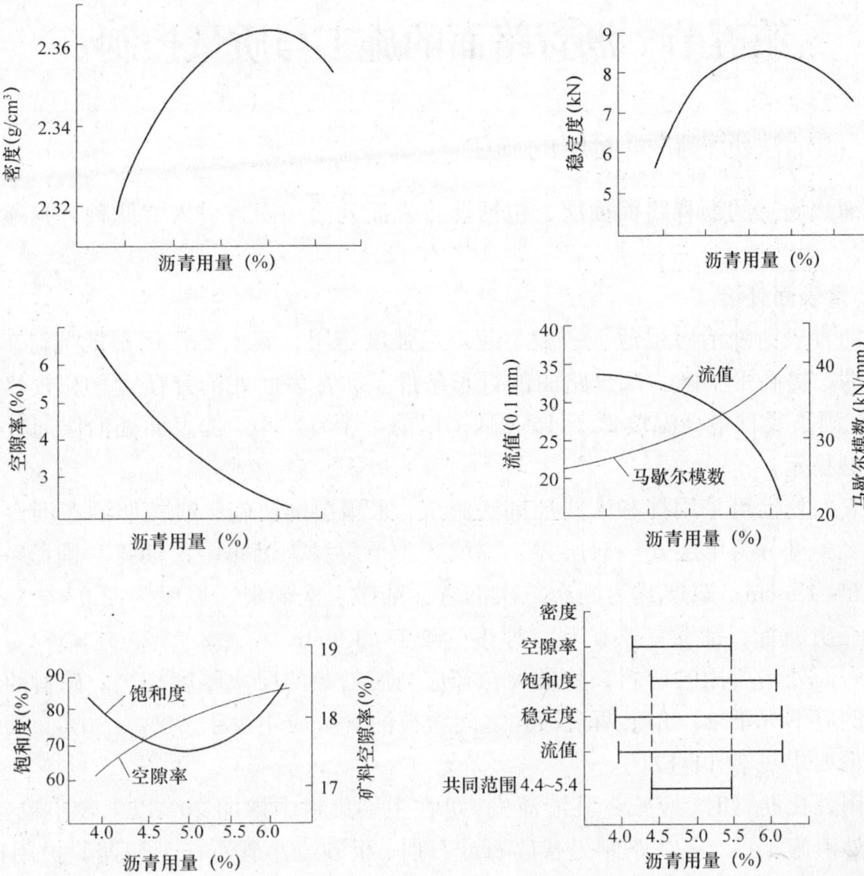

图 11-1　沥青用量与密度、稳定度、流值和空隙率的关系曲线

首先求取相应于密度最大值的沥青用量α_1、相应于稳定度最大值的沥青用量α_2及相应于规定空隙率范围的中值(或要求的目标空隙率)的沥青用量α_3，按式 $OAC_1=(\alpha_1+\alpha_2+\alpha_3)/3$ 求取三者的平均值作为最佳沥青用量的初始值 OAC_1。

然后求出各项指标均符合表 11-11 沥青混合料技术标准的沥青用量范围 OAC_{min} ~ OAC_{max}，按式 $OAC_2=(OAC_{min}+OAC_{max})/2$ 求取中值 OAC_2。

按最佳沥青用量初始值 OAC_1 在图 11-1 中求取相应的各项指标值，当各项指标均符合表 11-11 规定的马歇尔设计配合比技术标准时，由 OAC_1 及 OAC_2 综合决定最佳沥青用量 OAC。当不能符合表 11-11 的规定时，应调整级配，重新进行配合比设计，直至各项指标均符合要求。

由 OAC_1 及 OAC_2 综合决定最佳沥青用量 OAC 时，宜根据实践经验和道路等级、气候条件按下列步骤进行，一般可取 OAC_1 及 OAC_2 的中值作为最佳沥青用量 OAC。对热区道路以及车辆渠化交通的高速公路、一级公路、城市快速路、主干路，预计有可能造成较大车辙的情况时，可在 OAC_2 与下限 OAC_{min} 范围内取值，但不宜小于 OAC_2 的 0.5%。对寒区道路以及其他等级公路与城市道路，最佳沥青用量可以在 OAC_2 与上限值 OAC_{max} 范围内取值，但不宜大于 OAC_2 的 0.3%。

第五节　沥青路面的施工与质量控制

一、洒铺法沥青路面面层的施工

用洒铺法施工的沥青路面面层，包括沥青表面处治和沥青贯入式两种，其施工过程分述如下。

(一)沥青表面处治

由于沥青表面处治层很薄，一般不起提高强度作用，其主要作用是抵抗行车的磨耗，增强防水性，提高平整度，改善路面的行车条件。沥青表面处治宜在干燥和较热的季节施工，并应在雨季及日最高温度低于15 ℃到来以前半个月结束，使表面处治层通过开放交通压实，成型稳定。

沥青表面处治可采用拌和法或层铺法施工，采用层铺法施工时按照洒布沥青及铺撒矿料的层次多少可分为单层式、双层式、三层式。单层式为洒布一次沥青，铺撒一次矿料，厚度为 1.0～1.5 cm；双层式为洒布二次沥青，铺撒二次矿料，厚度为 2.0～2.5 cm；三层式为洒布三次沥青，铺撒三次矿料，厚度为 2.3～3.0 cm。

沥青表面处治所用的矿料，其最大粒径应与所处治的层次厚度相当。矿料的最大与最小粒径比例应不大于 2，介于两个筛孔之间颗粒的含量应不少于 70%～80%。沥青表面处治材料用量要求见表 11-12。

当采用乳化沥青时，应减少乳液流失，可在主层集料中掺加 20%以上较小粒径的集料，沥青表面处治施工后，应在路侧另备碎石或石屑、粗砂或小砾石作为初期养护用料。其中，碎石的规格为 S12(5～10 mm)，粗砂或小砾石的规格为 S14(3～5 mm)，其用量为每 1 000 m^2 用料 2～3 m^3。城市道路的初期养护料，在施工时应与最后一遍料一起撒布。

沥青表面处治可采用道路石油沥青、煤沥青或乳化沥青铺筑，沥青用量按表 11-12 选用，沥青标号应按表 11-7 选用。当采用煤沥青时，应将沥青用量相应增加 15%～20%，沥青标号符合表 11-7 的要求。

层铺法沥青表面处治施工，一般采用所谓“先油后料”法，即先洒布一层沥青，后铺撒一层矿料。以双层式沥青表面处治为例，其施工程序如下：

(1)备料。

(2)清理基层及放样。

(3)浇洒透层沥青。

(4)洒布第一次沥青。

(5)铺撒第一层矿料。

(6)碾压。

(7)洒布第二次沥青。

(8)铺撒第二层矿料。

(9)碾压。

(10)初期养护。

单层式和三层式沥青表面处治的施工程序与双层式相同，仅需相应地减少或增加一次洒布沥青、铺撒矿料和碾压工序。

层铺法施工各工序的要求分述如下：

(1)清理基层。在表面处治施工前，应将路面基层清扫干净，使基层的矿料大部分外露，并保持干燥。对有坑槽、不平整的路段应先修补和整平，若基层整体强度不足，则应先予补强。

(2)洒布沥青。沥青要洒布均匀，不应有空白或积聚现象，以免日后产生松散或拥包和推挤等病害。采用汽车洒布机洒布沥青时，应根据单位面积的沥青用量选定洒布机挡和油泵机挡，洒布汽车行驶的速度要均匀。若采用手摇洒布机洒布沥青，应根据施工气温和风向调节喷头离地面的高度和移动的速度，以保证沥青洒布均匀，并应按洒布面积来控制单位沥青用量。沥青的浇洒温度应根据施工气温及沥青标号选择，石油沥青的洒布温度宜为130～170 ℃，煤沥青的洒布温度宜为80～120 ℃，乳化沥青可在常温下洒布，当气温偏低，破乳及成型过慢时，可将乳液加温后洒布，但乳液温度不得超过60 ℃。沥青浇洒的长度应与集料撒布机的能力相配合，应避免沥青浇洒后等待较长时间才撒布集料。

(3)铺撒矿料。洒布沥青后应趁热迅速铺撒矿料，按规定用量一次撒足，矿料要铺撒均匀。局部有缺料或过多处，应适当找补或扫除。矿料不应有重叠或漏空现象。当使用乳化沥青时，集料撒布应在乳液破乳之前完成。

(4)碾压。铺撒矿料后随即用60～80 kN双轮压路机或轮胎压路机及时碾压。碾压应从一侧路缘压向路中心。碾压时，每次轮迹重叠约30 cm，碾压3～4遍。压路机行驶速度开始为2 km/h，以后可适当提高。

(5)初期养护。碾压结束后即可开放交通，但应禁止车辆快速行驶（不超过20 km/h)，要控制车辆行驶的路线，使路面全幅宽度获得均匀碾压，加速处治层反油稳定成型。对局部泛油、松散、麻面等现象，应及时修整处理。

(二)沥青贯入式路面

沥青贯入式路面具有较高的强度和稳定性，其强度的构成主要依靠矿料的嵌挤作用和沥青材料的黏结力。沥青贯入式路面适用于二级及二级以下的公路、城市道路的次干道及支路。沥青贯入式面层也可作为沥青混凝土路面的联结层。由于沥青贯入式路面是一种多孔隙结构，为了防止水的浸入和增强路面的水稳定性，其面层的最上层必须加铺封层。沥青贯入式路面宜在干燥和较热的季节施工，并宜在雨季及日最高温度低于15 ℃到来以前半个月结束，使贯入式结构层通过开放交通碾压成型。

沥青贯入式路面在初步碾压的矿料层上洒布沥青，再分层铺撒嵌缝料、洒布沥青和碾压，并借行车压实而成，其厚度一般为4～8 cm。乳化沥青贯入式路面的厚度不宜超过5 cm，当贯入式面层上部加铺拌和的沥青混合料面层时，路面总厚度为7～10 cm，其中拌和层的厚度宜为3～4 cm。

沥青贯入式路面所用的集料应选择有棱角、嵌挤性好的坚硬石料，主层集料最大粒径宜与贯入式厚度相同。当采用乳化沥青时，主层集料最大粒径可采用厚度的0.8～0.85倍，数量宜按压实系数1.25～1.30计算。

沥青贯入式面层的施工程序如下：

(1)整修和清扫基层。

(2)浇洒透层或黏层沥青。

(3)铺撒主层矿料。

(4)第一次碾压。

(5)洒布第一次沥青。

(6)铺撒第一次嵌缝料。

(7)第二次碾压。

(8)洒布第二次沥青。

(9)铺撒第二次嵌缝料。

(10)第三次碾压。

(11)洒布第三次沥青。

(12)铺撒封面矿料。

(13)最后碾压。

(14)初期养护。

对沥青贯入式路面施工要求与沥青表面处治基本相同，除注意施工各工序紧密衔接不要脱节之外，还应根据碾压机具、洒布沥青设备和数量来安排每一作业段的长度，力求在当天施工的路段当天完成，以免因沥青冷却而不能裹覆矿料和产生尘土污染矿料等不良后果。

适度的碾压在贯入式路面施工中极为重要。碾压不足会影响矿料嵌挤稳定，且易使沥青流失，形成层次上、下部沥青分布不均。但过度的碾压，矿料则易于压碎、破坏嵌挤原则，造成空隙减少，沥青难以下渗，形成泛油。因此，应根据矿料的等级、沥青材料的标号、施工气温等因素来确定各次碾压所使用的压路机重量和碾压遍数。

二、热拌沥青混合料路面的施工

热拌沥青混合料适用于各种等级道路的沥青面层。高速公路、一级公路和城市快速路、主干路的沥青面层的上面层、中面层及下面层应采用沥青混凝土混合料铺筑，沥青碎石混合料仅适用于过渡层及整平层，其他等级道路的沥青面层的上面层宜采用沥青混凝土混合料铺筑。热拌沥青混合料材料种类应根据具体条件和技术规范合理选用，应满足耐久性、抗车辙、抗裂、抗水损害能力、抗滑性能等多方面要求，同时还需考虑施工机械、工程造价等实际情况。沥青混凝土混合料面层宜采用双层或三层式结构，其中应有一层及一层以上是Ⅰ型密级配沥青混凝土混合料。当各层均采用开级配沥青混合料时，沥青面层下必须做下封层。

厂拌法沥青路面包括沥青混凝土、沥青碎(砾)石等，施工过程可分为沥青混合料的拌制与运输及现场铺筑两个阶段。

(一)沥青混合料的拌制与运输

在工厂拌制沥青混合料所用的固定式拌和设备有间歇式和连续式两种。前者是在每盘拌和时计量混合料各种材料的质量，而后者则在计量各种材料之后连续不断地送进拌和器中拌和。为保证沥青混合料的质量更稳定、沥青用量更准确，高速公路和一级公路的沥青混凝土宜采用间歇式拌和机拌和。当工程材料来源或质量不稳定时，不得采用连续式拌和机拌制。

在拌制沥青混合料之前，应根据确定的配合比进行试拌。试拌时对所用的各种矿料及沥青应严格计量。通过试拌和抽样检验确定每盘热拌的配合比及其总质量(对间歇式拌和机)或各种矿料进料口开启的大小及沥青和矿料进料的速度(对连续式拌和机)、适宜的沥青用量、拌和时间、矿料和沥青加热温度，以及沥青混合料出厂的温度。对试拌的沥青混合料进行试验之后，即可选定施工的配合比。

为使沥青混合料拌和均匀，在拌制时，需要控制矿料和沥青的加热温度与拌和温度。各类沥青混合料的拌制温度和运输及施工温度应满足表 11-13 的要求。经过拌和后的混合料应均匀一致，无细料和粗料分离及花白、结成团块的现象。

表 11-13　热拌沥青混合料的施工温度　　(单位：℃)

施工工序		石油沥青的标号			
		50 号	70 号	90 号	110 号
沥青加热温度		150 ~ 170	140 ~ 160	130 ~ 150	145 ~ 155
矿料温度	间隙式拌和机	集料加热温度比沥青温度高 10 ~ 30			
	连续式拌和机	矿料加热温度比沥青温度高 5 ~ 10			
沥青混合料出料温度		150 ~ 170	145 ~ 165	140 ~ 160	135 ~ 155
混合料储料仓储存温度		储料过程中温度降低不超过 10			
混合料废弃温度，高于		200	195	190	185
运输到现场温度，不低于		150	145	140	135
混合料摊铺温度，不低于	正常施工	140	135	130	125
	低温施工	160	150	140	135
开始碾压的混合料内部温度，不低于	正常施工	135	130	125	120
	低温施工	150	145	135	130
碾压终了的表面温度，不低于	钢轮压路机	80	70	65	60
	轮胎压路机	85	80	75	70
	振动压路机	75	70	60	55
开放交通的路表温度，不高于		50	50	50	45

注：表中未列入的 130 号、160 号及 30 号沥青的施工温度由试验确定。

厂拌沥青混合料通常用自动倾卸汽车运往铺筑现场，必须根据运送的距离和道路交通状况来组织运输。混合料运输所需的车辆数可按下式计算：

$$\text{需要车辆数} = 1 + \frac{t_1 + t_2 + t_3}{T} + \alpha \tag{11-2}$$

式中　T——一辆车容量的沥青混合料拌和与装车所需的时间，min；

t_1——运到铺筑现场所需的时间，min；

t_2——由铺筑现场返回拌和厂所需的时间，min；

t_3——在现场卸料和其他等待时间，min；

α——备用的车辆数(运输车辆发生故障及其他用途时使用)。

(二)铺筑

热拌法沥青混合料路面的铺筑工序如下。

1.基层准备和放样

面层铺筑前，应对基层或旧路面的厚度、密实度、平整度、路拱等进行检查。基层或旧路面若有坎坷不平、松散、坑槽等，必须在面层铺筑之前整修完毕，并应清扫干净。为使面层与基层黏结好，面层铺筑前 4 ~ 8 h 在粒料类的基层洒布透层沥青。透层沥青用油 AL(M)–1、2 或油 AL(S)–1、2 标号的液体石油沥青，或用 T–1 标号的煤沥青。透层沥青的洒布量：液体石油沥青为 0.8 ~ 1.0 kg/m^2，煤沥青为 1.0 ~ 1.2 kg/m^2。若基层为旧沥青路面或水泥混凝土路面，则在面层铺筑之前，在旧路面上洒布一层黏层沥青。黏层沥青用油 AL(M)–3、4、5 标号的液体石油沥青，或用 T–4、5 标号的软煤沥青。黏层沥青的洒布量：液体石油沥青为 0.4 ~ 0.6 kg/m^2，煤沥青为 0.5 ~ 0.8 kg/m^2。若基层为灰土类基层，为加强面层与基层的黏结，减少水分浸入基层，可在面层铺筑前铺下封闭层。即在灰土基层上洒布 0.7 ~ 0.9 kg/m^2 的液体石油沥青或 0.8 ~ 1.0 kg/m^2 的煤沥青后，随即撒铺 3 ~ 8 mm 颗粒的石屑，用量为 5 m^3/1 000 m^2，并用轻型压路机压实。

为了控制混合料的摊铺厚度，在准备好基层之后进行测量放样，沿路面中心线和 1/4 路面宽处设置样桩，标出混合料的松铺厚度。采用自动调平摊铺机摊铺时，还应放出引导摊铺机运行走向和标高的控制基准线。

2.摊铺

沥青混合料可用人工或机械摊铺，高等级公路沥青路面应采用机械摊铺。

1)人工摊铺

将汽车运来的沥青混合料先卸在铁板上，随即用人工铲运，以扣铲方式均匀摊铺在路上，摊铺时不得扬铲远甩，以免造成粗细粒料分离，一边摊铺一边用刮板刮平。刮平时做到轻重一致，往返刮 2 ~ 3 次达到平整即可，防止反复多刮使粗粒料刮出表面。摊铺过程中要随时检查摊铺厚度、平整度和路拱，如发现有不妥之处应及时修整。

沥青混合料摊铺厚度为沥青路面设计厚度乘以压实系数。压实系数随混合料的种类和施工方法而异，用人工摊铺时，沥青混凝土混合料为 1.25 ~ 1.50，沥青碎石为 1.20 ~ 1.45。

沥青混合料的摊铺顺序，应从进料方向由远而近逐步后退进行。应尽可能在全幅路面上摊铺，以避免产生纵向接缝。如路面较宽不能全幅摊铺，可按车道宽度分成两幅或数幅分别摊铺，但接缝必须平行于路中心线，纵缝搭接要密切，以免产生凹槽。操作过程应满足施工规范的要求。

沥青混合料的摊铺温度应符合表 11-13 的规定。

2)机械摊铺

热拌沥青混合料应采用机械摊铺。沥青混合料摊铺机(见图 11-2)有履带式和轮胎式两种，二者的构造和技术性能大致相同。在沥青混合料摊铺机摊铺的过程中，自动倾卸汽车将沥青混合料卸到摊铺机料斗后，经链式传送器将混合料往后传到螺旋摊铺器，随着摊铺机向前行驶，螺旋摊铺器即在摊铺带宽度上均匀地摊铺混合料，随后由振捣板捣实，并由摊平板整平。摊铺沥青混合料应缓慢、均匀、连续、不间断。

对高速公路、一级公路和城市快速路宜采用两台以上摊铺机成梯队作业，进行联合摊铺。相邻两幅之间应有重叠，重叠宽度宜为 5 ~ 10 cm。相邻两台摊铺机宜相距 10 ~ 30 m，且不得造成前面摊铺的混合料冷却。当混合料供应能满足不间断摊铺时，也可采用全宽度摊铺一幅进行摊铺。摊铺机在开始受料前应在料斗内涂刷少量防止黏料用的柴油。

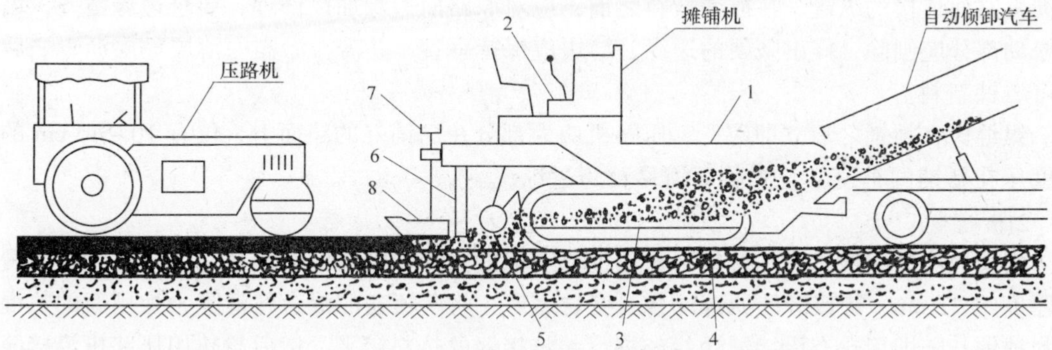

图 11-2　沥青混合料摊铺机操作示意图

1—料斗；2—驾驶台；3—送料器；4—履带；
5—螺旋摊铺器；6—振捣器；7—厚度调节杆；8—摊平板

3.碾压

沥青混合料摊铺平整之后，应趁热及时进行碾压。碾压的温度应符合表 11-13 的规定。压实后的沥青混合料应符合压实度及平整度的要求，沥青混合料的分层压实厚度不得大于 10 cm。

沥青混合料碾压过程分为初压、复压和终压三个阶段。初压用 60 ~ 80 kN 双轮压路机以 1.5 ~ 2.0 km/h 的速度先碾压 2 遍，使混合料得以初步稳定。随即用 100 ~ 120 kN 三轮压路机或轮胎式压路机复压 4 ~ 6 遍。碾压速度三轮压路机为 3 km/h，轮胎式压路机为 5 km/h。复压阶段碾压至稳定无显著轮迹为止。复压阶段是碾压过程最重要的阶段，混合料能否达到规定的密实度，关键在于这阶段的碾压。终压是在复压之后用 60 ~ 80 kN 双轮压路机以 3 km/h 的碾压速度碾压 2 ~ 4 遍，以消除碾压过程中产生的轮迹，并确保路面表面的平整。

碾压时压路机开行的方向应平行于路中心线，并由一侧路边缘压向路中。用三轮压路机碾压时，每次应重叠后轮宽的 1/2；双轮压路机则每次重叠 30 cm；轮胎式压路机亦应重叠碾压。由于轮胎式压路机能调整轮胎的内压，可以得到所需的接触地面压力，使集料相互嵌挤咬合，易于获得均一的密实度，而且密实度可以提高 2% ~ 3%，所以轮胎式压路机最适宜用于复压阶段的碾压。

热拌沥青混合料的压实机械应符合下列规定：

(1)双轮钢筒式压路机为 6 ~ 8 t。

(2)三轮钢筒式压路机为 8 ~ 12 t 或 12 ~ 15 t。

(3)轮胎压路机为 12 ~ 20 t 或 20 ~ 25 t。

4.接缝施工

沥青路面的各种施工缝(包括纵缝、横缝、新旧路面的接缝等)处，往往由于压实不足，容易产生台阶、裂缝、松散等病害，影响路面的平整度和耐久性，施工时必须十分注意。

1)纵缝施工

对当日先后修筑的两个车道，摊铺宽度应与已铺车道重叠 3 ~ 5 cm，所摊铺的混合料应高出相邻已压实的路面，以便压实到相同的厚度。对不在同一天铺筑的相邻车道，或与旧沥青路面连接的纵缝，在摊铺新料之前，应对原路面边缘加以修理，要求边缘凿齐，塌落松动部分应刨除，露出坚硬的边缘。缝边应保持垂直，并需在涂刷一薄层黏层沥青之后方可摊铺新料。

纵缝应在摊铺之后立即碾压，压路机应大部分在已铺好的路面上，仅有 10 ~ 15 cm 的宽度压在新铺的车道上，然后逐渐移动跨过纵缝。

2)横缝施工

横缝应与路中线垂直。接缝时先沿已刨齐的缝边用热沥青混合料覆盖，以资预热，覆盖厚度约 15 cm，待接缝处沥青混合料变软之后，将所覆盖的混合料清除，换用新的热混合料摊铺，随即用热夯沿接缝边缘夯捣，并将接缝的热料铲平，然后趁热用压路机沿接缝边缘碾压密实。

双层式沥青路面上下层的接缝应相互错开 20 ~ 30 cm，做成台阶式衔接。

三、沥青路面施工质量管理和检查

沥青路面施工应根据全面质量管理的要求，建立健全有效的质量保证体系，实行严格的目标管理、工序管理与岗位责任制度，对施工各阶段的质量进行检查、控制、评定，达到所规定的质量标准，确保施工质量的稳定性。施工质量管理与检查验收应包括施工前、施工过程中质量管理与质量控制，以及各施工工序间的检查及工程交工后的质量检查验收。

材料质量是沥青路面质量的保证，施工前以及施工过程中材料来源或规格有变化时，必须对材料来源、材料质量、数量、供应计划、料场堆放及储存条件等进行检查。检查时应以同一料源、同一次购入并运至生产现场(或储入同一沥青罐、池)的相同规格品种的集料、沥青为一批进行检查。拌和厂及沥青路面施工机械和设备的配套情况、性能、计量精度等也应在施工前进行检查。

高速公路和一级公路在施工前应铺筑试验段。试验段的长度应根据试验目的确定，宜为 100 ~ 200 m。试验段宜在直线段上铺筑，如在其他道路上铺筑，路面结构等条件应相同，路面各结构层的试验可安排在不同的试验段上。热拌热铺沥青混合料路面试验段铺筑分试拌及试铺两个阶段，应包括下列试验内容：

(1)根据沥青路面各种施工机械相匹配的原则，确定合理的施工机械、机械数量及组合方式。

(2)通过试拌确定拌和机的上料速度、拌和数量与时间、拌和温度等操作工艺。

(3)通过试铺确定透层沥青的标号与用量、喷洒方式、喷洒温度，摊铺机的摊铺温度、摊铺速度、摊铺宽度、自动找平方式等操作工艺，压路机的压实顺序、碾压温度、碾压速度及遍数等压实工艺，以及确定松铺系数、接缝方法等。

(4)验证沥青混合料配合比设计结果，提出生产用的矿料配比和沥青用量。

(5)建立用钻孔法及核子密度仪法测定密度的对比关系，确定粗粒式沥青混凝土和沥青碎石面层的压实标准密度。

(6)确定施工产量及作业段长度，制订施工进度计划。

(7)全面检查材料及施工质量。

(8)确定施工组织及管理体系、人员、通信联络及指挥方式。

施工过程中热拌沥青混合料路面工程质量检查的内容、频度、质量标准符合表 11-14 的要求。当检查结果达不到规定的要求时，应追加检测数量，查找原因，做出处理。混合料铺筑现场必须对混合料质量及施工温度进行观测，随时检查厚度、压实度和平整度，并逐个断面测定成型尺寸。为保证高速公路和一级公路沥青路面的施工质量，对其施工质量的管理最好采用计算机实行动态管理。

表 11-14　热拌沥青混合料路面施工过程中工程质量的控制标准

项目		检查频度	质量要求或允许偏差(单点检验)		试验方法
			高速公路、一级公路	其他等级公路	
外观		随时	表面平整密实，不得有轮迹、裂缝、推挤、油丁、油包、离析、花白料现象		目测
接缝		随时	紧密平整、顺直、无跳车		目测
		逐条缝检查评定	3 mm	5 mm	T0931
施工温度	摊铺温度	逐车检测评定	符合表 13-15 的规定		T0981
	碾压温度	随时	符合表 13-15 的规定		插入式温度计实测
厚度	每一层次	随时，厚度 50 mm 以下 厚度 50 mm 以上	设计值的 5% 设计值的 8%	设计值的 8% 设计值的 10%	施工时插入法测松铺厚度及压实厚度
	每一层次	一个台班区段的平均值 厚度 50 mm 以下 厚度 50 mm 以上	–3 mm –5 mm	—	《公路沥青路面施工技术规范》(JTG F40—2004)附录 G 总量检验
	总厚度	每 2 000 m^2 一点单点评定	设计值的–5%	设计值的–8%	T0912
	上面层	每 2 000 m^2 一点单点评定	设计值的–10%	设计值的–10%	
压实度		每 2 000 m^2 检查 1 组逐个试件评定并计算平均值	实验室标准密度的 97%(98%) 最大理论密度的 93%(94%) 试验段密度的 99%(99%)		T0924、T0922
平整度(最大间隙)	上面层	随时，接缝处单杆评定	3 mm	5 mm	T0931
	中、下面层	随时，接缝处单杆评定	5 mm	7 mm	T0931
平整度(标准差)	上面层	连续测定	1.2 mm	2.5 mm	T0932
	中面层	连续测定	1.5 mm	2.8 mm	
	下面层	连续测定	1.8 mm	3.0 mm	
	基层	连续测定	2.4 mm	3.5 mm	
宽度	有侧石	检测每个断面	± 20 mm	± 20 mm	T0911
	无侧石	检测每个断面	不小于设计宽度	不小于设计宽度	
纵断面高程		检测每个断面	± 10 mm	± 15 mm	T0911
横坡度		检测每个断面	± 0.3%	± 0.5%	T0911
沥青层层面上的渗水系数，不大于		1 km 不少于 5 点，每点 3 处取平均值	300 mL/min(普通密级配沥青混合料) 200 mL/min(SMA 混合料)		T0971

注：①渗水系数适用于公称最大粒径等于或小于 19 mm 的沥青混合料。

②3 m 直尺主要用于接缝检测，对正常生产路段，采用连续式平整度仪测定。

第六节　沥青路面病害及防治

一、沥青路面的破坏

路面的破坏大体上可分为两类：一类是结构性破坏，它是路面结构的整体或其中某一个或几个组成部分的破坏，严重时已不能承受车辆的荷载；另一类是功能性破坏，如由于路面的不平整，使其不再具有预期的功能。这两类破坏不一定同时发生，但都是逐渐积累起来的。对于功能性破坏，可以通过修整、养护来恢复路面的平整性，以满足行车使用要求。但对结构性破坏，一般均需进行彻底的翻修。

沥青路面所用的矿料质软和粒径规格不符合要求，往往由于强度不足和劈裂作用使矿料压碎导致路面破坏。夏季高温时，沥青材料黏滞度降低，在荷载作用下，可能使路面表面造成泛油，也可能使沥青材料与矿料一起被挤动而引起面层车辙、推挤、波浪等变形破坏。在冬季低温下，沥青材料会由于收缩作用而产生脆裂破坏。在水分和温度作用下，沥青材料与矿料间的黏结力降低，沥青面层就会出现松散、剥落等破坏。

二、沥青路面的病害与防治

沥青路面各种病害的成因比较复杂，由于环境、地点、气候条件的不同，病害的情况不一。

现将沥青路面的几种主要病害与防治方法介绍如下。

(一)泛油

它大多是由混合料中沥青用量偏多、沥青稠度太低等原因引起的，但有时也可能由于低温季节施工，表面嵌缝料散失过多，待气温变暖之后，在行车作用下矿料下挤，沥青上泛，表面形成油层而引起泛油。沥青表面处治和沥青贯入式路面最易产生此类病害。可以根据泛油的轻重程度，采取铺撒较粗粒径的矿料予以处治。

(二)波浪

它是路面上形成的有规则的低洼和凸起变形。波浪的产生，主要是由于沥青洒布不均形成油垄，沥青多处矿料厚、沥青少处矿料薄，再经过行车不断撞击而造成高低不平。交叉口、停车站、陡坡路段行车水平力作用较大的地方，最易产生波浪变形。波浪变形处治较为困难，轻微的波浪可在热季采用强行压平的方法处治，严重的波浪则需用热拌沥青混合料填平。

(三)拥包

在行车水平力作用下，沥青面层材料的抗剪强度不足则易产生推挤拥包。这类病害大多是由于所用的沥青稠度偏低，用量偏多，或因混合料中矿料级配不好，细料偏多而产生的。此外，面层较薄，以及面层与基层的黏结较差，也易产生推挤、拥包。这种病害一般只能采取铲平的办法来处治。

(四)滑溜

沥青路面滑溜主要是由行车作用造成的，矿料磨光、沥青面层中多余的沥青在行车荷载重复作用下泛油，也易形成表面滑溜。这类病害通常采用加铺防滑封面来处治。

(五)裂缝

沥青路面裂缝的形式有纵向裂缝、横向裂缝、龟裂与网裂几种。

沥青路面沿路线纵向产生开裂的原因，一种是因填土未压实，路基产生不均匀沉陷或冻胀作用所造成的；另一种是沥青混合料摊铺时间过长，或接缝处理不当，接缝处压实未达到要求，在行车作用下形成纵向裂缝。

冬季气温下降，沥青路面或基层收缩而形成的裂缝，一般为与道路中线垂直的横缝。土基干缩或冻缩产生的裂缝，以横缝居多。

路面整体强度不足，沥青面层老化，往往形成闭合图形的龟裂、网裂。

对较小的纵缝和横缝，一般用灌入热沥青材料加以封闭处理。对较大的裂缝，则用填塞沥青石屑混合料的方法处理。对于大面积的龟裂、网裂，通常采用加铺封层或沥青表面处治。网裂、龟裂严重的路段，则应进行补强或彻底翻修。

(六)坑槽

沥青路面产生坑槽的原因是面层的网裂、龟裂未及时养护而逐渐形成坑槽。基层局部强度不足，在行车作用下也易产生坑槽，坑槽处治的方法是将坑槽范围挖成矩形，槽壁应垂直，在四周涂刷热沥青后，从基层到面层用与原结构相同的材料填补，并予夯实。

(七)松散

松散大多发生在沥青路面使用的初期。松散的原因，是采用的沥青稠度偏低，黏结力差，用量偏少；或所用的矿料过湿、铺撒不匀；或所有嵌缝料不合规格而未能被沥青粘牢。基层湿软，则应清除松散的沥青面层后，重新压实，待基层干燥后再铺面层。

(八)啃边

在行车作用和自然因素影响下，沥青路面边缘不断缺损，参差不齐，路面宽度减小，这种现象称为啃边。啃边产生的原因是路面过窄，行车压到路面边缘而造成缺损。边缘强度不足，路肩太高或太低，雨水冲刷路面边缘都会造成啃边。对啃边病害的处治方法是设置路缘石、加宽路面、加固路肩，有条件时设法加宽路面基层到面层宽度外 20 ~ 30 cm。

复习思考题

11-1　沥青路面的材料特性主要考虑哪些方面？

11-2　简述热拌沥青混合料的配合比设计包括哪些阶段？

11-3　简述提高沥青路面压实质量的关键技术。

11-4　简述沥青混合料的摊铺工序。

11-5　简述热拌热铺沥青混合料路面试验段的试验内容。

11-6　沥青路面的常见病害有哪些？产生的原因是什么？

第十二章 水泥混凝土路面

重点提示

本章重点讲述水泥混凝土路面的分类、工作特性和力学特性，水泥混凝土路面的构造及施工方法，常见的破坏现象及维修等。通过本章学习应较全面地了解水泥混凝土路面的构造，掌握混凝土路面的施工程序和施工方法。

第一节 概 述

一、水泥混凝土路面的概念

水泥混凝土路面，包括普通混凝土、钢筋混凝土、连续配筋混凝土、预应力混凝土、装配式混凝土和钢纤维混凝土等面层板和基(垫)层所组成的路面。目前采用最广泛的是就地浇筑的普通混凝土路面，简称混凝土路面。

所谓普通混凝土路面，是指除接缝区和局部范围(边缘和角隅)外不配置钢筋的混凝土路面。与其他类型路面相比，混凝土路面具有以下优点：

(1)强度高。混凝土路面具有很高的抗压强度和较高的抗弯拉强度以及抗磨耗能力。

(2)稳定性好。混凝土路面的水稳性、热稳性均较好，特别是它的强度能随着时间的延长而逐渐提高，不存在沥青路面的那种老化现象。

(3)耐久性好。由于混凝土路面的强度和稳定性好，所以它经久耐用，一般能使用20～40年，而且它能通行包括履带式车辆等在内的各种运输工具。

(4)有利于夜间行车。混凝土路面色泽鲜明，能见度好，对夜间行车有利。

但是，混凝土路面也存在一些缺点，主要有以下几方面：

(1)对水泥和水的需要量大。修筑0.2 m厚、7 m宽的混凝土路面，每1 000 m要耗费水泥400～500 t和水约250 t，尚不包括养生用的水在内，这给水泥供应不足和缺水地区带来较大困难。

(2)有接缝。一般混凝土路面要建造许多接缝，这些接缝不但增加施工和养护的复杂性，而且容易引起行车跳动，影响行车的舒适性，接缝又是路面的薄弱点，如处理不当，将导致路面板边和板角处破坏。

(3)开放交通较迟。一般混凝土路面完工后，要经过28 d的潮湿养生，才能开放交通，如需提早开放交通，则需采取特殊措施。

(4)修复困难。混凝土路面损坏后，开挖很困难，修补工作量也大，且影响交通。

二、水泥混凝土路面的工作特性和力学特性

水泥混凝土路面板具有较高的力学强度，在车辆荷载的作用下产生的变形微小，同时

按照现行的路面设计理论，水泥混凝土路面板基本上处于弹性工作阶段。这也就是说，水泥混凝土路面在设计车辆荷载的作用下，板内所产生的最大应力低于水泥混凝土的比例极限应力。当水泥混凝土板在弹性工作阶段时，基层和路基内部所受到的单位应力和变形极其微小，它们也工作于弹性阶段，因此从水泥混凝十路面的受力特性来看，可以把其路面结构看做弹性层状体系进行分析。

刚性较大的混凝土路面与沥青路面相比，具有自己独特的一些特性。首先，从水泥混凝土路面的结构来看，混凝土路面板的弹性模量及力学强度远远大于基层和路基的相应模量和强度；其次，水泥混凝土的抗弯拉强度远小于抗压强度，试验结果为 1/6 ~ 1/7，而且水泥混凝土路面在荷载和温度的综合作用下，混凝土板主要承受弯拉作用，因此决定混凝土板尺寸的强度指标是抗弯拉应力；同时，由于混凝土板与基层或路基之间的摩阻力不大，所以从力学角度可把水泥混凝土路面结构看做是弹性地基板，在进行路面结构设计和分析时，可运用弹性地基板理论。

水泥混凝土的抗弯拉强度与其抗压强度相比要小得多，在车辆荷载的作用下，混凝土板的弯拉应力超过其极限抗弯拉强度时，路面板便会产生断裂破坏，如果在重复荷载的不断作用下，路面板产生破坏的应力要比极限弯拉应力还要低，也就是我们所讲的疲劳破坏。除了车辆荷载的作用，混凝土板还要受到温度翘曲应力的作用，主要是板顶面和底面的温差，板的平面尺寸越大，翘曲应力也将越大。另外，水泥混凝土又是一种脆性材料，它在断裂时的相对拉伸变形很小，因此在荷载作用下路基和基层的变形情况对混凝土板的影响很大，不均匀的基础变形会使混凝土板与基层脱空，在车辆荷载作用下混凝土板产生过大的弯拉应力而遭破坏。

第二节　水泥混凝土路面构造

一、土基和基层

(一)土基

理论分析表明，通过刚性面层和基层传到土基上的压力很小，一般不超过 0.05 MPa。因此，混凝土板下似不需要有坚强的土基支撑。然而，如果土基的稳定性不足，在水温变化的影响下出现较大的变形，特别是不均匀沉陷，则仍将给混凝土面板带来很不利的影响。实践证明，由于土基不均匀支撑，使面板在受荷时底部产生过大的弯拉应力，导致混凝土路面产生破坏。因此，混凝土路面下的路基必须密实、稳定和均匀。路基一般要求处于干燥或中湿状况，过湿状态或强度与稳定性不符合要求的潮湿状态的路基必须经过处理。

路基的不均匀支撑可能由下列因素造成：

(1)不均匀沉陷——湿软地基未达充分固结；土质不均匀，压实不充分，填挖结合部以及新老路基交接处处理不当。

(2)不均匀冻胀——季节性冰冻地区，土质不均匀(对冰冻敏感性不同)；路基潮湿条件变化。

(3)膨胀土——在过干或过湿(相对于最佳含水量)时压实，排水设施不良等。

控制路基不均匀支撑的最经济、最有效的方法是：①把不均匀的土掺配成均匀的土；②控制压实时的含水量接近于最佳含水量，并保证压实度达到要求；③加强路基排水设施，对于湿软地基，则应采取加固措施；④加设垫层，以缓和可能产生的不均匀变形对面层的不利影响。

(二)基层

混凝土面层下设置基层的目的是：

(1)防唧泥——混凝土面层如直接放在路基上，会由于路基土塑性变形量大，细料含量多和抗冲刷能力低而极易产生唧泥现象。铺设基层后，可减轻以至消除唧泥的产生。但未经处治的砂砾基层，其细料含量和塑性指数不能太高，否则仍会产生唧泥。

(2)防冰冻——在季节性冰冻地区，用对冰冻不敏感的粒状多孔材料铺筑基层，可以减少路基的冰冻深度，从而减轻冰冻的危害作用。

(3)减小路基顶面的压应力，并缓和路基不均匀变形对面层的影响。

(4)防水——在湿软土基上，铺筑开级配粒料基层，可以排除从路表面渗入面层板下的水分(见图 12-1)以及隔断地下毛细水上升。

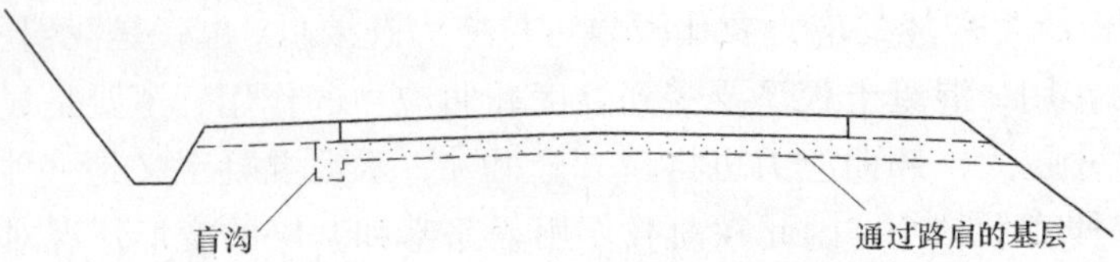

图 12-1 兼起排水作用的粒料基层

(5)为面层施工(如立侧模，运送混凝土混合料等)提供方便。

(6)提高路面结构的承载能力，延长路面的使用寿命。

因此，除非土基本身就是有良好级配的砂砾类土、而且是良好排水条件的轻交通道路之外，都应设置基层。基层应具有足够的强度和稳定性，且断面正确，表面平整。理论计算和实践都已证明，采用整体性好(具有较高的弹性模量如贫混凝土、沥青混凝土、水泥稳定碎石、石灰粉煤灰稳定碎石、级配碎石等)的材料修筑基层，可以确保混凝土路面良好的使用特性和延长路面的使用寿命。因此，基层材料的技术要求必须符合《公路路面基层施工技术规范》(JTJ 034—2000)的要求。因为如果基层出现较大的塑性变形累积(主要在接缝附近)，面层板将与之脱空，支撑条件恶化，从而增加板的应力；同时，若基层材料中含有过多的细料，还将促使唧泥和错台等病害产生。

无机结合料稳定类基层成为混凝土路面(特别在交通繁重的路段上)最适用的基层类型。如因条件限制而只能采用未经处治的粒料基层，必须严格控制细料含量并保证压实要求。

基层厚度以 20 cm 左右为宜。研究资料表明，用厚基层来提高土基的支承力，或者说借以降低面层应力或减薄面层厚度一般是不经济的。但是随着稳定类基层厚度的减小，基层底面的弯拉应力随之增大，因此基层厚度不宜太薄。

基层宽度应比混凝土路面板每侧各宽出 25 ~ 35 cm(采用小型机具或轨道式摊铺机施工)或 50 ~ 60 cm(采用滑模摊铺机施工)，或与路基同宽，以供施工时安装模板，并防止路面边缘渗水至土基而导致路面破坏。

在冰冻深度大于 0.5 m 的季节性冰冻地区，为防止路基可能产生的不均匀冻胀对混凝土面层的不利影响，路面结构应有足够的总厚度，以便将路基的冰冻深度约束在有限的范围内。路面结构的最小厚度，随冰冻线深度、路基的潮湿状况和土质而异，其数值可参照表 12-1 选定。超出面层和基层厚度的总厚度部分可用基层下的垫层(防冻层)来补足。

表 12-1　水泥混凝土路面结构防冻最小厚度　(单位：m)

路基干湿类型	路基土质	当地最大冰冻深度			
		0.5 ~ 1.00	1.01 ~ 1.5	1.51 ~ 2.00	>2.0
中湿路基	低、中、高液限黏土	0.30 ~ 0.50	0.40 ~ 0.60	0.50 ~ 0.70	0.60 ~ 0.95
	粉土、粉质低、中液限黏土	0.40 ~ 0.60	0.50 ~ 0.70	0.60 ~ 0.85	0.70 ~ 1.10
潮湿路基	低、中、高液限黏土	0.40 ~ 0.60	0.50 ~ 0.70	0.60 ~ 0.90	0.75 ~ 1.20
	粉土、粉质低、中液限黏土	0.45 ~ 0.70	0.55 ~ 0.80	0.70 ~ 1.00	0.80 ~ 1.30

注：1.冰冻深度小或填方路段，或者基层、垫层为隔温性能良好的材料，可采用低值；冰冻深度大或挖方及地下水位高的路段，或者基、垫层为隔温性能稍差的材料，应采用高值。

2.冰冻深度小于 0.5 m 的地区，一般不考虑结构层的防冻厚度。

(三)垫层

水泥混凝土路面在下述情况下需在基层下设置垫层：

(1)季节性冰冻地区，路面总厚度小于最小防冻厚度时，差值以垫层厚度补足。

(2)水文地质条件不良的土质路堑，路床土湿度较大时，宜设置排水垫层。

(3)路基可能产生不均匀沉降时，可设半刚性垫层。

垫层宽度应与路基同宽，最小厚度为 15 cm。

二、混凝土面板

理论分析表明，轮载作用于板中部时，板所产生的最大应力约为轮载作用于板边部时的 2／3。因此，面层板的横断面应采用中间薄两边厚的型式，以适应荷载应力的变化。一般边部厚度较中部约厚 25%，是从路面最外两侧板的边部，在 0.6 ~ 1.0 m 宽度范围内逐渐加厚。但是厚边式路面给土基和基层的施工带来不便；而且使用经验也表明，在厚度变化转折处，易引起板的折裂。因此，目前国内外常采用等厚式断面。

混凝土面板应保证表面平整、耐磨、抗滑。混凝土面板的平整度以 3 m 直尺量测为准，3 m 直尺与路面表面的最大间隙其他各级公路不应大于 5 mm。混凝土面板抗滑标准以构造深度为指标，高速公路和一级公路不应低于 0.8 mm，其他各级公路不应低于 0.6 mm，详见表 12-5。

三、排水要求

混凝土路面的排水应根据公路等级、地形、地质、气候、年降雨量、地下水等条件，结合路基排水进行设计，使之形成良好的排水系统，确保排水畅通、路基路面稳定和行车安全。

高速公路和一级公路的路面排水一般由路肩排水、中央分隔带排水和路面表面渗入水的排除等组成，现代水泥混凝土路面的使用经验表明，路肩必须设置边坡与板底连通的排水盲沟，以利于将路面板接缝处的渗水排出路肩。

四、接缝的构造与布置

混凝土面层由一定厚度的混凝土板所组成，它具有热胀冷缩的性质。由于一年四季气温的变化，混凝土板会产生不同程度的膨胀和收缩。而在一昼夜中，白天气温升高，混凝土板顶面温度较底面为高，这种温度坡差会形成板的中部隆起的趋势。夜间气温降低，板顶面温度较底面为低，会使板的周边和角隅产生翘起的趋势。这些变形会受到板与基础之间的摩阻力和黏结力，以及板的自重车轮荷载等的约束，致使板内产生过大的应力，造成板的断裂或拱胀等破坏(见图 12-2)。

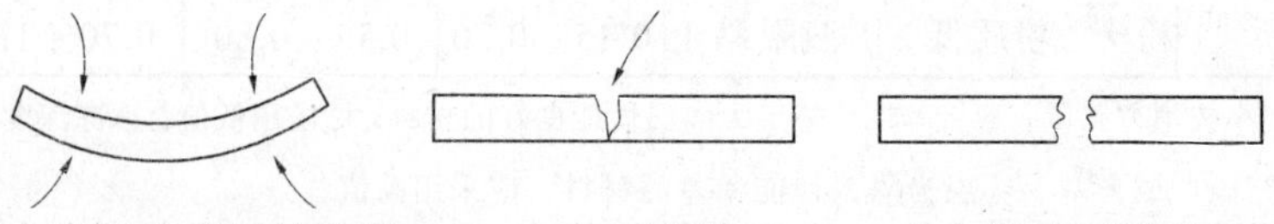

(a)由于温差引起的变形　(b)开裂　(c)均匀温度下降使板的开裂

图 12-2　混凝土的破坏形式

为避免这些缺陷，混凝土路面不得不在纵横两个方向设置许多接缝，把整个路面分割成许多板块(见图 12-3)。

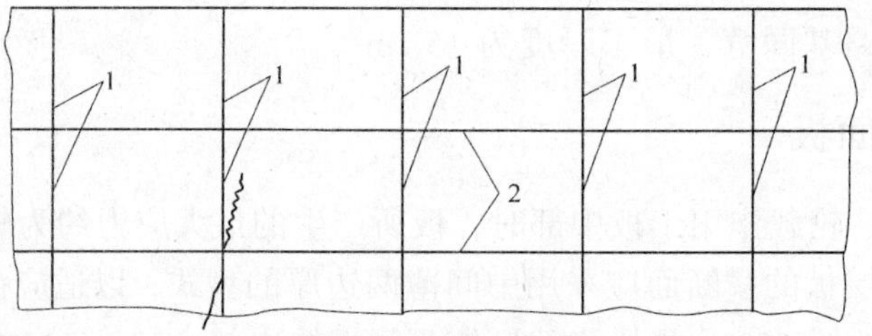

图 12-3　路面接缝设置

1—横缝；2—纵缝

横向接缝是垂直于行车方向的接缝，共有缩缝、胀缝和施工缝三种。缩缝保证板因温度和湿度的降低而收缩时沿该薄弱断面缩裂，从而避免产生不规则的裂缝。胀缝保证板在温度升高时能部分伸张，从而避免产生路面板在热天的拱胀和折断破坏，同时胀缝也能起到缩缝的作用。另外，混凝土路面每天完工以及因雨天或其他原因不能继续施工时，应尽量做到胀缝处。如不可能，也应做至缩缝处，并做成施工缝的构造形式。

在任何形式的接缝处板体都不可能是连续的，其传递荷载的能力总不如非接缝处，而且任何形式的接缝都不免要漏水。因此，对各种形式的接缝，都必须为其提供相应的传荷与防水的设施。

(一)横缝的构造与布置

1.胀缝的构造

胀缝的缝隙宽 20 ~ 25 mm。如施工时气温较高，或胀缝间距较短，应采用低限，反之用高限。缝隙上部 3 ~ 4 cm 深度内浇灌填缝料，下部则设置富有弹性的嵌缝板，它可由油浸或沥青浸制的软木板制成。

对于交通繁重的道路，为保证混凝土板之间能有效地传递荷载，防止形成错台，应在胀缝处板厚中央设置传力杆。传力杆为 40 ~ 60 cm、直径 20 ~ 25 mm 的光圆钢筋，每隔 30 ~ 50 cm 设一根。杆的半段固定在混凝土内，另半段涂以沥青、套上长 8 ~ 10 cm 的铁皮或塑料套筒，筒底与杆端之间留出宽 3 ~ 4 cm 的空隙，并用木屑与弹性材料填充，以利板的自由伸缩(见图 12-4(a))。在同一条胀缝上的传力杆，设有套筒的活动端最好在缝的两边交错布置。

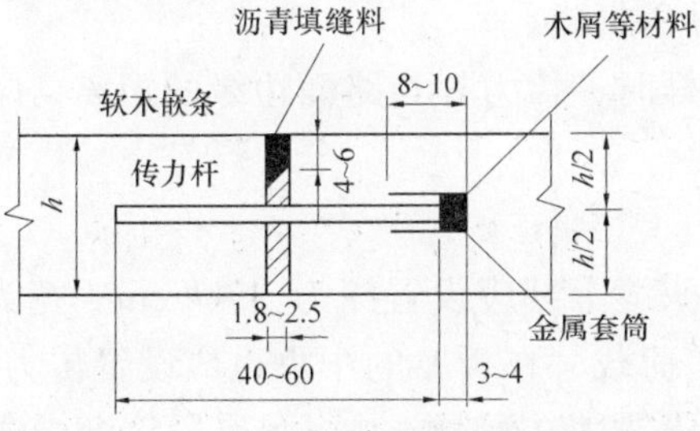

(a)套筒式传力杆

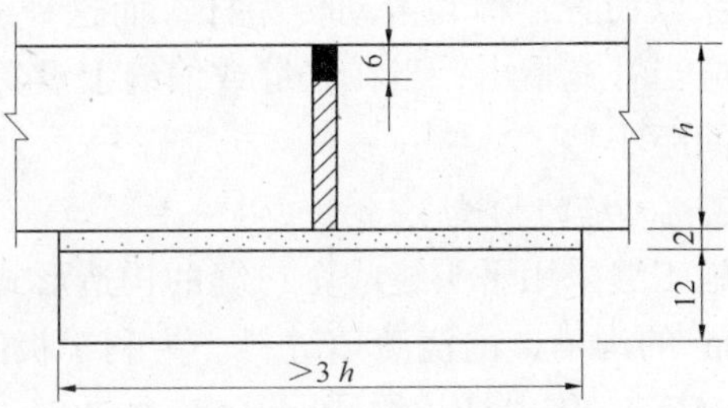

(b)垫枕式传力杆

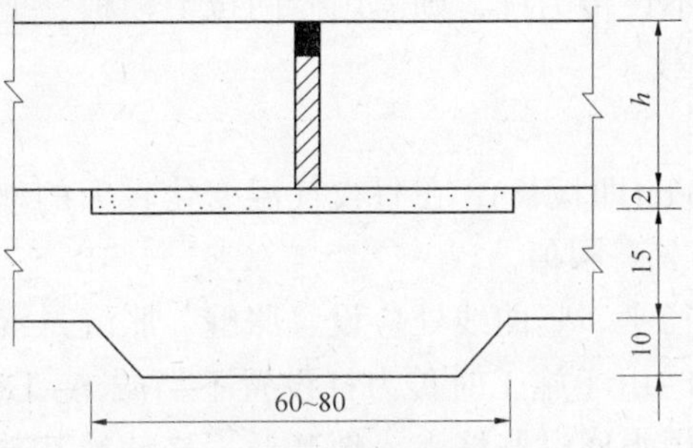

(c)垫枕式传力杆

图 12-4　胀缝的构造形式　(单位：cm)

由于设置传力杆需用钢材，故有时不设传力杆，而在板下用 100 号混凝土或其他刚性较大的材料，铺成断面为矩形或梯形的垫枕(见图 12-4(b))。当用炉渣石灰土等半刚性材料作基层时，可将基层加厚形成垫枕(见图 12-4(c))，结构简单，造价低廉。为防止水经过胀缝渗入基层和土基，还可在板与垫枕或基层之间铺一层或两层油毛毡或 2 cm 厚沥青砂。

2.缩缝的构造

缩缝一般采用假缝形式(见图 12-5)，即只在板的上部设缝隙，当板收缩时将沿此最薄弱断面有规则地自行断裂。缩缝缝隙宽 3 ~ 8 mm，深度为板厚的 1/5 ~ 1/4，一般为 5 ~ 6 cm，近年来国外有减小假缝宽度与深度的趋势。假缝缝隙内亦需浇灌填缝料，以防地面水下渗及石砂杂物进入缝内。

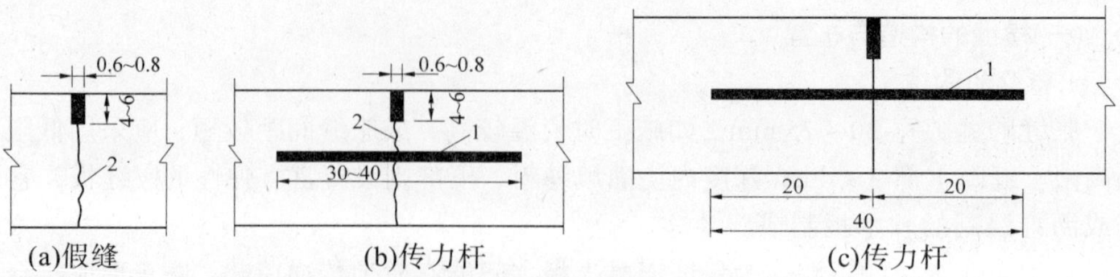

图 12-5　缩缝与工作缝的构造形式　(单位：cm)

1—传力杆；2—收缩裂缝

由于缩缝缝隙下面板断裂面凹凸不平，能起一定的传荷作用，一般不必设置传力杆，但对交通繁重或地基水文条件不良路段，也应在板厚中央设置传力杆。这种传力杆长度为 30 ~ 40 cm，直径 14 ~ 16 mm，每隔 30 ~ 60 mm 设一根(见图 12-5(b))，一般全部锚固在混凝土内，以使缩缝下部凹凸面的传荷作用有所保证；但为便于板的翘曲，有时也将传力杆半段涂以沥青，称为滑动传力杆，而这种缝称为翘曲缝。

应当补充指出，当在胀缝或缩缝上设置传力杆时，传力杆与路面边缘的距离，应较传力杆间距小些。

3.施工缝的构造

施工缝采用平头缝或企口缝的构造形式。平头缝上部应设置深为 3 ~ 4 cm、宽为 5 ~ 10 mm 的沟槽，内浇灌填缝料。为利于板间传递荷载，在板厚的中央也应设置传力杆(见图 12-5(c))。传力杆长约 40 cm，直径 20 mm，半段锚固在混凝土中，另半段涂沥青或润滑油，亦称滑动传力杆。如不设传力杆，则需用专门拉毛模板，把混凝土接头处做成凹凸不平的表面，以利于传递荷载。

4.横缝的布置

缩缝间距一般为 4 ~ 6 m(即板长)，在昼夜气温变化较大的地区，或地基水文情况不良路段，应取低限值，反之取高限值。

在桥涵两端以及小半径平、竖曲线处应设置胀缝。胀缝是混凝土路面的薄弱环节，它不仅给施工带来不便，同时由于施工时传力杆设置不当(未能正确定位)，使胀缝处的混凝土常出现碎裂等病害；当雨水通过胀缝渗入地基后，易使地基软化，引起唧泥、错台等破坏；当砂石进入胀缝后，易造成胀缝处板边挤碎、拱胀等破坏。而且，胀缩容易引起行车跳动，其中的填缝料又要经常补充或更换，增加了养护的麻烦。因此，近年来国内外修筑的混凝土路面均有减少胀缝的趋势。我国现行刚性路面设计规范规定，胀缝应尽量少设或不设；但在邻近桥梁或固定建筑物处，或与其他类型路面相连接处、板厚变化处、隧道口处、小半径曲线处和纵坡变换处，均应设置胀缝。在其他位置，当板厚等于或大于 20 cm 并在夏季施工时，也可不设胀缝。但是，采用长间距胀缝或无胀缝路面结构时，需注意采取一些相应的措施，如增大基层表面的摩阻力，以约束板在高温或潮湿时伸长的趋势；在气温较高时施工，以尽量减小水泥混凝土板的胀缩幅度；相对地缩短缩缝间距，以便减少板的温度翘曲应力，缩小缩缝缝隙的拉宽度以提高传荷能力，并增进板对地基变形的适应性。

(二)纵缝的构造与布置

纵缝是指平行于混凝土路面行车方向的那些接缝。纵缝间距一般按 3 ~ 4.5 m 设置，这对行车和施工都较方便。当双车道路面按全幅宽度施工时，纵缝可做成假缝形式。对这种假缝，国外规定在板厚中央应设置拉杆，拉杆直径可小于传力杆，间距为 1.0 m 左右，锚固在混凝土内，以保证两侧板不致被拉开而失掉缝下部的颗粒嵌锁作用(见图 12-6(a))。当按一个车道施工时，可做成平头式纵缝。为利于板间传递荷载，也可采用企口式纵缝(见图 12-6(b))，缝壁应涂沥青，缝的上部也应留有宽 6 ~ 8 mm 的缝隙，内浇灌填缝料。为防止板沿两侧路拱横坡爬动拉开和形成错台，以及防止横缝搓开，有时在平头式及企口式纵缝上设置拉杆(见图 12-6(c))，拉杆长 50 ~ 70 cm，直径 18 ~ 20 mm，间距 1.0 ~ 1.5 m。

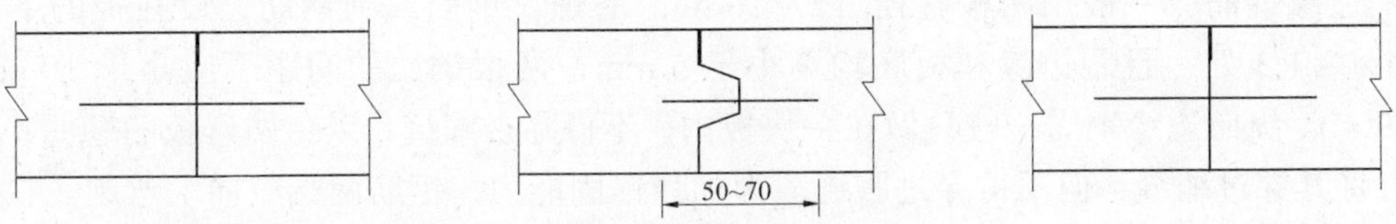

(a)假缝带拉杆　　(b)企口缝加拉杆　　(c)平头缝加拉杆

图 12-6　纵缩缝的构造形式　（单位：cm）

对多车道路面，应每隔 3 ~ 4 个车道设一条纵向胀缝，其构造与横向胀缝相同。当路旁有路缘石时，缘石与路面板之间也应设胀缝，但不必设置传力杆或垫枕。

(三)纵横缝的布置

纵缝与横缝一般做成垂直正交，使混凝土板具有 90° 的角隅。纵缝两旁的横缝一般成一条直线。实践证明，如横缝在纵缝两旁错开，将导致板产生从横缝延伸出来的裂缝(见图 12-7)。在交叉口范围内，为了避免板形成较锐的角并使板的长边与行车方向一致，大多采用辐射式的接缝布置形式(见图 12-8)。

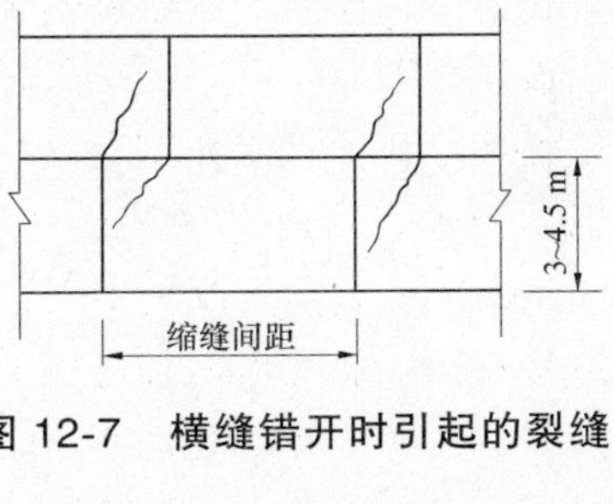

图 12-7　横缝错开时引起的裂缝

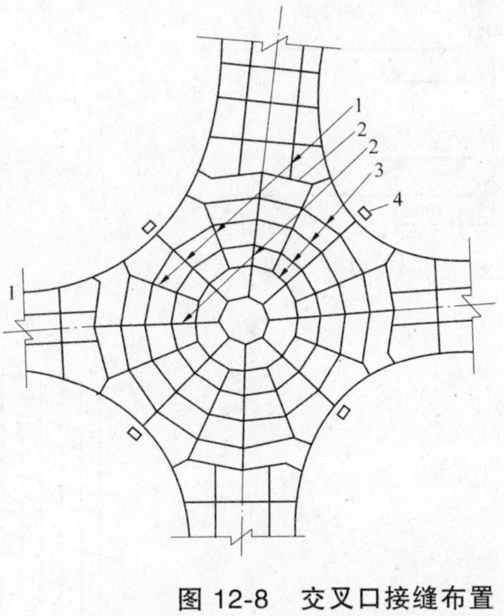

图 12-8　交叉口接缝布置

1—纵缝(企口式)；2—胀缝；3—缩缝；4—进水口

目前，国外的一种混凝土路面接缝布置形式，即胀缝甚少，缩缝间距不等，按 4 m、4.5 m、5 m、5.5 m 和 6 m 的顺序设置，而且横缝与纵缝交成 80° 左右的斜角，如设传力杆，则传力杆与路中线平行，其目的是使一辆车只有一个后轮横越接缝，减轻由于共振作用所引起的行车跳动的幅度，同时也可缓和板伸张时的顶推作用。

至于缩缝传力杆的设置问题，国外一般认为：对低交通量道路，当缩缝间距小于 4.5 ~ 6.0 m，可不设传力杆；对大交通量道路，任何时候都应该设置传力杆，采用间距小的缩缝和稳定类基层时则例外。

当采用板中计算厚度的等厚式板，或混凝土板纵、横向自由边缘下的基础有可能产生较大的塑性变形时，应在其自由边缘和角隅处设置下述两种补强钢筋。

(1)边缘钢筋，一般用两根直径 12 ~ 16 mm 的螺纹钢筋或圆钢筋，设在板的下部板厚的 1/4 ~ 1/3 处，且距边缘和板底均不小于 5 mm，两根钢筋的间距不应小于 10 cm(见图 12-9(a))。纵向边缘钢筋一般只做在一块板内，不得穿过缩缝，以免妨碍板的翘曲；但有时亦可将其穿过缩缝，但不得穿过胀缝。为加强锚固能力，钢筋两端应向上弯起。在横胀缝两侧板边缘以及混凝土路面的起终端处，为加强板的横向边缘，亦可设置横向边缘钢筋。

(2)角隅钢筋，设置在胀缝两侧板的角隅处，一般可用两根直径 12 ~ 14 mm、长 2.4 m 的螺纹钢筋弯成如图 12-9(b)所示的形状。角隅钢筋应设在板的上部，距板顶面不小于 5 cm，距胀缝和板边缘各为 10 cm。在交叉口处，对无法避免形成的锐角，宜设置双层钢筋网补强(见图 12-9(c))，以避免板角断裂。钢筋布置在板的上、下部，距板顶(底)5 ~ 7 cm 为宜。

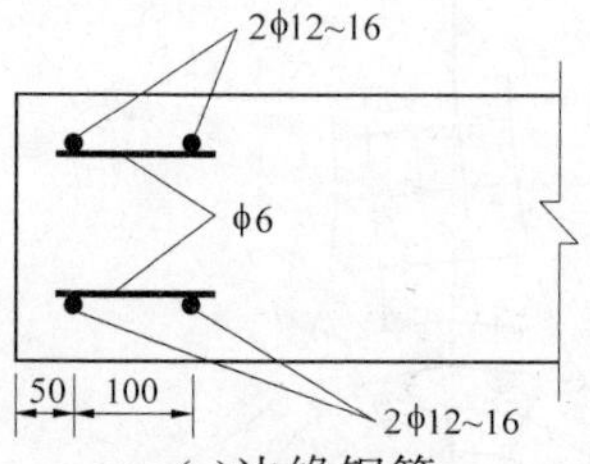

(a)边缘钢筋

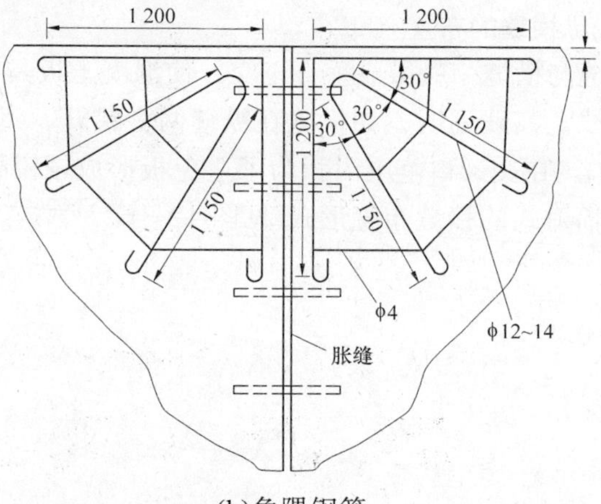

(b)角隅钢筋

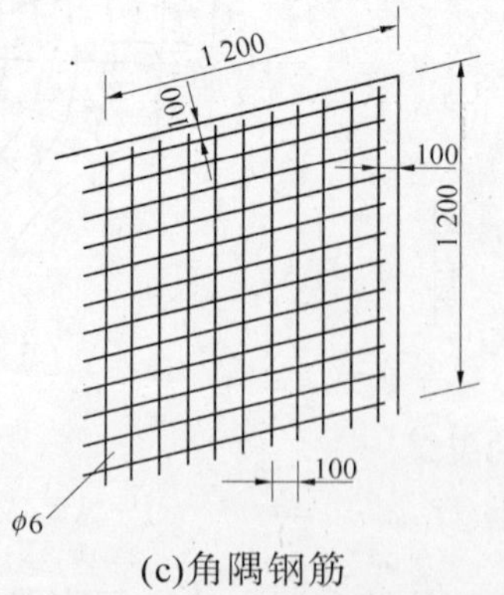

(c)角隅钢筋

图 12-9　边缘和角隅钢筋的布置　(单位：mm)

当混凝土路面中必须设置窨井、雨水口等其他构造物时，宜设在板中或接缝处，在井口边设置胀缝同混凝土面板分开，构造物周围的混凝土面板需用钢筋加固。如构造物不可避免地布置在离板边小于 1 m，则应在混凝土板薄弱断面处增设加固钢筋。

混凝土路面同桥梁相接处，宜设置钢筋混凝土搭板。搭板一端放在桥台上，并加设防滑锚固钢筋和在搭板上预留灌浆孔。如为斜交桥梁，尚应设置钢筋混凝土渐变板。渐变板的块数，当桥梁斜角大于 70° 时设 1 块；45° ~ 70° 时设 2 块；小于 45° 时至少设 3 块(见图 12-10)。渐变板的短边最小为 5 m，长边最大为 10 m。搭板和渐变板的配筋量计算，角隅部分另加钢筋网补强。

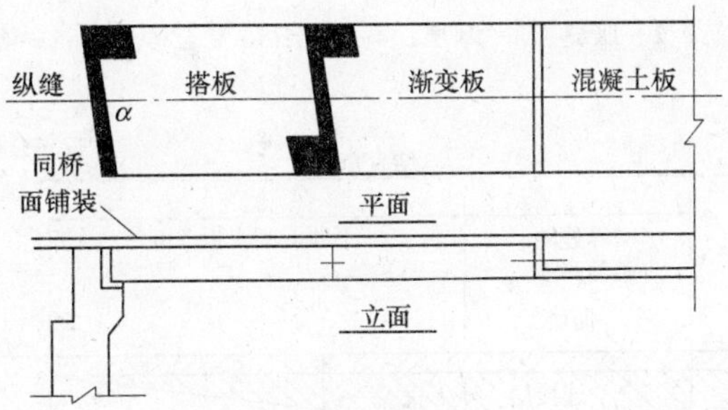

(a)$\alpha > 70°$

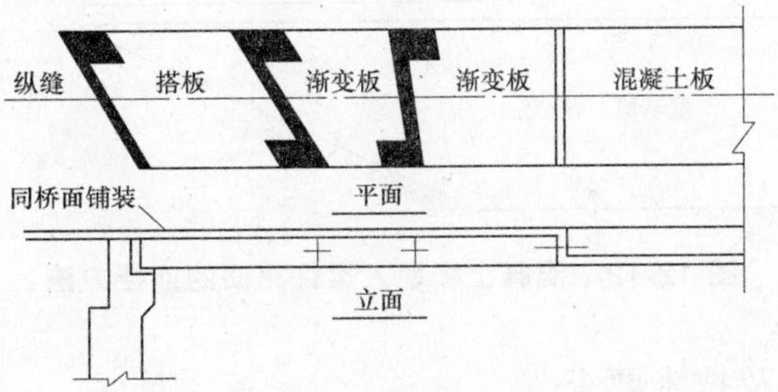

(b)$45° < \alpha < 70°$

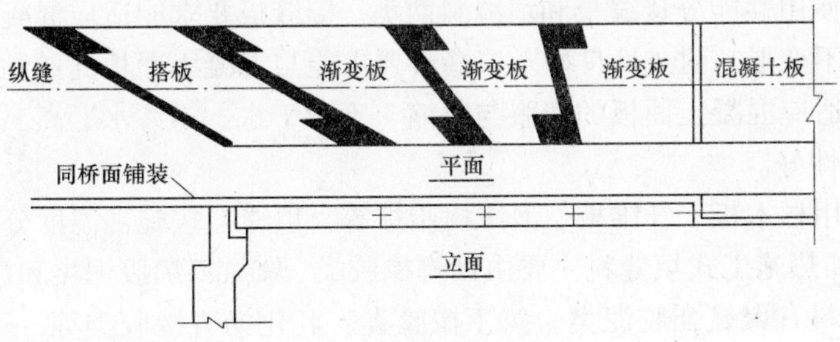

(c)$\alpha < 45°$

图 12-10　混凝土路面斜交桥梁相接时的构造示意

五、特殊部位混凝土路面的处理

混凝土路面同柔性路面相接处，为避免出现沉陷和错台，或柔性路面受顶推而拱起，宜按图 12-11 的方式处理；或将混凝土板埋入柔性路面内，如图 12-12 所示。

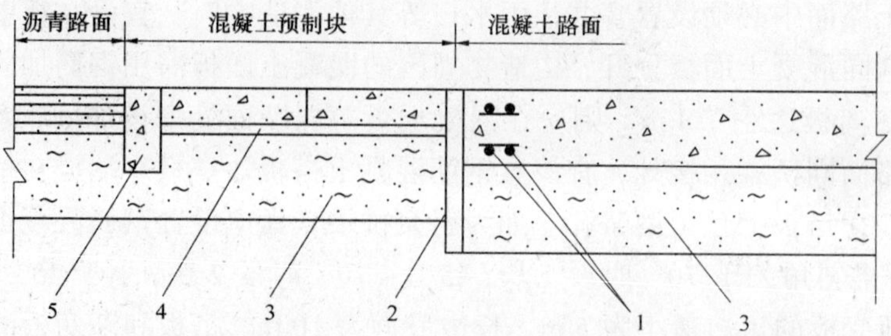

图 12-11　混凝土路面同柔性路面相接处的示例

1—端部边缘钢筋；2—胀缝；3—基层；4—卧层(50°混合砂浆)；5—混凝土平道牙图

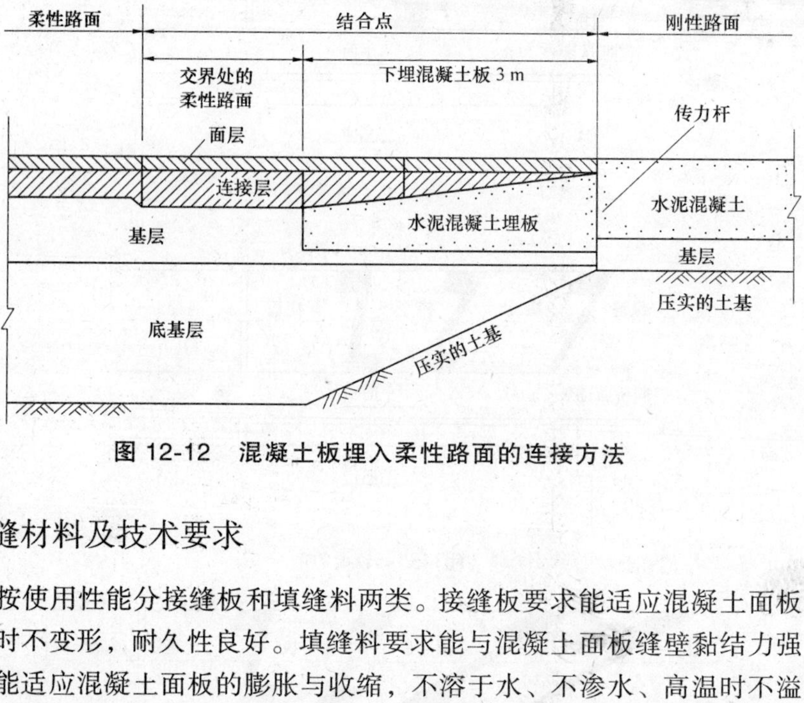

图 12-12　混凝土板埋入柔性路面的连接方法

六、接缝材料及技术要求

接缝材料按使用性能分接缝板和填缝料两类。接缝板要求能适应混凝土面板的膨胀与收缩，且施工时不变形，耐久性良好。填缝料要求能与混凝土面板缝壁黏结力强，且材料的回弹性好，能适应混凝土面板的膨胀与收缩，不溶于水、不渗水、高温时不溢出、低温时不脆裂和耐久性好。

接缝板可采用杉木板、纤维板、泡沫树脂板等。填缝料按施工温度分加热施工式和常温施工式两类。加热施工式填缝料主要由沥青橡胶类、聚氯乙烯胶泥类和沥青玛琋脂类等。常温施工式填缝料有聚氨酯胶泥类、氯丁橡胶类、乳化沥青橡胶类等。

第三节　水泥混凝土路面施工

一、常用的水泥混凝土路面施工机械

(一)拌和设备

拌和设备按拌和过程的生产方式可以分为间歇式拌和设备和连续式拌和设备。间歇楼是每锅单独称料的，搅拌精确度高于连续楼，弃料少，因此宜优先选配间歇楼。实践证明，连续式搅拌楼亦能够达到滑模摊铺高速公路水泥混凝土路面的要求，也可用于工程建设。连续搅拌楼应配备两个搅拌锅或一个长度足以搅拌均匀的搅拌锅，并应在搅拌锅上配备电视监控设备。前者是为了保证拌和物的匀质性和熟化程度，后者是为了保障安全。

(二)摊铺成型设备

常见的水泥混凝土路面的摊铺机械有滑模摊铺机、轨道摊铺机、三辊轴机组、小型机具、碾压混凝土摊铺机械等，各种摊铺机械的选用宜符合表 12-2 的要求。

表 12-2　与公路等级相适应的机械装备

摊铺机械设备	高速公路	一级公路	二级公路	三级公路	四级公路
滑模摊铺机	√	√	√	▲	○
轨道摊铺机	▲	√	√	√	○
三辊轴机组	○	▲	√	√	√
小型机具	×	○	▲	√	√
碾压混凝土摊铺机械	×	○	√	√	▲
计算机自动控制强制拌和楼(站)	√	√	√	▲	○
强制拌和楼(站)	×	○	▲	√	√

注：①符号含义：√应使用，▲有条件使用，○不宜使用，×不得使用。
②各等级公路不得使用体积计量。小型自动滚筒式搅拌机严禁通过人工控制加水量。
③碾压混凝土亦可用于高速公路、一级公路复合式路面的下面层和贫混凝土基层。

1.滑模摊铺机

滑模摊铺机铺筑是指采用滑模摊铺机铺筑水泥混凝土路面的施工工艺。其特征是不架设边缘固定模板，能够一次完成布料摊铺、振捣密实、挤压成型、抹面修饰等混凝土路面摊铺功能。

高速公路、一级公路推荐整幅滑模摊铺机，宜选配能一次摊铺 2 ~ 3 个车道宽度(7.5 ~ 12.5 m)的滑模摊铺机，尽量使用整幅 12.5 m 宽度的大型滑模摊铺机，以减少纵向连接纵缝部位的不平整及存水现象。

二级公路推荐 9 m 整宽滑模摊铺机，二级及以下公路路面的最小摊铺宽度不得小于单车道设计宽度，在二级公路上有条件时，推荐采用中央路拱的 8 ~ 9 m 宽滑模摊铺机。在多数情况下，二级公路无运输便道，必须预留一半宽度的路面，用做混凝土运输通道。一般情况下，在三、四级公路水泥混凝土路面上，由于软路肩宽度不足，履带行走宽度及设置基准线位置不够，不适宜使用滑模摊铺机施工。滑模摊铺机械与技术，在我国仅适用于二级以上高等级公路水泥混凝土路面的施工。

滑模摊铺机可按特大、大、中、小四个级别的基本技术参数选择。无论选用哪种设备，首先必须满足施工路面、路肩、路缘石和护栏等的基本施工要求；其次滑模摊铺机本身的工作配置件要齐全，应配备螺旋或刮板布料器、松方高度控制板、振动排气仓、夯实杆或振动搓平梁、自动抹平板、侧向打拉杆及同时摊铺双车道的中部打拉杆装置等。

硬路肩推荐与路缘石连体摊铺，硬路肩的摊铺宜选配中、小型多功能滑模摊铺机，并宜连体一次摊铺路缘石。

2.轨道摊铺机

轨道摊铺机铺筑水泥混凝土路面应采用轨道与模板合一的专用钢制轨模，长度为3 m。轨道摊铺机按布料方式不同，可选用刮板式、箱式和螺旋式，最小摊铺宽度不得小于单车道3.75 m。轨道摊铺机的选型应根据路面车道数或设计宽度按规定的技术参数选择。

3.三辊轴机组铺筑

三辊轴机组铺筑是采用振捣机、三辊轴摊铺整平机等机组铺筑混凝土路面的施工工艺。

三辊轴摊铺整平机以轴的直径划分型号，以轴的长度划分规格，因此应根据摊铺宽度确定规格。从摊平拌和物考虑，轴的直径大比较有利；从有效密实深度考虑，轴的直径较小比较有利。目前市场上的三辊轴摊铺整平机，轴的直径有168 mm、219 mm和240 mm几种。采用较大的轴径施工效率较高，平整度较好，但表面浆体比较容易离析，浆较薄。采用较小的轴径，提浆效果较好，但轴易变形，应注意校正。因此，板厚200 mm以上宜采用直径168 mm的辊轴；桥面铺装或厚度较小的路面可采用直径219 mm的辊轴。轴长宜比路面宽度长出600～1 200 mm。

振动轴的转速有300 r/min和380 r/min两种，宜采用较小的转速，以保证有效振实和提浆。振动轴的转速不宜大于380 r/min。

振动功率宜大于7.5 kW；驱动轴的最大行驶速度不大于13.5 m/min，驱动功率不小于6 kW。保证振动轴和驱动轴有足够大的功率，以克服混合料和模板的阻力，实现摊铺、振动密实及整平功能。

三辊轴机组铺筑混凝土面板时，必须同时配备一台安装有插入式振捣棒组的排式振捣机，尽量使用同时安装有辅助摊铺的螺旋布料器和松方控制刮板形式，并使之具有自动行走功能。

4.小型机具铺筑

小型机具铺筑是指采用固定模板、人工布料、手持振捣棒、振动板或振捣梁振实、修整尺、抹平刀整平的混凝土路面施工工艺。

小型机具在施工中、轻交通等级水泥混凝土路面时可使用。它技术简单成熟、施工便捷，不需要大型设备，主要靠人工操作。但劳动强度最大，使用的劳动力数量最多，是劳动力密集型的水泥混凝土路面施工方式。

5.碾压混凝土路面铺筑

碾压混凝土路面铺筑是指采用特干硬性水泥混凝土拌和物、使用沥青摊铺机摊铺、压路机械碾压密实成型的混凝土路面施工工艺。

碾压混凝土路面施工最好选择带自动找平系统和高密实度烫平板的大型沥青摊铺机，最大摊铺厚度可达到30 cm，摊铺预压密实度可达到85%以上。根据路面摊铺宽度可选用1～2台摊铺机。压实机械采用自重10～12 t的振动压路机1～2台、15～25 t的轮胎压路机1台，用于路面碾压。1～2 t的小型振动压路机1台，用于边缘压实。

二、对面层混凝土材料的要求

修筑水泥混凝土面层所用的混合料，比其他结构物所使用的混合料要有更高的要求，因为它受到动荷载的冲击、摩擦和反复弯曲作用，同时还受到温度和湿度反复变化的影响。

面层混合料必须具有较高的抗弯拉强度和耐磨性、良好的耐冻性以及尽可能低的膨胀系数和弹性模量。此外，湿混合料还应有适当的施工和易性，一般规定其坍落度为 0 ~ 30 mm，工作度约 30 s。在施工时，应力求混凝土强度满足设计要求。通常，要求面层混凝土的 28 d 抗弯拉强度达到 4.0 ~ 5.0 MPa，28 d 抗压强度达到 30 ~ 35 MPa。

混凝土混合料中的粗集料(粒径大于 5 mm)宜选用岩浆岩或未风化的沉积岩碎石。最好不用石灰岩碎石，因它易被磨光，导致表面过滑。合乎使用要求的砾石也可采用，但由于砾石混合料的强度(特别是弯拉强度)低于碎石混合料，故在使用时宜掺加占总量 1 / 3 ~ 1 / 2 以上的轧碎砾石。砾石混凝土一般用于双层式板的下层。采用连续级配的集料，混凝土的和易性和均匀性较好，采用间断级配的集料则强度较高。粗集料(碎石或砾石)应质地坚硬、耐久、洁净，符合规定级配，最大粒径不应超过 40 mm。砾石或碎石的技术要求见表 12-3 和表 12-4。

表 12-3　砾石的技术要求

项　目	技术要求
颗粒级配	见规范
空隙率(%)	≤45
石料强度等级	≥3 级
压碎值(%)	14 ~ 16
软弱颗粒含量(%)	≤5
针片状颗粒含量(%)	≤15
硫化物及硫酸盐含量(折算为 SO_2)(%)	≤1
含泥量(%)	≤1
有机物含量(%)	颜色不深于标准溶液的颜色

表 12-4　碎石的技术要求

项目		技术要求
颗粒级配		见规范
石料强度等级		≥3 级
压碎值(%)	水成岩	13 ~ 16
	变质岩或深成的火成岩	16 ~ 20
	浅成的或喷出的火成岩	21 ~ 30
针片状颗粒含量(%)		≤15
硫化物及硫酸盐含量(折算为 SO_2)(%)		≤1
含泥量(%)		≤1

混凝土中粒径小于 5 mm 的细集料可用天然砂。要求颗粒坚硬耐磨，具有良好的级配，表面粗糙而有棱角，清洁，有害杂质含量少，细度模数在 2.5 以上。

面层混凝土一般使用普通硅酸盐水泥，等级为 42.5、52.5 和 62.5。水泥混凝土的水泥用量为 300 ~ 350 kg/m^3，对双层式混凝土路面的下层可用等级为 32.5 水泥，用量可降至 270 kg/m^3。

拌制和养生混凝土用的水，以饮用水为宜。对工业废水、污水、海水、沼泽水、酸性水(pH<4)和硫酸盐含量较多(按 SO_2 计超过 2.7 mg / cm^3)的水，均不允许使用。混凝土的用水量为 130 ~ 170 L / m^3。

为保证混凝土具有足够的强度和密实度，水灰比应为 0.40 ~ 0.55。水灰比低时混凝土和易性差，可添加塑化剂或减水剂。混合料的含砂率一般为 28% ~ 33%。

为使混凝土路面提早开放交通，可在混凝土中掺加早强剂。掺入早强剂的混凝土，能使路面在铺筑 3 ~ 5 d 后即可开放交通。

为了提高混凝土的和易性和抗冻性，以及防止为融化路面冰雪所用盐类对混凝土的侵蚀，国外常掺入引气剂，使混凝土具有 3.5% ~ 5.5%(体积比)的含气量。加气混凝土的强度稍有降低，此时可采用降低水灰比和含砂率的办法来补救。为提高混凝土的强度，国内外还采用干硬性混凝土，并掺入增塑剂或减水剂，以改善其施工和易性。

三、施工准备工作

(一)选择混凝土拌和场地

根据施工路线的长短和所采用的运输工具，混凝土可集中在一个场地拌制，也可以在沿线选择几个场地，随工程进展情况迁移。拌和场地的选择首先要考虑使运送混合料的运距最短，同时拌和场还要接近水源和电源。此外，拌和场应有足够的面积，以供堆放砂石材料和搭建水泥库房。

(二)进行材料试验和混凝土配合比设计

根据技术设计要求与当地材料供应情况，做好混凝土各组成材料的试验，进行混凝土各组成材料的配合比设计。

(三)基层的检查与整修

基层的宽度、路拱与标高、表面平整度和压实度，均应检查其是否符合要求。如有不符之处，应予整修，否则将使面层的厚度变化过大，而增加其造价或减少其使用寿命。半刚性基层的整修时机很重要，过迟难以修整且很费工。当在旧砂石路面上铺筑混凝土路面时，所有旧路面的坑洞、松散等损坏，以及路拱横坡或宽度不符合要求之处，均应事先翻修调整压实。

混凝土摊铺前，基层表面应洒水润湿，以免混凝土底部的水分被干燥的基层吸去，变得疏松以致产生细裂缝，有时也可在基层和混凝土之间铺设薄层沥青混合料或塑料薄膜。

四、混凝土板的施工程序和施工技术

面层板的施工程序为：①安装模板；②设置传力杆；③混凝土的拌和与运送；④混凝土的摊铺和振捣；⑤接缝的设置；⑥表面整修；⑦混凝土的养生与填缝。

(一)边模的安装

在摊铺混凝土前，应先安装两侧模板。如果采用手工摊铺混凝土，则边模的作用仅在于支承混凝土，可采用厚 4 ~ 8 cm 的木模板。在弯道和交叉口路缘处，应采用 1.5 ~ 3 cm 厚的薄模板，以便弯成弧形。条件许可时宜用钢模，这不仅节约木材，而且保证工程质量。钢模可用厚 4 ~ 5 mm 的钢板冲压制成，或用 3 ~ 4 mm 厚钢板与边宽 40 ~ 50 mm 的角钢或槽钢组合构成。

当用机械摊铺混凝土时，轨道和模板的安装精度直接影响到轨道摊铺机的施工质量和施工进度，安装前应先对轨道及模板的有关质量指标进行检查和校正，安装中要用水平仪、经纬仪、皮尺等定出路面高程和线型，每 5 ~ 10 m 一点，用挂线法将铺筑线型和高程固定下来。

侧模按预先标定的位置安放在基层上，两侧用铁钎打入基层以固定位置。模板顶面用水准仪检查其标高，不符合时予以调整。模板的平面位置和高程控制都很重要，稍有歪斜和不平，都会反映到面层，使其边线不齐，厚度不准和表面呈波浪形。因此，施工时必须经常校验，严格控制。模板内侧应涂刷肥皂液、废机油或其他润滑剂，以便利拆模。

(二)传力杆设置

当两侧模板安装好后，即在需要设置传力杆的胀缝或缩缝位置上设置传力杆。混凝土板连续浇筑时设置胀缝传力杆的做法，一般是在嵌缝板上预留圆孔以便传力杆穿过，嵌缝板上面设木制或铁制压缝板条，其旁再放一块胀缝模板，按传力杆位置和间距，在胀缝模板下部挖成倒 U 形槽，使传力杆由此通过。传力杆的两端固定在钢筋支架上，支架脚插入基层内(见图 12-13)。

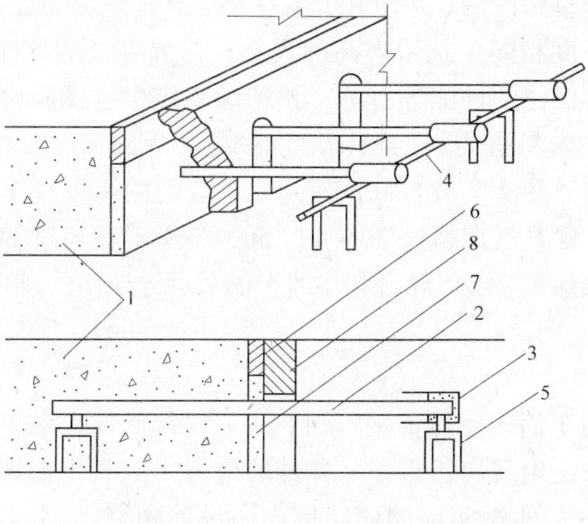

图 12-13　传力杆设置

1—现浇的混凝土；2—传力杆；3—金属套管；4—钢筋；
5—支架；6—压缝板条；7—嵌缝板；8—胀缝模板

对于不连续浇筑的混凝土板在施工结束时设置的胀缝，宜用顶头木模固定传力杆的安装方法。即在端模板外侧增设一块定位模板，板上同样按照传力杆间距及杆径钻成孔眼，将传力杆穿过端模板孔眼并直至外侧定位模板孔眼。两模板之间可用按传力杆一半长度的横木固定(见图 12-14)。继续浇筑邻板时，拆除挡板、横木及定位模板，设置胀缝板、木制压缝板条和传力杆套管。

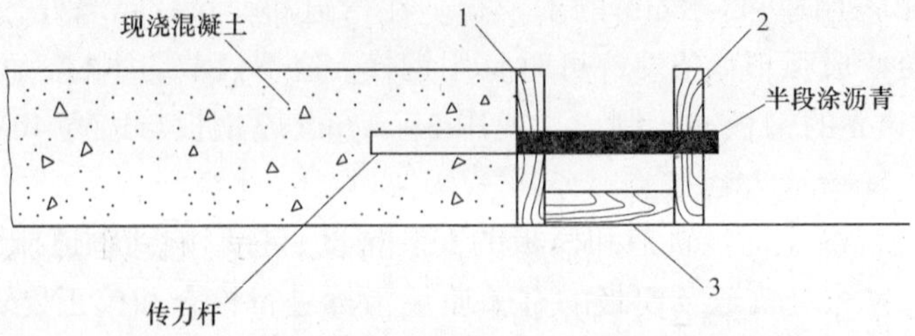

图 12-14　胀缝传力杆的架设(顶头模固定法)

1—端头挡板；2—外侧定位模板；3—固定模板

(三)制备与运送混凝土混合料

混合料的制备可采用两种方式：①在工地由拌和机拌制；②在中心工厂集中制备，而后用汽车运送到工地。

在工地制备混合料时，应在拌和场地上合理布置拌和机和砂石、水泥等材料的堆放地点，力求提高拌和机的生产率。拌制混凝土时，要准确掌握配合比，特别要严格控制用水量。每天开始拌和前，应根据天气变化情况，测定砂、石材料的含水量，以调整拌制时的实际用水量。拌和所用材料应过秤。量配的精确度水泥为 ± 1.5%,砂为 ± 2%，碎石为 ± 3%，水为 ± 1%。水泥每一工作班应检查材料量配的精确度至少 2 次，每半天检查混合料的坍落度 2 次。拌和时间为 1.5 ~ 2.0 min。

当用机械摊铺混凝土时须进行匀料，匀料工序的主要任务是用匀料机将运输车卸下的混凝土均匀分布在铺筑路段内，并使其大致平整，留有一定的虚高，以保证混凝土经振实、整平后与路面施工厚度相同。预留虚高的大小，与混凝土的压(振)实系数、混凝土的级配组成、坍落度及振实机械的性能等有关。预留虚高应根据试验确定，在一般情况下，当坍落度为 1 ~ 5 cm 时，匀料机匀料的松铺厚度按振实后路面厚度的 1.15 ~ 1.25 倍控制。

混合料用手推车、翻斗车或自卸汽车运送。合适的运距视车辆种类和混合料容许的运输时间而定。通常，夏季不宜超过 30 ~ 40 min，冬季不宜超过 60 ~ 90 min。高温天气运送混合料时应采取覆盖措施，以防混合料中水分蒸发。运送用的车厢必须在每天工作结束后，用水冲洗干净。

(四)摊铺和振捣

当运送混合料的车辆运达摊铺地点后，一般直接倒向安装好侧模的路槽内，并用人工找补均匀。要注意防止出现离析现象。摊铺时应考虑混凝土振捣后的沉降量，虚高可高出设计厚度的 10%左右，使振实后的面层标高同设计相符。

混凝土混合料的振捣器具，应由平板振捣器(2.2 ~ 2.8 kW)、插入式振捣器和振动梁(各 1 kW)配套作业。混凝土路面板厚在 0.22 m 以内时，一般可一次摊铺，用平板振捣器振实，凡振捣不到之处，如面板的边角部、窨井、进水口附近，以及设置钢筋的部位，可用插入式振捣器进行振实；当混凝土板厚较大时，可先插入振捣，然后再用平板振捣，以免出现蜂窝现象。

平板振捣器在同一位置停留的时间一般为 10 ~ 15 s，以达到表面振出浆水、混合料不再沉落为宜。平板振捣后，用带有振捣器的、底面符合路拱横坡的振捣梁，两端搁在侧模上，沿摊铺方向振捣拖平。拖振过程中，多余的混合料将随着振捣梁的拖移而刮去，低陷处则应随时补足。随后，再用直径 75～100 mm 长的无缝钢管，两端放在侧模上，沿纵向滚压一遍。

必须注意，当摊铺或振捣混合料时，不要碰撞模板和传力杆，以避免其移动变位。

当用机械摊铺混凝土时，摊铺工序包括用螺旋摊铺器或叶桨摊铺器将匀料后的松铺混凝土表面进一步摊铺平整，并通过机械的自重对混凝土进行压实，为振实工序提供平整的外形和更为准确的虚高，摊铺作业时要将 VOGELE 机型的叶桨摊铺器的底面调节到弧形振动梁的前沿并保持在同一高度。C－450X 机型的螺旋摊铺器旋转直径比整平滚筒的直径小 3 cm，已经考虑了部分虚高，调节的范围较小。施工中，摊铺器前必须保持一定高度的混凝土拥料，以保证有足够的料来找平，拥料高度以 5～15 cm 控制比较合适。振实工序的工作内容主要是用插入式振捣机组或弧形振动梁对摊铺整平后的混凝土进行振捣密实、均匀，使混凝土路面成形后获得尽可能高的抗折、抗压强度。本工序是路面内在质量的关键，影响振实效果的主要因素有混凝土坍落度、集料级配组成、粗集料最大粒径及振捣方式等，采用 VOGELE 机型施工，混凝土坍落度、粗集料最大粒径对振捣效果的影响最为敏感，混凝土坍落度较大时容易振实，较小时则不易振实，最大粒径为 40 mm 时边部振实比较困难。因此，当混凝土坍落度小于 2 cm 时，须用插入式振捣器对边部进行预振才能保证混凝土的密实和均匀性。振实机械的工作速度对混凝土的振实效果也有影响，当混凝土坍落度为 2～3 cm 时，VOGELE 机型振实机的工作速度为 0.3 m / min 比较适合。随着坍落度的增减，工作速度可适当加快或减慢，国产 C－450X 机型改进后的插入式振捣机组，振实效果好，对坍落度的适用范围较宽，但在设置钢筋的部位振捣时须特别小心，施工中应根据传力杆、拉杆的设置情况准确地将部分振捣器提起或落下，并辅以平板振捣器振实，以保证振实效果。

(五)筑做接缝

1.胀缝

先浇筑胀缝一侧混凝土，取去胀缝模板后，再浇筑另一侧混凝土，钢筋支架浇在混凝土内。压缝板条使用前应涂废机油或其他润滑油，在混凝土振捣后，先抽动一下，而后最迟在终凝前将压缝板条抽出。抽出时为确保两侧混凝土不被扰动，可用木板条压住两侧混凝土，然后轻轻抽出压缝板条，再用铁抹板将两侧混凝土抹平整。缝隙上部浇灌填缝料，留在缝隙下部的嵌缝板是用沥青浸制的软木板或油毛毡等材料制成的。

2.横向缩缝(假缝)

用下列方法筑做横向缩缝。

(1)切缝法：在混凝土捣实整平后，利用振捣梁将 T 形振动刀准确地按缩缝位置振出一条槽，随后将铁制压缝板放入，并用原浆修平槽边。当混凝土收浆抹面后，再轻轻取出压缝板，并立即用专用抹子修整缝缘。这种做法要求谨慎操作，以免混凝土结构受到扰动和接缝边缘出现不平整(错台)。

(2)锯缝法：在结硬的混凝土中用锯缝机(带有金刚石或金刚砂轮锯片)锯割出要求深度的槽口。这种方法可保证缝槽质量和不扰动混凝土结构。但要掌握好锯割时间，过迟因混凝土过硬而使锯片磨损过大且费工，而且更主要的是可能在锯割前混凝土会出现收缩裂缝；过早则混凝土还未结硬，锯割时槽口边缘易产生剥落。合适的时间视气候条件而定，炎热而多风的天气，或者早晚气温有突变时，混凝土板会产生较大的湿度或温度差，使内应力过大而出现裂缝，锯缝应早在表面整修后 4 h 即可开始。当天气较冷，一天内气温变化不大时，锯割时间可晚至 12 h 以上。

3.纵缝

筑做企口式纵缝，模板内壁做成凸榫状。拆模后，混凝土板侧面即形成凹槽。需设置拉杆时，模板在相应位置处要钻成圆孔，以便拉杆穿入。浇筑另一侧混凝土前，应先在凹槽壁上涂抹沥青。

(六)表面整修与防滑措施

混凝土终凝前必须用人工或机械抹平其表面。当用人工抹光时，不仅劳动强度大、工效低，而且还会把水分、水泥和细砂带至混凝土表面，致使它比下部混凝土或砂浆有较高的干缩性和较低的强度，而采用机械抹面时可以克服以上缺点。目前国产的小型电动抹面机有两种装置：装上圆盘即可进行粗光，装上细抹叶片即可进行精光。在一般情况下，面层表面仅需粗光即可。抹面结束后，有时再用拖光带横向轻轻拖拉几次。

为保证行车安全，混凝土表面应具有粗糙抗滑的表面。最普通的做法是用棕刷顺横向在抹平后的表面上轻轻刷毛，也可用金属丝梳子梳成深 1 ~ 2 mm 的横槽。近年来，国外已采用一种更有效的方法，即在已硬结的路面上，用锯槽机将路面锯割成深 5 ~ 6 mm、宽 2 ~ 3 mm、间距 20 mm 的小横槽。也可在未结硬的混凝土表面塑压成槽，或压入坚硬的石屑来防滑。

(七)养生与填缝

为防止混凝土中水分蒸发过速而产生缩裂，并保证水泥水化过程的顺利进行，混凝土应及时养生，一般用下列两种养生方法。

(1)潮湿养生，混凝土抹面 2 h 后，当表面已有相当硬度，用手指轻压不现痕迹时即可开始养生。一般采用湿麻袋或草垫，或者 20 ~ 30 mm 厚的湿砂覆盖于混凝土表面。每天均匀洒水数次，使其保持潮湿状态，至少延续 14 d。

(2)塑料薄膜或养护剂养生，当混凝土表面不见浮水，用手指按压无痕迹时，即均匀喷洒塑料溶液，形成不透水的薄膜黏附于表面，从而阻止混凝土中水分的蒸发，保证混凝土的水化作用。

填缝工作宜在混凝土初步结硬后及时进行。填缝前，首先将缝隙内泥沙杂物清除干净，然后浇灌填缝料。

理想的填缝料应能长期保持弹性、韧性，热天缝隙缩窄时不软化挤出，冷天缝隙增宽时能胀大并不脆裂，同时还要与混凝土粘牢，防止土砂、雨水进入缝内，此外还要耐磨、耐疲劳、不易老化。实践表明，填料不宜填满缝隙全深，最好在浇灌填料前先用多孔柔性材料填塞缝底，然后再加填料，这样夏天胀缝变窄时填料不致受挤而溢至路面。

混凝土强度必须达到设计强度的 90%以上时，方能开放交通。

近年来，国内已推广使用滑动模板摊铺机来修筑混凝土路面。此机尾部两侧装有模板随机前进，能兼作摊铺、振捣、压入杆件、切缝、整面和刻画防滑小槽等作业，成型的路面即在机后延伸出来。此机可铺筑不同厚度和不同宽度的混凝土路面，对无筋和配筋混凝土路面均可使用。工序紧凑，施工质量高，行进速度为1.2～3.0 m / min，每天能铺筑长达1 600 m 的双车道路面，能大大降低路面造价。此机的出现是混凝土路面施工技术一大变革。这种摊铺机目前在我国一些省市和机场已开始使用。至于混凝土拌和机，随着干硬性混凝土混合料的使用，强制式混凝土拌和机已在我国广泛使用。

(八)冬季和夏季施工

混凝土强度的增长主要依靠水泥的水化作用。当水结冰时，水泥的水化作用即停止，而混凝土的强度也就不再增长，而且当水结冰时体积会膨胀，促使混凝土结构松散破坏。因此，混凝土路面应尽可能在气温高于+5 ℃时施工。由于特殊情况必须在低温情况下(昼夜平均气温低于+5 ℃和最低气温低于–3 ℃时)施工时应采取下述措施：

(1)采用高等级(42.5以上)快凝水泥，或掺入早强剂，或增加水泥用量。

(2)加热水或集料。较常用的方法是仅将水加热，一是因为加热设备简单，水温容易控制；二是因为水的热容量比粒料热容量大，1 kg 水升高1 ℃所吸收的热量比同样重的粒料升高1 ℃所吸收的热量多4倍左右，所以提高水温的方法最为有效。

拌制混凝土时，先用温度超过 70 ℃的水同冷集料相拌和，使混合料在拌和时的温度不超过40 ℃，摊铺后的温度不低于10(气温为0 ℃时)～20 ℃(气温为–3 ℃时)。

(3)混凝土整修完毕后，表面应覆盖蓄热保温材料，必要时还应加盖养生暖棚。

在持续寒冷和昼夜平均气温低于–5 ℃，或混凝土温度在5 ℃以下时，应停止施工。

在气温超过25 ℃时施工，应防止混凝土的温度超过30 ℃，以免混凝土中水分蒸发过快，致使混凝土干缩而出现裂缝，必要时可采取下列措施：

(1)对湿混合料，在运输途中要加以遮盖。

(2)各道工序应紧凑衔接，尽量缩短施工时间。

(3)搭设临时性的遮光挡风设备，避免混凝土遭到烈日暴晒并降低吹到混凝土表面的风速，减少水分蒸发。

五、质量控制和检查

进行路面用混凝土设计时，应对取用的各原材料(粗集料、细集料、水泥、水、外加剂)分别进行检验，以判断其是否适用。对于合格的材料，可进一步设计达到要求强度的配比。

混凝土路面施工时，为保证工程质量，需要控制和检查的主要项目包括(见表12-5)：

(1)土基完成后应检查其密实度，基层完成后应检查其强度、刚度和均匀性。

(2)按规定要求验收水泥、砂和碎石；测定砂、石的含水量，以调整用水量；测定坍落度，必要时调整配合比。

(3)检查磅秤的准确性，抽查材料配量的准确性。

(4)摊铺混凝土之前，应检查基层的平整度和路拱横坡，校验模板的位置和标高，检查传力杆的定位。

(5)冬季和夏季施工时，应测定混凝土拌和和摊铺时的温度。

(6)观察混凝土拌和、运送、振捣、整修和接缝等工序的质量。

(7)每铺筑 400 m^3 混凝土，同时制作两组抗折试件，龄期分别为 7 d 和 28 d，每铺筑1 000～2 000 m^3 混凝土增做一组试件，龄期为90 d或更长，备做验收或检查后期强度时用。

抗压试件可利用抗折试验的断头进行试验，抗压试验数量与抗折数量相对应。试件在现场与路面相同的条件下进行湿治养生。

表 12-5 水泥混凝土面层实测项目

<table>
<tr><th rowspan="2">项次</th><th rowspan="2" colspan="2">检查项目</th><th colspan="2">规定值或允许偏差</th><th rowspan="2">检查方法和频率</th><th rowspan="2">权值</th></tr>
<tr><th>高速公路、一级公路</th><th>其他公路</th></tr>
<tr><td>1△</td><td colspan="2">弯拉强度(MPa)</td><td colspan="2">在合格标准之内</td><td>按 JTG F80—2004 附录 C 检查</td><td>3</td></tr>
<tr><td rowspan="2">2△</td><td rowspan="2">板厚度(mm)</td><td>代表值</td><td colspan="2">−5</td><td rowspan="2">按附录 H 检查
每 200 m 每车道 2 处</td><td rowspan="2">3</td></tr>
<tr><td>合格值</td><td colspan="2">−10</td></tr>
<tr><td rowspan="3">3</td><td rowspan="3">平整度</td><td>σ(mm)</td><td>1.2</td><td>2.0</td><td rowspan="2">平整度仪；全线每车道连续检测，每 100 m 计算 σ、IRI</td><td rowspan="3">2</td></tr>
<tr><td>IRI(m / km)</td><td>2.0</td><td>3.2</td></tr>
<tr><td>最大间隙 h(mm)</td><td>—</td><td>5</td><td>3 m 直尺：半幅车道板带每 200 m 测 2 处×10 尺</td></tr>
<tr><td>4</td><td colspan="2">抗滑构造深度(mm)</td><td>一般路段不小于 0.7 且不大于 1.1，特殊路段不小于 0.8 且不大于 1.2</td><td>一般路段不小于 0.5 且不大于 1.0，特殊路段不小于 0.6 且不大于 1.1</td><td>铺砂法：每 200 m 测 1 处</td><td>2</td></tr>
<tr><td>5</td><td colspan="2">相邻板高差(mm)</td><td>2</td><td>3</td><td>抽量：每条胀缝 2 点；每 200 m 抽纵、横缝各 2 条，每条 2 点</td><td>2</td></tr>
<tr><td>6</td><td colspan="2">纵、横缝顺直度(mm)</td><td colspan="2">10</td><td>纵缝 20 m 拉线，每 200 m4 处；横缝沿板宽拉线，每 200 m4 处</td><td>1</td></tr>
<tr><td>7</td><td colspan="2">中线平面偏位(mm)</td><td colspan="2">20</td><td>经纬仪：每 200 m 测 4 点</td><td>1</td></tr>
<tr><td>8</td><td colspan="2">路面宽度(mm)</td><td colspan="2">±20</td><td>抽量：每 200 m 测 4 处</td><td>1</td></tr>
<tr><td>9</td><td colspan="2">纵断高程(mm)</td><td>±10</td><td>±15</td><td>水准仪：每 200 m 测 4 断面</td><td>1</td></tr>
<tr><td>10</td><td colspan="2">横坡(%)</td><td>±0.15</td><td>±0.25</td><td>水准仪：每 200 m 测 4 断面</td><td>1</td></tr>
</table>

注：表中 σ 为平整度仪测定的标准差，*IRI* 为国际平整度指数，h 为 3 m 直尺与面层的最大间隙，△代表关键项目。

施工中应及时测定 7 d 龄期的试件强度，检查其是否已达到 28 d 强度的 70%(普通水泥混凝土)，否则应查明原因，立即采取措施，务必使继续浇筑的混凝土强度达到设计要求。在以上各项目中，凡属于质量中间检查的，均应做好施工记录并予保存。

第四节 水泥混凝土路面维修与养护

一、水泥混凝土路面的病害

水泥混凝土路面的使用性能在行车和自然因素的不断作用下逐渐变坏，以致出现各种类型的损坏现象，大体分为接缝破坏和混凝土面板损坏两个方面，损坏性质也可分为功能损坏与结构性损坏两个范畴。

(一)接缝的破坏

(1)挤碎：出现于横向接缝(主要是胀缝)两侧数十厘米宽度内。这是由于胀缝内的滑动传力杆位置不正确，或滑动端的滑动功能失效，或施工时胀缝内局部有混凝土搭连，或胀缝内落入坚硬的杂屑等原因，阻碍了板的伸长，使混凝土在膨胀时受到较高的挤压应力，当其超过混凝土的抗剪强度时，板即发生剪切挤碎。

(2)拱起：混凝土面板在受膨胀而受阻时，某一接缝两侧的板突然向上拱起。这是由于板收缩时缝隙张开，填缝料失效，坚硬碎屑等不可压缩的材料塞满缝隙，使板在膨胀时产生较大的热压应力，从而出现纵向压曲失稳。

(3)错台：接缝两侧路面板出现的竖向相对位移。当胀缝下部嵌缝板与上部缝隙未能对齐，或胀缝两侧混凝土壁面不垂直，使缝旁两板在伸胀挤压过程中，会上下错开而形成错台。地面水通过接缝渗入基础使其软化，或者接缝传荷能力不足，或传力效果降低时，都会导致错台的产生。当交通量或基础承载力在横向各幅板上分布不均匀，各幅板沉陷不一致时，纵缝也会产生错台现象。

(4)唧泥：汽车行经接缝时，由缝内喷溅出稀泥浆的现象。在轮载的频繁作用下，基层由于塑性变形累积而同面层板脱空，地面水沿接缝下渗而积聚在脱空的空隙内；在轮载作用下积水变成有压水而同基层内浸湿的细料混搅成泥浆，并沿接缝缝隙喷溅出来。唧泥的出现，使面板边缘部分失去支撑，因而往往在离接缝 1.5 ~ 1.8 m 以内导致横向裂缝。

此外，纵缝两侧的横缝前后错开、纵缝缝隙拉宽、填缝料丧失和脱落等也都属于接缝的破坏。

(二)混凝土板本身的破坏

混凝土板的破坏主要是断裂和裂缝。面板由于所受内应力超过了混凝土的强度而出现横向或纵向以及板角的断裂和裂缝，其原因是多方面的：板太薄或轮载太重；行车荷载的渠化作用(荷载次数超过允许值)；板的平面尺寸太大，使温度翘曲应力过大；地基过量塑性变形使板底脱空失去支撑；养生期间收缩应力过大；由于材料或施工质量不良，混凝土强度未达到设计要求等。断裂裂缝破坏了板的结构整体性，使板丧失了应有的承载能力。

二、水泥混凝土路面的养护与维修

(1)填缝料的填补。填缝料常因高温被挤出而失落，日久老化而失弹性。因此,一般在冬季缝隙增宽时增补或更新填缝料，使缝隙填料保持饱满不渗水，避免碎屑杂物等不可压缩的材料混入。

(2)裂缝的修补。对较小裂缝，应及时将裂缝内的尘土清除干净，再灌填沥青砂或沥青玛瑞脂封缝；或用环氧树脂胶结。对严重的裂缝，宜先将松动部分凿掉并清除干净后，在干燥情况下，用液体沥青涂刷缝壁，再填入沥青砂捣实、烫平，并以细砂覆盖。裂缝的修补工作宜在秋末冬初缝隙较宽时进行。

(3)麻孔、剥落、局部磨损和坑洞的修补。先将尘土碎屑清除干净，再用 1∶2 水泥砂浆(水灰比 0.4 ~ 0.5)或硫磺水泥填补。硫磺水泥强度高，能与多种材料黏结快硬，不需养护，并有耐酸抗渗作用。有时也可用掺有 50%浓度聚乙酸乙烯乳液的水泥砂浆进行修补，或先涂敷环氧树脂或水泥浆，然后用掺有早强剂的混凝土填补。

(4)大面积磨耗的处理。当磨损、剥落面积较大时，可用坚硬石料进行双层沥青表面处治。黏层油应用较稠的沥青，用量应稍多，以免剥落。对已磨光的路面，国外常铺上防滑沥青砂封层，或者用割槽机将路面割成小横槽(见图 12-15)，以恢复抗滑力。

(5)断裂的修理。根据断裂位置把混凝土板凿成深 0.05 ~ 0.07 m 的方形槽，刷洗干净后，用水泥砂浆涂抹槽壁和底面，然后以混凝土填补。较彻底的办法是将凹槽凿至贯通整个板厚，并在凹槽边缘板厚中央打洞。洞深 0.1 m，直径 30 ~ 40 mm，水平间距 0.3 ~ 0.4 m。每个洞应先将其周围润湿，插入一根直径 18 ~ 20 mm、长约 0.2 m 的钢筋，然后用最大粒径为 5 ~ 10 mm 的细石混凝土填塞捣实。洞口留下 0.01 ~ 0.02 m 不浇足，钢筋应一半伸出洞外，待细石混凝土硬结后，再将凹槽边壁润湿，涂刷水泥浆一道，然后将与原来相同的混凝土浇入槽中夯捣密实。

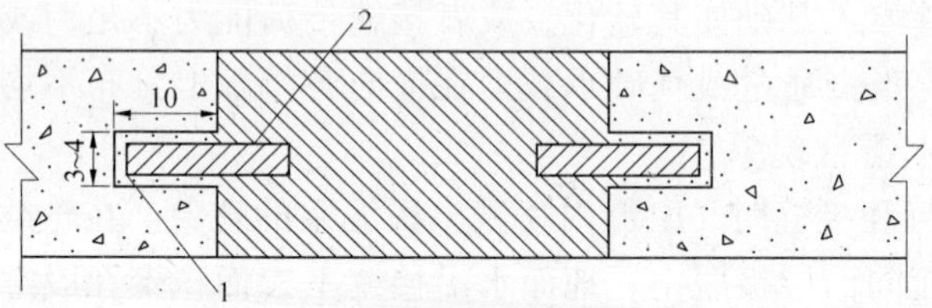

图 12-15　混凝土路面断裂的修理方法　（单位：cm）

1—细粒混凝土；2—钢筋

(6)整仓修复。当裂缝分布遍及全板时，可将该板块击破翻除，必要时还需重做基层，再另浇筑新混凝土板。对于击破旧混凝土路面，我国有关单位研制出一种移动式电动落锤式破路器，效果甚好。

(7)罩面混凝土路面损坏后，可在其上以新混凝土罩面。为加强新旧混凝土的结合，加铺前除清除旧面层表面并凿毛外，有时还可在旧路面上先涂敷环氧树脂，然后铺筑新混凝土层，以使新旧层之间达到完全结合。若在旧面层清扫后直接铺筑新混凝土罩面，则属于部分结合的情况。如在铺筑新混凝土罩面之前，先加上一层油毛毡或其他材料作隔离层，这属于分离式的情况。

当用沥青混合料进行罩面时，应有一定的罩面厚度，常用的厚度为 0.09 ~ 0.15 m，否则容易剥落，而且旧混凝土路面接缝和裂缝易反射到沥青层上。

三、水泥混凝土路面的加铺

水泥混凝土路面和机场道面经过一段时间使用之后，行车轴载和轴次大大增加，可能会出现某些损坏，从而不能满足使用要求，而需要加强。为了使混凝土路面加厚设计符合实际，既能适应结构强度要求，又不造成浪费，对旧混凝土路面强度特性和力学参数应进行必要的测试和评定，以便获取旧水泥混凝土路面的有关力学参数，包括基础回弹模量、混凝土面板的抗折强度和抗折弹性模量。旧水泥混凝土路面的强度和模量的评定简称为强度评定。加铺层与原路面层间结合型式选择同原路面板的完好状况、接缝类型和状况、路拱坡度以及施工条件和造价有关。常用的结合型式有以下几种：

(1)结合式加厚层。适用于旧混凝土板完好，或虽有损坏也已修复，加厚层与原路面板路拱坡度一致。铺加厚层时，是将原面板表面凿毛，除掉碎屑，清洗干净，涂刷高分子黏结材料或掺有黏结剂的水泥浆，之后浇筑混凝土加厚层。加厚层筑缝与原面板接缝对齐，且缝的类型应相同。目前修筑结合式加厚层费工费时，造价较高，限制了在工程中的广泛应用。

(2)直接式加厚层。适用于旧混凝土面板完好，没有或只有少量裂缝，加厚层与原路面板路拱大体相同。施工时将原面板表面清洗干净，直接在其上浇筑混凝土加厚层。加厚层接缝的位置和类型应与路面板一致。这种加厚层施工方便，造价不高，为工程单位大量采用。

(3)分离式加厚层。适用于旧混凝土面板裂缝较多的情况。施工时，应将原面板上的碎屑杂物清扫干净，对严重损坏板块，查清原因，予以处理。在旧道面上铺沥青混凝土或油毛毡卷材，使之与加厚层分离。沥青混凝土常用沥青砂或细粒式沥青混凝土，厚 2 ~ 3 cm。油毛毡一至两层，相接处搭接至少 5 cm。加厚层的接缝宜与原面板接缝对齐，接缝类型可不相同。

当因纵坡调整或防冻要求在原混凝土路面板与加厚层之间设置较厚的隔离层时，可用沥青混凝土或水泥稳定料等材料修筑。

旧混凝土路面上修筑混凝土加厚层后成为双层混凝土路面，其力学模型属于弹性地基上双层板。研究表明，可采用弹性地基上不同层间接触假设的双层弹性薄板理论进行计算。同时得出，用等刚度原则将弹性地基双层板问题转换为弹性地基单层板计算是合理而简便的，这样在进行混凝土加厚层设计时，就可利用现行水泥混凝土路面设计规范的方法。

根据试验结果和以往经验，各种层间结合型式的混凝土加厚层最小厚度可取为：结合式 12 cm，直接式 14 cm，分离式 16 cm。

四、水泥混凝土路面的快速修补

水泥混凝土路面一般都承担较繁重的交通运输。如果用普通水泥混凝土材料修补，需要较长的养护期才能开放交通，不能适应繁重交通量的要求。为了应用快速修补技术，修补材料宜具备以下性质：

(1)有快硬高强的特性，以便在较短的养护期能满足开放通车的强度要求。由于快速修补材料初期强度增长较快，故混凝土的强度应达到设计强度的 70%，即抗折强度达 3 MPa 时可放通车。

(2)初凝时间不少于 45 min，以利于施工操作。

(3)具有便于施工的和易性。

(4)与旧混凝土和砂浆有较高的黏结力，黏结抗折及黏结抗剪强度不少于修补材料自身强度的 50%。

(5)硬化过程中收缩小，其干缩值宜小于 3‰。

(6)28 d 龄期模量值与一般混凝土模量接近。

(7)与旧混凝土颜色接近，以满足美观要求。

复习思考题

12-1　与沥青路面相比，水泥混凝土路面有哪些特点？

12-2　水泥混凝土路面在构造上有何特点？

12-3　水泥混凝土路面接缝有哪几种？如何设置？

12-4　水泥混凝土路面垫层材料有哪些？适合于何种情况？

12-5　水泥混凝土路面基层材料有哪些？适合于何种情况？

12-6　水泥混凝土路面对面层材料有哪些要求？

12-7　水泥混凝土路面常用的施工方法有哪些？

12-8　简述水泥混凝土路面的施工程序。

12-9　水泥混凝土路面施工中应注意哪些事项？

12-10　水泥混凝土路面的病害有哪些？

12-11　水泥混凝土路面维护的方法有哪些？

第十三章　路基路面质量检测评定方法

重点提示

路基路面的压实度、平整度、路面的回弹弯沉值、路面抗滑性能、路面结构层厚度等指标对行车速度、安全性、舒适性、道路的运营费用和道路的使用年限等有直接影响。为了保证道路的施工质量，我们在道路施工过程中就应对道路的各个性能指标进行科学系统的测试。通过本章学习应熟练掌握这些检验试验原理、方法以及数据的整理方法与步骤。

第一节　压实度检测评定方法

路基、路面压实质量是道路工程施工质量管理最重要的内在指标之一，只有对路基、路面结构层进行充分压实，才能保证路基和路面的强度、刚度及路面的平整度，并可以保证及延长路基、路面工程的使用寿命。

现场压实质量用压实度表示，对于路基土及路面基层，压实度是指工地实际达到的干密度与室内标准击实试验所得的最大干密度的比值；对沥青路面，压实度是指现场实际达到的密度与室内标准密度的比值。

一、现场密度试验检测方法

(一)灌砂法

灌砂法是利用均匀颗粒的砂去置换试洞的体积，它是当前最通用的方法，很多工程都把灌砂法列为现场测定密度的主要方法。该方法可用于测试各种土或路面材料的密度，它的缺点是需要携带较多量的砂，而且称量次数较多，因此它的测试速度较慢。

(二)环刀法

环刀法是测量现场密度的传统方法。国内习惯采用的环刀容积通常为 200 cm^3，环刀高度通常约 5 cm。用环刀法测得的密度是环刀内土样所在深度范围内的平均密度，它不能代表整个碾压层的平均密度。由于碾压土层的密度一般是从上到下减小的，若环刀取的是碾压层的上部，则得到的数值往往偏大，若环刀取的是碾压层的底部，则所得的数值将明显偏小。就检查路基土和路面结构层的压实度而言，我们需要的是整个碾压层的平均压实度，而不是碾压层中某一部分的压实度，因此在用环刀法测定土的密度时，应使所得密度能代表整个碾压层的平均密度。然而，这在实际检测中是比较困难的；只有使环刀所取的土恰好是碾压层中间的土，环刀法所得的结果才可能与灌砂法的结果大致相同。另外，环刀法适用面较窄，对于含有粒料的稳定土及松散性材料无法使用。

(三)核子密度仪法

该法是利用放射性元素(通常是 γ 射线和中子射线)测量土或路面材料的密度和含水量。这类仪器的特点是测量速度快，需要人员少。该类方法适用于测量各种土或路面材料的密度和含水量，有些进口仪器可储存、打印测试结果。它的缺点是放射性物质对人体有害，另外需要打洞，在打洞过程中使洞壁附近的结构遭到破坏，影响测定的准确性。核子密度仪法可作施工控制使用，但需与常规方法比较，以验证其可靠性。

(四)钻芯法测定沥青面层密度

沥青混合料面层的施工压实度是指按规定方法测得的混合料试样的毛体积密度与标准密度之比，以百分率表示。对沥青混合料，国内外均以取样测定作为标准试验方法。

1.仪具与材料

(1)路面取芯钻机。

(2)天平：感量不大于 0.1 g。

(3)溢流水槽。

(4)吊篮。

(5)石蜡。

(6)其他：卡尺、毛刷、勺、取样袋(容器)、电风扇。

2.试验方法与步骤

1)钻取芯样

按“路面钻孔及切割取样方法”钻取路面芯样，芯样直径不宜小于 100 mm。当一次钻孔取得的芯样包含有不同层位的沥青混合料时，应根据结构组合情况用切割机将芯样沿各层结合面锯开分层进行测定。

2)测定试件密度

(1)将钻取的试件在水中用毛刷轻轻刷净黏附的粉尘。如试件边角有松散颗粒，应仔细清除。

(2)将试件晾干或用电风扇吹干不少于 24 h，直至恒重。

按现行《公路工程沥青及沥青混合料试验规程》(JTJ 052—2000)的沥青混合料试件密度试验方法测定试件的视密度或毛体积密度。当试件的吸水率小于 2%时，采用水中重法或表干法测定；当吸水率大于 2%时，用蜡封法测定；对空隙率很大的透水性混合料及开级配混合料用体积法测定。

3.计算

(1)当计算压实的沥青混合料的标准密度采用马歇尔击实试件成型密度或试验路段钻孔取样密度时，沥青面层的压实度计算是芯样的视密度或毛体积密度除以标准密度乘 100。

(2)由沥青混合料实测最大密度计算压实度时，进行空隙率折算，作为标准密度，再计算压实度。

4.试验检测中应注意的问题

压实度的大小取决于实测的压实密度，同样也与标准密度的大小有关。但目前对标准密度的规定并不统一，有些工程在压实度达不到时便重新进行马歇尔试验，调整标准密度使压实度达到要求，这样实际上是弄虚作假。为防止出现这种情况，新的检测方法规定了三种标准密度：一种是马歇尔击实试件密度，另一种是试验路段钻孔取样密度，第三种是由实测最大密度按空隙率折算的标准密度。在进行检测时，应结合工程实际情况，采用相应的标准密度。

二、压实度检测结果评定

路基、路面压实度以 1 ~ 3 km 长的路段为检验评定单元，按要求的检测频率及方法进行现场压实度抽样检查，求算每一测点的压实度 K_i 。

压实度评定要点是：

(1)控制平均压实度的置信下限，以保证总体水平。

(2)规定单点极值不得超出给定值，防止局部隐患。

(3)规定扣分界限以区分质量优劣。

计算检验评定段的压实度代表值 K(算术平均值的下置信界限)。

(1)路基、基层和底基层：当 $K \geqslant K_0$，且单点压实度 K_i 全部大于等于压实度规定值 K_0 减 2 个百分点时，评定路段的压实度可得规定满分；当 $K \geqslant K_0$，且单点压实度全部大于等于规定极值时，对于测定值低于规定值减 2 个百分点的测点，按其占总检查点数的百分率计算扣分值。$K < K_0$ 或某一单点压实度 K_i 小于规定极值时，该评定路段压实度为不合格，评为零分。

路堤施工段落短时，分层压实度要点要符合要求，且实际样本数不小于 6 个。

(2)沥青面层：当 $K \geqslant K_0$ 且全部测点大于等于规定值减 1 个百分点时，评定路段的压实度可得规定的满分；当 $K \geqslant K_0$ 时，对于测定值低于规定值减 1 个百分点的测点，按其占总检查点数的百分率计算扣分值。同样，当 $K < K_0$ 时，评定路段的压实度为不合格，评为零分。

第二节　回弹弯沉检测评定方法

一、概述

国内外普遍采用回弹弯沉值来表示路基路面的承载能力，回弹弯沉值越大，承载能力越小；反之则越大。通常所说的回弹弯沉值，是指标准后轴载双轮组轮隙中心处的最大回弹弯沉值。在路表测试的回弹弯沉值可以反映路基、路面的综合承载能力。回弹弯沉值在我国已广泛使用且有很多的经验及研究成果，它不仅用于路面结构的设计中(设计回弹弯沉)、用于施工控制及施工验收中(竣工验收弯沉值)，同时，还用在旧路补强设计中，是公路工程的一个基本参数，所以正确的测试具有重要的意义。

(一)弯沉值的几个概念

1.弯沉

弯沉是指在规定的标准轴载作用下，路基或路面表面轮隙位置产生的总垂直变形(总弯沉)或垂直回弹变形值(回弹弯沉)，以 0.01 mm 为单位。

2.设计弯沉值

根据设计年限内一个车道上预测通过的累计当量轴次、公路等级、面层和基层类型而确定的路面弯沉设计值。

3.竣工验收弯沉值

竣工验收弯沉值是检验路面是否达到设计要求的指标之一。当路面厚度计算以设计弯沉值为控制指标时，则验收弯沉值应小于或等于设计弯沉值；当厚度计算以层底拉应力为控制指标时，应根据拉应力计算所得的结构厚度，重新计算路面弯沉值，该弯沉值即为竣工验收弯沉值。

(二)弯沉值的测试方法

弯沉值的测试方法较多，目前用的最多的是贝克曼梁法，在我国已有成熟的经验，但由于其测试速度等因素的限制，各国都对快速连续或动态测定进行了研究。现在用得比较普遍的有法国洛克鲁瓦式自动弯沉仪，丹麦等国家发明并几经改进形成的落锤式弯沉仪(FWD)，美国的振动弯沉仪等。

二、贝克曼梁法

(一)试验目的和适用范围

(1)本方法适用于测定各类路基、路面的回弹弯沉，用以评定其整体承载能力，可供路面结构设计使用。

(2)本方法测定的路基、柔性路面的回弹弯沉值可供交工和竣工验收使用。

(3)本方法测定的路面回弹弯沉可为公路养护管理部门制定养路、修路计划提供依据。

(4)沥青路面的弯沉以标准温度 20 ℃时为准，在其他温度(超过（20±2）℃范围)测试时，对厚度大于 5 cm 的沥青路面，弯沉值应予温度修正。

(二)仪具与材料

(1)测试车：双轴，后轴双侧 4 轮的载重车，其标准轴荷载、轮胎尺寸、轮胎间隙及轮胎气压等主要参数应符合要求。测试车可根据需要按公路等级选择，高速公路、一级及二级公路应采用后轴 100 kN 的 BZZ–100；其他等级公路也可采用后轴 60 kN 的 BZZ－60。

(2)路面弯沉仪：由贝克曼梁、百分表及表架组成，贝克曼梁由铝合金制成，上有水准泡，其前臂(接触路面)与后臂(装百分表)长度比为 2∶1。弯沉仪长度有两种：一种长 3.6 m，前后臂分别为 2.4 m 和 1.2 m；另一种加长的弯沉仪长 5.4 m，前后臂分别为 3.6 m 和 1.8 m。当在半刚性基层沥青路面或水泥混凝土路面上测定时，宜采用长度为 5.4 m 的贝克曼梁弯沉仪并采用 BZZ－100 标准车；弯沉值采用百分表量得，也可用自动记录装置进行测量。

(3)接触式路面温度计：端部为平头，分度不大于 1 ℃。

(4)其他：皮尺、口哨、白油漆或粉笔、指挥旗等。

(三)试验方法与步骤

1.试验前准备工作

(1)检查并保持测定用标准车的车况及刹车性能良好，轮胎内胎符合规定充气压力。

(2)向汽车车槽中装载(铁块或集料)，并用地磅称量后轴总质量，符合要求的轴重规定，汽车行驶及测定过程中，轴重不得变化。

(3)测定轮胎接地面积：在平整光滑的硬质路面上用千斤顶将汽车后轴顶起，在轮胎下方铺一张新的复写纸，轻轻落下千斤顶，即在方格纸上印上轮胎印痕，用求积仪或数方格的方法测算轮胎接地面积，精确至 0.1 cm^2 。

(4)检查弯沉仪百分表测量灵敏情况。

(5)当在沥青路面上测定时，用路表温度计测定试验时气温及路表温度(一天中气温不断变化，应随时测定)，并通过气象台了解前 5 d 的平均气温(日最高气温与最低气温的平均值)。

(6)记录沥青路面修建或改建时材料、结构、厚度、施工及养护等情况。

2.测试步骤

(1)在测试路段布置测点，其距离随测试需要而定，测点应在路面行车车道的轮迹带上，并用白油漆或粉笔划上标记。

(2)将试验车后轮轮隙对准测点后 3 ~ 5 cm 处的位置上。

(3)将弯沉仪插入汽车后轮之间的缝隙处，与汽车方向一致，梁臂不得碰到轮胎，弯沉仪测头置于测点上(轮隙中心前方 3 ~ 5 cm 处)，并安装百分表于弯沉仪的测定杆上，百分表调零，用手指轻轻叩打弯沉仪，检查百分表是否稳定回零。

弯沉仪可以是单侧测定，也可以双侧同时测定。

(4)测定者吹口哨发令指挥汽车缓缓前进，百分表随路面变形的增加而持续向前转动。当表针转动到最大值时，迅速读取初读数 L_1。汽车仍在继续前进，表针反向回转，待汽车驶出弯沉影响半径(3 m 以上)后，吹口哨或挥动红旗指挥停车。待表针回转稳定后读取终读数 L_2。汽车前进的速度宜为 5 km/h 左右。

(四)弯沉仪的支点变形修正

当采用长度为 3.6 m 的弯沉仪对半刚性基层沥青路面、水泥混凝土路面等进行弯沉测定时，有可能引起弯沉仪支座处变形，因此测定时应检验支点有无变形。此时应用另一台检验用的弯沉仪安装在测定用的弯沉仪的后方，其测点架于测定用弯沉仪的支点旁。当汽车开出时，同时测定两台弯沉仪的弯沉读数，如检验用弯沉仪百分表有读数，即应该记录并进行支点变形修正。当在同一结构层上测定时，可在不同的位置测定 5 次，求平均值，以后每次测定时以此作为修正值。

当采用长 5.4 m 的弯沉仪测定时，可不进行支点变形修正。

(五)结果计算及温度修正

(1)计算测点的回弹弯沉值。

(2)进行弯沉仪支点变形修正时，计算路面测点的回弹弯沉值。

(3)沥青面层厚度大于 5 cm 且路面温度超过(20±2) ℃范围时，回弹弯沉值应进行温度修正。

(六)回弹弯沉评定

(1)按下式计算每一个评定路段的代表弯沉：

$$L_s = \overline{L} + Z_a S$$

式中 L_s——一个评定路段的代表弯沉，精确到 0.01 mm；

$\overline{L}$——一个评定路段经各项修正后的各测点弯沉的平均值，精确到 0.01 mm；

S——一个评定路段内经各项修正后的各测点弯沉的标准差，精确到 0.01 mm；

Z_a——与保证率有关的系数。

(2)计算平均值和标准差时，应将超出 $\overline{L} \pm (2 \sim 3)S$ 的弯沉特异值舍弃。对舍弃的弯沉值过大的点，应找出其周围界限，进行局部处理。用两台弯沉仪同时进行左右轮弯沉值测定时，应按两个独立测点，不能采用左右两点的平均值。

(3)弯沉代表值不大于设计要求的弯沉值时得满分，大于时得零分。若在非不利季节测定，应考虑季节影响系数。

第三节　平整度检测评定方法

一、概述

平整度是路面施工质量与服务水平的重要指标之一。它是指以规定的标准量规，间断地或连续地量测路表面的凹凸情况，即不平整度的指标。路面的平整度与路面各结构层次的平整状况有着一定的联系，即各层次的平整效果将累积反映到路面表面上，路面面层由于直接与车辆及大气接触，不平整的表面将会增大行车阻力，并使车辆产生附加振动作用。这种振动作用会造成行车颠簸，影响行车的速度和安全及驾驶的平稳与乘客的舒适。同时，振动作用还会对路面施加冲击力，从而加剧路面和汽车机件损坏及轮胎的磨损，并增大油耗。而且，不平整的路面会积滞雨水，加速路面的破坏。因此，平整度的检测与评定是公路施工与养护的一个非常重要的环节。

平整度的测试设备分为断面类及反应类两大类。断面类实际上是测定路面表面凹凸情况的，如最常用的 3 m 直尺及连续式平整度仪，还可用精确测定高程得到。反应类测定路面凹凸引起车辆振动的颠簸情况。反应类指标是司机和乘客直接感受到的平整度指标，因此它实际上是舒适性能指标，最常用的测试设备是车载式颠簸累积仪。现已有更新型的自动化测试设备，如连续式激光路面平整度仪、纵断面分析仪、路面平整度数据采集系统测定车等。国际上通用国际平整度指数 *IRI* 衡量路面行驶舒适性或路面行驶质量，可通过标定试验得出 *IRI* 与标准差σ或单向累计值 *VBI* 之间的关系。

二、平整度测试方法

(一)3 m 直尺测定法

3 m 直尺测定法有单尺测定最大间隙及等距离(1.5 m)连续测定两种。两种方法测定的路面平整度有较好的相关关系。前者常用于施工质量控制与检查验收，单尺测定时要计算出测定段的合格率；等距离连续测定也可用于施工质量检查验收，要算出标准差，用标准差来表示平整程度。

1.试验目的和适用范围

用于测定压实成型的路基、路面各层表面的平整度，以评定路面的施工质量及使用质量。

2.选择测试地点与测试要点

1)在测试路段路面上选择测试地点

当为施工过程中质量检测需要时，测试地点根据需要确定，可以单杆检测；当为路基、路面工程质量检查验收或进行路况评定需要时，应首尾相接连续测量 10 尺。除特殊需要外，应以行车道一侧车轮轮迹(距车道线 80 ~ 100 cm)带作为连续测定的标准位置；对旧路面已形成车辙的路面，应取车辙中间位置为测定位置，用粉笔在路面上做好标记。

2)测试要点

在施工过程中检测时，按根据需要确定的方向，将 3 m 直尺摆在测试地点的路面上。目测 3 m 直尺底面与路面之间的间隙情况，确定间隙为最大的位置。用有高度标线的塞尺塞进间隙处，量记最大间隙的高度，精确至 0.2 mm。施工结束后检测时，按现行《公路工程质量检验评定标准》(土建工程)(JTG F80 / 1—2004)的规定，每 200 m 测 2 处，每 1 处连续检测 10 尺，按上述步骤测记 10 个最大间隙。

3.计算

单杆检测路面的平整度计算，以 3 m 直尺与路面的最大间隙为测定结果、连续测定 10 尺时，判断每个测定值是否合格，根据要求计算合格百分率，并计算 10 个最大间隙的平均值。

4.报告

单杆检测的结果应随时记录测试位置及检测结果。连续测定 10 尺时，应报告平均值、不合格尺数、合格率。

(二)连续式平整度仪法

1.试验目的与适用范围

用于测定路表面的平整度，评定路面的施工质量和使用质量，但不适用于在已有较多坑槽、破损严重的路面上测定。

2.仪器设备

(1)连续式平整度仪(见图 13-1)：除特殊情况外，连续式平整度仪的标准长度为 3 m，其质量应符合仪器标准的要求。中间为一个 3 m 长的机架，机架可缩短或折叠，前后各有 4 个行走轮，前后两组轮的轴间距离为 3 m。机架中间有一个能起落的测定轮。机架上装有蓄电源及可拆卸的检测箱，检测箱可采用显示、记录、打印或绘图等方式输出测试结果。测定轮上装有位移传感器，自动采集位移数据时，测定间距为 10 cm，每一计算区间的长度为 100 m，100 m 输出一次结果。当为人工检测，无自动采集数据及计算功能时，应能记录测试曲线。机架头装有牵引钩及手拉柄，可用人力或汽车牵引。

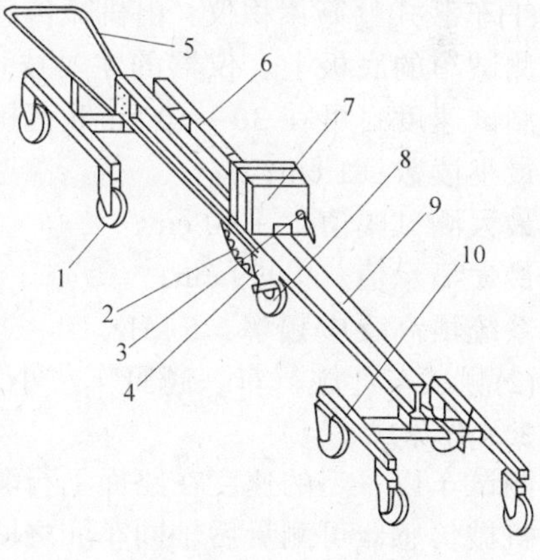

图 13-1　连续式平整度仪构造图

1—脚轮；2—拉簧；3—离合器；4—测架；5—牵引架；6—前架；7—纵断面绘图仪；8—测定轮；9—纵梁；10—后架

(2)牵引车：小面包车或其他小型牵引汽车。

(3)皮尺或测绳。

3.试验要点

(1)选择测试路段路面测试地点，同 3 m 直尺法。

(2)将连续式平整度测定仪置于测试路段路面起点上。

(3)在牵引汽车的后部，将平整度仪的挂钩挂上后，放下测定轮，启动检测器及记录仪，随即启动汽车，沿道路纵向行驶，横向位置保持稳定，并检查平整度检测仪表上测定数字显示、打印、记录的情况。如检测设备中某项仪表发生故障，即停车检测，牵引平整度仪的速度应均匀，速度宜为 5 km/h，最大不得超过 12 km/h。

在测试路段较短时，亦可用人力拖拉平整度仪测定路面的平整度。但拖拉时应保持匀速前进。

4.计算

(1)连续式平整度测定仪测定后，可按每 10 cm 间距采集的位移值启动计算：100 m 计算区间的平整度标准差，还可记录测试长度、曲线振幅大于某一定值(3 mm、5 mm、8 mm、10 mm 等)的次数、曲线振幅的单向(凸起或凹下)累计值及以 3 m 机架为基准的中点路面偏差曲线图，并打印输出。当为人工计算时，在记录曲线上任意设一基准线，每隔一定距离(宜为 1.5 m)读取曲线偏离基准线的偏离位移值 d_i 。

(2)每一计算区间的路面平整度以该区间测定结果的标准差表示。

(3)计算一个评定路段内各区间平整度标准差的平均值、标准差、变异系数。

5.报告

试验应列表报告每一个评定路段内各测定区间的平整度标准差，各评定路段平整度的平均值、标准差、变异系数以及不合格区间数。

(三)车载式颠簸累积仪法简介

1.目的和适用范围

(1)本方法规定用车载式颠簸累积仪测量车辆在路面上通行时后轴与车厢之间的单向位移累积值 *VBI* 表示路面的平整度，以 cm/km 计。

(2)本方法适于测定路面表面的平整度，以评定路面的施工质量和使用期的舒适性。但不适用于在已有较多坑槽、破损严重的路面上测定。

2.主要设备

(1)车载式颠簸累积仪：由机械传感器、数据处理器及微型打印机组成，传感器固定安装在测试车的底板上。仪器的主要技术性能指标如下：

测试速度：可在 30 ~ 50 km/h 范围内选定；

最小读数：1 cm；

最大测试幅值： ± 30 cm；

最大显示值：9 999 cm；

系统最高反应频率：5 kHz。

(2)测试车：旅行车、越野车或小轿车。

3.工作原理

测试车以一定的速度在路面上行驶，由于路面上的凹凸不平状况，引起汽车的激振，通过机械传感器可测量后轴同车厢之间的单向位移累积值 *VBI*，以 cm / km 计。*VBI* 越大，说明路面平整性越差，人体乘坐汽车时越不舒适。

4.使用技术要点

(1)仪器安装应准确、牢固，便于操作。

(2)测试速度以 32 km/h 为宜，一般不宜超过 40 km/h。

5.注意事项

(1)检测结果与测试车机械系统的振动特性和车辆行驶速度有关。减振性能好，则 *VBI* 测值小；车速越高，*VBI* 测值越大。因此，必须通过对机械系统的良好保养和检测时严格控制车速来保持测定结果的稳定性。

(2)用车载式颠簸累积仪测出的颠簸累积值 *VBI*，与用连续式平整仪测出的标准差 σ 概念不同，可通过对比试验建立两者的相关关系，将 *VBI* 值换算为 σ，用于路面平整度评定。

(3)通过大量研究观察得出：$\sigma=0.6IRI$。

(4)国际平整度指数 *IRI* 是国际上公认的衡量路面行驶舒适性或路面行驶质量的指数。也可通过标定试验，建立 *VBI* 与 *IRI* 的相关关系，将车载式颠簸累积仪测出的颠簸累积值 *VBI* 换算为国际平整度指数 *IRI*。

关于车载式颠簸累积仪测定平整度试验方法可详见《公路路基路面现场测试规程》(JTJ 059—95)。

6.报告

(1)应列表报告每个评定路段内各测定区间的颠簸累积值，各评定路段颠簸累积值的平均值、标准差、变异系数。

(2)测试速度。

(3)试验结果与国际平整度指数等其他平整度指标建立的相关关系式、参数值、相关系数。

第四节　路面抗滑性能检测评定方法

一、概述

路面抗滑性能是指车辆轮胎受到制动时沿表面滑移所产生的力。通常，抗滑性能被看做是路面的表面特性，并用轮胎与路面间的摩阻系数来表示。表面特性包括路表面细构造和粗构造，影响抗滑性能的因素有路面表面特性、路面潮湿程度和行车速度。

路表面细构造是指集料表面的粗糙度，它随车轮的反复磨耗而渐被磨光。通常采用石料磨光值(*PSV*)表征抗磨光的性能。细构造在低速(30 ~ 50 km/h 以下)时对路表抗滑性能起决定作用。而高速时主要作用的是粗构造，它是由路表外露集料间形成的构造，功能是使车轮下的路表水迅速排除，以避免形成水膜。粗构造由构造深度表征。

抗滑性能测试方法有制动距离法、偏转轮拖车法(横向力系数测试)、摆式仪法、构造深度测试法(手工铺砂法、电动铺砂法、激光构造深度仪法)。

路面的抗滑摆值是指用标准的手提式摆式摩擦系数测定仪测定的路面在潮湿条件下对摆的摩擦阻力。路表构造深度是指一定面积的路表面凹凸不平的开口孔隙的平均深度。路面横向摩擦系数是指用标准的摩擦系数测定车测定，当测定轮与行车方向成一定角度且以一定速度行驶时，轮胎与潮湿路面之间的摩擦阻力与试验轮上荷载的比值。

在设计高速公路、一级公路的沥青表面层时，应选用抗滑、耐磨石料，其石料磨光值应大于 42。高速公路、一级公路的摩擦系数宜在竣工后第一个夏季采用摩擦系数测定车，以(50±1) km/h 的车速测定横向力系数(*SFC*)；宏观构造深度应在竣工后第一个夏季用铺砂法或激光构造深度仪测定，此时的测定值应符合规定的竣工验收值的要求。

对于水泥混凝土路面抗滑标准用构造深度表示。对高速公路、一级公路，构造深度 *TD* 为 0.8 mm，对于其他公路 *TD* 为 0.6 mm。

上述抗滑标准仅为设计阶段的抗滑标准。公路在养护过程中，也有养护的具体标准。

鉴于路面抗滑性能测试方法较多，下面仅介绍常见的试验方法。

二、构造深度测试方法

(一)手工铺砂法

1.目的与适用范围

本方法适用于测定沥青路面及水泥混凝土路面表面构造深度，用以评定路面表面的宏观粗糙度、路面表面的排水性能及抗滑性能。

2.仪具与材料

(1)人工铺砂仪：由圆筒、推平板组成。

量砂筒：一端是封闭的，容积为(25 ± 0.15) mL，可通过称量砂筒中水的质量以确定其容积 V，并调整其高度,使其容积符合要求。带一专门的刮尺将筒口量砂刮平。

推平板：推平板应为木制或铝制，直径 50 mm, 底面粘一层厚 1.5 mm 的橡胶片，上面有一圆柱把手。刮平尺可用 30 cm 钢尺代替。

(2)量砂：足够数量的干燥洁净的匀质砂，粒径为 0.15 ~ 0.3 mm。

(3)量尺：钢板尺、钢卷尺，或采用将直径换算成构造深度作为刻度单位的专用的构造深度尺。

(4)其他：装砂容器(小铲)、扫帚或毛刷、挡风板等。

3.方法与步骤

1)准备工作

(1)量砂准备：取洁净的细砂晾干、过筛，取 0.15 ~ 0.3 mm 的砂，置于适当的容器中备用。量砂只能在路面上使用一次，不宜重复使用。回收砂必须经干燥、过筛处理后方可使用。

(2)对测试路段按随机取样选点的方法，决定测点所在横断面位置。测点应选在行车道的轮迹带上，距路面边缘不应小于 1 m。

2)试验步骤

(1)用扫帚或毛刷子将测点附近的路面清扫干净，面积不小于 30 cm × 30 cm。

(2)用小铲装砂沿筒向圆筒中注满砂，手提圆筒上方，在硬质路面上轻轻地叩打 3 次，使砂密实，补足砂面用钢尺一次刮平。不可直接用量砂筒装砂，以免影响量砂密度的均匀性。

(3)将砂倒在路面上，用底面粘有橡胶片的推平板，由里向外重复做摊铺运动，稍稍用力将砂细心地尽可能地向外摊开；使砂填入凹凸不平的路表面的空隙中，尽可能将砂摊成圆形，且不得在表面上留有浮动余砂。注意摊铺时不可用力过大或向外推挤。

(4)用钢板尺测量所构成圆的两个垂直方向的直径，取其平均值，准确至 5 mm。

(5)按以上方法，同一处平行测定不少于 3 次，3 个测点均位于轮迹带上，测点间距 3 ~ 5 m。该处的测定位置以中间测点的位置表示。

4.计算

(1)计算路面表面构造深度测定结果。

(2)每一处均取 3 次路面构造深度的测定结果的平均值作为试验结果，精确至 0.1 mm。

(3)计算每一个评定区间路面构造深度的平均值、标准差、变异系数。

5.报告

(1)列表逐点报告路面构造深度的测定值及 3 次测定的平均值，当平均值小于 0.2 mm 时，试验结果以“<0.2 mm”表示。

(2)每一个评定区间路面构造深度的平均值、标准差、变异系数。

(二)电动铺砂法

1.目的和适用范围

本方法适用于测定沥青路面及水泥混凝土路面表面构造深度，用以评定路面表面的宏观粗糙度及路面表面的排水性能和抗滑性能。

2.仪具与材料

(1)电动铺砂仪：利用可充电的直流电源将量砂通过砂漏铺设成宽度 5 cm、厚度均匀一致的器具。

(2)量砂：足够数量的干燥洁净的匀质砂，粒径为 0.15 ~ 0.3 mm。

(3)标准量筒：容积 50 mL。

(4)玻璃板：面积大于铺砂器，厚 5 mm。

(5)其他：直尺、扫帚、毛刷等。

3.方法与步骤

1)准备工作

(1)量砂准备：取洁净的细砂，晾干，过筛，取 0.15 ~ 0.3 mm 的砂置适当的容器中备用。已在路面上使用过的砂如回收重复使用应重新过筛并晾干。

(2)对测试路段按随机取样选点的方法，决定测点所在横断面的位置，测点应选在行车道的轮迹带上，距路面边缘不应小于 1 m。

2)电动铺砂器标定

(1)使铺砂器平放在玻璃板上，将砂漏移至铺砂器端部。

(2)使灌砂漏斗口和量筒口大致齐平。

通过漏斗向量筒中缓缓注入准备好的量砂至高出量筒成尖顶状，用直尺沿筒口一次刮平，其容积为 50 mL。

(3)使漏斗口与铺砂器砂漏上口大致齐平。将砂通过漏斗均匀倒入砂漏，漏斗前后移动，使砂的表面大致齐平，但不得用任何其他工具刮动砂。

(4)开动电动马达，使砂漏向另一端缓缓运动，量砂沿砂漏底部铺成宽 5 cm 的带状，待砂全部漏完后停止。

(5)L_1 及 L_2 的平均值决定量砂的摊铺长度 L_0，精确至 1 mm。

(6)重复标定 3 次，取平均值决定 L_0，精确至 1 mm。

标定应在每次测试前进行，用同一种量砂，由同一试验员承担测试。

3)测试步骤

(1)将测试地点用毛刷刷净，面积大于铺砂仪。

(2)将铺砂仪沿道路纵向平稳地放在路面上，将砂漏移至端部。

(3)按上述电动铺砂器标定(2) ~ (5)相同的步骤，在测试地点摊铺 50 mL 量砂，量取摊铺长度 L_1 及 L_2。计算 L 准确至 1 mm。

(4)按以上方法，同一处平行测定不少于 3 次，3 个测点均位于轮迹带上，测点间距 3 ~ 5 m，该处的测定位置以中间测点的位置表示。

4.计算

(1)计算铺砂仪在玻璃板上摊铺的量砂厚度 t_0。

(2)计算路面构造深度 *TD*。

(3)每一处均取 3 次路面构造深度的测定结果的平均值作为试验结果，精确至 0.1 mm。

(4)计算每一个评定区间路面构造深度的平均值、标准差、变异系数。

5.报告

(1)列表逐点报告路面构造深度的测定值及 3 次测定的平均值；当平均值小于 0.2 mm 时，试验结果以“<0.2 mm”表示。

(2)每一个评定区间路面构造深度的平均值、标准差、变异系数。

三、摆式仪测定路面抗滑值试验方法

(一)目的和适用范围

本方法适用于以摆式摩擦系数测定仪(简称摆式仪，见图 13-2)测定沥青路面及水泥混凝土路面的抗滑值，用以评定路面在潮湿状态下的抗滑能力。

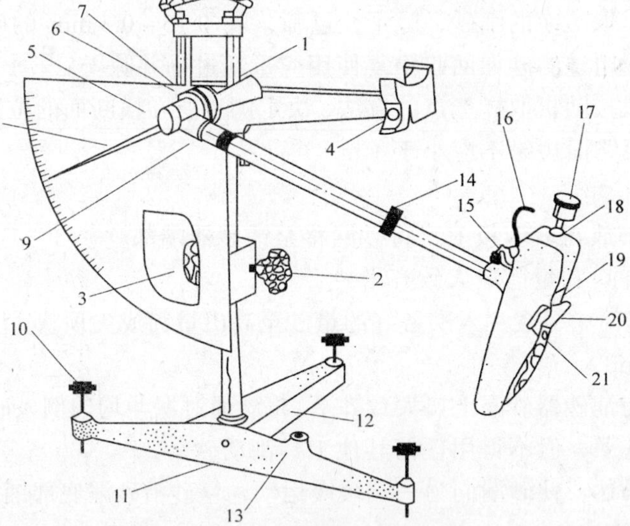

图 13-2 摆式仪结构图

1、2—紧固把手；3—升降把手；4—释放开关；5—转向节螺盖；6—调节螺母；7—针簧片或毡垫；8—指针；9—连接螺母；10—调平螺栓；11—底座；12—垫块；13—水准泡；14—卡环；15—定位螺丝；16—举升柄；17—平衡锤；18—并紧螺母；19—滑溜块；20—橡胶片；21—止滑螺丝

(二)仪具与材料

(1)摆式仪：摆及摆的连接部分总质量为(1 500 ± 30) g，摆动中心至摆的重心距离为(410 ± 5) mm，测定时摆在路面上滑动长度为(126 ± 1) mm，摆上橡胶片端部距摆动中心的距离为 508 mm，橡胶片对路面的正向静压力为(22.2 ± 0.5) N。

(2)橡胶片：用于测定路面抗滑值时的尺寸为 6.35 mm × 25.4 mm × 76.2 mm，橡胶质量应符合标准的要求。当橡胶片使用后，端部在长度方向上磨损超过 1.6 mm 或边缘在宽度方向上磨耗超过 3.2 mm，或有油污染时，即应更换新橡胶片；新橡胶片应先在干燥路面上测 10 次后再用于测试。橡胶片的有效使用期为 1 年。

(3)标准量尺：长 126 mm。

(4)洒水壶。

(5)橡胶刮板。

(6)路面温度计：分度不大于 1 ℃。

(7)其他：皮尺式钢卷尺、扫帚、粉笔等。

(三)方法与步骤

1.准备工作

(1)检查摆式仪的调零灵敏情况，并定期进行仪器的标定。当用于路面工程检查验收时，仪器必须重新标定。

(2)对测试路段按随机取样方法，确定测点所在横断面位置。测点应选在行车道的轮迹带上，距路面边缘不应小于 1 m，并用粉笔做出标记。测点位置宜紧靠铺砂法测定构造深度的测点位置，并与其一一对应。

2.试验步骤

(1)仪器调平。将仪器置于路面测点上，并使摆的摆动方向与行车方向一致。转动底座上的调平螺栓，使水准泡居中。

(2)调零。放松上、下两个紧固把手，转动升降把手，使摆升高并能自由摆动，然后旋紧紧固把手。将摆向右运动，按下安装于悬臂上的释放开关，使摆上的卡环进入开关槽，放开释放开关，摆即处于水平位置，并把指针抬至与摆杆平行处。按下释放开关，使摆向左带动指针摆动，当摆达到最高位置后下落时，用左手将摆杆接住，此时指针应指向零。若不指零，可稍旋紧或放松摆的调节螺母，重复本项操作，直至指针指零。调零允许误差为 ± 1 BPN。

(3)校核滑动长度。用扫帚扫净路面表面，并用橡胶刮板清除摆动范围内路面上的松散粒料。让摆自由悬挂，提起摆头上的举升柄，将底座上垫块置于定位螺丝下面，使摆头上的滑溜块升高，放松紧固把手，转动立柱上升降把手使摆缓缓下降。当滑块上的橡胶片刚刚接触路面时,即将紧固把手旋紧，使摆头固定。提起举升柄，取下垫块，使摆向右运动。然后，手提举升柄使摆慢慢向左运动，直至橡胶片的边缘刚刚接触路面。在橡胶片的外边摆动方向设置标准尺，尺的一端正对准该点。再用手提起举升柄，使滑溜块向上抬起，并使摆继续运动至左边，使橡胶片返回落下再一次接触地面，橡胶片两次同路面接触点的距离应在 126 mm (即滑动长度)左右。若滑动长度不符合标准，则升高或降低仪器底正面的调平螺丝来校正，但需调平水准泡，重复此项校核直至滑动长度符合要求，而后，将摆和指针置于水平释放位置。

校核滑动长度时应以橡胶片长边刚刚接触路面为准，不可借摆力量向前滑动，以免标定的滑动长度过长。

(4)用喷壶的水浇洒试测路面，并用橡胶刮板刮除表面泥浆。

(5)再次洒水，并按下释放开关，使摆在路面滑过，指针即可指示出路面的摆值。但第一次测定不做记录。当摆杆回落时，用左手接住摆，右手提起举长柄使滑溜块升高，将摆向右运动，并使摆杆和指针重新置于水平释放位置。

(6)重复步骤(5)的操作测定 5 次，并读记每次测定的摆值，即 BPN，5 次数值中最大值与最小值的差值不得大于 3 BPN。如差数大于 3 BPN，应检查产生的原因，并再次重复上述各项操作，至符合规定为止。取 5 次测定的平均值作为每个测点路面的抗滑值(即摆值 F_B)，取整数，以 BPN 表示。

(7)在测点位置上用路表温度计测记潮湿路面的温度，精确至 1℃。

(8)按以上方法，同一处平行测定不少于 3 次，3 个测点均位于轮迹带上，测点间距 3～5 m。该处的测定位置以中间测点的位置表示。每一处均取 3 次测定结果的平均值作为试验结果，精确至 1 BPN。

(四)抗滑值的温度修正

当路面温度为 T 时测得的值为 F_{BT}，必须换算成标准温度 20 ℃的摆值 F_{B20} 。

(五)报告

(1)记录测试日期、测点位置、天气情况、洒水后潮湿路面的温度，并描述路面类型、外观、结构类型等。

(2)列表逐点报告路面抗滑值的测定值 F_{BT}、经温度修正后的 F_{B20} 及 3 次测定的平均值。

(3)每一个评定路段路面抗滑值的平均值、标准差、变异系数。

(六)精度要求

同一个测点重复 5 次测定的差值不大于 3 BPN。

四、抗滑性能检测中应注意的问题

(1)在使用摆式仪前必须按照说明书或者按照《公路工程集料试验规程》(JTG E42—2005)中的方法对摆式仪进行标定，否则所测数据缺乏可靠性。

(2)用摆式仪法测定时，“标定滑动长度”是一个非常重要的环节，标定时应取滑溜块与路面正好轻轻接触的点进行量取。切不可给摆锤一个力，让它有滑动后再量取，这样标定，则滑动长度偏长，所测摆值偏大。

(3)在用手工铺砂法测路面构造深度时，不同的人进行测试，所测结果往往差别较大，其原因较多，例如装砂的方法不标准，摊砂用的推平板不标准，最主要的是砂摊开到多大程度为止，各人掌握得不一。为了使测试结果准确可靠，在前面介绍时对容易产生误差的地方都有明确的规定，且摊开时用“尽可能向外摊平使砂填入凹凸不平的路表面空隙中，在地表面上形成一薄层”的提法。测试时应严格掌握操作方法中的细节问题。

第五节　路面结构层厚度试验检测方法

一、概述

在路面工程中，各个层次的厚度是和道路整体强度密切相关的。在路面设计中，不管是刚性路面，还是柔性路面，其最终要决定的，都是各个层次的厚度，只有在保证厚度的情况下，路面的各个层次及整体的强度才能得到保证。除能保证强度外，严格控制各结构层的厚度，还能对路面的标高起到一定的控制作用。所以在《公路工程质量检验评定标准》(JTG F8011—2004)中，路面各个层次的厚度的分值较高。

路面各结构层厚度的检测一般与压实度同时进行，当用灌砂法进行压实度检查时，可量取挖坑灌砂深度即为结构层厚度。当用钻芯取样法检查压实度时，可直接量取芯样高度。结构层厚度也可以采用水准仪量测法求得，即在同一测点量出结构层底面及顶面的高程，然后求其差值。这种方法不需破坏路面，测试精度高。目前，国内外还有用雷达、超声波等方法检测路面结构层厚度。

对于基层或砂石路面的厚度可用挖坑法测定，沥青面层与水泥混凝土路面板的厚度应用钻孔法测定。

二、厚度检测方法

(一)挖坑法

(1)根据现行规范的要求，随机取样决定挖坑检查的位置。如为旧路，该点有坑洞等显著缺陷或接缝时，可在其旁边检测。

(2)选一块约 40 cm × 40 cm 的平坦表面作为试验地点，用毛刷将其清扫干净。

(3)根据材料坚硬程度，选择镐、铲、凿子等适当的工具，开挖这一层材料，直至层位底面。在便于开挖的前提下，开挖面积应尽量缩小，坑洞大体呈圆形，边开挖边将材料铲出，置于搪瓷盘中。

(4)用毛刷将坑底清扫，确认为坑底面下一层的顶面。

(5)将钢板尺平放横跨于坑的两边，用另一把钢尺或卡尺等量具在坑的中部位置垂直伸至坑底，测量坑底至钢板尺的距离，即为检查层的厚度，以 cm 计，精确至 0.1 cm。

(二)钻孔取样法

(1)根据现行规范的要求，随机取样决定挖坑检查的位置。如为旧路，该点有坑洞等显著缺陷或接缝时，可在其旁边检测。

(2)用路面取芯钻孔机钻孔，芯样的直径应为 100 mm。如芯样仅供测量厚度，不做其他试验，对沥青面层与水泥混凝土板也可用直径 50 mm 的钻头，对基层材料有可能损坏试件时，也可用直径 150 mm 的钻头，但钻孔深度必须达到层厚。

(3)仔细取出芯样，清除底面灰尘，找出与下层的分界面。

(4)用钢板尺或卡尺沿圆周对称的十字方向四处量取表面至上下层界面的高度，取其平均值，即为该层的厚度，精确至 0.1 cm。

(三)施工过程中的简易方法

在施工过程中，当沥青混合料尚未冷却时，可根据需要，随机选择测点，用大改锥插入量取或挖坑量取沥青层的厚度(必要时用小锤轻轻敲打)，但不得使用铁镐等扰动四周的沥青层。挖坑后清扫坑边，架上钢板尺，用另一钢板尺量取层厚，或用改锥插入坑内量取深度后用尺读数，即为层厚，以 cm 计，精确至 0.1 cm。

三、填补试坑或钻孔

补填工序如有疏忽，易成为隐患而导致开裂，因此所有挖坑、钻孔均应仔细做好。按下列步骤用与取样层相同的材料填补试坑或钻孔：

(1)适当清理坑中残留物，钻孔时留下的积水应用棉纱吸干。

(2)对无机结合料稳定层及水泥混凝土路面板，按相同配比用新拌的材料并用小锤击实。水泥混凝土中宜掺加少量快凝早强的外掺剂。

(3)对无结合料粒料基层，可用挖坑时取出的材料，适当加水拌和后分层填补，并用小锤击实。

(4)对正在施工的沥青路面，用相同级配的热拌沥青混合料分层填补并用加热的铁锤或热夯压实。旧路钻孔也可用乳化沥青混合料修补。

(5)所有补坑结束时，宜比原面层略鼓出少许，用重锤或压路机压实平整。

四、结构层厚度的评定

路面厚度是关系质量和造价的重要指标，既不能给承包商提供偷工减料的可能机会，又考虑正常施工条件下的厚度偏差情况，采用平均值的置信下限作为否决指标，单点极值作为扣分指标。

计算一个评定路段检测的厚度的平均值、标准差、变异系数，并计算代表厚度。

当厚度代表值大于等于设计厚度减代表值允许偏差时，则按单个检查值的偏差是否超过极值来评定合格率和计算应得分数；当厚度代表值小于设计厚度减去代表值允许偏差时，则厚度指标评为零分。

沥青面层一般按沥青铺筑层总厚度进行评定，但高速公路和一级公路多分 2～3 层铺筑，还应进行上面层厚度检查和评定。

复习思考题

13-1　路基、路面压实度检测方法有哪几种？如何对压实度指标进行评定？

13-2　何为路面弯沉？如何测定路面的弯沉值？测试结果如何处理？

13-3　如何检测路面的平整度？如何对路面平整度进行评定？

13-4　影响路面抗滑性能的因素有哪些？如何对路面抗滑性能进行检测和评定？

13-5　如何检测路面结构层厚度？

第十四章　高速公路

重点提示

本章重点讲述高速公路的产生和发展，高速公路的功能和特征；高速公路的经济效益，高速公路的技术标准，高速公路设计要点，高速公路沿线设施。通过本章学习，应对高速公路有一个较全面的了解。

第一节　高速公路的发展

一、高速公路的概念

高速公路有一个发展过程，而且各国的情况也不相同。到目前为止还没有一个国际上公认的关于高速公路的定义。欧洲多数国家称"汽车公路"、"汽车专用公路"，如"Motorway"(英国)、"Autobahn"(德国)，美国称"Superhighway"(超级公路)，日本称"高速道路"。

我国现行《标准》中规定：高速公路为专供汽车分向、分车道行驶并应全部控制出入的多车道公路。四车道高速公路应能适应将各种汽车折合成小客车的年平均日交通量25 000 ~ 55 000 辆；六车道高速公路应能适应将各种汽车折合成小客车的年平均日交通量45 000 ~ 80 000 辆；八车道高速公路应能适应将各种汽车折合成小客车的年平均日交通量60 000 ~ 100 000 辆。

1962 年 11 月，在日内瓦召开的联合国欧洲经济委员会运输部会议，对高速公路作了如下的定义：所谓高速公路，是利用分离的行车道往返行驶交通的道路。它的两个行车道用中央分隔带分开；与其他铁路、公路不允许有平面交叉；禁止从路侧的任何地方直接进入公路；禁止汽车以外的任何交通工具出入。

从以上定义和解释可看出，高速公路一般应符合以下四个条件：

(1)高速公路是供汽车行驶的专用公路，不允许非机动车辆及行人使用。

(2)高速公路设有中央分隔带，将往返交通完全隔开。

(3)高速公路与任何铁路、公路都是立体交叉的，不存在一般公路平面交叉的横向干扰。

(4)高速公路沿线是封闭的，是控制出入的。控制出入是指：只准汽车(符合规定要求的)在规定的交叉口进出高速公路；不准单位和个人将道路接入高速公路；除完全定向互通式立交外，汽车进入或驶出高速公路时必须右转行驶，不得左转出入。这就完全排除了横向干扰。

由于高速公路的这些特点，汽车就可以在较高的速度下安全行驶，而不必担心来自横向或对面的干扰。

二、高速公路的产生及其发展

德国在 1921 年建成的 AVUS 是世界上最早的高速公路，它成为最早修建高速公路的国家，在 20 世纪 30 年代已建成 3 000 多 km 的高速公路，到 1995 年，德国高速公路里程已达 11 200 km。意大利也在 1924 年修建了米兰至瓦雷泽、至都灵的汽车专用路。到 1995 年，意大利高速公路里程达到 8 860 km。

美国是修建高速公路最多、路网最完善、设备最先进的国家。早在 1937 年加州就修建了首条高速公路，长 11 km。1939 年，美国议会讨论了高速公路计划，1940 年提出了 46 900 km 的计划，不久又把洲际公路网计划追加成 68 382 km，到 1991 年，把全部洲际公路系统完成，建设历时 35 年，其长度为世界之冠。美国高速公路修建速度也是最快的，1956 ~ 1980 年，平均每年增加 3 000 km。到 1995 年，美国高速公路里程已达 88 500 km。

目前，随着全球和区域经济一体化的发展，为了更好地发挥高速公路的效益，加强国际间的公路运输联系，许多国家的高速公路已不再是互不相连的分散的线路，而是向高速网的方向发展。一些发达国家正在把主要高速公路连接起来，构成国际高速公路网。其中已经规划和正在实现的高速公路网包括欧洲高速公路网、欧亚高速公路网、泛美公路网、亚洲公路网。

我国高速公路的建设最早始于台湾省，台湾省的南北高速公路北起高雄至基隆，全长 373 km，还有一条机场高速公路支线 9.5 km，全路耗资 470 亿台币。该路于 1968 年开始进行可行性研究，1970 年动工，1978 年 10 月竣工，历时近 10 年，全线按美国“AASHTO”及加州公路设计标准设计施工。

我国大陆高速公路现处于建设时期。1988 年 10 月建成通车的沪嘉高速公路是我国大陆建成的第一条高速公路(全长 159 km)；接着 1989 年 8 月全长 16 km 的广佛高速公路建成通车；到 1990 年，全长 375 km 的沈大高速公路建成通车，被称为“神州第一路”，该路耗资 22 亿元，建成后行程时间由过去的 10 h 减至 4 h。此后我国相继建成的高速公路有上海—莘松高速公路、京津塘高速公路、京石高速公路、合肥—南京高速公路、济青高速公路、西临高速公路、开封—洛阳高速公路、郑州—许昌高速公路、海南东线环岛高速公路、石太高速公路、京沈高速公路、八达岭旅游高速公路、京开高速公路、石黄高速公路等，到 2006 年年底，中国高速公路总里程已经达到 4.53 万 km，居世界第二位。“十五”期间高速公路建设实现历史性突破，建成高速公路 2.47 万 km，是“七五”、“八五”和“九五”建成高速公路总和的 1.5 倍(见图 14-1)。

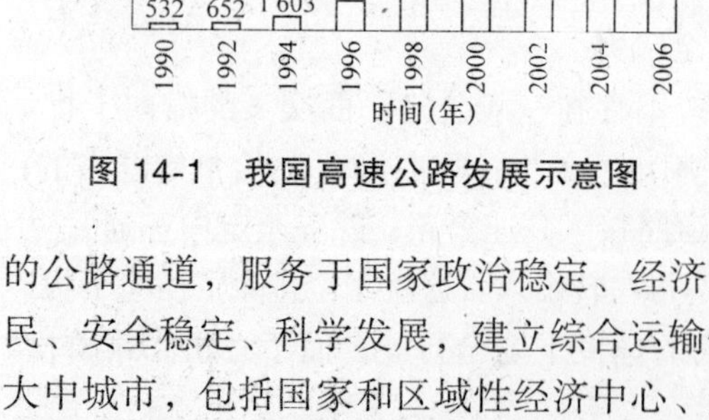

图 14-1　我国高速公路发展示意图

国家高速公路网是中国公路网中最高层次的公路通道，服务于国家政治稳定、经济发展、社会进步和国防现代化，体现国家强国富民、安全稳定、科学发展，建立综合运输体系以及加快公路交通现代化的要求；主要连接大中城市，包括国家和区域性经济中心、交通枢纽、重要对外口岸；承担区域间、省际间以及大中城市间的快速客货运输，提供高效、便捷、安全、舒适、可持续的服务，为应对自然灾害等突发性事件提供快速交通保障。

国家高速公路网规划采用放射线与纵横网格相结合的布局方案，形成由中心城市向外放射以及横连东西、纵贯南北的大通道，由 7 条首都放射线、9 条南北纵向线和 18 条东西横向线组成，简称为“7918 网”，总规模约 8.5 万 km，其中主线 6.8 万 km，地区环线、联络线等其他路线约 1.7 万 km。具体如下。

首都放射线：

7 条：北京—上海、北京—台北、北京—港澳、北京—昆明、北京—拉萨、北京—乌鲁木齐、北京—哈尔滨。

南北纵向线：

9 条：鹤岗—大连、沈阳—海口、长春—深圳、济南—广州、大庆—广州、二连浩特—广州、包头—茂名、兰州—海口、重庆—昆明。

东西横向线：

18 条：绥芬河—满洲里、珲春—乌兰浩特、丹东—锡林浩特、荣成—乌海、青岛—银川、青岛—兰州、连云港—霍尔果斯、南京—洛阳、上海—西安、上海—成都、上海—重庆、杭州—瑞丽、上海—昆明、福州—银川、泉州—南宁、厦门—成都、汕头—昆明、广州—昆明。

此外，规划方案还有：辽中环线、成渝环线、海南环线、珠三角环线、杭州湾环线共 5 条地区性环线、2 段并行线和 30 余段联络线。

高速公路网的建成将极大地提高我国公路交通的整体服务水平，为我国社会政治、经济发展和国防现代化提供可靠的保证。

第二节　高速公路的功能和特点

一、高速公路的功能

普通公路不能正常发挥功能的原因主要是：混合交通车辆内部干扰大，对向车辆无分隔行驶，侧向干扰。高速公路除具有普通公路的功能外，还具有其自身的特殊功能。

(一)交通限制、汽车专用

混合交通是指在同一条公路上各种车辆、行人、牲畜混合行驶。由于人、畜、车辆之间动力性能与车速的差异造成的内部干扰，最容易造成道路中间停滞、交通阻塞、车速减低、车祸发生等问题。这是降低公路通行能力，影响汽车行驶速度，使公路功能难以充分发挥的最主要因素。

高速公路不允许出现混合交通。对进入高速公路的车辆与车速有严格限制，避免了车辆混流。例如高速公路规定：凡非机动车辆或由于车速较低可能形成危险和妨碍交通的车辆都不得使用高速公路。为了防止车辆因车速差别过大，在同方向行驶时发生超车次数增加，高速公路划分有快车道与慢车道，并对各类车辆在不同车道上的速度加以限制。在快车道上一般规定，时速低于 60 km 的车辆不得上路，最高时速不宜超过 120 km。

(二)分隔行驶

高速公路的分隔行驶采取了以下做法：其一是在相向行车道之间设中间分隔带，实行车道分离，使之渠化，从而防止相向行驶车辆接触相撞。其二是对于同向行驶车辆至少设两个以上的车道，并用划线方式将车道分为快车道和慢车道，以减少因车速差而发生超车带来的干扰。同时，在一些特殊路段设置加(减)速车道、集散道路辅助车道，使一些车辆在局部路段分离。有调查资料表明，有分隔带的四车道公路要比无分隔带的事故率降低45%~65%。

(三)控制出入

高速公路严格控制车辆出入，避免车辆混流，消除侧向干扰。严禁在公路两侧规定范围内集市贸易、施工作业、堆放物品，保证了公路畅通和车辆高速行驶。高速公路实行控制出入的方式主要采取全封闭、立体交叉，使公路与周围环境“隔离”，非机动车、人、畜不能进入路线。规定车辆只能从指定的互通式立交匝道出入，不准车辆、人畜进入的路口，设置分离式立交加以隔绝。全封闭主要采取护栏、高路堤、高架桥等措施。全封闭和立体交叉有效地消除了平面交叉带来的横向干扰，控制了车辆出入，保证了车辆高速安全行驶。据国外资料反映，实行全封闭立交控制的高等级公路的事故死亡率要比普通公路减少60%。

(四)高标准线形

高等级公路极大限度地避免了长直线路段，采用大半径曲线，根据地形以圆曲线和缓和曲线为主。增加了路线美感，更有利于行车安全。

(五)完善的交通设施和服务设施

高等级公路为了满足旅客、司机、乘务人员在车辆运行中的生理需要和营运活动需要，设有较完善的车辆检验维修、车辆添加、救助、食宿休息娱乐、信息传递等综合服务设施系统，为车辆高速运行提供了技术上、物资供应上的保证条件。使道路不仅具备了运输人与物的功能，而且成为一个能源、信息传递的多功能载体，真正起到了国家运输大动脉的作用。

二、高速公路的特征

高速公路具有汽车专用、分隔行驶、封闭与立交、控制出入、线形标准高、设备完善等多项功能作用，它促使公路运输业发生了质的变化，使之成为当今一种新型的、具有巨大发展潜力的现代运输手段。与普通公路运输相比较，它具有车速高、通行能力大、行车安全、运输费用省和带动沿线经济发展等五大优点。

(一)车速高

我国高速公路设计速度为120 km/h、100 km/h、80 km/h三种，只有在特殊困难的局部路段且因新建工程可能诱发工程地质灾害时，经论证，该局部路段的设计速度才可采用60 km/h，但长度不宜大于15 km，或仅限于相邻两互通式立体交叉之间。高速公路的行车速度比普通公路高得多。速度是提高公路运输效率的一个重要因素。高速公路由于速度提高，使得行驶时间缩短，车辆使用率提高，从而带来巨大的社会效益与经济效益，对政治、经济、军事都有十分重要的意义。

(二)通行能力大

通行能力反映公路允许通过汽车数量的多少。据统计，普通双车道公路的通行能力为5 000~6 000辆／昼夜，而一条4车道高速公路通行能力可达25 000~55 000辆／昼夜，6

车道和 8 车道的高速公路通行能力可达 45 000~80 000 辆／昼夜和 60 000~100 000 辆／昼夜。可见高速公路的通行能力比一般公路呈几倍甚至几十倍地增加。由于通行能力大，运输能力大大提高，基本上解决了交通的拥塞。

(三)行车安全

行车安全是反映运输质量的标志。高速公路采取了一系列确保行车安全的措施，行车事故大大减少。据统计，高速公路的交通事故仅为普通公路的 1／3，事故死亡率仅为普通公路的 1／2。日本高速公路交通事故死亡人数仅是普通公路的 1／40，受伤人数仅是普通公路的 1／62；英国高速公路 1980 年交通事故仅为普通公路的 1／10。

(四)运输费用省

高速公路完善的道路设施条件使主要行车消耗——燃油与轮胎消耗、车辆磨损、货损及事故赔偿损失降低，从而使运输成本大幅度降低。据国外统计资料反映，日本高速公路的运输成本仅是普通公路的 17%，若按日交通量 2 000 辆／天计算，仅此一项，7 年之内，即可收回建设投资；以我国目前运输成本及耗油水平计算，假定年运量 1 500 万 t，修建 100 km 高速公路，每年可节约运费 7 500 万元，节约燃油 21 万 t。

高速公路的高效率功能，还进一步推动了公路运输组织方式的变革，汽车制造向提高轴荷载，不断大型化、高速化、车型专用化发展。为减少装卸、中转，运输组织方式尽量采取牵引拖挂、汽车列车及集装箱运输。

(五)带动了沿线经济发展

高速公路的高能、高效、快速通达的多功能作用，使生产与流通、生产与交换周期缩短，速度加快，促进了商品经济的繁荣发展。实践表明，在高速公路沿线，由于交通运输环境改善创造出的有利投资条件，地区之间、城乡之间，政治、经济、文化交流日益扩大，信息传播及时频繁，都将很快兴起一大批新兴工业、商贸城市，并使产业结构更趋合理，商品流通费用降低，人民收入增加，其经济发展速度远远超过其他地区。这被称为高速公路的“产业信息带”。

高速公路尽管有极其广阔的发展前景，但目前发展高速公路还存在以下几个问题。

(1)投资大。高速公路是使用周期长、技术标准高和投资巨大的基础性设施，为保证行车速度和行车安全，高速公路的路线线形和建筑材料都有严格的标准和要求，在高速公路的造价中，仅材料费用就占到 40%~50%，高速公路征地拆迁费用、通信监控等交通设施费用在造价中也占有很大比重。在我国一般平原微丘区，高速公路平均每千米造价为 3 000 万元左右，在山区，高速公路平均每千米造价接近 4 000 万元。尽管这些投资在道路投入运营后可以逐年收回，但在短时间内要集中巨额资金投入高速公路建设困难很大。这一问题将随着我国经济实力的增强和投资渠道多元化逐步得到解决或缓解。“十五”期间高速公路建设的历史性突破就充分说明了这一点。

(2)占地多。高速公路占地极大，一般 4 车道高速公路用地宽度至少 30~35 m；6 车道在 50~60 m 以上，8 车道在 70~80 m 以上，一座互通式立体交叉用地在 4 万 ~ 10 万 m^2。较高的用地使工程造价增加，据一些发达国家统计，高速公路的地价，占整个公路投资的 1/3 以上。我国人口众多，可耕地面积少，耕地又逐年在减少，必然会出现农业用地与高速公路建设之间的矛盾。

(3)与普通公路和地方公路的贯通问题。高速公路采用的全封闭、全立交、汽车专用、限制出入，有利于长距离快速通达的运输服务，却给地方支线交通造成一定困难。如何解决好高速公路与普通公路和地方公路的关系，更有效地发挥高速公路的作用，有待于进一步研讨。

(4)密集型的管理问题。高速公路建设标准高、路面系统结构复杂，采用高科技的现代通信监控、监视系统，交通工程与服务设施数量多，技术性能复杂，加之道路处于全天候、大流量、高速度的负荷下，公路管理、维护工作既有技术性也具有特殊性。如何打破普通公路传统的养护管理方法，对高速公路实行高效特管，已成为摆在我们面前的重要课题。

(5)环境保护。在高速公路上集中高速行驶的车流所发出的噪声、废气，将会给环境造成一定污染。虽然国内外已有一些解决交通公害的措施，但问题还未完全解决。这也是值得研究的课题。

第三节　高速公路的效益

一、经济效益

高速公路是社会经济发展的必然产物，同时它对于促进社会经济发展，推动生产力进步，又产生了很大的效益，主要表现在下述几方面。

(一)直接经济效益

(1)缩短运输时间，提高汽车使用效率所带来的经济效益。

(2)节约行驶费用，包括油耗、车耗、轮耗等方面的节约带来的经济效益。

(3)减少货物运输损坏，节省包装、装卸等费用带来的经济效益。

(4)由于降低事故率所减少的经济损失。

(二)间接经济效益

由于高速公路的修建，促进了沿线的经济发展，对于地区经济的开发起着巨大的作用，带来了很大的经济效益。

二、社会效益

高速公路的修建不仅对经济，而且对社会各行各业的兴旺发达有着积极的推进作用，其社会效益主要体现在以下诸方面。

(一)促进全社会生产和运输的合理化

高速公路的修建促进区域的工农业及各方面生产的布局更为合理。高速公路在公路运输中占有很大的比重，它和一般公路相互协调，形成公路网骨架，使公路网的布局更为合理。据统计，日本仅占全国公路里程 0.31%的高速公路，却承担了占总货运量 25.6%的货物周转量；美国占公路里程 1.35%的高速公路，却担负着 20%~25%的总运输量。

(二)促进沿线经济的发展和资源的开发

高速公路的修建，提高了运输的稳定性和方便性，缩短了行程时间，增长了汽车运输的平均运距，这将有利于地方经济和一些特殊行业的发展。

(三)加速物质生产和产品流通

现代化生产对原材料的需要和产品的流通要求直达、快速，以缩短货物运转，加快资金周转，从而达到扩大再生产的目的。而高速公路的快速、大量、方便，在加速物质生产，促进产品流通方面有着重要的作用。

(四)促进水运、铁路与高速公路的联运

随着汽车大吨位、大牵引、列车化(半拖挂和全拖挂)的出现，进一步带动了“集装箱”直达联合运输方式，使“集装箱”吨位提高到 30 t 以上。这样，快速灵活的汽车与运量大的火车以及价廉长距的水运有机结合，形成联运网，使产品运输更为直接、便利、快速、准时，从而最大限度地提高了运输效率，降低了运输成本，实现了“户到户”的运输。

(五)有利于城市人口的分散和卫星城镇的开发

现代城市规模过于庞大，人口过于集中，造成人口密集、居住拥挤、交通阻塞、环境污染、生活供应紧张等弊端。修建高速公路后，沿线小城镇、小型工业的兴建，使城市人口向郊外分散，不少城市主要居住区也转向周围卫星城，这既促进了地区发展，又缓和了城市人口的增长。

三、高速公路在国防和军事上的作用

高速公路的快速机动，特别是城市的地下高速公路，为战时运输和城市紧急疏散以及防空提供了有利条件，紧急情况下高速公路还可作为飞机起飞的临时跑道，在国防和军事上有着重要意义。

第四节　高速公路的技术标准

一、高速公路的设计速度

我国高速公路设计速度为 120 km/h、100 km/h、80 km/h 三种，只有在特殊困难的局部路段且因新建工程可能诱发工程地质灾害时，经论证，该局部路段的设计速度才可采用 60 km/h，但长度不宜大于 15 km，或仅限于相邻两互通式立体交叉之间，与其相邻路段的设计速度不应大于 80 km/h。

车辆在高速公路上正常行驶时最低车速不得低于 60 km/h。高速公路与其他公路、铁路相交，都必须采用立体交叉，且为完全限制出入。

二、高速公路的设计水平

高速公路规划设计依据的交通量通常为远景设计年限(20 年)的预测交通量。设计交通量预测的起算年为该项目可行性研究报告中的计划通车年。

国际上多数国家在高速公路设计中均以小时交通量为设计交通量，且采用年第 30 位小时交通量。交通量的计算是在道路某一断面上单位时间内通过的各种车辆折合成小客车为标准车型的车辆数(折算系数见《标准》表 2.0.2)。

高速公路按服务水平分为四级(分级方法见《公路路线设计规范》(JTG D20—2006)表

3.1.2-1)。高速公路按二级服务水平设计。

三、高速公路的技术标准

技术标准是指在正常自然环境条件下能保持正常性能时所采用的标准，但不适于特殊用途的公路或特别陡峻的山区。公路的技术标准应与其性能相适应，并取决于道路的性质和区段的交通状况。高速公路的主要技术标准可按表 14-1 采用。

表 14-1　高速公路的主要技术标准

设计车速(km / h)		120	100	80	60
车道宽(m)		3.75	3.75	3.75	3.50
爬坡车道宽(m)		3.50	3.50	3.50	3.50
加速车道、减速车道(m)		3.50	3.50	3.50	3.50
右侧硬路肩宽度(m)	一般值	3.00 或 3.50	3.00	2.50	2.50
	最小值	3.00	2.50	1.50	1.50
右侧土路肩宽度(m)	一般值	0.75	0.75	0.75	0.50
	最小值	0.75	0.75	0.75	0.50
分离式左侧硬路肩宽度(m)		1.25	1.00	0.75	0.75
分离式左侧土路肩宽度(m)		0.75	0.75	0.75	0.50
中央分隔带宽度(m)	一般值	3.00	2.00	2.00	2.00
	最小值	1.00	1.00	1.00	1.00
左侧路缘带宽度(m)	一般值	0.75	0.75	0.50	0.50
	最小值	0.75	0.50	0.50	0.50
中间带宽度(m)	一般值	4.50	3.50	3.00	3.00
	最小值	2.50	2.00	2.00	2.00
路拱		2%			
圆曲线最小半径(m)	一般值	1 000	700	400	200
	最小值	650	400	250	125
平曲线最小长度(m)	一般值	600	500	400	300
	最小值	200	170	140	100
回旋线最小长度(m)		100	85	70	50
停车视距(m)		210	160	110	75
最大纵坡(%)		3	4	5	6
最小坡长(m)		300	250	200	150
最大合成坡度(%)		10.0	10.0	10.5	10.5
凸形竖曲线最小半径(m)	一般值	17 000	10 000	4 500	2 000
	极限值	11 000	6 500	3 000	1 400
凹形竖曲线最小半径(m)	一般值	6 000	4 500	3 000	1 500
	极限值	4 000	3 000	2 000	1 000
竖曲线长度(m)	一般值	250	210	170	120
	最小值	100	85	70	50

注：一般值为正常情况下可采用的值，最小值为条件受限制时可采用的值。

四、高速公路的设计路段

设计路段即采用相同设计标准的路段。

每个设计路段应有足够的长度，以便汽车能安全舒适的行驶。最小设计路段长度，依驾驶员以某一速度行驶的时间不能过短及速度不能频繁变化为度。

高速公路设计路段不宜小于 15 km。不同设计速度的设计路段间必须设置过渡段。

不同设计区段相互连接地点应设在地形或交通量显著变化处或公路网的主要中心点处。设计速度差超过 20 km / h 的设计路段，原则上不应相互连接。

第五节　高速公路的设计要点

一、线形设计

一般公路路线设计，主要是以满足汽车运动的力学特性和保证行车安全为目的，同时兼顾工程的经济合理性和运营经济效益。高速公路由于行车速度快，还须考虑乘车人(驾驶员和乘客)的生理状态和心理状态。总的说来，高速公路应该有开阔的视野和美化的景观，并尽量减少因道路条件而引起车速突变或车辆起伏颠簸所造成的不舒适和不安全感。此外，还应充分利用地形、地物，做好环境保护工作，这都是修建和设计高速公路应考虑的重要因素。

许多国家的高速公路定线，多趋向于避开城市而建支线通往市区。穿过城市的高速公路，采取高架桥或地下通道，以避免交叉干扰。

(一)高速公路的平、纵、横设计要点

1.平面设计要点

(1)直线是一般公路用得最多的平面线形，它简单、距离短、方向明确，但不易与地形协调，单调、连续感差。所以，高速公路直线运用有越来越少的趋势。

(2)圆曲线是容易与自然地形协调的线形，能与地形、地物、景观等较好地配合，线形美观，无呆板感。在高速公路平面线形设计时应大量采用。

(3)缓和曲线能使行车顺适，视觉舒适，有协调平面线形的功能，能使整个平面线形与地形、地物、景观更协调。所以，运用好缓和曲线对平面线形大有好处。

(4)平面线形应适应地形，平面线形宜直则直，宜曲则曲。线形的曲率应灵活变化，但曲率不得突变，应保持连续均匀。

(5)平面线形的设计还应遵循《标准》、《公路路线设计规范》(JTG D20—2006)规定的其他要求。

2.纵断面设计要点

(1)尽量采用平缓纵坡，但纵坡不得小于 0.3%，以保证排水畅通。

(2)尽量采用大半径竖曲线。

(3)避免在同向竖曲线间插入短的直线坡段。

(4)纵断面设计还应遵循《标准》、《公路路线设计规范》(JTG D20—2006)的规定。

3.横断面设计要点

(1)高速公路的横断面必须采用中央分隔带或往返分离式路基。

(2)路面边缘必须有硬路肩相连。

(3)弯道上的横断面不得有任何妨碍视线的障碍物，包括不得在弯道内侧种植树木，以保证视距。

(4)保证排水畅通，保证边坡和路基稳定。

(5)横断面设计还应遵循《标准》、《公路路线设计规范》(JTG D20—2006)的规定。

(二)高速公路线形综合设计

公路线形的研究分为平面、纵面和横面，这是为了研究方便而分解成三部分的，实际的线形设计是不可分割的整体。线形设计仅满足《标准》、《公路路线设计规范》(JTG D20—2006)的要求，远远不能算做优秀的设计。优秀的设计必须考虑各方面相互影响的因素，进行综合设计才能使公路的立体线形获得良好的视觉效果。

公路线形的综合设计是在最后阶段进行的，主要考虑驾驶员的心理、生理因素及在高速行车时的视觉问题和乘客的安全感、舒适感、美感等问题。这些问题在选线时已有所考虑，平、纵、横三方面已作了协调处理。在线形综合设计时主要是进行检查、修正和深化。在选线时往往遇到困难地段会采用技术指标的最小值或较小值，这从力学角度来说是能满足安全要求的，但就视觉要求而言是危险的，所以线形设计必须考虑到视觉上的要求。

为使线形设计能满足良好的视觉要求，就需要对平、纵、横进行合理的组合设计、视觉分析、景观设计等，这就是线形综合设计。

1.平、纵面线形的组合要点

高速公路的平、纵面线形组合除符合以前章节所述的要求外，更应注意视觉上的连续性、平纵面几何指标的均衡性、排水的良好性、增加景观的观赏性等。同时在平纵面组合时，还应避免在凸曲线顶部和凹曲线底部设置小半径平曲线，以免失去诱导视线的作用而造成车祸或引起行车被迫突然减速而使车速不连续。凸曲线的顶部和凹曲线的底部设置反向平曲线对诱导视线也是极为不利的，这将会引起导向失误或导向模糊而造成车祸，对排水也不利。在平面直线路段应尽量设计成直线纵坡，避免设置凹、凸曲线后分不清纵面线形，视觉上产生折断感，长直线路段若设置竖曲线，则竖曲线半径应尽量大一些，使其线形顺适。缓和曲线与竖曲线重合的组合是事故高发路段，故应避免这种组合的产生。

当平、纵面线形组合适当后，还应考虑平、横面线形的组合。由于高速公路车速快，视点集中，尤其在长直线上，会产生严重的“隧洞视”，好像在隧洞里行驶一样，所以横断面应有开阔的视野，不应种植太密的树木。长路堑路段的边坡应平缓，避免压抑感。

平、纵、横面线形综合设计后，应用立体空间线形要素图和透视进行质量评价。一般情况，下述的组合效果值得考虑：

(1)平曲线与竖曲线的顶点相互重合，是视觉美感最理想的组合，两顶点错位越小，视觉舒顺程度越好。曲线半径值增大，错位容许值可适当增大。曲线偏角值增大，错位容许值应适当减小。纵向变坡值增大，错位容许值就适当减小。

(2)平曲线与竖曲线组合时，若两曲线长度越接近相等，则组合的线形就越美观。平曲线和竖曲线二者半径越大，视觉越好，当平曲线半径大于 450 m，纵坡小于 4%时组合是安全度较高视觉较好的线形组合。

(3)平曲线偏角越大，缓和曲线长度又短，视觉就越差。其他条件相同时，缓和曲线长度增加，视觉效果会改善。平曲线全部由缓和曲线组成时，视觉效果会更好。

2.景观设计

在处理公路与景观的协调关系时，应详尽考虑，若处理不当，将会破坏自然景观。所以应该认真处理好取土坑、弃土堆、挖方边坡和填方边坡等对自然景观的影响，使自然的(自然景观)和人为的(人文景观)各种因素融为一体，这就是景观设计。景观设计的原则是通视、导向、协调、绿化和美化。

高速公路的景观设计包括内部协调设计和外部协调设计。内部协调设计主要是指平、纵面线形组合应具有视觉上的连续性和立体线形的协调性；外部协调设计主要是指公路两侧坡面、构造物、中央分隔带等与自然环境的协调。景观设计应注意：

(1)尽量减少对自然和景观的破坏，避开有特殊意义的自然区域和景观，即使是一棵古树或一座古刹，也应考虑其存在的价值。

(2)尽量避免在平面上错误地割断生态景观或视觉景观的连续性，必要时应用平、纵、横的线形调整，来满足自然和景观的需要，使风景特征产生引人入胜的效果，避免呆板单调。

(3)纵面设计时应尽量避免深挖高填的路基，路基的明显暴露是不美观的，不得已时应采用在坡面上种植树木等办法来补救。目前常见的高边坡采用铺砌护坡的方法是不理想的。

(4)横断面造型设计很重要，除采用种植树木草皮美化景观外，还应将取土坑、弃土堆设计成对景观有益的人造景观。绝不能把取土坑变成零星坑塘，把弃土堆变成“废墟”一片，使人感到心烦意燥。应采用各种工艺手段使不协调的形态尽量与自然环境协调，融为一体。

(5)应把桥梁、隧道、隔音墙等道路构造物作为平衡公路对自然景观的影响来考虑，根据技术可能和景观要求合理选型，创造出一种舒适、优美、愉快的公路环境。

(6)公路是一种带状人工构造物，按道路具有带状的特性，应使其成为自然界中的“带状公园”。

景观设计主要靠设计者的美学和空间想象力而无理论公式可依，所以设计水平因人而异。设计时既要有主见，也应善听意见，才能提高设计水平。

二、路基工程

高速公路的路基宽度比一般公路要宽，《公路路线设计规范》(JTG D20－2006)规定的路基宽度见表14-2。

表14-2　高速公路路基宽度

设计速度(km/h)		120			100			80	
车道数		8	6	4	8	6	4	6	4
整体式路基宽度(m)	一般值	42.00	34.50	28.00	41.00	33.50	26.00	32.00	24.50
	最小值	40.00	—	25.00	38.50	—	23.50	—	21.50
分离式路基宽度(m)	一般值	22.00	17.00	13.75	21.75	16.75	13.00	16.00	12.25
	最小值	—	—	13.25	—	—	12.50	—	11.25

路基高度在受河流洪水或洼地积水影响的路段，由设计洪水频率或积水位高程决定；不受洪水影响的路段，其路堤填土高度未作特别规定，可按一般公路路堤的填土高度进行设计；在受地面积水和地下水影响的路段，路堤填土高度应高出天然地表0.8 m以上。过

去对高速公路路堤设计认为以偏高为好，高则有利于防止人畜横穿公路，有利于设置地下通道等。近年来有许多国家，从节约土方工程量、节约用地和有利于行车安全出发，倾向于采用低填土路堤。低路堤自重轻，有利于软土地基的处理。由于高速公路采用多层次的、很厚的路面结构层，毛细水对路面的危害容易处理。如果采取稍复杂的截排地下水或地面水技术措施，也要比加大填土的工程费用省。但是，采用低路堤还是增加了一些跨线工程的工程费用。

为保证路堤边坡稳定，有利于高速行车安全和机械化施工，对高 3 m 以下的路堤边坡，许多国家规定为 1∶3~1∶4；对于 4 m 以上的路堤边坡，一般采用 1∶2。凡是自然地面或路肩面与边坡坡面的交线，都做成圆滑的曲线。这样的连续曲面，有利于排除积雪和防止地表水冲刷，万一汽车冲出路外，也不会造成严重的伤亡事故。

高速公路对路堤的工程质量要求很高，路堤的下层要求填筑水稳定性好的粗粒土；上层填土的压实度要求达到 96%。对于软土地基处理，有的采用加密砂桩或钻孔法将石灰、水泥或化学剂压入深层使软土固结；有的在软土层上铺设土工布作垫层。在土坡稳定方面，广泛采用加筋土挡墙代替重力式挡土墙，以减少路堤的填方数量。

三、路面工程

高速公路承担的交通量大、行车速度高，轮胎与路面磨损剧烈。路面的力学强度、耐磨程度、水和温度稳定性、使用寿命和养护难易以及摩擦系数的大小，都是需要注意的研究课题。目前，世界各国高速公路采用的路面类型，一般为沥青混凝土路面和水泥混凝土路面两种。

(一)沥青混凝土路面

近几十年来，随着世界性的石油加工业的蓬勃发展，使路用沥青的产量大量增加。沥青混凝土路面具有造价低、路面连续性好(无接缝)、施工完毕即可开放通车，又有很好的平整度及损坏后便于局部修补等优点，再加上技术进步使沥青混凝土路面的使用寿命逐渐延长，路面摩阻系数也逐渐趋向稳定，在使用品质上，已能与水泥混凝土路面相匹敌。

当前各国高速公路的沥青混凝土路面结构，多数采用多层次组合。其中面层一般采用热拌热铺沥青混凝土，用耐磨和摩阻系数高的坚硬砂石做集料；沥青用量偏多，厚度不等，一般为 3~7 cm。联结层多采用沥青碎(砾)石混合料，厚度 4~9 cm，沥青含量较少，基层采用沥青处治碎(砾)石、沥青贯入碎(砾)石、水泥处治砂砾料、低标号贫水泥混凝土，厚度一般为 15~20 cm。底基层一般为 10~30 cm 厚的沥青、水泥或石灰稳定土，或者采用级配碎(砾)石或矿渣。最下面的垫层则采用 15~30 cm 厚的天然砂砾或矿渣。路面结构层分别按照土基的强度采用相应的厚度，总厚度一般变化在 50~100 cm 之间。

各国对沥青混凝土路面的平整度要求很高，以保证汽车高速行驶时不颠簸，这样对行车舒适性可取得比较好的效果。

近年来，我国在沥青路面材料方面借鉴外国经验做了大量的研究，如新型纤维增强沥青路面和新型橡胶沥青路面等改性沥青路面的研究，这些研究的成功和推广将使沥青路面的使用性能得到进一步改善，对我国沥青路面的发展起到巨大的推动作用。

(二)水泥混凝土路面

水泥混凝土路面有许多优点，在20世纪60年代以前，曾广泛地被世界各国的高速公路所采用。但是，由于它的接缝太多及接缝处的平整度处理得不够完善，以致严重影响高速行车的舒适，成为路面工程中的棘手问题。现在普遍将水泥混凝土路面的胀缝与缩缝采用不同的方法处理。缩缝多采用切缝机在混凝土终凝后成缝，缩缝间距为4~6 m，并使缩缝与路中线呈 1∶6 的斜交(约 80°)，以消除等距离缩缝使车轮产生周期性跳动，同时，由于左侧与右侧车轮分别跳动而减轻汽车在跳动时的颠簸。在工程上，可减轻在高温季节因路面板膨胀而产生的拱胀作用；对于水泥混凝土路面的胀缝，各国都趋向于少设，在高温季节施工的较厚的混凝土板，一般在桥涵端头、平曲线起点和终点、较陡纵坡的变坡点以及交叉口等处必须设置胀缝，此外不增设，因而有利于对胀缝的施工处理，减少行车在胀缝上跳动的次数。

水泥混凝土路面板一般厚24 cm左右，最厚达到30 cm。从行车道横断面看，厚薄不等，内侧车道通行轻型小客车则可薄些，外侧车道通行重型载重车则可厚些。在伸缩缝处，可加设钢筋作传力杆。

水泥混凝土路面的路基结构，愈来愈受到人们的重视。许多国家主张用低等级水泥混凝土作基层，借以相对减少面层高等级水泥混凝土的厚度，在工程经济上也许更为合理。另外，许多国家采用水泥处治砂砾或水泥稳定土作基层或底基层，也有一些国家采用沥青或石灰处治砂砾作基层。基层厚度平均为 15~20 cm。法国等少数国家，在土基强度足够的前提下，仅采用 5~6 cm 厚的沥青混凝土作基层。

高速公路的水泥混凝土路面，大多数国家用 2~3 cm 的沥青砂平整表面，使之取得类似沥青混凝土路面的行车效果。

四、交叉工程

规范规定高速公路的相交应采用立体交叉。

立体交叉按有无匝道连接上、下道路，可分为分离式立体交叉和互通式立体交叉。分离式立体交叉按结构形式不同，可分为隧道式和跨线式两种。互通式立体交叉主要由跨线桥、匝道、变速车道和进出口组成，按其互通程度不同又可分为部分互通和完全互通两种。部分互通常见的形式有菱形立体交叉和环形立体交叉。完全互通式立体交叉常见的形式有苜蓿叶式立体交叉、完全定向式立体交叉、喇叭形互通式立体交叉和Y形互通式立体交叉。

第六节　高速公路沿线设施

高速公路沿线设施包括安全设施、服务设施、高速公路交通控制与管理设施以及高速公路的环境保护设施等。这些设施是保证车辆高速安全行驶，提供驾乘人员方便舒适的交通条件，高速公路交通指挥调度及环境美化与保护必不可少的组成部分。

一、交通安全设施

为了保证高速公路的行车安全和顺畅，沿线必须设置的安全设施包括标志、标线、护栏、照明和控制设施等。

(一)标志

交通标志是为交通安全和行车顺适，用图形符号和文字传递信息，使司机能预先得知道路交通准确情报，用以警告、禁令、指示、指路等所设置的交通管理安全设施。交通标志包括警告标志、禁令标志、指示标志、指路标志。设置交通标志，旨在通过对驾驶员适时、准确的引导，充分发挥高速公路快速、舒适、安全的效能。交通标志设计主要以完全不熟悉高速公路及沿线的路网系统的司机为使用对象，通过适时、适量地提供交通信息，使司机能够正确选择路线及方向，顺利、快捷地抵达目的地。同时还应通过禁令、警告、指示等标志保证必要的行车安全，使道路发挥最大的作用。导向性路标、地名的标志以及反映路况和注意事项，用电路控制的发光钮编组成字的标志必须设置，并由交通控制中心根据天气及路况用可变字句来指导行车。标志的颜色、文字、形状、大小应能使驾驶员一目了然。为了便于夜间行车，除加强照明外，还要选用反光材料做成反光标志，指示行车。

在交通标志的布设上应遵循以下总体原则：

(1)全段各类标志统一布局，并前后协调，形成整体系统。

(2)及时为司机提供准确信息。

(3)重要信息要重复提示多级预告，但同时还应避免提供过多信息，分散司机注意力。

(4)设置必要的禁令、警告、指示标志，保证行车安全。

结合以上总体布设原则布设以下标志：

(1)在互通立交出口前设置 2.5 km、2 km、1 km、500 m 出口预告标志，并在出口处设置出口标志。

(2)在出口匝道三角端处，设置出口指示标志。

(3)在服务区入口前设置 2 km、1 km、500 m 预告标志，并在入口匝道三角段起点处设置服务区入口标志。

(4)在服务区入口匝道三角端处，设置服务区入口指示标志。

(5)在互通立交入口加速车道后的适当位置，按顺序设置限速、下一出口、下一服务区、车道指示、地点距离等标志。

(6)在与高速公路连接的被交道路上设置高速公路入口预告标志。

(7)在互通立交连接线上设置指路标志。被交路上设置限高及禁止拖拉机、摩托车等非机动车等通行的禁令标志和高速公路入口预告标志。

(8)入口匝道与主线相交的三角端处设置合流标志。

(9)出口减速车道起点前设置分流标志。

(10)由主线行驶到匝道时，在匝道起点处设置限速标志。

(11)在长度大于 200 m 的大桥起点前 20 ~ 30 m 处，设置桥名标志。

(12)在平曲线半径小于 500 m 的路段，设置视线诱导标志。

(13)在隧道洞口前 20 m 处，设置隧道名称标志，且标明隧道长度。

(14)在隧道洞口前 50 m 处，设置隧道警告标志。

(15)在路基宽度变化处，设置道路变窄标志。

(16)在线形顺畅的适当路段，设置车距确认标志。

(17)在匝道收费站广场的路宽变化处，设置收费站标志。

(18)在高速公路的终点，设置高速公路起、终点标志。

为使各立交出口更便于识别，根据国家标准，可对各互通立交进行编号。

(二)标线

标线是在路面、立交出入口、变速车道上用油漆划线，并标出文字、图形来指示行车的安全设施。标线的作用是管制和引导交通，可以和标志配合使用，也可以单独使用。标线应能确保车流分道行驶，导流交通行驶方向，指引车辆在汇合和分流前驶入合适的车道，加强行驶纪律和秩序，减少事故。标线应保证在白天和晚上都具有视线诱导功能，并应做到车道分界清晰，线向清楚，轮廓分明。路面标线的功能、使用和标划方法等规定见《道路标志和标线》(GB 5768—99)。

(三)护栏

护栏是高速公路的重要安全设施。按材料性质和受力状态分，有刚性护栏、半刚性护栏和柔性护栏三种。刚性护栏是一种基本不变形的护栏结构，如混凝土护栏。半刚性护栏是一种连续的梁柱结构，并具有一定的刚度和柔性，如波形梁护栏是半刚性护栏的主要形式，它是一种以波纹状钢护栏板相互拼接并由立柱支撑的连续结构。柔性护栏是一种具有较大缓冲能力的韧性结构。缆索护栏是柔性护栏的主要形式，它是由数根施加初应力的缆索及固定缆索的立柱所组成的结构。

1.功能与布设原则

护栏的设置应满足以下功能要求：

(1)防止失控车辆越过中央分隔带或在路侧比较危险的路段冲出路基，不致发生二次事故。

(2)吸收能量，减轻事故车辆及人员的损伤程度。

(3)诱导视线，美化道路。

护栏按照以下原则进行布设：

(1)隧道路段不布设护栏，隧道进出口处设置下游端头。

(2)在路基高度大于 3 m 的路段设置路侧护栏。

(3)除隧道外，全线中央分隔带(或分离式路基时对应为中央分隔带的一侧)均设置护栏，在中央分隔带开口处设置活动护栏。

(4)特大桥、大桥和中桥的路侧均设置钢筋混凝土护栏，其两端设置桥头加强段。

若遇到以下情况，护栏应设为加强型，即立柱间距为 2 m：

构造物，跨线桥桥墩处，挡土墙(路肩墙)，填土高度大于 8 m 路段的路侧，路侧设施需保护的路段。

2.结构形式

除钢筋混凝土护栏及活动护栏外，多采用半刚性波形梁护栏，波形梁护栏又分为分设型和组合型两种。分设型波形梁护栏由 3 mm 厚波形梁板、3 mm 厚六边形托架和ϕ114 mm × 4.5 mm 钢管立柱组成，适用于所有路侧、桥梁中央、分离式路基相当于中央的一侧。组合型波形梁护栏由左右两幅 3 mm 厚的波形梁板、型号为 18a 的槽钢横隔梁和ϕ114 mm × 4.5 mm 钢管方柱组成，适用于除桥梁路段外所有的中央分隔带。

活动护栏是由钢管焊接而成的可插拔式护栏，在其竖向钢管上还应贴有黄色一级(钻石级)反光膜。

(四)隔离设施

隔离设施是为了对高速公路进行隔离封闭的人工构造物的统称。目的是防止无关人员及牲畜进入、穿越高速公路和防止非法侵占公路用地情况的发生。它的构造形式有金属网、金属板网、刺铁丝和常青绿篱几大类。它们由立柱、斜撑、隔离网、连接件和基础组成。一般设在公路用地界限内 20 ~ 25 cm 处，高 160 ~ 180 cm，全线隔离栅应进行全封闭布设，在遇到隧道、桥梁、通道或天然障碍物时应断开封死，不应留有人、畜进入的空隙，如遇到小涵洞或小障碍物，隔离栅应直接跨过。

综合考虑经济性和实用性，设计中常采用刺铁丝和焊接网两种形式，在互通立交和服务区范围内采用焊接网，在其余路段采用刺铁丝。

(五)视线诱导设施

为提高行车的安全性和舒适性，清晰地指示道路前方的线形是非常重要的。视线诱导设施可分为轮廓标、分流诱导标、合流诱导标、指示性线形诱导标、警告性线形诱导标。

高速公路的主线以及互通立交、服务区、停车场等进出匝道或连接道，均全线连续设置轮廓标，轮廓标在公路左右侧对称设置，直线段设置间隔为 50 m，曲线段间距依曲线半径大小在 16 ~ 50 m 范围选定(匝道曲线可为 4 ~ 12 m 间距)。埋设于土中的轮廓标由柱体、反射器和基础组成，柱体为三角形，顶面斜向车行道，在距路面 55 cm 以上部分有 25 cm 的黑色标记，中间有一块 18 cm × 4 cm 的反射器，反射器为定向反光材料。反射器安装在波形梁护栏中的槽内时可为梯形，安装于波形梁上缘时可为圆形，反射器的安装角度无论在直线或曲线上，应尽可能与驾驶员视线方向垂直。

分流诱导标设在互通式立交分流端部前方适当地点，合流诱导标设在合流端部前方适当地点。高速公路诱导标的底为绿色，诱导标的符号为白色。

指示性线形诱导标应设置在一般最小半径或通视较差，对行车安全不利的曲线外侧，为白底蓝图案。

警告性线形诱导标应设在公路局部施工或维修作业等需临时改变行车方向的路段，为白底红图案。

线形诱导设施应具有优良的识别性能，特别是夜间的反射性能。

(六)照明与防眩设施

为使夜间交通畅通和保证行车安全，在高速公路的近城和危险路段、立体交叉口、特大型桥梁、收费站广场以及进出口和停车场等应设置照明灯。因有照明的路面明亮，相对地能看到暗障碍物的轮廓，无论在视线广度上、视线的清晰度上还是视线的诱导效果上都要比车前灯照明好一些。但设置照明的使用费用较高，又不可能都设置。在运输繁忙及重要路段，可配置路灯照明。

防眩设施的主要作用是避免对向车灯造成的眩光，保证夜间行车的安全。当路中央分隔带宽度较窄，对向驾驶人员从严重眩目影响路段或从互通式匝道和服务区进入高速公路，为了避免对向行车的车前灯光眩目，影响行车安全，在分隔带中应设置防眩板。

一般普通路段采用中央植树的办法进行防范，对于中央分隔带不能植树且长度大于 30 m

的构造物均采用中央设置防眩板的方式进行防眩。

(七)公路界碑、里程标、百米标

公路界碑是标明公路用地范围的设施，沿征地线设置，一般设置间距为 100 m，在公路用地突变点处增设一处，采用 C25 混凝土。

里程标布设在整公里处，百米标布设在两个里程标间的整百米处。里程标和百米标均设置于路基的两侧，即每个桩号处共有两块。为避免侵占道路的横向空间，隧道内可不布设里程标，而以百米标代替。

根据设置位置的不同，里程标采用了两种类型，分别适用于路基路段和桥梁路段；百米标采用了四种类型，分别适用于波形梁护栏段、混凝土护栏段、隧道段和柱式轮廓标段。

里程标采用类似标志的结构，标志板为 3 mm 厚铝板，通过抱箍和立柱相连。反光膜的颜色为绿底白字，数字和底衬均为高强级反光膜。

除设置在柱式轮廓标路段的百米标是将反光膜直接粘贴在柱式轮廓标上的外，其余百米标均采用圆形钢片焊接角钢和钢板的结构。反光膜的颜色为绿底白字。

二、交通管理设施

高速公路的管理和交通设施是保证高速、安全行驶的必要条件。管理的好坏，对运输效率及安全影响很大。若管理措施不能满足需要，则高速公路不能发挥其应有的效能。高速公路的交通管理除上述标志、标线外，还要设置交通监控设施。

(一)高速公路入口控制

根据交通特性，当高速公路上的车流保持最佳密度时，车流稳定，行车速度均匀，通行能力大。车流密度过大，交通会发生拥挤，车祸增多。因此，对高速公路的出、入口加以控制，保证高速公路交通保持最佳的车流密度和车速，是最有效的途径之一。

最简单的方法是定时调节。在入口处安一个定周期自动信号机，定期开放绿灯，控制车辆进入高速公路。信号机的周期根据每天不同时间高速公路上下行交通量和希望进入匝道的交通量，结合平时的统计资料来确定。这种定时调节比较经济，但缺乏灵活性。

另一方法是在立体交叉点各个出、入口的交换道上设置传感检测器，各检测器将立体交叉系统的车辆运行情况，传送到交通管理中心，由计算机决定哪个路口应该开放，哪个路口应该关闭，同时对整个系统的出、入发出信号，指示车辆按指定方向运行。

(二)交通监控设施

交通监控是现代化交通管理系统中不可缺少的环节。它可监控高速公路发生的偶然事件，帮助管理人员及时采取措施疏导交通，保证交通正常运行。

目前交通监控的常用方法有如下几种：

(1)检测器监控。在高速公路沿途可能发生事故(如火灾、交通事故、堵塞等)的地点设置检测器，并与管理中心的计算机联系起来。通过检测器检测的信息，可判断是否发生偶然事件。如果发生了事故，计算机自动发出警告，管理人员就能及时处理事故。

(2)工业电视监控。这种方法，在高速公路范围内，在进、出口，互通式立体交叉处安设电视录像机，将摄制的交通情况传送到控制中心。管理人员在中心控制室就可直接看到高速公路的交通情况，便于及时发现问题，迅速处理。这种管理方法虽然直观，但投资大。

(3)通信联系。沿高速公路一定距离处安装一部电话，车辆行驶中一旦发生偶然事件，驾驶员就可以利用电话与控制中心取得联系，并可得到及时援助和处理。由控制中心管理的路侧无线广播，可使司机通过车内特定收音频率获得由此传达的路况信息，以便于决定其行车路线等交通行为。

(4)巡逻监视。定期派出巡逻车在高速公路上巡视。巡逻车上安装收发报机，携带简便的修理工具，可为驾驶员提供较快较好的服务，亦可及时把路上交通情况通知控制管理中心。某些发达国家亦有用直升飞机进行巡逻监视，但这种方法成本高，限制了它的使用。

(三)高速公路收费系统

收费系统包括土建工程部分，如收费广场、收费岛、站房、天棚等。收费系统设备配置以计算机网络为主，与高速公路控制管理中心相联系，在收费处配以车辆检测器、栏杆、信号灯、报警器等，实现自动或半自动计费、收费、检查、统计等。

上述交通管理设施组成的高速公路交通管理系统由高速公路交通控制中心统一指挥，往往在高速公路周围的适当地点设置其管理控制中心，以多种形式的信息通道与各类设施连接起来，实现其控制、管理、处理、决策、指挥和调度的职能。

三、服务性设施

高速公路的出、入是完全受控制的，为了方便驾驶员和旅客，缓解他们连续高速行驶的疲劳和精神紧张，同时考虑旅客的用餐、住宿，以及汽车加油、修理、排除临时故障等，沿线应设置各种服务设施。

(一)服务区

服务区是服务项目比较齐全的地方。它应提供停车场、加油站、公共厕所、车辆修理所、餐饮与小卖部等设施，平均间距应为 50 km。

(二)停车区

停车区应提供公共厕所、长凳等设施和少量停车车位。停车区与服务区或停车区之间的间距宜为 15～25 km。

(三)公共汽车停靠站

公共汽车停靠站应根据沿线城镇分布、出行需求，并结合服务区或互通式立体交叉设置。

四、环境美化

高速公路的环境美化是保证高速行车舒适和驾驶员在视觉上与心理上协调的重要环节。因此，高速公路在设计、施工、养护、管理的全过程中，除满足工程和交通的技术要求外，还要符合美学规律，经过多次调整、修改，使高速公路与当地的自然风景相协调而成为优美的带状风景造型。

高速公路的平、纵曲线应力求平缓舒适，边坡要平缓圆滑，使其与地形融为一体；沿线尽量保留风景树木，并配合沿路景色，合理利用地形，避免破坏生态平衡；桥梁及立体交叉设计要综合考虑线形及当地自然环境，通过透视图，选择符合当地景观的优美线形和结构，并利用桥头及立体交叉周围的空间进行绿化及设置雕塑小景，使高速公路更加优美和壮观。沿线各种设施如护栏、标志、照明等亦要与当地景观相协调，先进行美术设计，再作结构设计。

高速公路两侧应进行绿化，种植风景林和防护林，美化路容。高速公路两侧绿化要注意与周围景观配合，防止因种树绿化妨碍驾驶员视线和隔断沿线景观。因此，绿化也要进行美化设计，如路树可用等距或不等距种植，选择的树种也应与当地自然景观协调，树的高矮和疏密都应与周围环境匹配。此外，还应利用中间分割带进行绿化，这样既可防止车前灯炫目，又可美化环境。

复习思考题

14-1 什么是高速公路？高速公路有何功能和特征？

14-2 高速公路的效益主要表现在哪几个方面？

14-3 高速公路的发展还存在哪些问题？

14-4 高速公路的线形设计要点主要有哪些？

14-5 高速公路的沿线设施主要有哪些？

参考文献

[1] 邓学钧．路基路面工程[M]．北京：人民交通出版社，2000.

[2] 夏连学，赵卫平.路基路面工程[M]．北京：人民交通出版社，1997.

[3] 徐培华，等．高等级公路路基路面施工质量控制技术[M]．北京：人民交通出版社，2005.

[4] 徐培华，陈忠达．路基路面试验检测技术[M]．北京：人民交通出版社, 2000.

[5] 中华人民共和国交通部.JTG D20—2006 公路路线设计规范[S].北京：人民交通出版社,2006.

[6] 中交第二公路勘察设计研究院.JTG D30—2004 公路路基设计规范[S].北京:人民交通出版社,2004.

[7] 中华人民共和国行业标准．JTG D50—2004 公路沥青路面设计规范[S].北京:人民交通出版社,2006.

[8] 中华人民共和国行业标准.JTG D40—2003 公路水泥混凝土路面设计规范[S].北京:人民交通出版社,2003.

[9] 交通部公路科学研究所．JTG F30—2003 公路水泥混凝土路面施工技术规范[S].北京:人民交通出版社,2003.

[10] 交通部公路科学研究所．JTG F40—2004 公路沥青路面施工技术规范[S].北京:人民交通出版社,2004.

[11] 交通部公路科学研究所．JTJ 034—2000 公路路面基层施工技术规范[S].北京:人民交通出版社,2000.

[12] 中交集团第一公路工程局有限公司．JTJ 033—95 公路路基施工技术规范[S].北京:人民交通出版社,1995.

[13] 中华人民共和国行业标准．JTG F80/1—2004公路工程质量检验评定规范[S]．北京:人民交通出版社,2004.

[14] 中建标公路委员会．JTG B01—2003 公路工程技术标准[S].北京:人民交通出版社,2004.

[15] 中华人民共和国建设部．CJJ 37—90 城市道路设计规范[S].北京:中国建筑工业出版社,1991.

[16] 高建华, 王玮．公路线路设计[M]．郑州：黄河水利出版社, 2005.

[17] 方守恩．高速公路[M]．北京：人民交通出版社, 2002.

[18] 田平．道路勘测设计[M]．北京：机械工业出版社，2005.

[19] 张新天．道路工程[M]．北京：中国水利水电出版社，2001.

[20] 李清波．道路规划与设计[M]．北京：人民交通出版社，2002.

[21] 张雨化．道路勘测设计[M]．北京：人民交通出版社，2005.

[22] 杨春风．道路勘测设计[M]．北京：人民交通出版社，2007.

[23] 裴玉龙．道路勘测设计[M]．哈尔滨：哈尔滨工业大学出版社，2005.

[24] 陈方晔．公路勘测设计[M]．北京：人民交通出版社，2005.

[25] 张维全．道路勘测设计[M]．重庆：重庆大学出版社，2007.

[26] 凌天清．道路工程[M]．北京：人民交通出版社，2005.

[27] 于书翰．道路工程[M]．武汉：武汉理工大学出版社，2000.

[28] 徐家钰，程家驹．道路工程[M]．上海：同济大学出版社, 1995.

天津经济开发区南海路立交跨海桥

义乌市义金路立交桥

挖掘机

装载机(铲车)

羊足碾

平地机

拌和机

摊铺机

振动压路机

冲击式压路机

两轮光轮压路机

轮胎式压路机

无机稳定结合料拌和楼

沥青混合料拌和机

水泥混凝土拌和站 1

水泥混凝土拌和站 2